時刻人文

以 知 为 力　识 见 乃 远

跨太平洋的华人改良与革命

1898 —— 1918

[加] 陈忠平 著

Transpacific Reform and Revolution
The Chinese in North America

中国出版集团 东方出版中心

图书在版编目（CIP）数据

跨太平洋的华人改良与革命：1898—1918 ／（加）
陈忠平著. --上海：东方出版中心，2024. 11.
ISBN 978-7-5473-2507-0

Ⅰ. D634.371.2

中国国家版本馆CIP数据核字第2024CP9337号

上海市版权局著作权合同登记：图字09-2024-0656号

Transpacific Reform and Revolution: The Chinese in North America, 1898-1918
Zhongping Chen
Stanford University Press, 2023
根据斯坦福大学出版社2023年版译出

跨太平洋的华人改良与革命（1898—1918）

著　　者　［加］陈忠平
丛书策划　朱宝元
责任编辑　戴浴宇
封扉设计　甘信宇

出 版 人　陈义望
出版发行　东方出版中心
地　　址　上海市仙霞路345号
邮政编码　200336
电　　话　021-62417400
印 刷 者　山东韵杰文化科技有限公司

开　　本　890mm×1240mm　1/32
印　　张　14.625
插　　页　2
字　　数　300千字
版　　次　2024年12月第1版
印　　次　2024年12月第1次印刷
定　　价　92.00元

献给我的妻子黄丽敏

目 录

1

图表目录

中文版序

在中国近代史及相关的华侨史研究领域，从清朝末期开始的改良与革命经常被学者视为互相敌对、水火不容的两种不同政治运动。清末的改良派、革命党及其各自在民国初年演变而成的政党也确实难于合作，易于相争。然而，从长期的历史观点看来，这些爱国和进步的政治团体在为党派利益进行竞争的同时，都对外国列强侵略和反华种族歧视作出了强烈反应，追求了近代中国的救亡图存和民族改造复兴的共同目的，并因此在海内外分别领导了缓和或激进的政治运动。

在晚清帝国遭受中日甲午战争惨败后，追求改良与革命的政治组织和活动在国内和海外华人社会中几乎同时兴起。在康有为于1895年发起"公车上书"、创立强学会、号召变法维新之前，孙中山就于1894年在檀香山的华侨中组织了兴中会，并在次年发动流产的广州起义，开始了反清革命活动。但是，本书显示，康有为在推动1898年的百日维新失败、流亡国外之后，通过建立和利用保皇会及其改名的宪政会或宪政党，在北美唐人街及跨太平洋的华侨社会中继续推动政治改良运动，其组织和成员对海内外华人社会的影响延续至民国初期；同时，孙中山在海外先后通过兴中会、同盟会、中华革命党及其所属海外国民党，长期领导共和革命，在辛亥革命之后仍为捍卫、恢复民国政体而奋斗，直到1918年之后才改变政策，转向建立国民党一党控制的政府。

关于清末改良派和革命党在国内外互相斗争、前者在双方论战之中失败及后者领导辛亥革命成功的说法在中外学术界广为流传。但是，本书利用鲜为人知的北美史料和新的理论分析重新解释了海外改良运动因康有为与美、加华人领袖的先后合作和内讧而经历了兴衰；孙中山领导的革命党利用了改良派的人力、组织资源及其成员的政治态度改变而在北美取得发展，并主要通过争取洪门致公堂的支持，于武昌起义前赢得了在加拿大和美国唐人街的胜利；辛亥之后的跨太平洋共和革命未能保存稳固的民国，其原因不仅在于国内军事独裁上升和军阀政治恶化，也在于从清末改良派和革命党分别演变而来的政党延续了它们在海内外的党争。

但就海外华人改良派、革命党及其后继者的长期关系而言，本书不仅更为详细地分析了双方斗争，而且也深入地考察了他们之间从人际层次到组织制度和政治运动方面的联系，特别是他们共同推动的北美唐人街及跨太平洋华侨社会的革命性变化，即以双方政党为基础的全球华人世界的空前联系及其与祖国政治和所在国关系的根本改变。在本书受到特别关注的政治团体还包括北美洪门致公堂及其先后参与跨太平洋华人改良和革命运动的实际原因、复杂过程和长期历史影响。

尽管国内学术界长期强调孙中山及其革命党在辛亥革命中的领导作用和历史意义，周锡瑞（Joseph W. Esherick）、白吉尔（Marie-Claire Bergère）等西方学者已经对这种正统观点提出质疑，张朋园等中外学者也较早注意到清末改良派或立宪党人对于共和革命的积极贡献。[1] 但是，对于孙中山及其革命党在辛亥革命中的领导地位持怀疑或否定态度的研究仍然难以充分说明他的政党为何最终能够击败由清末改良派在民国初期形成的政治势力，并在此后发起国民革命。本书就此相关问题的研究证明，孙中山领导的同盟会已经通过争取北美洪门致公堂的合作，在辛亥革命前夜取得在加拿大和美国唐人街的胜利。虽然孙中山和同盟会并未直接领导1911年10月10日爆发的武昌起义以及此后南方绝大多数省份的反清起义和独立，他在民国初年通过持续加强革命党在国内外的组织制度和意识形态建设，从而在党派斗争中取得了政治上的胜利（见本书第三章第3部分及第四章）。

因此，本书的主要目的之一是试图通过发掘、利用海外官方、私人档案等珍贵史料来揭示北美华人在近代中国的改良和革命运动之中的重要性，并由此丰富、推进有关的中西学者研究，填补此前学术论著的空白。此外，本书又突破了传统的华侨史研究，力图将近代国内外的改良和革命运动置于跨太平洋的框架，进行综合分析，强调这些政治运动对近代中国和海外华人社区的共同影响。由于本书所讨论的海外华人改良派和革命党人物既以北美为主要舞台，也介入了在日本、东南亚和中国香港及内地的政治

1　Joseph W. Esherick, *Reform and Revolution in China: The 1911 Revolution in Hunan and Hubei* (Berkeley, CA: University of California Press, 1976)（中文版见周锡瑞著、杨慎之译:《改良与革命：辛亥革命在两湖》，南京：江苏人民出版社，2007年）; Marie-Claire Bergère, *Sun Yat-sen*, trans. Janet Lloyd. Stanford, CA: Stanford University Press, 1998 [1994]; 张朋园:《立宪派与辛亥革命》，长春：吉林出版集团，2007年。

活动，所以中文译本将英文原著标题加以简化，除去其中"北美"的地理限制词语，仅以《跨太平洋的华人改良与革命》为题。

与本书密切相关，笔者此前的研究曾对清末民初由商会发轫的新式社会团体之间的人际性与组织制度化关系及其从地方到全国的改良、革命、民族主义运动和经济现代化活动进行过深入分析，指出它们推动了近代中国社会和政治关系中的一场社团网络革命。这项研究首先突破了传统网络理论注重人际关系、忽视组织制度化关系的局限性，或将这两种在现实生活当中密切相连的关系人为割裂，分别进行研究的学术倾向。它指出，网络发展和变化的真正动力和意义在于其中的人际性关系的制度化（即关系的规范化、组织化及正式化等）、扩大化、多样化，及其网络成员之间的互动强化，从而产生推动社会和历史发展的互动力量。从这一新的网络理论观点看来，清末商会所发起的新式社团网络革命导致了近代中国社会政治结构当中人际、组织之间空前未有的关系制度化、扩大化、多样化及其成员互动程度的强化。正是它们相互之间及其与清末民初连续更迭的政府之间的合作、冲突及其他形式的多种互动提供了推进近代中国改良立宪、共和革命、民族主义运动以及经济现代化发展的主要历史动力。[2]

笔者此前关于商会等近代中国社团和本书对于海外华人政党

---

[2] 这项研究成果见于斯坦福大学出版社发行的笔者英文专著，Zhongping Chen, *Modern China's Network Revolution: Chambers of Commerce and Sociopolitical Change in the Early Twentieth Century*（Stanford, CA: Stanford University Press, 2011）。中文译本见陈忠平：《商会与近代中国的社团网络革命》，南京：江苏人民出版社，2023年。关于上述社会网络关系制度化、扩大化、多样化及其成员互动强化的概念，见本书《英文版序》中的引述和分析。

的网络分析都获得了网络研究权威学者和美国著名社会学家马克·格兰诺维特（Mark Granovetter）的鼓励和支持，并受到他的先驱性研究影响。格兰诺维特先生的成名之作是在1973发表的《弱关系的力量》一文，而这也是社会学界引用次数最多的经典文献。该文一反此前网络研究的传统观点，认为通过频繁接触的亲友之间的"强连接"关系获得的资讯同质单一、传播范围有限。但人们在社会组织和工作场所等环境中形成的"弱关系"更为广泛，可以通过多方不同渠道提供、传播更为丰富、多样的信息，为寻求工作等活动起到更为关键的作用。[3] 由于我的两本专著都进而强调人际性和组织制度化关系在社会现实中的不可分离，特别是近代新式社团、政党等组织制度对于其中的"弱关系"及人际性"强关系"的容纳、改变和扩展，格兰诺维特先生为这两本书都写了赞辞推荐。他并在2010年间的一份私人电邮中对笔者将网络分析运用于环境史研究的计划表示支持。[4] 在近来的十多年间，笔者也尝试将网络分析方法运用于社会政治组织的研究之外，使用其中的理论概念来考察郑和下西洋、海上丝绸之路、近代中国大众文化等不同专题。[5] 目前，笔者正在从事明清小冰期（1400—

3　Mark Granovetter, "The Strength of Weak Ties," *American Journal of Sociology* 78, no. 6（1973）: 1360-1380, esp. 1375.

4　Mark Granovetter's email to the author, June 4, 2010（马克·格兰诺维特致笔者电邮，2010年6月4日）。

5　陈忠平：《走向全球性网络革命：郑和下西洋及中国与印度洋世界的朝贡—贸易关系》，收于陈忠平主编：《走向多元文化的全球史》，北京：生活·读书·新知三联书店，2017年，第22—73页；陈忠平：《郑和时代的海上丝绸之路与多元文化的世界网络》，载《丝路文明》2020年第5辑，第157—173页；陈忠平：《近代中国大众文化历史研究的回顾与反思》，载《江南社会历史评论》2018年第13期，第315—326页。

1900）中国农村人类与环境互动关系的网络分析，并已在2021年获得加拿大社会科学与人文研究委员会（The Social Sciences and Humanities Research Council of Canada）的五年基金资助。[6] 这些研究的目的之一就是检验网络分析理论和方法的普遍适用性：

> 从这种网络分析的观点看来，世界上所有的自然、社会现象都是相互联系和保持互动的网络。从微观角度来看，作为物质基本元素的原子实际是由无限可分的粒子组成，并存在于后者的相互、持续运动之中。在最为宏观的自然世界，太阳系和其他宇宙中的星系也是由各类星球及万有引力等互动关系所组成。在社会中，一个"单独"的人不仅由复杂的生物系统组成，而且其个人或社会的身份"认同"，即姓、名、职称、体格特点等等，总是反映了他（她）与某一家庭、文化、组织、族群之间可以识别的关系。在政治领域，权力的本质是人际之间的支配性关系。在经济领域，个人财富也只能在交换关系中才能真正体现其价值。[7]

所以，这一新的网络理论可以反映从自然界到人类社会存在

6　笔者此项研究课题为 "Human-Environment Interactions in the Yangzi Delta and Rural China's Transition during the Little Ice Age，1400-1900"（长江三角洲的人类—环境互动及中国农村在小冰期的变迁，1400—1900）。实际上，从2002年开始，笔者所从事的上述有关近代中国商会、1898—1918年间的跨太平洋改良和革命，以及郑和下西洋的研究均曾得到加拿大社会科学与人文研究委员会为期三年到七年的基金资助，在此一并致谢。
7　陈忠平：《近代中国大众文化历史研究的回顾与反思》，第325页。

的普遍联系，帮助克服目前中国历史研究之中碎片化的倾向，推动贯穿地方史、国别史、断代史及其他专门史的多学科、长时段、整体化历史研究，特别是中国史和全球史的结合。[8] 就研究方法而言，本书的主要目的就在于将中国史，尤其是具有长期传统的华侨史与战后兴起的美国华人史（Chinese American history）、加拿大华人史（Chinese Canadian history）以及近来盛行的Chinese diaspora或华人播散族群研究纳入跨太平洋的网络分析框架，进行综合考察（并见本书《英文版序》）。

作为英文的一个流行概念，diaspora来自古希腊语当中的一个动词，原指植物种子播散出去、广泛分布、生根成长，并被用以描述移民迁徙流动、散居异国他乡的活动。它后来被用以描述从耶路撒冷放逐的犹太移民及他们被迫散居世界各地，遭受歧视迫害，但仍然与失去的祖国保持精神联系的独特历史。[9] 所以，早期研究美国华人历史的学者也用diaspora的概念来形容华侨被迫离乡背井，在海外遭受民族歧视，但又与祖国保持联系的现象。目前，Chinese diaspora的概念又被许多英文论著用来泛指华人跨国和跨文化的移民（个人、集体或社区）、其迁移活动，及其与祖国、所在国、同一族群的关系等（见本书《英文版序》）。许多中文出版物将此概念翻译为"华人离散社会"和"华人离散族群"等词语，虽与英文diaspora的希腊词源和用法并不完全切合，但其中"离

8　陈忠平：《郑和时代的海上丝绸之路与多元文化的世界网络》，特别是其中《附记》，第173页。

9　Stéphane Dufoix, *Diasporas*, trans. William Rodarmor（Berkeley, University of California Press, 2008[2003]）, 4–10.

散"一词可以反映早年华侨在海外漂泊流离并遭受种族歧视的现象，"族群"一词也可以突出他们共有的侨乡之根及其在海外世界范围的相互联系。

因此，本书将Chinese diaspora译为"华人播散族群"，兼顾diaspora在希腊语中的原意、早期犹太史和华侨史中的用法及近来国内出版物中所常用的"离散"等译法。这一新的中文概念中的"播散"二字反映了英文diaspora及其希腊词根原有的移民迁徙散居活动之意，但"族群"一词则强调1898—1918年间华侨通过族源和文化保持他们散布世界各地的社区之间及其与祖国的关系。不过，这一译法仍然无法反映Chinese diaspora的英文概念所强调的移民与所在国关系，或为本书所注重的北美华人与美国、加拿大社会发生的跨文化联系，特别是他们通过改良和革命运动追求西式君主立宪或共和政治的跨文化变迁。所以，本书使用了更为宽泛的网络理论来分析北美华人的跨太平洋改良和革命对于他们与祖国，与其他亚太华人社区，与美国、加拿大社会的关系带来的革命性变化，及其对清末民初国内政治变革发挥的重要影响。

除了在上述理论方法上的探索之外，本书充分利用了中国大陆和台湾，特别是北美收藏的大量中英文史料。其中主要的档案资料来自加拿大英属哥伦比亚省淘金时代名镇巴克维尔（Barkerville）所藏洪门致公堂文件；加利福尼亚大学伯克利分校民族研究图书馆（Ethnic Studies Library）、华盛顿大学东亚图书馆及英属哥伦比亚大学图书馆收藏的保皇会及其后继的宪政会或宪政党文件；台北中国国民党文化传播委员会党史馆和胡佛研究所收藏、以孙中山故居之一命名的"上海环龙路档案"（中国社会科学院近代史研究所资料室从台湾得到此项档案的部分文件胶卷）；近年发现的康同璧在1904—1907年间留存于美国康涅狄格州南温莎市房东家的珍贵资料。此外，本书使用了英国、美国、加拿大国家档案馆所藏有关康有为、孙中山等人的英文档案，他们的个人文集、数十种北美英文报刊、加拿大洪门致公堂出版的《大汉日［公］报》等中文报刊，以及其他多种史料。因此，本书对于康有为、孙中山等近代中国历史的重要人物，美国、加拿大华侨领袖及其政治活动都从人物生平、个案研究，特别是人际关系和组织制度网络方面进行了深入探索和广泛考察。

总之，本书在使用网络理论将中国史（包括华侨史）与美国华人史、加拿大华人史以及华人播散族群研究进行跨学科结合的理论和实证分析的同时，也力图将有关北美史料介绍给国内学术界。因此，使用中文翻译、出版本书的目的，不仅是将笔者关于1898—1918年间北美华人改良和革命的研究成果介绍给国内学术界，也期望本书的读者能够与笔者共勉，使用这些理论方法和史料在这些不同领域继续探索，提高这些领域的理论分析和实证研究水平。

由于本书所使用的许多珍贵罕见史料难以寻找查对，所以笔者与斯坦福大学出版社的合同规定作者保留中文翻译权利。在本书的初步翻译过程中，我所指导的博士研究生付奕雄提供了很大帮助，但全书译稿由我逐句逐段译校、改正并润饰。对于付奕雄和其他学生、师友为这一中文版的翻译、出版工作提供的帮助，特此表示衷心感谢。此外，由于西方一般读者对于中国地名、历史人物和重大事件缺乏详细了解，英文原著对于这些有关细节酌情尽量从简，但这一中文译本在必要之处作了适当增加和补充。为了中文读者方便，中文译本对于英文原著使用的芝加哥出版社的注释体例也作了适当调整，请读者参见《征引文献》开始部分说明。

陈忠平

2023年12月24日于加拿大维多利亚市

本书英文版在2023年7月由斯坦福大学出版社发行之后，就得到了东方出版中心副总经理朱宝元先生的特别关注，并经版权编辑与笔者取得联系。此后，全书译稿经过戴浴宇编辑的认真仔细审读，获得很大改进。我对东方出版中心有关领导和工作人员在本书联系出版和编辑校对过程中严谨高效的工作深怀感激，特此表示高度敬意和谢意！

最后需要说明的是，本书《英文版序》使用了网络分析方法，将"华侨""华人""华人播散族群"等概念加以结合，强调从跨太平洋的角度对近代中国史和北美华人史进行理论探索。如有读者对于书中关于人物和事件的历史叙述更感兴趣，可以更多关注《前言》及此后各章的具体内容。

但是，本书所述人物活动和历史事件都与近代中国和华人世界的重大变化相关。例如，清朝政府在1898年之后数次试图暗杀康有为，改良派也曾计划以同样手段报复，甚至在与革命党的政争中策划对孙中山的谋杀。康氏集团还在1909年涉入刘世骥谋杀案，国民党也在1915年策划了黄远庸在旧金山的枪击案，并在1918年卷入汤化龙在维多利亚的遇刺案。这些事件都与1909年海外改良运动的衰落或1918年前后共和革命的转向有关，也对研究当代世界政治有启示作用。在今年美国总统大选中，针对共和党候选人特朗普的连续未遂暗杀虽系个人行为，也反映了美国国内激烈党争的影响，与清末民初的政争有相似之处，值得从历史角度反思。

陈忠平

2024年11月15日再记

英文版序
走向海外华人政治史的网络分析

　　我对海外华人政治史的研究兴趣始于我在1990年到达夏威夷
大学攻读博士学位之际，其主要原因是国民党统治时期所尊称的
"国父"孙中山（1866—1925，见插图1）曾于1894年在檀香山
华侨社区发起反清革命。在我于2002年就任加拿大维多利亚大学
的教职之后，也开始对清末改良派领袖康有为（1858—1927，见
插图2）的海外活动产生研究兴趣。在康氏推动1898年的清廷百
日维新失败之后，他流亡海外，到达维多利亚，并从这一太平洋
畔的加拿大城市掀起了海外华人政治改良运动。然而，真正触发
本书写作的起因是我对于晚清宪政改革领袖和民国初期政客汤化
龙（1874—1918，见第四章插图9）于1918年在维多利亚遇刺一
案所作的初步研究。在此案中，刺客王昌（1886—1918，见第四
章插图10）是维多利亚唐人街的一位理发师，也是孙中山领导的
革命党成员。他在刺杀成功之后于现场自杀，并很快被尊为华侨
烈士。[1]

1　Zhongping Chen, "An Assassination in Victoria"。关于这场刺杀案的细节，详见第
　　四章。

插图1　孙中山在温哥华，1911年。

资料来源：Burnaby Village Museum，HV 975.5.60. Yucho Chow photo。

　　我对这场案件所作的初步研究涉及汤化龙北美之行的原因、王昌实行刺杀行为的动机，以及他有无同谋等未解之谜。为了探索这些长期悬而未决的谜团，我在2009年专程前往中国大陆，并特意走访了汤化龙和王昌的家乡。在这次研究旅程中，我惊讶地发现，他们二人在身后，从孙中山的政党到"文革"前的中国大陆，受到了截然相反的待遇。汤氏在1918年去世前后均遭到孙中山等革命党人的抨击，他的坟墓在"文革"期间遭到损毁；而王昌则被孙中山领导的革命党尊为烈士，他的坟墓和墓碑也被完好地保存在黄花岗烈士陵园，而该地是广州的主要旅游景点之一。我随后在中国、加拿大和美国的档案馆和图书馆中对这起案件进行了深入研究，逐渐意识到这起刺杀案远非发生在维多利亚的偶然事件，而是北美唐人街长期的改良与革命运动的结果之一。它根源于1918年之前长达20年之久的跨太平洋华人政治运动，而后者继续影响了现代中国和海外华人社区，特别是北美唐人街。

xii

　　因此，本书主要考察从1898年至1918年之间北美华人的跨太平洋改良与革命运动。这一历史时期从康有为影响之下的清廷戊戌变法及随后的海外华人政治改革运动开始，直到孙中山领导的政党从建立、捍卫民国的革命转向使用暗杀等暴力方式追逐一党控制的国内政权和对华侨社会的控制而结束。这项研究超越此前聚焦清末海内外改良和革命运动，及以辛亥革命爆发、清朝政权覆灭、中华民国建立为止的许多历史论著。它涵盖了北美华人跨太平洋政治运动从1898年之后改革浪潮兴起直到1918年左右革命潮流转向的波澜壮阔历史进程。

xiii

插图2　康有为与谭良师生在洛杉矶，1905年。
谭良是美国华人改良运动的主要领袖之一。

资料来源：谭良外孙女谭精意（Jane Leung Larson）家藏。

在本书中，"跨太平洋"视角超越了此前有关论著中对于"太平洋两岸的思想和人员跨国流动"的研究焦点，[2] 特别是其中从西方起源的君主立宪和共和主义思想及其华人改良或革命派倡导者在两岸的跨国流动。与此相较，本书进而考察了北美华人改良派和革命派双方的跨太平洋组织网络在1898年至1918年间的发展和变化，包括他们之间血缘和地缘等人际性关系及其政治团体的组织制度化关系的历史性演变。　xiv

特别重要的是，本书不仅将探讨北美华人为了在中国实现西式君主立宪制或共和政体而进行的改良或革命运动，还将进而考察他们自身的社会政治关系在双方运动中的转变，尤其是他们在人际、组织制度及意识形态层面的族裔、乡土和跨文化关系的根本性变化。这种华人政治运动以及相应的关系变化从跨太平洋层面伸展到个人层次，值得使用网络理论方法进行广泛而深入的分析。

网络分析的理论已经在人文及社会科学领域受到越来越多的关注，其原因在于它的视角超越了研究个人属性和行为以及组织结构和功能的一般方法，可以更加全面和复杂地揭示人际性和组织制度化关系。[3] 此前的网络分析"认为社会结构是由网络成员及其关系所形成的组织模式。网络分析从一组**网络成员**（有时称为网结）和一套连接全部或部分网结的**关系**着手。这种关系包括一种或多种特定的**联系**，比如亲属成员、频繁接触、信息传递、互相

2　John Price, *Orienting Canada: Race, Empire, and the Transpacific*, 1.

3　Barry Wellman, "Structural Analysis: From Method and Metaphor to Theory and Substance," 20; Stanley Wasserman and Katherine Faust, *Social Network Analysis: Methods and Applications*, i.

冲突和情感支持"。[4] 然而，这种传统的网络分析，包括其中的关系密度（density）、联系程度（connectivity）、向心程度（centrality）等概念，更加适用于研究非正式的人际性关系，而不是正式机构和既定规则等组织制度化关系。它的长处在于可以描述社会关系，但在解释关系变化和变化的动力方面存在弱点。特别的是，以往论著在对中国社会、商业和政治的网络分析中，普遍倾向于强调人际性关系而忽视组织制度化联系，[5] 其中对于非正式政治的研究尤其谴责人际性关系所导致的派系主义，并强调对这种个人派系倾向进行组织制度化约束的必要性。[6]

同样，在以往关于海外华人移民的论著中，基于人际关系的社会和商业网络受到了特别关注。近年来，对于非正式和人际性"海外华人网络"的研究，包括将儒家资本主义与华人之间人际"关系"（guanxi）联系起来的学术倾向已经受到了批评甚至反驳。[7] 此外，近来对华人移民网络的研究已经开始关注由家族成员、

xv

4　Barry Wellman，Wenhong Chen，and Dong Weizhen，"Networking *Guanxi*，"224。粗体字为原文以斜体英文字句强调之处。

5　针对传统网络分析方法及人类学、社会学、历史学、经济学和政治学家就中国社会、商业和政治所作有关研究的简要回顾和批评，请见Zhongping Chen，*Modern China's Network Revolution*，xii-xv，6-8［译注：参见前引该书中文版，陈忠平著《商会与近代中国的社团网络革命》中的《英文版序言》和《前言》］。

6　Andrew J. Nathan，*Peking Politics*，*1918-1923*，esp. 25-58，and his "A Factionalism Model for CCP Politics，"34-66。关于此前论著对于非正式政治研究中忽视制度化限制的批评，见Tang Tsou，"Prolegomenon to the Study of Informal Groups in CCP Politics，"102；Lowell Dittmer，"Chinese Informal Politics，"1-34。

7　就此学术倾向的批评，见Peter S. Li，"Overseas Chinese Network：A Reassessment，"261-84。然而，对于非正式人际性经济交往、社会联系和政治关系的研究仍然影响了近来的海外华人史论著，见Huei-Ying Kuo，*Networks beyond Empires：Chinese Business and Nationalism in the Hong Kong-Singapore Corridor*，*1914-1941*，esp. 7，12-16。

同乡友人、结拜兄弟等组成的"组织机构",[8] 以及海外华人志愿组织形成的"新型网络"。[9] 然而,关于华人跨国政治组织和运动的网络分析仍然极为罕见。[10]

相比之下,我在近来对于近代中国新式社团的研究中发展了更为宽泛和能动的网络理论与有关的灵活概念来分析人际性和组织制度关系及其变化。这种理论方法强调网络的力量和意义在于其中的关系**制度化**(即关系的规范化、组织化及正式化等过程[11])、超越人际层面的关系**扩大化**、卷入不同人物和组织的**多样化**,以及这些网络成员之间的**互动强化**,及其为社会和历史变革提供的动力。这种理论方法帮助我的研究形成了一个关键概念——**"社团网络"**,并用它来揭示清末商会通过社会精英与各级政府互动而产生,并对1902年之后"近代中国的网络革命"发挥的历史性影响。这种由商会带动的革命性变化涉及各行各业新的社团组织空前未有的发展,以及社会政治关系的根本性变化、包括社团为基础的社会力量集结及其与清末民初连续更迭的政府之间多种互动

8　Adam McKeown, *Chinese Migrant Networks and Cultural Change: Peru, Chicago, and Hawaii, 1900–1936*, esp. 20, 69–70.

9　Hong Liu, "Old Linkages, New Networks: The Globalization of Overseas Chinese Voluntary Associations and Its Implications," 582–609, esp. 598–600.

10　Pei-te Lien, "Ethnic Homeland and Chinese Americans: Conceiving a Transnational Political Network," 107–21。这篇文章仅触及近来中国台湾移民在美国的政治社团网络。在以上注解8所引McKeown, *Chinese Migrant Networks and Cultural Change* 一书(第87—94页)也涉及海外华人中的改良派和革命党,但这种政治组织并非该书研究焦点。

11　关于社会关系制度化分析理论,见Kathleen Thelen and Sven Steinmo, "Historical Institutionalism in Comparative Politics," 2。

所导致的历史转型。[12] 这种新的网络理论方法也可以帮助揭示1898年至1918年间北美华人跨太平洋改良和革命运动带来的类似历史变化。

为了这个目的，本书将中国史（尤其是华侨史）、美国与加拿大华人史（Chinese American and Chinese Canadian histories）以及华人播散族群研究（Chinese diasporic discourse）领域中的相关问题纳入同一网络分析框架进行考察。这种宽泛的网络分析将超越单一国家历史或个别学术领域的限制，揭示北美华人及其跨太平洋播散族群在1898年至1918年间的革命性变化。通过研究北美华人中新的**社团网络**——特别是改良派和革命派组织的关系**制度化**、**扩大化**和**多样化**，其中网络成员及其与其他社会政治势力的**互动强化**，本书也将展示美、加唐人街在此二十年间历史性变革的动力、程度和广泛影响。

xvi　　由于本书涵盖了跨太平洋的华人改革和革命，它超越了近代中国史及其传统华侨史研究的范围。"华侨"的名词出现于本书聚焦的历史时代开始之际的19世纪90年代前后，并从那时流行起来。它反映了海外华侨与中国及其文化和组织的关系，如与侨乡发源的家庭、宗族、同乡会馆、秘密社会的联系。这个名词适用于早期北美的华人移民，包括许多改良派和革命党的成员。由于面临北美社会的种族排斥，他们难以成为当地公民，所以其中的许多人在20世纪中叶之前都保持着与家乡的联系以及对祖国的忠诚，

---

12 Zhongping Chen，*Modern China's Network Revolution*，esp. xv，7–8，199–213［译注：参见陈忠平：《商会与近代中国的社团网络革命》，特别是其中《英文版序言》和《前言》及《结论》部分有关论述。］

并支持其改良或革命的民族主义运动。[13]

确实，在中华民国于1912年成立之前，绝大多数北美华人不仅是寄居海外、心系故国的侨民（sojourner），[14]也是晚清时代中华帝国臣民。他们中的男性移民大多仍然保留着辫子，而这种发型却是满族在1644年开始入主中原、建立清朝之后强制汉人男子接受的一种表示顺从和忠诚的象征。清朝末年国内外的改良派和革命党成员都呼吁放弃这种发型，许多华人移民也在西方发型的影响下，剪去了被美、加白人贬称为"猪尾巴"的辫子。[15]

然而，关于传统"华侨"史的研究主要关注他们与中国及其文化之间的关系，无法反映他们与其居留的美国、加拿大等西方社会之间在发型等方面发生的跨文化互动。[16]所以，力图修正这种传统学术研究的学者对于"华侨"这个概念的中国中心主义内涵提出批评，并建议使用"海外华人"（Chinese overseas）的概念

13　关于"华侨"的概念分析，请参阅Wang Gungwu, "The Origins of Hua-Ch'iao," 1-9；及其"Patterns of Chinese Migration in Historical Perspective", 6-8。"华侨"的概念也适用于二战前的东南亚华人移民，见Els van Dongen and Hong Liu, "The Changing Meanings of Diaspora: The Chinese in Southeast Asia," 33-47。

14　关于早期华人移民在美国的侨民（sojourner）心态和行为，见Madeline Yuan-yin Hsu, *Dreaming of Gold, Dreaming of Home*, 9-11, 108-112。关于加拿大华人中的类似现象，见Zhongping Chen, "Chinese Familism and Immigration Experience in Canadian Towns and Small Cities," 291-293, 304-305, 308-310。关于美国华人侨民心态研究的回顾以及这种心态直至20世纪40年代的延续，见Philip Q. Yang, "The 'Sojourner Hypothesis' Revisited," 235-258。

15　Michael R. Godley, "The End of the Queue: Hair as Symbol in Chinese History," 55-61, 65-70.

16　跨文化互动（cross-cultural interactions）涉及"不同文明间的碰撞和交流，包括文化转变、冲突和妥协"，见Jerry H. Bentley, *Old World Encounters*, vii。

来反映二战之后绝大多数居于中国大陆、台湾和香港地区以外的华裔人士已经成为所在国家公民的现实。[17] 坚持这种修正态度的学者因而"主张海外华人应该在他们所在国家的环境背景中加以研究"。[18]

与此学派相似，美国华人史与加拿大华人史也在二战之后得以发展，并表现出一种共同的倾向，即强调来自中国的移民与所在国家的关系，尤其是他们在当地社会中同化的失败或成功，融入或被排除于主流社会的经验，及其对于种族歧视和排斥的抗争。[19] 然而，这一特定的"海外华人"概念更适用于二战之后定居中国之外的移民及出生于海外的华裔成为所居国家公民的现象，而不太适用于战前他们在北美的前辈。相关的美国华人史与加拿大华人史研究也受到所在国家历史框架的限制。

显然，关于"华侨"移民或"海外华人"，包括美国华人和加拿大华人的研究，都仅从中国及其文化角度或仅在他们所定居的国家框架内对其跨国活动提供了有限见解。因此，一种新的学术趋势是使用犹太历史中的"播散族群"（diaspora）的概念，从跨国视角研究华人移民散居世界但又形成族群网络等现象。但在以往的研究中，"播散族群网络"（diasporic networks）主要是指从中

---

17 关于从"华侨"概念到"海外华人"用法的改变，见 Wang Gungwu，*China and the Chinese Overseas* 及其在另外两篇论文中的相关讨论："The Origins of Hua-Ch'iao，" 1–2, 8–9；"Patterns of Chinese Migration in Historical Perspective，" 18–20。
18 Wang Gungwu，"A Single Chinese Diaspora? Some Historical Reflections，" 1, 17。
19 关于美国华人史研究的简要回顾，见 Shelly Chan，*Diaspora's Homeland*：*Modern China in the Age of Global Migration*，4。有关加拿大华人史的典型论述见于 Peter Li，*The Chinese in Canada*，esp. xi–xiii。

国发源的移民为了跨国迁徙所形成的关系，[20] 而不是本书所关注的北美华人政治党派和团体。

特别重要的是，此前对于对"华人播散族群"（Chinese diaspora）的研究论著过分强调"单一的种族、文化、语言和起源"，已经受到学者批评。[21] 实际上，至少从20世纪60年代开始，播散族群（diaspora）的概念已经被用来形容早期华侨的被迫离乡和他们在外国的流散、侨居和受难，及其执着的叶落归根梦想。[22] 与此不同，近来的"华人播散族群"研究论著则强调他们从中国自愿移民海外的行动、在新环境中的文化创造力和多样性，以及他们与祖国、所在国家及全球散居的同族成员之间的联系。[23] 然而，这些研究仍然较多倾向于关注华人移民的全球播散、他们与祖国的联系及其与散居各国的同族群体的联系，[24] 较少关注他们与所在主流

---

20 对于"华侨"移民与"海外华人"研究的批评，见 Adam McKeown, "Conceptualizing Chinese Diasporas，1842 to 1949,"306-331。关于"播散族群网络"的讨论见 Adam McKeown, *Chinese Migrant Networks and Cultural Change*。对于有关研究的类似批评及要求亚裔美国人史（Asian American history）走向跨国研究的呼吁，见 L. Ling-Chi Wang, "The Structure of Dual Domination: Toward a Paradigm for the Study of the Chinese Diaspora in the United States,"145-165。

21 抨击"华人播散族群"概念最为激烈的研究论著的范例之一是 Shu-Mei Shih, "Against Diaspora: The Sinophone as Places of Cultural Production,"26。

22 Rose Hum Lee, *The Chinese in the United States of America*，52-68；Stanford M. Lyman, *Chinese Americans*，6-7, and "The Chinese Diaspora in America，1850-1943,"13.

23 Adam McKeown, "Conceptualizing Chinese Diasporas,"308-322；Aihwa Ong, *Flexible Citizenship: The Cultural Logics of Transnationality*, esp. 821；Els van Dongen and Hong Liu, "The Changing Meanings of Diaspora,"34；Lok C. D. Siu, *Memories of a Future Home: Diasporic Citizenship of Chinese in Panama*, 10-11.

24 Steven B. Miles, *Chinese Diasporas: A Social History of Global Migration*, 2, 11.

社会的关系。[25]

　　对于华人播散族群概念的更为全面诠释不仅应该反映华人移民从早期被迫离乡背井的悲惨经历为主的活动直到近来更为成功地在全球迁徙的历史变迁，以及他们与祖国和散居世界的同族群体的联系，还应考虑他们与所在社会的跨文化互动以及由此产生的文化混杂和多样性。因此，我在近来的研究中将此概念定义为"跨越文化和国家边界的华人播散（迁徙）及其与祖国、所在国和同族群体保持互动关系的散居华人（移民）"。[26]

　　这个概念的重新定义提出了理解华人播散族群的广阔网络理论视角，有助于将他们的跨国迁徙活动与他们在祖国、所在国和全球分散的族群之间的跨文化交流及其与此三方的互动关系汇聚于同一分析框架，进行综合考察。也即是说，这种网络分析视角可以囊括以往有关学术领域的不同焦点，包含华侨史研究中他们与祖国的关系，美国和加拿大华人研究中他们与所在北美社会的关系，以及华人播散族群研究所强调的全球化同族关系。从这一新的视角分析北美华人改良派与革命党各自政党团体的跨太平洋发展、它们的人际性、组织制度化及意识形态联系的扩张对于上述华人播散族群三方关系的根本改变，可以解决上述不同学术领域

xviii

25　Lok C.D. Siu, *Memories of a Future Home*，11.

26　Zhongping Chen, "Building the Chinese Diaspora across Canada: Chinese Diasporic Discourse and the Case of Peterborough, Ontario," 205。本文主要以安大略省彼得伯勒市（Peterborough）的华人为例，展示了他们以当地为中心的播散族群如何在20世纪中叶以来国家和文化边界逐渐开放以及其他变革的影响之下，其移民活动从悲惨经历为主的过去转变为近来相对成功的经验，以及他们的跨国网络如何从早期源于祖国侨乡的家族和其他联系而逐渐融合了所在社会的基督教和其他西方文化元素。

内学者关注的相关问题。

　　与传统华侨历史研究当中强调海外华人对祖国的忠诚和贡献相比，近来的研究更注重他们对近代中国参与全球体系以及由此引发的政治转型的影响。此前关于美国华人史的论著往往聚焦于他们的反种族主义政治，而近来关于他们跨太平洋改良和革命运动的研究则用这些政治运动作为历史背景来考察他们自身文化认同的转变。[27] 在本书中，对于北美华人改良与革命的网络分析试图进一步揭示他们如何将近代中国政治——尤其是追求改良或革命的民族主义——与西方起源的君主立宪主义或共和主义进行结合。与这种跨文化意识形态一道，北美华人改良派和革命党的组织日益将美国和加拿大的唐人街及其在太平洋沿岸的播散族群卷入了两股目标不同但相互交叉的政治浪潮之中。

　　因此，本书的网络分析证实了近来对于北美华人及其跨太平洋改良和革命的研究成果，强调他们对于加强近代中国与西方政治文化之间互动关系的影响，以及他们与所在国西方文化、祖国政治及太平洋沿岸的同族群体之间的联系。特别的是，在他们于二战之后成为美国或加拿大公民之前，北美华人改良派与革命党人已经与美、加西方社会内的立宪主义或共和主义政治产生了跨文化认同，他们并从近代中国政治的海外边缘走向争取祖国政治变革的前沿。此外，北美的唐人街与在太平洋地区的其他华人社区也发展了比以往更为紧密的相互关系。

xix

27　Shelly Chan, *Diaspora's Homeland*, 3–5, 9–16, 185–188; Shehong Chen, *Being Chinese, Becoming Chinese American*, esp. 5–8.

实际上，北美华人的改良和革命运动反映并加强了他们在人际性、组织制度化及意识形态方面内外关系的长期变化。本书重点研究了近代中国历史上关键政治人物的跨国流动以及他们在北美华人社区中的跨文化政治动员。这些政治领袖将追求改良或革命的民族主义与西方起源的君主立宪主义或共和主义相融合，并与其籍贯相同的华人移民之间的个人情感和团体利益相结合。改良派和革命党的政治团体都积极使用了跨文化的意识形态、组织制度联系，以及亲属、同乡、友人、商业伙伴、师生感情等人际性关系实现了跨太平洋的发展和扩张。

由于网络分析方法仍然关注人际关系，播散族群的理论概念也可以涵盖"实际上或情感上"的故乡关系和同族情感、情绪和意识，[28] 这些理论方法可以帮助本书深入分析北美华人改革派和革命党活动分子，尤其是其中领导人物在个人层次上发生的政治变化。因此，本书特别关注改良派和革命党领袖利用并改变各自政治组织中的人际性和制度化关系的努力，以及由此对于北美唐人街和跨太平洋华人播散族群进行的政治动员。

对于这种华人播散族群关系变化的网络分析将突出改良派，特别是革命党政治组织团体的日益制度化，包括它们使用正式会员制度、领导体制、等级结构、跨国体系和跨文化意识形态融合和转变人际性关系的努力。这种分析将表明，这些政治团体在北美唐人街和跨太平洋华人播散族群中的网络远远超越了原有基于人际关系纽带上的家族、同乡组织的发展，表现了更高程度的制度

---

28 William Safran，"Diaspora in Modern Societies：Myths of Homeland and Return，" 84.

化和更大范围的扩大化。

　　本书就北美华人改良和革命运动的网络分析突出人际性关系对　　xx
于他们各自组织发展的重要性。然而，它也暴露了改良派之间的
个人派系斗争，并强调派系斗争是他们政治失败的主要原因，由
此部分证实了以往关于中国非正式政治负面影响的研究。此外，
本书特别强调革命党在其组织制度化和扩大化及多样化方面达到
的空前未有水平，而这也是他们战胜清末改良派及其民国初年后
继政党的主要原因。然而，革命党领导权力的集中以及其他方面
的制度化发展也对北美唐人街和近代中国的政治产生了负面影响。

　　就北美华人改良派和革命党意识形态中的跨文化混合性及其
相互之间的分歧和斗争进行的网络分析可以避免过分强调华人播
散族群的统一甚至同质，积极回应此前学者针对这种学术倾向
的批评。[29] 对于改良派和革命党人物之间的竞争、联系和其他形
式的互动进行详细考察，本书将显示北美唐人街乃至其中许多华
人家庭内部经历的政治分裂或相关政党网络的多样化，而不是统
一和同质的播散族群。然而，它也将展示他们通过各自的党派组
织、政纲等制度化发展导致华人播散族群的前所未有程度的内在
联系。

　　简而言之，网络分析方法将有助于连接不同学科领域中或"民
族—国家"框架内的中国史，尤其是华侨史、美国与加拿大华人
史，以及华人播散族群研究。它还提供了宽泛和能动的理论工具，

29　针对这种华人播散族群研究倾向的批评，见 Wang Gungwu, "A Single Chinese
　　Diaspora?"；Shu-Mei Shi, "Against Diaspora," 25–30；Ien Ang, *On Not Speaking
　　Chinese: Living between Asia and the West*, esp. 11–13，75–85。

有助于研究北美唐人街中改良和革命的历史起源、相互联系和广泛影响，海外华人政治从地方范围到跨太平洋世界的关系，及其播散族群网络从过去到本书时代和此后的变迁。

鸣　谢

　　我非常高兴能够在此书出版之际感谢以下个人和机构提供的帮 ^{xxi}
助。我特别感激斯坦福大学历史系教授张少书（Gordon H. Chang）
在以往的十年中对于我为本书所作研究的关心和支持。在他与谢
莉·费希尔·费什金（Shelley Fisher Fishkin）和其他学者共同主
持的斯坦福大学"北美铁路华工项目"（Chinese Railroad Workers
in North America Project）中，我有幸与许多来自亚洲和美洲的学
者进行合作研究，从而为本书的写作打下了一个坚实基础。我还
要特别感谢斯坦福大学社会学教授和社会网络理论研究的权威学
者马克·格兰诺维特（Mark Granovetter）。他不仅鼓励我在2011
年由斯坦福大学出版社发行的《商会与近代中国的社团网络革命》
一书中发展新的网络分析理论方法，而且还在百忙之中阅读了我
在本书《英文版序》中关于网络分析的讨论，并提供了令人鼓舞
的肯定性评价。斯坦福大学出版社的两位编辑——马戈·欧文
（Margo Irvin）和辛迪·林（Cindy Lim）均以其专业建议、高效
安排和耐心帮助，指导了我为本书的工作。
　　夏威夷大学历史系的已故教授杰瑞·H. 本特利（Jerry H.
Bentley）是我在广阔的全球史领域的首位导师，我极为感激他对

我学术研究的长期影响。正是在他教授的世界历史讨论课上，我开始了关于北美华人的跨国历史研究。由于本书涉及近代中国史（华侨史）、美国华人史、加拿大华人史及华人播散族群研究的文献和理论分析，我得到了这些不同学术领域内的多位学者帮助。张素芳（Sue Fawn Chung）、方骏、韩孝荣、徐元音（Madeline Yuan-yin Hsu）、胡其瑜（Evelyn Hu-Dehart）、刘宏、蒂莫西·J.斯坦利（Timothy J. Stanley）、王笛和沙培德（Peter Zarrow）阅读了部分或全部书稿，并提供了有益的建议、批评和鼓励，帮助了本书的改进。张素芳教授和徐元音教授还担任了斯坦福大学出版社的两位匿名审稿人，并在此后通过本书编辑同意继续为我的修改工作直接提供宝贵意见。我对她们中肯、深入和发人深思的审阅报告表示由衷感激，并特别感谢徐元音教授将网络分析作为本书主要研究方法的建议。此外，本书的初稿和修改稿都经过珍妮·克莱顿（Jenny Clayton）、劳拉·戴利（Laura Daly）和玛丽·卡曼·巴博萨（Mary Carman Barbosa）女士的先后校读订正，得到了极大改进。克莱顿博士以她对加拿大历史的丰富知识补充了本书的一些细节，戴利女士和巴博萨女士则通过他们的专业建议帮我最后修订了书稿。我还要感谢丹尼尔·布伦德尔–莫库兹（Daniel Brendle-Moczuk）先生为本书示意图的制作所做出的贡献。当然，在本书中，任何错误和遗漏完全是我个人的责任。

我要特别向以下提及的中国学者表示感谢。我在2009年为本书的研究首次前往中国大陆，得到了南京大学中华民国史研究领域著名学者张宪文教授的支持。他为我在中国第二历史档案馆进行档案研究方面提供的帮助尤为重要。我在随后的武汉之旅得到

xxii

了中国近代史领域的权威学者、华中师范大学已故教授章开沅先生的支持和指导。他的两位门生和同事马敏教授、朱英教授及武汉大学的陈锋教授也对我在该地的研究提供了帮助。在广州，中山大学的陈春声校长和刘志伟教授为我在该地及中山市的研究工作提供了有益的安排。2012年，我再次前往中国大陆，并专程到达许多早期北美华人的家乡广东省台山市进行实地考察。时为中山大学博士生的陈明（现在南京师范大学任教）、五邑大学的已故教授梅伟强及他的同事黄海娟和王传武等学者为我在该市的几个村镇的考察提供了特别安排。我在南京大学的旧日同学王朝光长期在中国社会科学院工作，他在2012年和2016年先后两次帮助我安排了在该院近代史所资料室的档案研究工作。

　　对于本书资料研究工作特别提供过帮助的机构包括加拿大国家档案馆、英属哥伦比亚省档案馆、英属哥伦比亚大学图书馆、多伦多大学东亚图书馆，位于西雅图、旧金山和马里兰州的美国国家档案馆、华盛顿大学东亚图书馆、加利福尼亚大学伯克利分校民族研究图书馆以及斯坦福大学胡佛研究所。我对上述机构的档案馆员和图书馆员所提供的帮助均极为感激。在我于2012年、2013年和2014年在加拿大的英属哥伦比亚省、阿尔伯塔省以及美国蒙大拿州、华盛顿州和俄勒冈州的几十个小城镇进行的实地考察中，当地博物馆、档案馆和图书馆的工作人员都曾给予我热情慷慨的帮助。

　　我还很高兴地感谢约翰·亚当斯（John Adams）、张启礽、丁果、贾葆蕖、谭精意（Jane Leung Larson）、石晓宁、罗伯特·里奥·沃登（Robert Leo Worden）、郑杨、邹浩和已故的胡恒坤

xxiii

（Philip P. Choy）先生。他们均与我分享了有关本书的历史知识和文献资料。近十名维多利亚大学的本科生曾担任我的研究助手，帮助收集有关报纸资料及其他文献。在过去的十余年中，我所指导的博士和硕士研究生或者通过文献收集，或者通过参加我所教授的研究生课程讨论，对本书作出了贡献。他们包括丹尼斯·陈（Dennis Chen）、悉尼·坎利夫（Sydney Cunliffe）、付奕雄、韩亮、黄海荣、郭宴光、吉尔·莱文（Jill Levine）、刘妍铄、利亚姆·奥雷利（Liam O'Reilly）、德米特里·彼得罗夫（Dmitry Petrov）、杰夫·索克（Geoff Sock）以及克里斯·韦克尔（Chris Weicker）。郭宴光博士在台北中国国民党中央委员会文化传播委员会党史馆为本书进行的档案工作尤为重要。

本书的研究经费主要来自加拿大社会科学和人文研究委员会（Social Sciences and Humanities Research Council of Canada）。维多利亚大学亚太研究中心（Center for Asia-Pacific Initiatives）和人文学院分别在2012年和2014年提供了研究基金，为我免除课程的时间，极大地便利和促进了我在本书写作的早期资料分析工作。维多利亚大学历史系及我的同事，特别是格雷戈里·布鲁（Gregory Blue）、佩妮·布赖登（Penny Bryden）、杰森·科尔比（Jason Colby）、约翰·卢茨（John Lutz）、琳恩·马克斯（Lynne Marks）、裴约翰（John Price）、帕特里夏·罗伊（Patricia Roy）、埃里克·塞杰（Eric Sager）和乔丹·斯坦格-罗斯（Jordan Stanger-Ross），也为我的研究提供了帮助或鼓励。

本书的第一章和第二章的部分内容曾发表在我的两篇论文中："Kang Youwei's Activities in Canada and the Reformist Movement among the Global Chinese Diaspora，1899-1909"（《康有为在加拿大的活动及全球华人改良运动，1899—1909》），载 *Twentieth-Century China*（《二十世纪中国》）2014 年第 39 卷第 1 期，第 3—23 页；"Kang Tongbi's Pioneering Feminism and the First Transnational Organization of Chinese Feminist Politics，1903-1905"（《康同璧的前卫女权主义与中国妇女的最早跨国政治组织，1903—1905》），载 *Twentieth-Century China*（《二十世纪中国》）2019 年第 44 卷第 1 期，第 3—32 页。我感谢该期刊允许我重新使用这两篇论文中的资料。

最后，我要感谢我的妻子黄丽敏在我们三十多年的共同生活中对我学术追求的支持和牺牲，特别是她在过去三十二年里伴随我在海外华人移民世界的漫游。我们的儿子陈厚伟从 2002 年加入我们的生活，并在我从事这本似乎无穷无尽的书稿工作期间，从一个小男孩成长为一个年轻人。我将永远思念他幼儿时的欢声笑语，但他的成熟、独立、自信和对大学教育的专注也给了我更多的时间和宁静来完成这本书的研究和写作。

xxiv

主要档案卷宗标题代码

（参见本书末尾《征引文献》关于档案文件部分的详细收藏信息）

CERAD：Chinese Empire Reform Association Documents，1899-
1948（保皇会和宪政党文件，1899—1948）.

CKTMO："Chee Kung Tong Materials and Other Chinese Language
Documents"（洪门致公堂文献及其他中文史料）.

KTBSW："Kang Tongbi South Windsor Collection"（康同璧南温莎
文件集）.

SHHRA："Shanghai Huanlong Road Archives，1914-1925"（上海环
龙路档案，1914—1925）.[1]

WXZXY："Wu Xianzi xiansheng yigao ji suocang wenjian"（伍宪子
先生遗稿及所藏文件）.[2]

---

1 译注：环龙路为民国初期孙中山在上海的居住地之一，但该卷宗包括他所领导的
   革命党从其开始之际遗留的绝大部分档案文件。
2 译注：伍宪子为保皇会和宪政党后期的主要领导人物之一。

人名、地名及货币说明

（中文译本对于原说明有所改动）

　　本书在华人中文姓名不明或仅有旧式拼法的情况下，一律使用音译，并于首次出现时在括号内附加历史文献中的原有罗马字母拼法。正文内西人学者姓名除其自取的汉文姓名外，也大多使用音译，并于首次出现时在括号内附加罗马字母姓名。

　　北美地名在正文中一般使用音译，但少数地名沿用了历史文献或当地华人社区中的旧式译名，但都于首次出现时在括号内附加原来的罗马拼音名称。为了中文读者的方便，本书中译本增加示意图2附注：《北美西部地区中译西文地名对照表》，罗列该图和本书正文提及的主要北美地名。本书所使用的绝大多数北美中文地名，均可用该表在示意图2找到相关地理位置，也可以用该表从中文地名查找原来的罗马拼音地名。

　　历史文献很少明确指出所提及的钱币为某一特定国家货币。因此，本书有时根据史料来源的地理和历史背景对货币发行的国家进行了推测。

前　言

在北美淘金热潮首先于1848年兴起于加利福尼亚，然后于　　1858年爆发于英属哥伦比亚之后，大批华人移民随之涌入。1863年至1869年间在美国西部建造的中央太平洋铁路、1880年至1885年间在英属哥伦比亚建筑的加拿大太平洋铁路，以及其他北美铁路的建设也引发了从中国到美国和加拿大的大规模移民浪潮。加利福尼亚州和英属哥伦比亚省的种族主义运动导致美国和加拿大政府先后在1882年和1885年开始限制来自中国的劳工移民，并迫使许多华人移民向东迁移。然而，在美国和加拿大的华人主要还是散居于从加利福尼亚到英属哥伦比亚的北美太平洋沿岸地区，他们在这两个国家的华人社区联合组织——中华会馆——也分别首先在旧金山和英属哥伦比亚省会维多利亚得到发展。[1] 因此，这

1　Shih-shan Henry Tsai, *The Chinese Experience in America*, 10–32, 45–53, 62–67；
Edgar Wickberg et al., *From China to Canada*, 13–27, 30–63, 301.

些早期移民已经为1898年之后北美华人的跨太平洋改良和革命运动的发展奠定了一个组织基础。

　　绝大多数进入美国和加拿大的早期中国移民，包括1898年至1918年间北美华人改良和革命运动的主要领袖人物，都来自中国南部沿海的广东省。他们积极利用了跨太平洋的网络，尤其是来自该省的乡亲之中同乡关系进行跨国移民,[2]并从事政治活动。因此，在对北美唐人街的跨太平洋改良和革命运动进行网络分析时，首先对来自广东的移民在该省与北美之间早已建立的联系及其与改良和革命运动领袖人物之间的同乡关系进行初步讨论是非常重要的。

　　此前对于从广东省到美国和加拿大移民的研究通常强调中国方面的"推力"，如自然灾害、人口压力、社会政治动荡、经济贫困等原因，以及北美方面的"拉力"，例如淘金热、就业和经商机会等因素。[3]然而，广东与中国东南沿海其他省份的真正区别在于它与澳门和香港的地理位置接近，而这两个西方人侵占的地方在清朝于1899年废除其禁止移民海外的政策之前，为来自附近的居民非法移居国外提供了保护伞。香港还通过发展相关的法律体系、航运系统及移民网络，促进了日益便捷的跨太平洋旅行。[4]澳门和

2

2　Lynn Pan, *The Encyclopedia of the Chinese Overseas*, 36。根据此书，在1957年之前，99% 的美洲华人移民来自广东省。关于广东人在19世纪中期至20世纪末的跨太平洋华人移民中的绝对多数地位，还可参见 Henry Yu, "Mountains of Gold: Canada, North America, and the Cantonese Pacific," 108-121。

3　Sue Fawn Chung, *In Pursuit of Gold: Chinese American Miners and Merchants in the American West*, 1-5, 10-13; Edgar Wickberg et al., *From China to Canada*, 6-9.

4　吴剑雄:《从海禁到护侨——清代对出国移民政策的演变》，第19—39页；Elizabeth Sinn, *Pacific Crossing: California Gold, Chinese Migration, and the Making of Hong Kong*, 43-136。

香港也为晚清中国和海外华人中的改良和革命运动领袖人物提供了政治保护和重要联系（见示意图1）。

　　作为晚清中国和海外华人中的主要改良派领袖，康有为就出生于广东省省会广州附近的南海县。康氏家族在他之前的十三代中连续培养了儒家学者，并在最近的三代中产生了政府官员，但他的改良思想也有西方源头。从1757年开始，广州成为清代中国唯一对西方商人开放的港口。在英帝国通过第一次鸦片战争（1840—1842）击败清帝国并侵占香港之后，中国沿海开放了包括广州在内的五个"条约口岸"，容许西方人士居住经商。由于香港

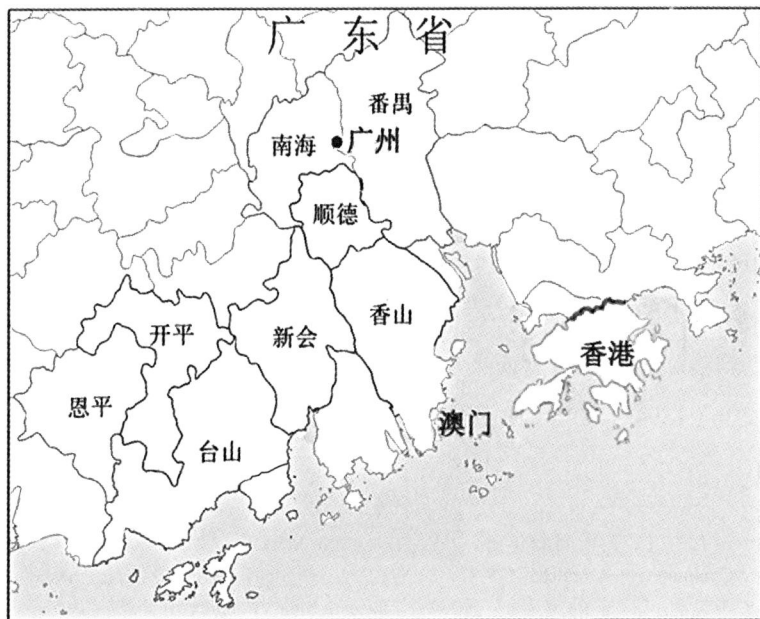

示意图1　珠江三角洲侨乡，1915年。

近在广东沿海，它在加利福尼亚淘金潮于1848年爆发后，就为康有为家乡附近的居民大规模偷渡北美提供了庇护，使他们成为当时华人跨太平洋移民的先锋。[5] 这种西方的军事侵略、政治挑战和文化影响都激发了康有为的改良思想和活动。

康有为的家乡南海县位于广州近郊，也处于珠江三角洲中心地带。珠江从广州市区流过、注入南海，其出海港湾东临香港，西靠澳门。南海县及其附近的番禺县和顺德县的居民所用方言接近标准粤语，从该地而来的移民便构成了早期美国和加拿大华人之中最大的地域和方言群体之一，即"三邑"人。[6] 如本书以下第一、二章所述，来自"三邑"的加拿大华商领袖为康有为在1899年发动海外改良运动提供了最早的帮助。

尽管康有为最初通过参加科举来追逐从儒家学者成为清朝官员的传统生涯，但他也接受了西方文化的影响。康氏通过访问香港和上海的租界以及研究有关欧美和日本的中文书籍接触了西方文化。他甚至在广州开办了名为万木草堂的私立学校教授西学，其中的学生如梁启超（1873—1929，见第一章插图3）后来成为一位影响极大的改良主义报人。康氏最终于1895年成功通过科举考试，得到清朝政府所给的低级官员任命。在此同时，晚清帝国在中日战争（1894—1895）中遭受了灾难性的失败。这场前所未有的国

---

5 康有为：《康南海自编年谱》，第1—5页；Him Mark Lai, "The Sanyi（Sam Yup）Community in America," 78-81，86-87；Elizabeth Sinn, *Pacific Crossing*，48。

6 李新魁：《广东的方言》，第28页；Elizabeth Sinn, *Pacific Crossing*，48；Chuen-yan David Lai, "Home County and Clan Origins of Overseas Chinese in Canada in the Early 1880," 4，6。

家危机促使康有为转而领导一场政治改良主义的宣传运动，并推动了清政府在1898年的首次政治改革，即戊戌维新运动。然而，所谓的"百日维新"很快以清廷保守派的政变告终，迫使康有为流亡海外，并寻求在海外恢复改良运动。[7]

梁启超是康有为的主要门徒之一，也是国内外改良运动当中 4 最有影响力的宣传家。他来自位于广州西南的沿海地带。这个地带也是珠江三角洲的一部分，包括了台山（1914年前称为新宁）、新会、开平和恩平县。这四个县，尤其是恩平县，丘陵较多，土地没有三邑肥沃，但由于地理上接近葡萄牙侵占的澳门，当地人在19世纪中叶之前就从事对外贸易和非法移民。该地居民使用一种独特的粤语方言，构成了另一地域和方言群体，即"四邑"人。来自该地带的移民也是从19世纪40年代到20世纪初的北美和澳大利亚华人中最大的群体，尤以劳工数量最多。[8]梁启超的海外改良活动曾得到他们积极支持，而这在很大程度上就是因为他是新会县人，也是他们的地域方言群体成员。[9]

作为反清革命运动的主要领袖，孙中山也是广东省人士，出生于珠江三角洲南部香山县的一个农民家庭。该县在1925年改名为中山县，用以纪念孙中山。香山县的居民大多是来自其他地方的移民或他们的后裔，所以他们使用粤语在内的多种方言。该县

7　康有为：《康南海自编年谱》，第5—6、9—12、19—20、25—32、36—68页。

8　梅伟强、张国雄主编：《五邑华侨华人史》，第2—10、18—26、36—39、74—76、79、209页；李新魁：《广东的方言》，第27页。由于1983年之后广东行政区划的改变，梅氏和张氏的书将鹤山县加入这四县，称为五邑，但该书承认四邑曾是一个广为使用的历史名称。

9　丁文江、赵丰田编：《梁启超年谱长编》，第170页。

5

邻近澳门，以致当地人构成这个葡萄牙侵占地中的绝大多数居民，并在19世纪中叶之前由此非法移民海外。孙中山的哥哥及许多来自该县的人在19世纪后期移居夏威夷群岛，并形成了那里的华人之中最大移民团体。由于他的哥哥在夏威夷的事业成功，孙中山的家庭经济得到改善，他也在1879年13岁时移民到这个太平洋中间的群岛。[10]

此后，孙中山先后在檀香山和香港接受西方教育，并受到西医训练，甚至在1884年皈依基督教。但是，孙中山的政治追求始于他在1890年向香山县的一位清朝退休外交官提交关于地方社会改良的请愿和自我推荐书信。他在此后又向上海的官员提出类似请求，并在1894年6月向直隶总督李鸿章递交了改良和自荐的请愿书。孙中山在这些改良请愿及自我荐举活动中的失败，及其对于清政府洋务运动和对日战争的失望导致他重返檀香山。他很快动员檀香山的一些华侨于1894年11月建立了第一个反清革命组织——兴中会，其时间约在他于1912年成为中华民国临时大总统的18年之前。[11]

显然，康有为和孙中山都受到了西方文化影响，并在19世纪90年代之前或之初追求了解决民族危机的改良主义方案。但是，

---

10 黄宇和：《三十岁前的孙中山——翠亨、檀岛、香港》，第116页，第130—136页、第174页；叶显恩：《香山移民夏威夷的历史考察》，第91—104页；李新魁著：《广东的方言》，第115—116页，第452页、第512—519页；Elizabeth Sinn, *Pacific Crossing*, 48-49。关于孙中山的多个不同姓名，见上引黄宇和书，第130—132页。

11 黄宇和：《三十岁前的孙中山》，第194—198、226、263、283、330、506—510、520—528、539—542页；Clarence Elmer Glick, *Sojourners and Settlers: Chinese Migrants in Hawaii*, 238, 274-276。

孙中山后来转向更为激进的反清革命，其部分原因是他个人未能
进入清朝政府并从内部推动改良政治的努力失败。在1898年的百
日维新失败之后，梁启超成为海外政治流亡者，他也曾和康有为
的一些激进门生一道，短暂追求与孙中山的反清革命结盟，进行
共和革命。但是，他们最终受其老师康有为的影响，回到了当时
似乎颇有希望的海外华人改良运动之中。[12] 所以，个人的追求和师
生纽带等人际关系在一定程度上影响了这些来自同一省份改良派
或革命党人物的政治选择。

　　20世纪30年代以来，中国学者也将孙中山归属于中国南方的
客家人，但最近的研究对此提出了质疑和反驳。[13] 关于康有为和梁
启超客家身份的说法也曾出现于此前的出版物中，但缺乏可靠证
据。[14] 客家人在国内外都是较为活跃的移民群体，也因此而得名。
他们在广东省主要聚集在嘉应州（1912年改名为梅县），处于广州
东北的山区地带。客家人长期以来通过从中国南方贫瘠的山地迁徙
到沿海地区或海外，包括珠江三角洲、台湾地区及东南亚国家，追
求经济机会。在北美，来自广东的客家人只占中国移民中的少数。[15]

　　由于绝大多数在北美的中国移民与康有为、梁启超和孙中山等　6

12　丁文江、赵丰田编：《梁启超年谱长编》，第119—125、208—210、214—215页。

13　黄宇和：《三十岁前的孙中山——翠亨、檀岛、香港》，第13—65、76—113页；
　　Sow-Theng Leong, *Migration and Ethnicity in Chinese History: Hakkas, Pengmin,*
　　and Their Neighbors，32-33，85，189n7。

14　丘权政：《客家源流与文化研究》，第3—6页。该书提出这一观点，但并未引用任
　　何论据。作为反证之一，康有为曾经对客家人的起源有贬低性的评论，见康有为：
　　《教学通议》，第409页。

15　Sow-Theng Leong, *Migration and Ethnicity in Chinese History*，33，43-60，64，
　　70，75-76，127；Elizabeth Sinn, *Pacific Crossing*，49.

改良和革命运动领袖主要来自广东省八个县内的三个地域和方言群体，他们便很容易建立相互之间的密切联系。一份在1876年由旧金山唐人街领袖提供的有关美国华人的记录显示了这些移民在上述不同地域和方言团体中的大致比例：来自三邑方言群体（即广州附近的三个县及其周边县）的人占7.7%；来自香山及其周边县的也占7.7%；来自四邑方言群体（即四个县及周边县）的人占80.7%；来自客家群体的人占2.6%。其余1.3%的移民没有加入这些团体。对于1878年和1888年在美华人的另外两个估计显示了广东移民在这些地域和方言群体中的类似比例分布。[16] 就1885年之前加拿大早期华人移民数据的一项更为可靠的研究显示：其中23.3%来自三邑方言群体，63.6%来自四邑方言群体，仅有1.6%来自香山（中山）县，其余11.5%来自广东省的其他县。[17]

康有为和孙中山分别领导了北美华人的改良与革命运动，但其中的参加者大多是来自上述广州附近八县、共享紧密乡土感情的移民。即使是其中较少的客家人和来自广东其他县的移民也被视为他们的同省乡亲。然而，这些主要来自广东的移民在传统网络分析所注重的同乡等个人关系之外，已经发展了组织制度化联系。在他们之中的"传统组织制度"，如家庭、同乡团体和秘密社会，构成了他们全球迁徙活动所依赖的"相互连接网络中的节点"。[18]

16　刘伯骥：《美国华侨史》，第169—172页。

17　David Lai, "Home County and Clan Origins of Overseas Chinese in Canada in the Early 1880s," 6.

18　Adam McKeown, *Chinese Migrant Networks and Cultural Change*，20.

　　但是，基于我此前对近代中国历史的研究，[19] 本书主要运用"社团网络"这一概念来分析具有近代特征的改革派和革命党团体，它们交织的人际性和制度化关系，及其与北美唐人街、跨太平洋华人播散族群，以及其他社会政治力量的互动。

　　当然，这些近代形式的政治党派是以家族、同乡团体和其他"传统组织制度"及其血缘、地缘和其他个人关系为部分基础的。来自广东的商人很早就建立了跨太平洋的网络，用于商业经营和政治活动。旧金山的十一家华人商号曾于1855年9月发布一份声明，寻求美国白人的友谊，并抨击猖獗的种族主义，而来自广东的卢卓凡和他弟弟共同拥有的合记公司就领导了这一公开请愿。[20] 在1858年英属哥伦比亚发生淘金潮之后，卢氏兄弟在维多利亚开设了广利公司，并使它迅速成为跨太平洋家族商业网络的总部。与旧金山的合记公司紧密相关，广利公司在英属哥伦比亚省各地城镇设有数家分支机构，并在香港和广州设立了姐妹公司。它还在加拿大华人抗议种族歧视活动中积极发挥了领导作用，直到19世纪80年代卢氏兄弟之间的法庭争斗导致该公司破产为止。[21]

　　由广东商人多个同族公司组成的跨国合伙集团甚至曾为1880年至1885年期间在英属哥伦比亚省建设加拿大太平洋铁路提供了中国劳工。这条铁路的四个主要华人劳工承包商来自广东省台山

7

19　Zhongping Chen, *Modern China's Network Revolution*, 7.

20　*Sacramento Daily Record-Union*, September 12, 1855.

21　David Chuenyan Lai, *Chinese Community Leadership: Case Study of Victoria in Canada*, 38, 53-54; Tzu-I Chung, "Kwong Lee & Company and Early Trans-Pacific Trade," 143-147.

县水楼乡的同一李姓宗族，他们利用其各自在旧金山、香港和维多利亚的公司招募、运送并管理来自广东省的铁路劳工。其中三位居于维多利亚的劳工承包商与该市唐人街的其他商人领袖一道，曾于1884年领导了一场反对英属哥伦比亚省政府排华法案的法庭斗争，并由此在该市建立了他们的社区联合组织。[22]

北美华人社区联合组织始于19世纪50年代旧金山唐人街的六个方言和同乡团体联合会，即所谓的六大公司，并于1882年进一步演变成为旧金山中华总会馆。在此之后，类似的华人社区联合组织也出现在纽约、檀香山和俄勒冈州的波特兰唐人街。[23] 在维多利亚唐人街，广利公司的卢卓凡、加拿大太平洋铁路的三个来自李氏家族的劳工承包商以及其他华商领袖于1884年组建了中华会馆，并在此后数十年成为中国移民在加拿大的代表机构。[24]

中华会馆使用的名称受到此前研究的特别注意，并被解释为其中广东移民从狭隘的乡土认同转向国家认同的标志。[25] 这些社区联合组织从19世纪80年代初开始出现在美国和加拿大的唐人街，并成为北美各地华人社区改革的领导力量，试图通过消除内部社会

---

22 Zhongping Chen, "Chinese Labor Contractors and Laborers of the Canadian Pacific Railway, 1880-1885," 20-23, 28-29。水楼乡现称为水楼村。

23 Yucheng Qin, *The Diplomacy of Nationalism: The Six Companies and China's Policy toward Exclusion*, 44-45, 103.

24 David Chuenyan Lai, *Chinese Community Leadership*, 27-38、65-89; Zhongping Chen, "Chinese Labor Contractors and Laborers of the Canadian Pacific Railway, 1880-1885," 28.

25 Yucheng Qin, *The Diplomacy of Nationalism*, 54-55; Timothy J. Stanley, "'Chinamen, Wherever We Go': Chinese Nationalism and Guangdong Merchants in British Columbia, 1871-1911," 489-494.

弊端、主持慈善事业、照顾贫困和无助的中国移民，以此减少种族主义歧视。确实，旧金山和维多利亚中华会馆的出现正好分别与1882年开始在美国实行的排华法案及1884年在英属哥伦比亚省议会通过多项反华法案同时发生。该省议会的法案后来大多因违反加拿大宪法而被中止，但英属哥伦比亚的政客仍然推动加拿大联邦政府在1885年开始对每位来自中国的移民征收50加元人头税。[26]

所以，在维多利亚的中华会馆领袖于1899年卷入康有为领导的海外华人政治改良运动之前（见第一、二章的详细描述），这些美、加唐人街的社区联合组织就已经开始了社区改革活动。尽管如此，在北美各地的唐人街中，中华会馆的数量仍然很少，它们与其他家族商业组织及方言和同乡团体之间仍然缺乏坚固的制度化联系。同样，在北美的华人社区中，早期秘密社会团体主要源自国内的洪门。从19世纪50年代的加利福尼亚州开始，它们在北美的各堂口便因帮派林立、缺乏组织统一，不断卷入臭名昭著的"堂斗"或各堂口之间的派系斗争。[27]

这些秘密社团在跨太平洋的华人改良与革命运动之中都扮演了重要角色，但关于洪门及其在北美分支的起源仍然存在争议。[28]洪门传入北美的早期堂口或分支组织至少于1854年就出现在旧金山

26 Shih-shan Henry Tsai, *The Chinese Experience in America*, 62-66; Yucheng Qin, *The Diplomacy of Nationalism*, 103-105; David Lai, *Chinese Community Leadership*, 19, 27-37; Patricia E. Roy, *A White Man's Province: British Columbia Politicians and Chinese and Japanese Immigrants, 1858-1914*, 54-61.

27 Shih-shan Henry Tsai, *The Chinese Experience in America*, 51-55.

28 Dian H. Murray and Qin Baoqi, *The Origins of the Tiandihui: The Chinese Triads in Legend and History*, 89-150; Sue Fawn Chung, "The Zhigongtang in the United States, 1860-1949," 234.

和萨克拉门托（Sacramento），[29] 并在19世纪70年代出现于英属哥伦比亚的维多利亚市及该省卡里布地区（Cariboo region）的淘金重镇茂士（1900年之前称为 Quesnelle Mouth 或 Quesnelle，现为 Quesnel 市）。[30] 它们使用了与广东侨乡内秘密社团的同样名称——洪顺堂。[31] 从北美起源的更大规模洪门分支组织是致公堂，大概于1879年或之前出现在旧金山，并在向当地政府注册时采用了从欧洲起源的秘密兄弟会名称，即加利福尼亚华人共济会。[32]

　　加拿大洪门出版物声称致公堂已于1876年在英属哥伦比亚省发展了分支组织，此前的一些论著也支持这一说法。然而，这种说法缺乏历史依据，包含自相矛盾及对致公堂于1882年在卡里布地区留下的珍贵文件的误解。[33] 更有可能的情况是，致公堂是在19

29 *Daily Alta California*，January 5，1854；*Daily California Chronicle*，January 30，1854.

30 *Colonist*，May 2，1871，January 21，1877，and January 5，1879；Stanford M. Lyman，W. E. Willmott，and Berching Ho，"Rules of a Chinese Secret Society in British Columbia，" 536，plates 3 and 5.

31 刘伯骥：《美国华侨史》，第418—419页；Yingying Chen，"In the Colony of Tang: Historical Archaeology of Chinese Communities in the North Cariboo District，British Columbia，1860s-1940s"，427-428。

32 The *San Francisco Directory for the Year Commencing April 1879*，932；五洲致公总堂：《革命历史图录：170周年纪念特刊》，第37页。这本加州致公堂的出版物宣称该组织在1848年就出现于旧金山，但没有留下历史文献记载。关于致公堂在1863年发起于旧金山及其此前后起源于落基山淘金矿区的其他说法，参见 Tsai，*The Chinese Experience in America*，52-53。

33 简建平编著：《中国洪门在加拿大》，第13页；黎全恩：《洪门及加拿大洪门史论》，第78、83、87—88、93—95、99页；Edgar Wickberg et al.，*From China to Canada*，30-31。关于简著中加拿大致公堂起源的没有根据说法、黎著中的自相矛盾之处，以及魏安国（Edgar Wickberg）等学者合著的书中对于卡里布致公堂1882年文献的误解，见 Zhongping Chen，"Vancouver Island and the Chinese Diaspora in the Transpacific World，" 58-59，特别是第58—59页注解60—63的详细说明。

世纪80年代初通过从旧金山来到英属哥伦比亚省建设加拿大太平洋铁路的华工从加利福尼亚传入的。它的分堂随后相继在维多利亚、英属哥伦比亚省内的加拿大太平洋铁路沿线及其北部的卡里布地区和其他加拿大地区发展起来。[34]

与旧金山和维多利亚的华人家族企业及两地唐人街的中华会馆等组织类似，致公堂以及美国和加拿大的其他洪门秘密团体仅仅包括来自广东的同乡，甚至限于特定的宗族、地方或方言群体成员。在特定唐人街之外，不同家族、社区组织和秘密社团之间的制度化联系是偶尔或短暂发生的，它们与祖国和所在国的政治互动也是如此。然而，通过参与北美华人改良与革命运动，它们的内部和外部关系将经历深刻的变化。

从网络理论的角度来看，北美唐人街中已经存在的跨太平洋家族企业、特定社区组织及跨国秘密社团不仅奠定了未来的改良和革命运动的一个基础，而且为这些现代政党利用人际性和制度化关系取得发展开创了先例。但这些政治党派组织将以各自的众多分部、正式结构及在广东人为主的北美唐人街之外华人社区中的扩张带来革命性关系变化，并通过与祖国政治和所在国文化进行的密切互动显示出新的历史特点。在康有为或孙中山的领导下，改良派与革命党的不同程度制度化、扩大化和多样化，以及它们之间及与其他社会政治力量之间的竞争、合作和其他形式的互动，将极大地决定其各自运动的命运。

10

---

34 Zhongping Chen, "The Construction of the Canadian Pacific Railway and the Transpacific Chinese Diaspora, 1880–1885," 303–304; Zhongping Chen, "Vancouver Island and the Chinese Diaspora in the Transpacific World," 59.

本书将采用这种新的网络视角，分析以广东移民为主体的北美华人改良和革命运动，以及1898年至1918年间他们在跨太平洋华人播散族群中的政治组织扩张和广泛历史影响，尽管海外改良派在1909年之后，尤其是在1911年共和革命前后已经遭受了失败。本书的前三章主要讨论了康有为、孙中山和其他政治领袖人物在北美的旅行与华人改良和革命运动在美国和加拿大的政治动员、组织发展及跨太平洋扩张之间的关系。第四章聚焦中华民国建立之后的时期，重点关注孙中山领导的革命党、清末以来立宪派及其后继者和北美致公堂的各自组织制度发展，并考察它们在保护民国的共同口号之下为了争夺海外华人支持而展开的党派斗争。总体而言，本书研究了以北美广东移民为主的华人跨太平洋改良与革命运动的各自起源、相互关系及其共同历史影响。

第一章以康有为参与1898年清政府百日维新为开端，重点分析了他在此后流亡北美期间通过与西方政治体制和广东华人移民的直接互动，于1899年在海外发起推动晚清中国和唐人街的政治改革运动。本章强调康氏通过与加拿大唐人街的商人领袖合作，利用爱国进步的改良主义政纲和反对种族主义的口号，从而得以掀起海外华人的政治改革组织及其运动。他并借助北美广东移民领袖、其万木草堂门生及其次女康同璧，将这个改良组织及其运动，包括其中妇女分会和女权活动，扩展到了加拿大和美国的许多唐人街以及太平洋沿岸华人社区。

第二章考察了康有为在1904年到1906年从加拿大到美国和墨西哥的连续旅行及他借此机会领导华人反对美国种族主义、推动中国宪政改革，并发展跨国商业而取得的跨太平洋组织扩张。虽然改良派组织通过人际性和制度化关系获得迅速扩展，但康有为、其门生及北美华侨领袖人物追求个人、家族甚至派系利益，由此造成内部冲突和派系之争，也导致了1909年前后该组织在整个亚太地区的衰落。

第三章探讨了孙中山及其他革命党人在1909年之前及其之后通过跨太平洋的旅行进行的反清宣传和鼓动，以及他们积极发展与致公堂和华人基督徒的联系，在美国和加拿大唐人街发展革命组织的活动。革命党人最终于1911年在北美唐人街和国内反清运动中取得的成功不仅得益于他们将西方起源的共和主义与民族主义相结合的"反满"宣传和运动，还由于他们从康有为领导的改良派中吸收活动分子、政治策略和组织资源的努力。

第四章聚焦于辛亥革命之后北美华人社区之中日益制度化和政治化的党派组织发展及其相互斗争。这一章在时间跨度上超越了此前绝大多数有关论著所止步的辛亥革命时代，进一步探讨了由孙中山所领导的华人捍卫民国的跨太平洋共和革命及其与康有为等前清立宪派的新建政党，特别是与致公堂在北美的斗争。本章将孙中山的革命党在北美唐人街和环太平洋华人世界中的崛起归因于其领导权力集中及其他政治策略下日益增强的制度化和组织扩大化，但也揭示了革命党人围绕权力集中问题的内部纷争及其对待政敌采取暗杀等暴力手段的激进倾向。

本书的网络分析和文献研究揭示了北美华人改良和革命运动通过它们各自的政治领袖与华侨互动而兴起并得到发展动力。这种分析纠正了此前论著将海外华人改良与革命运动和组织的起源完全归因于康有为和孙中山等政治领袖的跨国宣传和鼓动，[35] 但忽视这些运动反映华侨反对种族歧视和其他实际要求的观点。本书还全面考察了华人改良派与革命党之间的多样形式互动和联系，超越了此前有关论著所强调的双方政治斗争。[36] 特别的是，本书揭示了这两种政治运动共同影响之下跨太平洋华人播散族群的历史性变化，包括前所未有的族群联系和政治化、其中成员对祖国政治的深度参与及其与所在北美社会超越种族对立的互动。最后，本书通过对改良与革命团体的制度化、扩大化和多样化及其与太平洋沿岸其他社会政治力量之间互动的分析，得出了关于跨太平洋华人播散族群在1898年至1918年间经历了网络革命的结论。

　　本书主要关注从加利福尼亚到英属哥伦比亚的北美大陆西海岸华人改良与革命运动（见示意图2），但也涉及这些运动与清末民初中国及太平洋沿岸其他华侨社区的政治互动及其与美国和加拿大社会的西方文化联系。这种研究视角跨越了不同国家之间的边界及以特定国家历史为框架的专门学科领域，特别是中国研究中的华侨史、美国华人史或加拿大华人史。它的分析视野常常灵活

35　关于这类以往论著，参见L. Eve Armentrout Ma, *Revolutionaries, Monarchists, and Chinatowns: Chinese Politics in the Americas and the 1911 Revolution*，45；Harold Z. Schiffrin, *Sun Yat-sen and the Origins of the Chinese Revolution*，4-9。

36　这类论著在西语出版物中的典型之一是L. Eve Armentrout Ma, *Revolutionaries, Monarchists, and Chinatowns: Chinese Politics in the Americas and the 1911 Revolution*。该书基于作者的博士论文，见L. Eve McIver Ballard Armentrout-Ma, "Chinese Politics in the Western Hemisphere, 1893-1911: Rivalry between Reformers and Revolutionaries in the Americas"。在中文论著中的类似观点，见张玉法：《清季的革命团体》，第274—297页；章开沅、林增平主编：《辛亥革命史》，中册，第534—582页。

13

加 拿 大

茂士 · · 巴克维尔
卡里布地区

埃德蒙顿

温哥华亚 英属哥伦比亚省
阿尔伯塔省
萨斯喀彻温省
沙士卡通

坎伯兰
锦禄
利维士笃
卡尔加里

乃偌
温哥华
企龙拿
里贾纳

维多利亚
新威斯
库特纳地区
麦迪逊哈特

敏斯特
老市伦
尼尔森

西雅图
列必珠

太平洋
阿斯托里亚
斯波肯

华盛顿州

波特兰
海伦娜
蒙大拿州

俄勒冈州
爱达荷州

贝市

美 国
怀俄明州

玛丽维尔
萨克拉门托
内华达州

旧金山
犹他州
丹佛

加利福尼亚州
科罗拉多州

非士那

北加非

洛杉矶
亚利桑那州
新墨西哥州

圣地亚哥

太平洋

墨 西 哥

菜苑

0   200   400 Kms

示意图2　北美西部地区，1910年。

示意图2附注：北美西部地区中译西文地名对照表
（按拼音音序排列）

阿尔伯塔省 Alberta
爱达荷州 Idaho
埃德蒙顿 Edmonton
阿斯托里亚 Astoria
巴克维尔 Barkerville
北加非 Bakersfield
贝市 Boise
波特兰 Portland
菜苑 Torreón
丹佛 Denver
俄勒冈州 Oregon
非士那 Fresno
海伦娜 Helena
华盛顿州 Washington
怀俄明州 Wyoming
加利福尼亚州 California
锦禄 Kamloops
卡尔加里 Calgary
卡里布地区 Cariboo Region
坎伯兰 Cumberland
科罗拉多州 Colorado
旧金山 San Francisco
库特纳地区 Kootenay Region
老市伦 Rossland
列必珠 Lethbridge
里贾纳 Regina

利维士笃 Revelstoke
洛杉矶 Los Angles
麦迪逊哈特 Medicine Hat
玛丽维尔 Maryville
茂士 Quesnel Mouth
蒙大拿州 Montana
乃磨 Nanaimo
内华达州 Nevada
尼尔森 Nelson
企龙拿 Kelowna
萨克拉门托 Sacramento
萨斯喀彻温省 Saskatchewan
沙士卡通 Saskatoon
圣地亚哥 San Diego
斯波肯 Spoken
太平洋 Pacific
维多利亚 Victoria
温哥华 Vancouver
温哥华岛 Vancouver Island
西雅图 Seattle
新墨西哥州 New Mexico
新威斯敏斯特 New Westminster
亚利桑那州 Arizona
英属哥伦比亚省 British Columbia
犹他州 Utah

扩展，以便反映改良与革命运动领袖及华侨活动分子的跨太平洋流动，以及他们各自的组织在广州、上海、香港、东京、檀香山、旧金山、维多利亚和温哥华等太平洋沿岸城市之间的关系扩展。

　　以维多利亚和温哥华为核心的加拿大西海岸将在本书中受到特别注意。该地在1898年至1918年间成为北美和太平洋沿岸的华人改良和革命运动的中心舞台，但在长期以来的海外华人政治史研究中一直被忽视。因此，本书不仅填补了以往有关研究在地域上的空白，补充了此前中外学者有关华人改良与革命运动在日本、[37]东南亚[38]以及美国的论著，[39]而且将其中的分区域研究通过网络分析联系了起来。此外，本书与以往关注个别加拿大唐人街的地方史研究有所区别，不再局限于它们所聚焦的所谓维多利亚的"紫禁城"，[40]或温哥华内种族主义壁垒中的"华人飞地"。[41]相比之下，本书强调这些唐人街之间的相互关系，以及它们通过从地方到跨太平洋的改良和革命运动与中国、美国和加拿大社会的互动。

　　对于维多利亚、温哥华和加拿大西海岸其他城镇唐人街的广泛联系所作的全景式考察可以丰富近来以香港、旧金山等太平洋

14

37　见两本代表性专著，Marius B. Jansen, *The Japanese and Sun Yat-sen*；李吉奎：《孙中山与日本》。

38　就此专题在此区域的最为细致研究，见Yen Ching Hwang, *The Overseas Chinese and the 1911 Revolution*。

39　关于这类既有研究，见L. Ma, *Revolutionaries, Monarchists, and Chinatowns*；高伟浓：《二十世纪初康有为保皇会在美国华侨社会中的活动》；Shih-shan Henry Tsai, *China and the Overseas Chinese in the United States, 1868–1911*。

40　David Chuenyan Lai, *The Forbidden City within Victoria*.

41　Kay J. Anderson, *Vancouver's Chinatown: Racial Discourse in Canada*, 4.

沿岸城市为焦点的跨太平洋华人移民历史的研究。[42] 从这个意义上说，本书超越了长期以来传统地方史仅仅"研究过去特定地域内个人和群体相互作用"的局限性。[43] 与此不同，本书对于北美华人改良和革命运动的网络分析强调地方史研究应该以特定地方为中心，但不以某一地方为限制，以便揭示其广泛的外部联系。[44]

从网络理论的角度来看，北美华人的改良与革命运动通过利用跨太平洋的人际性和制度化关系，既在空间上得以扩张，也在时间上取得持续发展。虽然本书的历史叙述始于康有为推动清政府在1898年的百日维新以及随后的海外华人政治改良运动，但它也回溯到更早的时期，追溯康有为利用个人和组织网络推动改良的早期活动。同样，就孙中山在太平洋地区，尤其是就其在北美革命活动进行的讨论中，他于1894年在檀香山发起反清革命组织及其在1896年建立该组织第一个北美分会的史实也受到了注意。这种广泛和深入的分析超越了其他许多论著对于孙中山在辛亥革命前后的关注，进而揭示了他和其他革命党人在民国建立后一直为保卫共和进行的跨太平洋革命斗争，直到国民党在1918年前后转向使用军事暴力建立一党专制的政权为止。本书即以1918年汤化龙在维多利亚的遇刺及其与当时的党派斗争和暴力政治联系的个

---

42 Yong Chen, *Chinese San Francisco, 1850-1943: A Trans-Pacific Community*；Elizabeth Sinn, *Pacific Crossing*.

43 关于这一地方史的定义，见 Lyle Dick, "2013 Canadian Historical Association Presidential Address: On Local History and Local Historical Knowledge," 5。

44 陈忠平：《维多利亚、温哥华与海内外华人的改良和革命，1899—1911》，第96页；Zhongping Chen, "Vancouver Island and the Chinese Diaspora in the Transpacific World," 65。

案分析而结束。

虽然康有为、孙中山和其他改良和革命领袖人物跨太平洋的个人和政治活动是本书，特别是前三章的焦点之一，他们各自领导的运动并没有直接促进1898年至1918年间华人对北美的移民。根据现有的人口统计数据，美国华人数量从1900年的89,863人减少到1920年的61,639人，[45]而加拿大的华人数量则从1901年的17,312人增加到1921年的39,598人。[46]这种人口增减的主要原因是由于美国从1882年就开始实施排华法案，而加拿大则从1885年仅对来自中国的劳工移民征收人头税，直到1923年才步美国的后尘，开始禁止华人劳工移民。[47]美国和加拿大对华人移民的不同政策有助于解释为什么大多数华人改良派和革命党领袖首先在加拿大发起他们的政治运动，然后再进入美国，但孙中山与夏威夷的关系在一定程度上帮助了他在北美的旅行。[48]

15

为了从跨太平洋的广阔视角进而深入到地方、家族和个人层面来考察北美华人政治史，本书发掘了非常丰富多样的历史资料。这些史料包括主要改良派和革命党领袖的个人文集、北美唐人街商人领袖的家庭文件、北美英文和中文报纸，以及中国、加拿大和美国的各种政府档案及华人组织留存的文献。特别的是，从

---

45 Bureau of the Census, *Abstract of the Twelfth Census of the United States*，*1900*，40；Bureau of the Census, *Abstract of the Fourteenth Census of the United States*，*1920*，143.

46 Peter Li, *The Chinese in Canada*，67. See also Edgar Wickberg et al., *From China to Canada*，296，301.

47 Shih-shan Henry Tsai, *The Chinese Experience in America*，62–67；Edgar Wickberg et al., *From China to Canada*，55–59，145.

48 陈锡祺主编：《孙中山年谱长编》，上册，第307—310页。

1899年到1918年，北美的华人改良派和革命党组织留下了异常丰富的文献资料。这些资料为本书提供了坚实的文献分析基础，并纠正了口述历史的谬误以及北美华人社会政治组织的出版物、特别是有关学术著作中的错误。

第一章

康有为与海外华人政治改良
运动在北美的兴起

作为晚清时期的政治改革先驱，康有为最先从他的家乡南海 县发起反对妇女缠足恶俗的社会改良开始，而他的个人活动很快就演变为政治化的组织行动。从1883年始，康有为拒绝让他的两个女儿缠足，并谴责这种习俗对女性身体造成的伤害。他还与一些地方社会精英发起了不裹足会，但这一组织很快因触犯清政府为了维护政治控制、严禁士人结社的政策而自行解散。尽管如此，康有为在这一问题上的行动成为他后来在晚清中国和海外华人世界内组织并利用社团力量进行政治改良活动的先声。[1]

在19世纪80年代，晚清政府已经实施了一系列追求"自强"和洋务的改良主义政策，包括发展和利用西式武器、学校、工厂、

1　康有为：《康南海自编年谱》，第8、11页；汤志钧：《戊戌时期的学会和报刊》，第10—12、811—813页。

公司来维护、加强帝国体制的努力，但大多都以失败告终。相比之下，康有为在1888年计划向光绪皇帝（1871—1908）递交《上清帝第一书》，要求彻底改革清政府的政治体制。尽管康氏试图通过清政府高级官员呈递这份奏折的努力遭受失败，他仍将继续利用非正式的个人关系和正式的组织机构在国内外建立他的政治网络，推动其改良活动。[2]

康有为花费了二十多年的时间通过三级科举考试，直到1895年才在三十七岁时获得进士头衔，并被清政府任命为工部六品主事。鉴于清朝在1894年至1895年中日战争期间的失败以及随后而来的空前民族危机，心高气傲的康有为没有就任这个低级文官职位，而是转向以政治改良为目标的宣传和动员活动来拯救国家。他发起在全国范围内的创办学会和报刊运动，旨在推动清政府的政治制度改良。在1898年的清朝政府百日维新之前和该运动期间，康氏的改良思想将深刻影响光绪皇帝（见插图5）。[3]

虽然康有为在短暂的戊戌变法中的重要性已经引起了学者们的长期密切关注，他随后在海外的活动却因其提倡君主立宪、阻碍反清革命遭到早期有关研究的谴责，或因其继续推动晚清政治改革，被近来的学术论著誉为进步爱国行动。[4] 实际上，在1899年

---

2 Young-Tsu Wong, "Revisionism Reconsidered: Kang Youwei and the Reform Movement of 1898," 515-519.

3 K'ang Yu-wei, "Chronological Autobiography of K'ang Yu-wei," 21、29-67、75-99、131；汤志钧：《戊戌时期的学会和报刊》，第11—15、21—64、285—308页。工部主事相当于该部堂主事之下的二等秘书，见William Frederick Mayers, The Chinese Government, 19.

4 徐松荣：《戊戌后康梁维新派十年研究概述》，第52页；马洪林：《康有为研究百年回顾与展望》，第109—112页。

康有为首次访问加拿大之后，他亲身接触了从种族主义到立宪主义的西方思想，并于反清革命在北美唐人街兴起前的十年之间领导了比戊戌变法更为激进的政治改良运动，试图同时改造晚清中国与海外华人世界。康有为还与加拿大和美国华人移民领袖合作，在北美发展了新的改良派组织。他的年轻门徒进而通过宣扬激进民族主义、推进女权主义的改革等具有创意的行动，帮助发展了这一改良派组织的跨太平洋网络。

康有为的美国梦及其从中国到加拿大的改良活动

从康有为于1888年呈递《上清帝第一书》的行动失败之后，他在1895年中期至1898年初连续起草了四份要求清朝政府改制的奏折，最终引起了光绪皇帝注意。因此，康有为得到皇帝指令，在1898年1月24日出席朝廷会议，向高级官员提出他的改革主张，并在随后呈递了第六份奏折，直接要求光绪皇帝变法维新。[5] 但是，他不仅通过追求光绪皇帝的赞助来推行自上而下的改革策略，还寻求外国列强对其雄心勃勃的改革计划的支持。康有为的改良派集团试图寻求英国和日本对戊戌变法支持的活动已经受到学术界的注意，[6] 但他从1898年的百日维新到次年首次访问北美之间寻

5　林克光：《革新派巨人康有为》，第60—66、131—141、152—158、195—198、203—209页。
6　王树槐：《外人与戊戌变法》，第157—204页。

19 求美国赞助的努力仍然值得系统研究。[7] 由于康有为在戊戌变法运动中未能真正获得外国列强支持，并在1899年流亡北美期间多次试图进入美国未果，他从中国到加拿大的改良活动便发生了很大改变，转而寻求华侨帮助。

康有为寻求美国支持的想法从开始之际就不现实，并且最终没有成功，非常类似流行文化研究所称的"美国梦"，即在美国土地上追求美好机遇的乌托邦愿望。[8] 早在1898年1月1日，康有为就曾通过一名御史向光绪皇帝递交一份奏疏，建议与英国结盟，共同对抗德国在山东胶州的侵略活动。这份奏疏还建议利用铁路和矿山作为抵押，向美国商人借款购买战舰，并幻想由此获得美国军事支持。1898年3月8日，康有为又通过另一御史递交了一份特别奏疏，建议以长江等地的厘金作为抵押，从美国商人那里借款2亿到3亿两白银。他认为美国向来不愿占据其他国家土地，但注重保护其商人利益，将会因此牵制约束其他在华列强势力的扩张行为，以便保护这样一笔美商巨额贷款的利益。康有为及其改良派在1898年百日维新接近失败之际还会提出更加铤而走险和不切实际的计划，寻求英国、日本和美国政府的政治和军事支持，[9] 但这

---

7 关于康有为在1899年尝试进入美国的多次失败及其在1905—1907年间对美国的访问，见Robert Leo Worden, "A Chinese Reformer in Exile: The North American Phase of the Travels of K'ang Yu-wei, 1899-1909," esp. Chapters 2-3, 5-7。

8 相关的流行文化研究见Lawrence R. Samuel, *The American Dream: A Cultural History*, 1-7, 196-198; Cal Jillson, *Pursuing the American Dream*, 5-8。这个概念也被用来指代美国的民族精神，比如追求宗教或政治自由、个性解放和社会流动等精神，见Jim Cullen, *The American Dream: A Short History of an Idea that Shaped a Nation*。

9 孔祥吉：《康有为变法奏章辑考》，第125—126、160—163、404—406页。

些提议既没有受到光绪皇帝批准，也没有得到这些外国列强的积极回应。[10]

　　从1895年中期开始，康有为在政治活动中采取的另外一个策略是组织、利用学会来集结同志、进行政治改良的鼓动。但在"百日维新"于1898年6月开始之前，这一策略也遭遇了挫折。1895年5月，当康有为得知清朝因甲午战争失败、准备签订对日本让步的和约时，他立即召集1,200多名从各省来到北京参加会试的举人，并代表他们起草了著名的"公车上书"，即他所自称的《上清帝第二书》。[11]他在这一奏疏中特别提议，仿效英国东印度公司和荷兰东印度公司，通过建立"商会"来抵制外国经济侵入。康氏实际上将这两种西方商业组织误认为同一种机构，[12]但他在未来动员海外华人进行政治改革的行动仍将始于在加拿大建立一个跨国商业公司的计划。

　　特别重要的是，康有为在1895年底先后在北京和上海发起强学会，并于1898年4月在北京发起了保国会。[13]他在《保国会章程》中还提出了"保国、保种、保教"的口号。[14]这一口号呼吁清朝政府进行政治改革，以便拯救中国免受内部危机和外国入侵的威胁，包括基督教对孔教的威胁。[15]由于受到保守派官员的攻

20

10　王树槐：《外人与戊戌变法》，第177—178页。

11　康有为：《康南海自编年谱》，第11、25—26页。

12　Zhongping Chen, *Modern China's Network Revolution*, 43.

13　汤志钧：《戊戌时期的学会和报刊》，第21—64、79—137、743—762页。

14　康有为：《康有为全集》，第4集，第54页。

15　Zhongping Chen, "Kang Youwei and Confucianism in Canada and Beyond, 1899-1911," 4-5.

击，康有为所建立的这两个学会都很快解散，他所期待的商会直到1902年才在晚清中国作为最早由国家法律认可的新式社团而出现。[16]

结果，康有为主要采取了利用和强化光绪皇帝权力的策略来推动改革运动。[17]然而，在1898年6月11日光绪皇帝发起百日维新之后，清朝政府的真正决策者仍然是慈禧太后（1835—1908）。对于戊戌变法期间光绪皇帝的改革诏令进行的仔细分析表明，它们主要在教育、经济、军事和行政方面延续了此前"自强"口号下的洋务运动政策，并追求进一步发展，而不是基于康有为要求改革政治制度的激进建议。[18]特别值得注意的是，康有为提议建立一个由全国各地几十名通达的人才组成的制度局，作为光绪皇帝控制下的顾问和决策机构，从而推进自上而下的变法改革。由于康有为的制度局计划遭到保守派官员的坚决反对，他的改良派同伙于1898年9月初向光绪皇帝上奏，要求设立一个具有类似顾问和决策职能的懋勤殿，但慈禧太后很快否定了这个计划。[19]

此前的一些论著将康有为计划中的制度局解释为具有立法功能的议会之类机构，但它及慈禧太后否决的懋勤殿与西式代议制机构显然不同，并非由民选议员组成。关于康有为和他的改良派同

---

16 康有为：《康南海自编年谱》，第32、40页；Zhongping Chen, *Modern China's Network Revolution*，53-57。

17 Young-Tsu Wong, "Revisionism Reconsidered: Kang Youwei and the Reform Movement of 1898," 515-519, 527.

18 Luke S. K. Kwong, *A Mosaic of the Hundred Days*, 152-159, 169-174, 194-200.

19 茅海建：《从甲午到戊戌：康有为〈我史〉鉴注》，第297—299、585—598、606—607、706—714、735—736页。

志在1898年的百日维新运动中是否曾经提议成立一个议会的问题仍然存在学术争议，但他在当时公开发表和未曾付印的文稿都透露了同样的看法，即晚清中国民智未开，尚未准备好成立一个议会的条件。[20] 但康氏在次年春天访问加拿大维多利亚之后，对于议会问题的态度将发生急剧变化。

　　虽然康有为是1898年维新运动的积极鼓动者，但在百日维新之初，他的官职仍然仅是工部的一名主事。1898年6月16日，康有为得到光绪皇帝的唯一一次单独召见之后，被任命为总理衙门章京上行走，仍然是一个低级文官职位。在百日维新遭受慈禧发动政变夭折的近两个月之前，他还于7月26日获得了光绪皇帝任命，远去上海管理一份维新派的报纸。康氏在6月16日的任命被解读为清廷保守派反对的结果，但他对于管理上海报纸的任命更加感到失望，推迟了离开北京的时间。[21] 由于光绪皇帝在7月26日将康有为派往上海之时正值北京的百日维新运动高潮之际，这项任命清楚显示了康有为在戊戌变法中的清廷权力结构边缘地位。直到康氏在北美发起海外政治改良运动之后，他才成为这一运动的主要实际领袖，并由此发挥重要影响。

　　康有为之所以在1898年的百日维新中仅获得两个低级文官职位也是由于慈禧太后控制了清政府的决策权力和高级官员任命权。由于光绪皇帝缺乏实际权力，他便在1898年9月15日发出了一道

21

---

20 李春馥：《戊戌时期康有为议会思想研究》，第12—14、188—195页；黄彰健：《康有为与戊戌变法：答汪荣祖先生》，第853—855、860、867—869、876—879页；孔祥吉：《康有为变法奏章辑考》，第6—12、344—348页。

21 Luke S. K. Kwong, *A Mosaic of the Hundred Days*, 92, 182-183, 188, 211.

秘密诏书，下达给杨锐（1857—1898）和其他三名新任命的军机处章京，包括谭嗣同（1865—1898），以供他们研究并提出解决问题的方案。这道诏书表达了光绪皇帝对其权力受限及其失去皇位的担忧，以及他希望在不冒犯慈禧太后的情况下，使用改革派官员取代保守派大臣的考虑。康有为后来将这道密诏修改为他直接领受的诏令，声称光绪皇帝要求他的"密救"，并将该诏书用于他在加拿大唐人街和其他海外华人社区的维新宣传活动。[22]

　　这份秘密诏令立即加速了康有为集团之中激进分子针对慈禧太后的军事密谋。在9月18日晚间，谭嗣同秘密会见了清政府新军的一个倾向改良的将领袁世凯（1859—1916），而后者仅在两天之前刚被光绪皇帝任命为兵部候补侍郎。谭嗣同向袁世凯提出包围颐和园并杀死慈禧太后的计划，但未能得到后者的肯定承诺。就在同天晚上，一位保守派官员杨崇伊（1850—1909）的奏折促使慈禧太后于次日从颐和园返回紫禁城。她随后于9月21日发动了反对百日维新的政变，并将光绪皇帝软禁起来。袁世凯向慈禧太后报告的谭嗣同密谋进一步激怒了她，使她于9月28日下令逮捕并处决包括谭嗣同、杨锐和康有为的弟弟康广仁（1867—1898）在内的戊戌六君子。[23]

　　在百日维新的最后关键时刻，康有为的改良派集团不仅策划了

22

22　茅海建：《从甲午到戊戌：康有为〈我史〉鉴注》，第585—598、606—607、706—714、735—737页；Zhongping Chen, "Kang Youwei's Activities in Canada and the Reformist Movement among the Global Chinese Diaspora, 1899-1909," 8-10。

23　茅海建：《从甲午到戊戌：康有为〈我史〉鉴注》，第730—733、750—753、758—762、777—779、816—821页；Luke S. K. Kwong, *A Mosaic of the Hundred Days*, 203-224。

反对慈禧太后的军事阴谋，还急切寻求美国等外国势力支持。在
1898年9月18日晚间谭嗣同与袁世凯的会晤没有结果之后，康有
为的同党、身为美国公民的容闳（1828—1912）提议联系驻京美
国公使康格（Edwin Hurd Conger，1843—1907）求助。他们讨论
了这个计划，直到第二天清晨才放弃，认为康格并没有可用于帮
助他们行动的军事力量。康有为随后在9月19日早晨拜见了一位
英国在华传教士李提摩太（Timothy Richard，1845—1919），并讨
论了一个天真的计划，即让后者担任清廷的变法顾问，以便确保
英国政府保护光绪皇帝。当天下午，康有为又拜访了正在北京访
问的日本前首相伊藤博文（1841—1909），与他讨论了一个类似的
计划，即让伊藤成为另一名清廷顾问，为光绪皇帝争取日本保护。
康有为并于1898年9月20日和21日先后通过杨深秀和御史宋伯鲁
呈上两份代拟的奏折，请求光绪皇帝任命伊藤博文和李提摩太为
顾问，甚至提议接受李提摩太野心勃勃的计划，组建一个由中国、
英国、美国和日本组成的联盟或联邦，共管四国军政税务。[24]

　　这两份奏折成为康有为在百日维新于1898年9月21日的宫廷
政变结束之前的最后冒险行动。此前康氏已于9月17日受到光绪
皇帝的诏书，命令他立即离开北京前往上海督办改良派报纸。康
有为后来声称收到了光绪皇帝的第二份密诏，要求他拯救皇位，

---

24 茅海建：《从甲午到戊戌：康有为〈我史〉鉴注》，第762—775页；孔祥吉：《康有
　　为变法奏章辑考》，第399—401、404—406页；Luke S. K. Kong, *A Mosaic of the
　　Hundred Days*, 208-210。［中译本注：关于容闳提出联系康格求助的说法出自康
　　有为，以上引用的茅氏著作对此表示怀疑。但该书所引李提摩太的回忆录确实提
　　及他与谭嗣同及梁启超曾讨论派容闳求助美国公使。］

23　但这一说法已遭到历史学家的否定。尽管如此，这份诏书促使他于9月20日，即政变发生的前一天离开北京，但他于9月24日乘坐海轮抵达上海港口时已经成为清朝当局追捕的要犯。在英国外交官员的帮助之下，康有为很快在上海港口换乘英国战舰逃往香港。作为康有为的门生和他在维新运动中的首席助手，梁启超（见图3）也得到了日本外交官员保护，乘坐日本战舰从北京仓促逃往日本。[25]

康有为在1898年9月29日逃到香港之后，立即开始寻求外国支持来实行恢复光绪皇帝的权力和改良运动计划。康氏会见了当时在港为英国商会考察东亚商务的海军少将和国会议员贝思福勋爵（Charles Beresford，1846—1919）。他声称贝思福曾任英国前海军部大臣，已经承诺拯救光绪皇帝，但他实际只是得到了后者的同情而已。康氏还给驻北京的外国公使写信请求帮助，其中一封致康格的信件特别请求美国政府为光绪皇帝的重新执政提供军事救援。在1899年6月的英国议会辩论中，贝思福确实呼吁英国与美国、日本及德国采取联合行动，接管清朝军队，迫使它实行"门户开放"政策。[26]

由于当时英国和日本正与俄国在中国展开竞争，并企图利用光绪皇帝的维新派对清朝政府内的亲俄官员进行打压，它们起初为康有为提供了政治庇护。但是，日本和英国政府很快决定，通

25　茅海建：《从甲午到戊戌：康有为〈我史〉鉴注》，第737—742、777—790、801—807页。

26　茅海建：《从甲午到戊戌：康有为〈我史〉鉴注》，第837—842页；Robert Leo Worden，"A Chinese Reformer in Exile,"55-56。

过维持清朝统治下的中国现状来保护它们的帝国主义利益。[27] 与此同时，美国政府则决定通过保持外国势力在中国的平衡和避免清王朝的崩溃来追求其在中国的利益。特别的是，威廉·麦金利（William McKinley，1843—1901）总统的政府将制定美国版的在华"门户开放"政策，敦促所有列强保持中国主权、维护其国内秩序，但将各自势力范围内的中国市场对美国和其他国家的贸易同等开放。[28] 为了追求这一"门户开放"政策，美国政府自然对于康有为求助的政治冒险关上了大门。

　　所以，康有为寻求华盛顿支持的"美国梦"仅是他追求英国、美国和日本的军事援助，恢复光绪皇帝及其变法改革的部分不切实际计划。由于英国政府要在1899年6月的议会辩论中才对这一问题做出最终决定，在此之前康氏仍将在加拿大这个大英帝国的自治领地受到礼遇。但康有为寻求日本支持的计划很快遭受挫折，仅受到它的许可，从香港前往美国和英国时可以经过日本暂停。1898年10月，康氏与梁启超及其他改良派流亡者在日本汇合后，他与日本政客近五个月的接触对其政治计划没有取得任何实质性帮助。相反，日本政府礼貌地要求他离开，并为他提供了7,000（或9,000）日元的旅费前往美国和英国，一位日人中西重太郎（1875—1914）将在这次旅行中担任他的英语

24

27　李海蓉：《英国政府对康有为流亡态度之考释》，第90—92页；王树槐：《外人与戊戌变法》，第179—187、225—234页。

28　Warren I. Cohen, *America's Response to China: A History of Sino-American Relations*, 38-47.

翻译。[29]

康有为乘坐一艘日本海轮从横滨前往西雅图，但他不得不在加拿大西部的维多利亚港滞留下来，[30] 而他随后数次进入美国的尝试均因美国政府从1882年之后实施的排华法案而失败。[31] 因此，康氏意外地延长了他在英属哥伦比亚的流亡时间，并只得在1899年4月7日到5月20日间首次横跨加拿大，前往英国寻求支持。[32] 尽管如此，康有为仍然一直追求他的美国梦，争取外国政府支持来恢复在晚清中国的改良运动，直到他在加拿大的华人移民中取得了政治改良动员的初步成功为止。

在康有为抵达维多利亚之前，当地的英文报纸已经发表了一系列有关他与光绪皇帝在百日维新中的密切关系及其在慈禧太后政变后的遭遇，传播了他的名声。这些当地报纸并转载了1898年10月《伦敦时报》的一篇采访康有为的报道，其中包括他如何帮助光绪皇帝在清廷发起了一场亲西方的改革运动，并在险遭慈禧拘捕之前，从皇帝那里得到了两道拯救皇位的秘密诏书等惊心动魄的故事。[33] 作为当地绝大多数广东移民的同乡及他所带有的光绪皇帝变

---

29 茅海建：《从甲午到戊戌：康有为〈我史〉鉴注》，第842—846、862—864页；林克光：《革新派巨人康有为》，第372—374页；康有为：《康有为全集》，第5集，第120页。

30 李福基：《宪政会纪始事略》，第2页，档案全宗CERAD，文件号码AR-22。

31 Robert Leo Worden, "A Chinese Reformer in Exile," 66-71.

32 Zhongping Chen, "Kang Youwei's Activities in Canada and the Reformist Movement among the Global Chinese Diaspora, 1899-1909", 6。这篇文章（特别是第6、11—12、16、20页）包括对于康有为访加的详细史料考证，指出了此前论著中有关他访加次数和时间的多种错误记载。

33 *Colonist*, October 2, 4, and 7, 1898.

法顾问的名声，康有为在维多利亚将注定受到当地华人的热烈欢迎，甚至清朝政府对于他的通缉也没有带来太多负面影响。

当康有为所乘坐的海轮于1899年4月7日晚上抵达维多利亚港口之际，他立即面临与其他来自中国旅客一样的歧视性待遇，包括每位华工移民必须缴纳的50加元人头税，但某些得到清政府证明的非劳工乘客可以豁免此税。此外，每位从中国来的入境者都必须在维多利亚西南部的威廉丘（William Head）检疫所隔离，进行严格的身体状况检查。[34] 康有为既对这些移民入关程序感到焦虑，也对他将见到的第一个北美城市充满好奇。根据一份英文报纸的报道，“他在甲板上到处询问”疫房隔离和其他问题，并特别询问“维多利亚市的人口数量、市政府管理方式、警察和防火设施、学校和医院设备”等等。[35]

一位在疫房工作的华人厨师在康有为的行李上发现他的名字，并向维多利亚的一位华商领袖报告了此事，后者将此消息转达给在当地海关担任中文翻译，也是中华会馆现任副董事的李梦九（1863—1924）。李氏和其他当地华侨商人领袖立即备车到码头欢迎康有为。[36] 大概是在李梦九的帮助和关照下，康有为和他的保镖李棠得以登记为外交使团成员，从而免除了人头税。[37] 康有为的记

34　*Colonist*，April 8，1898；Edgar Wickberg et al.，*From China to Canada*，57.

35　*Colonist*，April 8，1898.

36　李福基：《宪政会纪始事略》，第2页。关于李梦九从1898年开始在维多利亚中华会馆担任副董事的记载，见 *Colonist*，December 28，1898。

37　Library and Archives Canada, Ottawa, "Immigrants from China, 1885–1949," (https://recherche-collection-search.bac-lac.gc.ca/eng/Home/Search?q=Immigrants%20from%20China%2C%201885-1949&，accessed November 13，2022)。在这一加拿大华人移民资料库中，康有为的姓名登记为"Kang Yu Wei,"李棠登记为"Li Tang"。

25

载称，当地成百上千的华人排列在街上迎接他。[38] 一家当地报纸还报道说："当康有为的马车靠近时，一大群华人立刻开始举手欢呼，并有人磕头恭迎。"[39]

据维多利亚海关的移民记录，康有为是一个42岁的男人（虚岁）。该记录还详细描述了他的外貌："身高5英尺2英寸（1.58米）；长相瘦削；左太阳穴上有麻点；有少许白发。"[40]

一份当地报纸的报道提供了一个更生动的康有为形象：

> 他身穿一件蓝色长袍，头戴的圆帽缀有作为清朝官员标志的红色纽扣，甚至他的鞋子也是典型的中国拖鞋……他语速很快，经常带着诙谐的语气。从他嘴唇发出的笑声也很具感染力，时刻让听众处在最佳的幽默氛围之中。[41]

26　康有为通过他的动人演讲和激进改革口号，尤其是他与当地华商和劳工移民的直接接触，很快在英属哥伦比亚省的维多利亚、温哥华和新威斯敏斯特（New Westminster）的唐人街开始了大规模政治动员。

1899年4月8日上午，康有为在李梦九陪同下，乘坐马车"在维多利亚观光并考察风土人情"。[42] 他后来愉快地回忆道：维多利

38　康有为：《康有为全集》，第5集，第118页。
39　*Daily Times*，April 8, 1899.
40　Library and Archives Canada, Ottawa, "Immigrants from China, 1885-1949," 见"Kang Yu Wei"登记资料。
41　*Daily Times*，April 10, 1899.
42　*Colonist*，April 9, 1898。

亚"通欧、亚之邮，据美、加之胜……海岛万千，风景幽胜，冠绝全美。其气候冬不祁寒，夏无盛暑，尤为养生之胜地，真留学之佳所也"。[43] 康氏也很快在该市开始了他的宣扬改革政治活动。除了在4月7日晚间抵达维多利亚时就接受当地主要英文报纸《殖民者报》的采访外，他还于4月8日早晨与另一家当地报纸《每日时报》的记者进行了交谈。在这两次采访中，康氏都请求英国干预清朝政策，以便重新启动变法改良运动。[44] 他后来在一份改良派的中文杂志上发表了他与《每日时报》采访的摘要，但略去了亲英言论。[45]

在同日下午，康有为接受了维多利亚市长的拜访，并参观了新建的英属哥伦比亚省议会大楼及其附属的壮丽建筑群。在省财政部部长F. 卡特·科顿（F. Carter Cotton）的陪同下，康有为参观了省议会的中央会议厅、教育厅和其他部门办公室。这一省议会大楼给康有为留下了深刻印象，以至于他告诉科顿部长：一旦他"重新掌权"，他将在中国兴建类似的建筑。在该部长顺口向他保证英国将提供支持之后，康有为"深深鞠躬，并用非常感激的措辞表达了感谢"。[46]

康有为对于这些加拿大官员和政府机构的访问具有双重目的：一是为他的变法改革运动争取外国支持，二是对西方政治制度进行考察。4月10日上午，康氏经过周日的休息后，在维多利亚恢复

---

43 康有为:《康有为全集》，第9集，第19页。

44 *Colonist*，April 8，1898；*Daily Times*，April 8 and 10，1899.

45 康有为:《康有为全集》，第5集，第117页。

46 *Daily Times*，April 10，1899.

了他的政治活动，拜见了英属哥伦比亚省的省督。该省督是英国君主在当地的代表，也是该省名义上的最高官员。康氏还在维多利亚西部的埃斯奎马尔特海军基地（Esquimalt naval base）参观了军舰。中午时分，他在维多利亚市政厅回访了市长，并利用这个机会参观了该市的消防队、监狱以及附近的省级监狱。[47]

27　　　与此同时，康有为也与驻在维多利亚的美国领事亚伯拉罕·E. 史密斯（Abraham E. Smith）进行了接触，希望从此地进入美国，但结果证明他仍然受到美国排华法案的限制。该法案于1882年由美国政府开始实施，旨在阻止中国劳工移民。除非清政府为康氏提供文件证明其非劳工移民身份，否则他将无法进入美国。由于康有为是清政府的通缉要犯，史密斯特别与附近华盛顿州的钵当臣（Port Townsend）海关官员联系，询问是否可能在无须清政府证明的情况下让康氏入境。康有为在4月13日离开维多利亚、前往温哥华之前尚未收到回复。[48]

　　然而，康有为在维多利亚对于加拿大政府机构、教育体系和军事设施的考察很快激发了他为中国制定一个新的改革计划。他于4月12日向当地报纸宣布的这一改革纲领包括建立"代议制下的议会和政府，国家银行体系，国有矿山和铁路，从初级到高等的免

---

47 *Daily Times*，April 10，1899；Jung-pang Lo，"Sequel to the Chronological Autobiography of K'ang Yu-wei," 179。在罗荣邦（Jung-pang Lo）的书中，康有为与省督会面的时间被误记为1899年4月12日。以上所引用的当地晚报记载应该更为可靠。

48 Robert Leo Worden，"A Chinese Reformer in Exile," 66–68；*Province*，April 13，1899。

费教育机构，以及技术学校与政府所属的陆军和海军学院"。[49] 这个新的计划显然比他在1898年百日维新期间所坚持的议会制度仍不适合中国的思想更为激进。[50]

康有为在逗留维多利亚期间的历史性时刻是1899年4月8日晚间。在当地唐人街的中华会馆，他首次向数千名华人移民发表公开演讲。通过这次演讲，康氏不仅在海外华人中展开了政治改革宣传活动，而且还直接听取了他们的政治诉求。[51] 他的演讲首先详述了光绪皇帝领导戊戌变法的经过，激起在场听众高度兴奋。但是，康有为关于戊戌政变发生、光绪被囚瀛台、珍妃冷宫受难，及康氏自己险遭不幸的悲痛陈述又引发听众的极度忧愤和同情，当场唏嘘不已，甚至有人感动哭泣。他在演讲结束之际提高嗓门，大声疾呼："愿中国自强否？愿者抚［鼓］掌！"数千激动的听众立即全体鼓掌。他再问："愿皇上复政否？愿者抚掌！"听众再次报以雷鸣般的掌声。但是，这些普通移民听众在与康氏交谈中，也痛切陈述了他们流落海外，遭受种族歧视的悲惨经历，以及远眺祖国危亡、深恐无国无家可归的沉痛心情。[52] 此后，康有为在温哥华等加拿大城市的改良宣传活动中便开始关注海外华人问题。

温哥华的华商于4月9日晚上召开了一次特别会议，讨论邀请　　28

49　引文译自温哥华市的 *Province*, April 13, 1899。但康有为最早对维多利亚的英文报纸宣布了类似改革政纲，见 *Colonist*, April 13, 1898。

50　关于康氏在戊戌变法中对于议会的态度，见茅海建：《从甲午到戊戌：康有为〈我史〉鉴注》，第689—700页。

51　康有为在维多利亚的演讲日期见 *Daily Times*, April 10, 1899; *Province*, April 10 and 12, 1899。这一演讲的大致内容见康有为：《康有为全集》第5集，第118页。

52　见康有为：《康有为全集》，第5集，第118页。

康有为来该市访问的问题，但与会者在开始时都不敢表达任何意见。因为康有为已经被清政府视为叛逆，他们担心支持康氏会导致留在国内的家人和亲属遭到迫害。大约半个小时后，温哥华的华人牙医廖翼朋才打破沉默。他首先表示赞同邀请康有为来访的计划，并认为康氏是光绪皇帝的变法顾问和中国人民走向未来的先驱，并非叛逆。然后，温哥华唐人街两位最为富有的华商叶春田（又名 Yip Sang 或叶生，即叶连生，1845—1927）和陈才（Chang Toy，又名陈道之，1857—1921）带领与会者进行热烈讨论，一致决定举行宴会来招待康有为。[53] 叶春田的一位侄子叶恩（Yip Yen，又名 Charley Yip Yen，1861—1930）长期担任温哥华海关的中文译员，[54] 亲自前往维多利亚迎接康有为。值得一提的是，叶春田和叶恩分别是温哥华洪门致公堂的主要创始人和领导人物。[55]

---

53 *Province*, April 10 and 12, 1899; *Colonist*, April 13, 1898。这两份英文报纸将廖翼朋的名字记为 Dr. Lui。但康有为曾经在 1899 年 10 月派遣廖氏前往美国，一份关于此事的英文报道即用 Dr. Lui 称呼他，见康有为：《康有为全集》，第 5 集，第 156 页；*Colonist*, October 10, 1898。关于廖翼朋的牙医职业及叶春田和陈才的商业背景，见 Lisa Rose Mar, *Brokering Belonging: Chinese in Canada's Exclusion Era*, 22, 26, 35, 58。

54 *Province*, April 10, 1899; *Colonist*, April 10, 1898。关于叶恩在温哥华海关担任译员的职位，见 "Increasing Remuneration to the Chinese Interpreters in British Columbia to Mr. Lee Mong Kow $100 and to Mr. Yip Yen $60 from 1899/10/01, Minister of Trade and Commerce, 1899/10/17," Orders-in Council-80493, RG2, Privy Council Office, Series A-1-a, vol. 788, Library and Archives Canada, Ottawa（http://www.bac-lac. gc. ca/eng/CollectionSearch/Pages/record. aspx?app=ordincou&Id Number=80493&new=-8586354118687559340, accessed November 14, 2022）。

55 关于叶春田等人在温哥华创办致公堂的记录，见《咸水埠倡建致公堂劝捐缘簿》，档案全宗 CKTMO，文件号码 980. 413. 12；关于叶恩与致公堂的关系，见《福缘善庆》，档案全宗 CKTMO，文件号码 980. 413. 26。

康有为在1899年4月13日抵达温哥华后，仍然希望通过美国和英国的支持来恢复、推动他的改革事业。康氏于当天到达后就与温哥华市长会面，感谢英国政府在1898年百日维新失败后保护他的生命，并谈到了他将前往伦敦寻求进一步帮助的计划。[56] 然而，康有为此次访问温哥华活动的高潮是他于4月14日晚上在市政厅发表的公开讲演。他的讲演吸引了近千名来自温哥华和附近城镇的华人移民以及白人嘉宾和日本友好人士。[57]

在康有为的演讲中，他再次讲述了光绪领导的变法过程，还对慈禧太后统治之下中国的软弱和海内外成千上万华人的涣散表示了痛惜。康氏号召国内在各县、府、省和全国的"四万万"中国人民以及海外的"五百万"华侨团结起来，保救光绪、解救祖国，并保护自己。[58] 在康有为"敦促他们团结一心、在美洲传播中国改革的福音"之后，[59] 他宣称：即使慈禧及其同党篡夺的中国不能免于外国列强吞并，团结一致的华侨也可以像失去家园的犹太人一样自立于海外，并进而解救被囚的光绪和危难中的祖国。与他先前在维多利亚的演讲不同，康有为在温哥华的演讲并没有以呼喊光绪皇帝复位执政的口号结束。但是，他将海外华人与失去祖国的犹太人相比，使得上千的华侨听众由衷感动，在闪烁的夜灯之

29

---

56 *Daily News-Advertiser*，April 14，1899.

57 *Province*，April 14 and 15，1899；*Colonist*，April 15，1899。这两份英文报纸都将这场演讲的日期记录为4月14日，但康有为本人却将它错误地记录为4月16日。罗荣邦因循了康氏的错误，见康有为：《康有为全集》，第5集，第118页；Jung-pang Lo，"Sequel to the Chronological Autobiography of K'ang Yu-wei," 179。康有为的记录显示，他大概是在1899年4月16日改定了演讲稿，以供发表。

58 康有为：《康有为全集》，第5集，第118页。

59 *Province*，April 15，1899.

下呜咽垂泣。[60] 这场演讲表明，虽然康氏仍在追求光绪皇帝复位执政，继续其戊戌变法以来的自上而下策略，他也已经开始发展一种新的自下而上的策略，通过动员和团结国内外华人民众来推动改革运动。

在康有为的演讲结束之后，一名当地报纸记者向他呈上一封电报，警告一名华人歹徒已经从西雅图来到温哥华，准备刺杀他。然而，数十名当地的华人为康氏提供了严密保护，"就像他是沙皇一样"。他对记者说："我相信我在英属哥伦比亚的同胞支持我的改革活动，无须害怕刺客。"[61] 实际上。英国驻渥太华的殖民大臣乔瑟夫·张伯伦（Joseph Chamberlain）已在1899年4月11日给加拿大总督明托伯爵（Earl of Minto）致函，转达了康有为要求得到保护的请求。这封信要求在康氏横穿加拿大、前往英国的航行之前为他配备一名警员，因为清政府正在"悬赏得到他的人头"。[62] 因此，从4月18日开始，一名加拿大警察就被派为康有为的个人护卫。[63] 英国政府对于康有为在前往伦敦之前提供特殊保护的请求显然提高了他在加拿大政客眼中的地位，并且有助于他随后访问渥太华时得到优待。

与此同时，康有为收到了令人沮丧的通知：华盛顿州的钵当臣

---

60 康有为:《康有为全集》，第5集，第118—119页。

61 *Province*，April 15, 1899。

62 Joseph Chamberlain, Letter to Lord Minto, April 11, 1899. Archival no. RG 7, series no. G3, vol. 12, file 1899, Library and Archives Canada, Ottawa.

63 H. B. Greaves, Report to Major A. B. Perry of the North-West Mounted Police in Victoria, May 9, 1899, RG 18, vol. 170, file 339-48, Library and Archives Canada, Ottawa.

海关官员拒绝在没有清政府提供他是非劳工移民证明的情况下让他进入美国。驻维多利亚的美国领事史密斯随后与华盛顿特区的国务卿办公室联系，请求让康有为作为政治流亡者进入美国。由于等待华盛顿答复的需要，再加上温哥华附近新威斯敏斯特华人的连续邀请，康有为决定访问该地，并因此延长了他在加拿大西部的停留时间。[64] 同时，康氏对于他的改革宣传策略又做出了意义更为重大的改变。

　　康有为对于新威斯敏斯特市的访问始于1899年4月18日。他首先会见了该市市长，然后参观了当地的发电厂、省级监狱、精神病院和银行金库等设施。然而，最为重要的是，康氏于4月19日晚上在该市歌剧院举行公开演讲，宣布了新的改革倡议。他的演讲持续了约两个小时，吸引了六百多名华人移民和约五十名白人来宾，其中包括几名妇女。康有为在维多利亚和温哥华的演讲先后将光绪皇帝复位执政和国内外华人的团结作为改良运动的关键，但他在新威斯敏斯特的演讲进一步呼吁改革海外华人社区，并以此改变他们与西方主流社会中白人的种族关系。[65]

　　从康有为的演讲开始之际，他就驳斥了外国人认为中国人没有爱国心的偏见，并称赞海外华人的爱国热情及其对于改革运动的

64 Robert Leo Worden, "A Chinese Reformer in Exile," 66-67; *Daily News-Advertiser*, April 18, 1899; 康有为：《康有为全集》，第5集，第118—119页。

65 *British Columbian*, April 19 and 20, 1899; H. B. Greaves, Report to Major A. B. Perry of the North-West Mounted Police in Victoria, May 9, 1899. 此处引用的报纸报道与警察报告都把这次讲演的日期记录为1899年4月19日晚，但康有为却将其错记为4月20日。罗荣邦因循了康的错误说法，见康有为：《康有为全集》，第5集，第121页；Jung-pang Lo, "Sequel to the Chronological Autobiography of K'ang Yu-wei," 179。

踊跃支持。[66] 在康氏详尽讲述光绪皇帝领导的戊戌变法及其自身逃亡海外的经历后，他再次呼吁海内外华人团结起来，解救同在危难中的皇帝与祖国。在康氏讲演的最后时刻，他用以下建议和反问大声激励所有在场华人听众：

> "父老乡亲们，请诸位履行对于祖国的爱国责任！但也期望诸位无论身在外国何地何处，都要成为良好公民；遵守英国法律，就像诸位在中国一样守法；希望白人朋友们敬佩诸位的良好行为，大家友好相处，并在相互之间发展兄弟之情。
>
> 现在，诸位已经听到我说的一切。各位需要中国改革吗？各位希望光绪皇帝复位执政吗？各位愿意祖国取得良好进步，成为富强国家吗？如果愿意，就请说是！"
>
> 说完这些，演讲者从座位上站起身来，将双手举过头顶，观众也立即起身举手，齐声［用广东话］高呼："系咯"［是的］！[67]

在这一重要演讲中，康有为实际上向华人移民提出了一项在晚清中国和唐人街实行齐头并进改革的新计划，呼吁他们加强内部团结、遵守外国法律，改进自身行为，并与白人社会发展平等友好关系。

在随后与温哥华和新威斯敏斯特唐人街商人领袖讨论的过程

---

66 康有为：《康有为全集》，第5集，第121页。
67 *British Columbian*，April 28，1899。

中，康有为进一步提议通过建立一家由全球华侨共同投资的跨国公司，用以团结所有海外华人。但由于他需要急切离开此地，所以未能实施这一计划。到1899年4月底，美国驻维多利亚领事史密斯与位于华盛顿特区的国务卿办公室之间进行的联系已经表明，康有为仍然不能收到许可从加拿大西部进入美国。[68] 因此，他决定于5月初离开温哥华，改变行程，从"渥太华和纽约前往伦敦"，并仍然希望通过此行赢得英国政府支持。[69] 他原来的英语翻译中西重太郎此时返回日本，[70] 取而代之的陈恩荣是在澳大利亚出生的英国化的华人学者，并直接从香港来到温哥华。康氏又回到维多利亚准备这次旅行，并带来当地华商卢梓荣（又名卢仰乔）作为另一英语翻译。卢氏在1887年继承了基本破产的广利公司，但在一定程度上重建了家业，并在1899年担任了维多利亚中华会馆的值事。[71]

　　康有为、他的华人随员及加拿大警察护卫于1899年5月3日从温哥华启程，乘坐火车向东进发。[72] 他们的列车首先行驶在19世纪80年代初期主要由中国劳工修建而成的加拿大太平洋铁路线上。

---

68 *Province*, April 18, 1899; Robert Leo Worden, "A Chinese Reformer in Exile," 67-68.

69 *Province*, May 2, 1899.

70 康有为:《康有为全集》，第5集，第120页；第12集，第196页。

71 李福基:《宪政会纪始事略》，第2页；*Daily News-Advertiser*, April 28, May 3, 1899。关于卢氏在1887年继承广利公司及在1899年担任维多利亚中华会馆值事的报道，见 *Colonist*, September 29, 1887; December 28, 1898。

72 *Daily News-Advertiser*, May 3, 1899; H. B. Greaves, Report to Major A. B. Perry of the North-West Mounted Police in Victoria, May 9, 1899。罗荣邦将康有为离开温哥华的日期错记为1899年5月5日，见 Jung-pang Lo, "Sequel to the Chronological Autobiography of K'ang Yu-wei," 179。

31

正如康有为在旅行记录中所描述的，无尽的铁轨像一条长蛇绕过高山，穿越深谷。他的火车穿过了80多条隧道和众多铁道桥。清澈的溪流在下方冲激，雪白的山丘在上方辉映，形成了美丽的对比和绝妙的奇观。康氏还以诗歌和散文描绘了火车到达落基山脉（Rocky Mountains）一处平坦山顶时的动人情景：银白的月光从蔚蓝的天空洒下，覆盖在成千上万的山脊和峰顶的白雪上，形成一个交相辉映的辉煌场景，宛如琼楼玉宇的璀璨景象。火车穿过落基山脉后，他依然欣赏着加拿大中部省份一望无际的草原景色及安大略省内的广袤苏坡湖（Lake Superior）。湖中成千上万的岛屿似乎漂浮在茫茫水雾之间，起伏不定，美景如画。[73]

在康有为一行于5月8日晚抵达渥太华之后，他的政治活动既有成功又有失败。康氏拜见了加拿大总理罗利（Wilfrid Laurier，1841—1919），并参观了加拿大议会。5月10日，加拿大总督明托伯爵邀请他参加一个约700名宾客参加的盛大国宴。[74] 这是康氏第一次参加这样的盛会，他在加拿大旅程的兴奋之情也在渥太华达到顶点。他详细记录了与总理罗利和明托伯爵会面及亲自观摩国宴当中宾主跳舞的细节，并写了一首七绝，夸耀总督夫人专门邀请了一位来自多伦多的年轻女画家为他绘画肖像。[75] 从5月12日到

---

73 康有为：《康有为全集》，第5集，第126页；第12集，第196页。

74 I. H. Heffernan, Report to the Officer Commanding the North-West Mounted Police in Regina, May 24, 1899, RG 18, vol. 170, file 339-48, Library and Archives Canada, Ottawa; Citizen, May 9, 10, and 11, 1899. 罗荣邦将康有为到达渥太华的日期错记为1899年5月9日，见Jung-pang Lo, "Sequel to the Chronological Autobiography of K'ang Yu-wei," 179.

75 康有为：《康有为全集》，第5集，第126页。

16日，他前往蒙特利尔市观光，并在5月17日和18日游览了多伦多和尼亚加拉瀑布（Niagara Falls）。但康氏对于蒙特利尔和多伦多的市容以及尼亚加拉瀑布这一世界奇观并没有留下任何游记或诗歌。[76] 他对这段旅程不同寻常的沉默原因可能是其进入美国的多次尝试最终失败，心情感到失望沮丧，所以便没有留下个人记录。

32

事实上，康有为在渥太华期间多次向美国驻该地大使馆申请进入美国。他还在5月10日向美国政府直接发送了一封个人电报，并寻求了一名加拿大高级官员的帮助。但他所有的尝试都遭到失败。因此，康氏不得不再次改变旅行计划，不再希望通过访问华盛顿先行取得美国政府支持，然后从纽约前往伦敦，寻求英国政府赞助。相反，他决定从加拿大东部港市蒙特利尔出发，横跨大西洋，直接前往英国。[77]

虽然康有为从加拿大进入美国的多次尝试失败、未能获得美国政府支持来恢复光绪皇帝的权位及其变法改革运动，温哥华唐人街的一些商人领袖却成功地将他关于建立跨国公司的提议转化为组织海外华人的实际行动。显然，康有为的提议源自他在1895年5月草拟的著名"公车上书"。该奏疏包括将中国商人统一组织成为大型西式股份公司——或他所错误理解的商会，以便用来抵制外国经济侵略的计划。康氏之所以将此计划转变为建立一个新的海

76　I. H. Heffernan，Report to the Officer Commanding the North-West Mounted Police in Regina，May 24，1899；Fred White，Letter to Wilfrid Laurier，May 18，1899，RG 18，vol. 170，file 339-48，Library and Archives Canada，Ottawa。此处引用的第二封信作者签字潦草不清，其姓名系从该卷宗内其他文件推定。

77　Robert Leo Worden，"A Chinese Reformer in Exile，" 69-71；I. H. Heffernan，Report to the Officer Commanding the North-West Mounted Police in Regina，May 24，1899.

外华人跨国公司的提议，主要是因为他在加拿大唐人街的商人支持者已在经营这样的企业。在他们之中，李梦九声称他自1888年以来就经营着金志成（音译，King-Tsi-Ching）公司。据称，该公司在英属哥伦比亚省的维多利亚、该省北部卡里布地区以及蒙特利尔都有分部，还在香港、广州、旧金山和澳大利亚等地拥有分支机构。[78] 如前所述，卢梓荣家族位于维多利亚的广利公司也曾拥有跨太平洋的商业网络。因此，康有为的计划很容易得到这些加拿大华商的支持。

根据温哥华一家报纸在1899年5月的报道，这个新建的跨国商业公司创始人包括叶春田、他的侄子叶恩，以及当地唐人街的另外五名中国商人。他们承认康有为是"这个计划的发起者"，并准备派人前往"加拿大、美国和澳大利亚的每个大城市"，建立该公司的分支机构。具体而言，他们计划中的华人跨国商业公司将开设银行，建造轮船，甚至在墨西哥修建铁路，但所有这些企业都将由位于温哥华的总部集中管理。这些温哥华的华商定于1899年5月19日召开该跨国公司的开幕会议，选举主管人员。[79] 十分巧合的是，这一时间是在康有为和他的华人随从于1899年5月20日从蒙特利尔启程、乘坐海轮前往英国的前一天。[80]

在伦敦，康有为试图获得外国政府支持来恢复光绪皇帝权力及其改革的努力将遭受最终失败。尽管如此，康氏对加拿大的首

---

78 *Colonist*，May 27，1888.

79 *Province*，May 18，1899。关于这一跨国商业公司所有创办人的背景，见第二章。

80 I. H. Heffernan，Report to the Officer Commanding the North-West Mounted Police in Regina，May 24，1899。

次访问，特别是他与维多利亚、温哥华和新威斯敏斯特华人的直接接触，已经为他发起一场包括晚清中国与海外华人世界在内的激进改良运动奠定基础。他针对海外华人民众进行的政治改革动员，特别是呼吁他们实现跨国团结、自立自救，争取与白人种族平等的新口号远远超出了1898年间清朝政府百日维新的运动范畴。温哥华唐人街的商人领袖也确实已经着手组织一个跨国商业公司，并计划利用其全球范围的扩张来集合和动员所有海外华人。即使在康氏遭受英国之行的政治失败后，加拿大的华人将再次热情欢迎他的再访。他们之间的合作将导致一个新的改革组织在英属哥伦比亚省出现，并首先在北美西海岸得到早期的组织发展和扩张。

改良派海外组织在加拿大的诞生及其在美国的发展

康有为于1899年6月21日从英国返回蒙特利尔，仅在离开该市约一个月之后，而他对加拿大的第二次访问历时近四个月，直到10月10日为止。[81] 李东海早期关于加拿大华侨史的著作错误地认为康有为从1899年5月20日到1900年4月一直逗留在加拿大，其他有关研究也未注意到康氏于1899年6月下旬从英国返回加拿

---

81 "Canada, Incoming Passenger Lists, 1865-1935"（http://search. ancestry. ca/search/db. aspx?dbid=1263，accessed November 14, 2022）；*Province*，October 11, 1899。在此处所引用的加拿大所接受的旅客资料库中，康有为登记为 "Kang Yei Wei"，但该资料库将 "Wei" 误以为他的姓。

大后展开第二次访问的史实。[82] 事实上，正是在康有为第二次访问加拿大期间，他领导了一项新的组织创举，即通过创建保皇会，并推动其跨国扩展来恢复光绪皇帝权位及其政治改革运动。[83]

  这个政治团体将发展一整套新的组织制度和意识形态，从而使此前主要基于亲属、同乡等个人关系的既有海外华人"播散族群网络"相形见绌。[84] 它的跨国组织迅速扩张，很快就超越了孙中山于1894年在檀香山成立的兴中会及其在极少海外华人社区的分会。[85] 特别的是，它将扭转康有为此前追求外国支持来恢复光绪皇帝权力、推进自上而下改革的策略，另外发展一个由海外华商领导、由普通华人移民为主的组织，并利用保护光绪皇帝的政治口号，推动从北美唐人街开始的自下而上的政治改良运动。

  如同康有为在1899年初的意外加拿大之旅，他原来并未计划在当年从英国迅速返回，再次访加，而且在返回之初也没有打算实行他在此前提出的建议——为组织海外改良运动建立华人跨国公司。当康氏于1899年4月首次抵达温哥华之际，他向当地报纸记者透露的旅行计划是寻求英国政府对他的改革事业的支持，并

82　这一错误首先出现于李东海：《加拿大华侨史》，第275—282页，并或多或少地影响了 Edgar Wickberg et al.，*From China to Canada*，74；黄昆章、吴金平：《加拿大华侨华人史》，第139页；以及黎全恩、丁果、贾葆蘅：《加拿大华侨移民史》，第183页。

83　就保皇会在加拿大早期历史的较为全面的分析，见陈忠平：《保皇会在加拿大的创立、发展及跨国活动》，第141—148页。

84　Adam McKeown，"Conceptualizing Chinese Diasporas，1842 to 1949，" 317-22；Adam McKeown，*Chinese Migrant Networks and Cultural Change*，20，69-80。

85　关于兴中会的成立及其有限的跨国组织发展，见 Harold Z. Schiffrin，*Sun Yat-sen and the Origins of the Chinese Revolution*，41-46，96。

在伦敦安居，然后访问其他欧洲国家。[86] 但是，在康有为抵达伦敦后，他的政治希望和旅行计划很快均遭破灭。1899年6月9日，英国议院就是否对清政府进行军事干预的提案进行了冗长辩论。由于多数议员担心此项行动的军事行政开支过高，未能通过这项提案，并最终决定与实际执政的清政府统治者结好。[87] 在康有为遭遇的这场政治失败之外，他又进而蒙受了经济损失。正如他的翻译陈恩荣抱怨的那样，他没有见到英国首相罗伯特·索尔兹伯里（Robert Salisbury）的"鬼影"。[88] 更为糟糕的是，康有为从日本政府得到的大部分旅行经费被一个窃贼偷走，以至于他无法负担在伦敦的生活费用。1899年6月21日，当伤心失望的康有为与随行人员一起从利物浦返回仅离开一个月的蒙特利尔时，他们甚至拮据到无法继续返回加拿大西部的旅程。[89]

跟随康有为从加拿大前往伦敦的英语翻译卢梓荣单独离开蒙特利尔，在回到维多利亚后披露了康有为未能得到英国政府支持的真相，并试图说服李梦九和其他当地华商领袖与康氏及其改良事业保持距离。但康有为在维多利亚的狂热追随者将卢梓荣的说辞视为"诽谤"。[90] 甚至有人多次试图暗杀卢梓荣，但均未成功。[91] 作为维多利亚历史上华人最大商号广利公司的继承人，卢梓荣与康

86　*Province*，April 13，1899；*Daily News-Advertiser*，April 14，1899.

87　Jung-pang Lo，"Sequel to the Chronological Autobiography of K'ang Yu-wei，" 180，255n4；Robert Leo Worden，"A Chinese Reformer in Exile，" 56.

88　*Province*，July 10，1899.

89　Robert Leo Worden，"A Chinese Reformer in Exile，" 55-56；李福基:《宪政会纪始事略》，第2—3页。

90　李福基:《宪政会纪始事略》，第2—3页。

91　张炳雅:《〈救大清皇帝会序〉补记》，档案全宗CERAD，文件号码AR-1。

有为的分裂预示了未来康氏与海外华商领袖之间，尤其是与温哥华唐人街领袖在改革运动中可能发生的冲突。

35　在蒙特利尔，处于经济窘迫绝境的康有为给维多利亚的李梦九发了一封电报，请求帮助。李梦九又将这封电报转发给温哥华的海关中文译员叶恩，请他设法帮忙。结果，康有为在蒙特利尔得到了叶恩设法提供的旅行经费和预购的头等火车票，于1899年7月3日返回温哥华。他对温哥华的回访仍然赢得了当地华人社区的热烈欢迎，其部分原因在于他仍然吹嘘在伦敦之行中得到了英国政府全力支持。[92]康氏立即要求加拿大政府恢复警察保护，并称他计划仅仅停留数天，将于7月9日离开此地回到中国。[93]然而，在7月9日写给罗利总理的信中，他却表示将在加拿大停留一段时间，并"在附近的一些安静岛屿避暑"。[94]同时，康有为又对一位报纸记者表示，他之所以延长在加拿大停留时间的一个主要原因是他计划"在温哥华和新威斯敏斯特完善当地的改革派组织"。[95]这个"改革派组织"显然指的是由叶恩、叶春田和其他温哥华唐人街商人领袖最近创建的华人跨国公司，而该公司将演变为保皇会。

保皇会将发展为第一个真正意义上的海外华人全球性政治组织，康有为和梁启超（见插图3）也将成为它的两位主要领袖，但

92　*Daily World*，July 4，1899；李福基：《宪政会纪始事略》，第2—3页。

93　A. B. Perry, Letter to Fred White, July 6, 1899, RG 18, vol. 170, file 339-348, Library and Archives Canada, Ottawa.

94　Kang Yu Wei [Kang Youwei], Letter to Wilfrid Laurier, July 9, 1899, in Prime Minister Wilfrid Laurier's papers, MG26-G, vol. 117, pp. 35243-35244, Library and Archives Canada, Ottawa.

95　*Province*，July 5，1899（这份报纸把它当天的出版日期误记为1899年6月5日）。

他们却留下了关于该组织成立的相互矛盾说法。康氏在1906年曾发布一份公告，声明他于1899年7月20日在维多利亚创立保皇会，并得到李福基（又名李文惠，1846—1918）和维多利亚其他商人领袖，以及温哥华的叶恩和新威斯敏斯特的刘康恒（又名刘章轩，或 Law A Yam，？—1909）的踊跃赞成。但他在1911年为一首旧诗所加的标题长句之中，却将叶恩从保皇会的创始人名单中剔除，反映了他们在1906年之后的相互矛盾。[96] 康氏关于保皇会创始记录的修改影响了后来有关论著。[97] 与此相反，梁启超于1903年在叶恩、其叔父叶春田及其他四位温哥华唐人街商人领袖的合影上（见插图4），留下了一段鲜为人知的题词。梁启超的题词强调康有为和这些华商一道，在1899年中期创立保皇会于温哥华，而不是维多利亚。[98] 因此，梁启超将保皇会的起源追溯到上述由康氏提议，并由这些温哥华的华商于1899年5月成立的华人跨国商业公司，但这一重要史料长期以来一直没有受到学术界关注。

事实上，关于保皇会的两部主要中英文专著对其创始人、诞生日期及在加拿大的创建地点都提出了相互不同的说法。L. 伊夫·阿门特劳特·马（L. Eve Armentrout Ma）发表的保皇会英文专著认为它于1899年7月20日出现在温哥华，但并没有提供

36

96　汤志钧编：《康有为政论集》，上册，第408、598页；陈忠平：《保皇会在加拿大的创立、发展及跨国活动，1899—1905》，第142—143页。

97　康同璧：《南海康先生年谱续编》，第72页；Jung-pang Lo, "Sequel to the Chronological Autobiography of K'ang Yu-wei," 180；马洪林：《康有为大传》，第371页；林克光：《革新派巨人康有为》，第376页。

98　如插图4所示，梁启超的题词位于该集体照片两侧，但这张照片实际并不包括该跨国商业公司的全部七名创始人，见第二章的相关详细分析。

插图 3　梁启超及其改良派同志在温哥华，1903 年。
梁氏为中间站立者，其两边二人是他北美之行的旅伴。
左起第二、三人为梁如珊和叶庭三，其余四人见插图 4。

资料来源：University of British Columbia Library，Rare Books and Special Collections，Won Alexander Cumyow Collection，RBSC-ARC-1153-2-PH-27。

插图4　加拿大保皇会总部领袖人物，1903年。中间站立者为叶恩。其余左起为何振祥、叶春田、李骐（又名李清墀），黄玉珊及温金友。

资料来源：University of British Columbia Library, Rare Books and Special Collections, Won Alexander Cumyow Collection, RBSC-ARC-1153-1-11-PH-04。

关于这一诞生地的历史证据。该专著还将保皇会的成立完全归因于康有为个人及这位"外来煽动者"对于改良事业的追求，并不谈及当地华人在其中的政治贡献。[99] 相比之下，高伟浓关于美洲保皇会的中文近作将保皇会的诞生地确定为维多利亚加富门街（Government Street）1715号，将其成立日期定为1899年7月20日或23日，并将康有为与叶恩并列为该组织的两位创始人。[100] 因此，通过考察康氏与加拿大西部华商领袖的互动来重新研究保皇会的成立过程仍然十分必要。

37

  事实上，保皇会的成立涉及康有为与维多利亚、温哥华和新威斯敏斯特华商领袖之间的多种互动，比以往有关论著所描述的更为复杂。康有为从英国返回加拿大后，最初于1899年7月4日至9日间主要在温哥华活动，但在7月6日至7日一度前往新威斯敏斯特，出席当地华人会议等活动。[101] 在温哥华，康氏受到当地华商支持者的热情款待，在一家名为冠芳楼的餐馆与他们聚会。大概是基于上述从1899年5月就已经存在于温哥华的华人跨国商业公司，康有为

38 乘此聚会机会，提议成立一个新的改良派组织，名为"保商会"，并印发每股一加元的股票，作为会员凭证。他的提议立即得到在场华

---

99 L. Eve Armentrout Ma, *Revolutionaries, Monarchists, and Chinatowns*, 45, 48, 180n22, 181n30。该专著引用了罗荣邦关于保皇会诞生于维多利亚的记载，见 Jung-pang Lo, "Sequel to the Chronological Autobiography of K'ang Yu-wei", 180, 但却得出关于保皇会出现于温哥华的不同结论。

100 高伟浓：《二十世纪初康有为保皇会在美国华侨社会中的活动》，第29—31页。加富门街是维多利亚华人对Government Street的正式译法，但高氏将该街道译为歌夫缅街。

101 M. W. Fyffe, Report to the officer commanding the North-West Mounted Police in Vancouver, August 31, 1899, RG 18, vol. 170, file 339-48, Library and Archives Canada, Ottawa.

商热情赞同，并由他们当场认购了1,000多份股票。尽管如此，康并没有正式宣布在温哥华成立名为"保商会"的改良派新组织。[102]

康有为及其加拿大警察护卫和其他随行人员于1899年7月9日离开温哥华，前往维多利亚。据这位警察护卫的报告，此后康氏便在维多利亚观光，于7月10日至14日乘坐马车环游全市，并从7月15日起在附近海域划船航行。但警方报告也显示，他在7月10日晚上出席了在维多利亚华人戏院举行的一次规模较大的会议，并于7月13日参加了在一家中餐馆的另一次聚会。[103]康氏显然在这些会议上提出了建立改良派组织的计划，并呼吁当地华人社区支持。他首先提名在维多利亚最先迎接他的人、当地中华会馆现任副董事李梦九为组建中的"保商会""总理"。由于李氏坚决推辞不就，在维多利亚建立新的改良派组织的计划便一时难以推进。尽管如此，康有为继续在当地华商中积极展开政治改良宣传和动员活动。这些维多利亚华商包括李福基、徐全礼（又名徐礼或徐维经，1847—1906）、冯秀石、卢仁山、徐林福（又名徐畏三）、陆进、林立晃（又名Lim Sam）。[104]值得注意的是，从1884年维多

---

102 李福基:《宪政会纪始事略》，第3页。

103 M. W. Fyffe，Report to the officer commanding the North-West Mounted Police in Vancouver，August 31，1899.

104 李福基:《宪政会纪始事略》，第3—4页。林立晃的名字也以其广东方言发音"Lam Lap Fong"或西式名字"Lim Sam"记录于历史文献。在关于维多利亚法庭审判当地致公堂头目的两份连续的报道中，"Lam Lap Fong"有时被写成"Lim Sam"，见Colonist，January 18 and 19，1888。当林立晃的小妾于1916年3月17日去世时，她的名字被记录为"Lim Sam夫人"，见《大汉公报》，1916年3月21日；BC Archives：Genealogy，for "Mrs. Lim Sam"（Registration no. 1916-09-145799）（http://search-collections. royalbcmuseum. bc. ca/Genealogy，accessed November 14，2022）。

利亚中华会馆开办之际，徐全礼、冯秀石、徐林福、卢仁山、陆进都是这一社区联合组织的主要创始人和早期领导人。[105] 此外，陆进和林立晃均是维多利亚洪门致公堂的领袖人物。[106]

与温哥华的叶恩、叶春田等洪门致公堂人物一样，陆进、林立晃及这一秘密社会在维多利亚的其他领袖也积极支持康有为，加入了为晚清中国和海外华人世界进行改革的运动。这是因为洪门及其分支，尤其是北美的致公堂，主要是其成员追求互助和自我保护的兄弟会组织。[107] 因此，康氏要求海外华人团结、互助、自保的口号打动了他们心弦，并赢得了他们的信任和支持。由于北美致公堂继承了洪门传统的"反清复明"政治口号，而康氏在加拿大唐人街的政治动员利用了所谓光绪皇帝的两封密诏，号召勤王起兵，迎合了致公堂的反抗清朝统治者的朴素"革命"传统。[108]

为了这种政治目的，康有为曾试图使用前述"保国会"的名称来建立新的海外华人改良主义组织。但在1898年百日维新前夕，"保国会"已在清廷保守派官员的攻击下消亡，这个组织名称因此让海外华商感到不妥。[109] 在康氏与陆进和林立晃这两位维多利亚致

105《域多利中华会馆章程》，folder 1，box 1，Chinese Consolidated Benevolent Association Fonds. acc. no. 1977-084，University of Victoria Archives，Victoria，BC；David Lai，*Chinese Community* Leadership，38.

106《域多利埠重建致公堂劝捐缘簿》，档案全宗 CKTMO，文件号码980.291.28。

107 Dian H. Murray and Qin Baoqi，*The Origins of the Tiandihui*，3；Stanford M. Lyman，"Chinese Secret Societies in the Occident，" 89—90.

108 冯自由：《革命逸史》，上册，第107—108、169页。

109 何俊三:《致维新大总理信》，1899年9月28日，收藏于folder 14，carton 5，archival no. AAS ARC 2000/70，Yuk Ow Research Files，Ethnic Studies Library，University of California at Berkeley。何氏的信件是从美国寄往某市保皇会领袖的。此信提到，他收到了"友人传来康君倡保国会之程式"。在1959年，（转下页）

公堂领袖以及其他当地华商的一次会谈中，他们仍然考虑了"保商会"的名称。当时在场的一位商人黄宣琳（1836—？）提议："保商不如保皇为妙。"康有为立即拱手称谢，称其保商原意即在于保皇，所以当场立即接受了这个提议。[110] 不过，李梦九为该组织选定的英文名称"the Chinese Empire Reform Association"，或中华帝国维新会，实际更为准确地反映了这一海外华人改良派团体的政治目的。[111] 此后，当地中华会馆的两位商人创始人和领袖徐全礼和卢仁山提名李福基为维多利亚保皇会的总理。李氏起先以才学不足，推辞不就。康有为极力敦促他说："今日祖国垂危，倡会救国，亦我国民责任。舍此不为，何以对天地君国？"李福基因此接受了提名。[112]

根据护卫康有为的加拿大警察的报告，康氏于1899年7月17日至18日参加了"在华人戏院举行的会议"，然后在接下来的两天忙于"书写文件并接待来宾"。[113] 这名警察还告诉当地一家报纸，康有为正在制定一项计划，"将所有在美国和加拿大的华人组织成一个团体……如果他的计划成功，华人的银行、投资机构和金

（接上页）维多利亚的一位年迈华商回忆证明，康有为确曾计划在当地发起"救国会"，但因政治"环境问题"未果，见林礼斌：《域埠中华会馆之沿革及华侨学校创立之缘起》，《著述》，第3页。另参见陈忠平：《保皇会在加拿大的创立、发展及跨国活动，1899—1905》，第142页。关于保国会在1898年的历史，见汤志钧：《戊戌时期的学会和报刊》，第743—762页以及本章开始部分的讨论。

110　李福基：《宪政会纪始事略》，第3页。

111　李东海：《加拿大华侨史》，第276页。

112　李福基：《宪政会纪始事略》，第4页。关于徐全礼和卢仁山与维多利亚中华会馆的关系，见 David Chuenyan Lai，*Chinese Community Leadership*，38。

113　M. W. Fyffe，Report to the officer commanding the North-West Mounted Police in Vancouver，August 31，1899.

融组织将会出现在每个有钱可赚的地方"。[114] 因此，尽管保皇会于1899年7月下旬正式在维多利亚成立，它实际是从两个月前由叶恩和温哥华其他商人领袖创建的跨国商业公司演变而来。它也继承了该公司先前的计划，试图通过这个改良主义组织及其经商盈利
实业来团结海外华人。当地一家报纸还报道了7月18日一个华人剧团在维多利亚华人戏院的演出及其嘈杂的音乐。这一演出可能就是保皇会开幕典礼的一部分。[115] 但康有为直到与访问他的来宾一同完成所有文件起草之后，才于1899年7月20日宣布保皇会在维多利亚正式成立。

40

迄至那时，温哥华唐人街的商人领袖已选举叶恩担任保皇会在该市的分会总理。不久之后，刘康恒在新威斯敏斯特建立了保皇会分会，并成为其总理。[116] 1899年7月20日前后，叶恩、刘康恒及维多利亚唐人街的改良派领袖人物和康有为一起参加了保皇会的开幕活动。[117] 因此，当维多利亚保皇会于1905年兴建位于加富门街1715号的办公大楼之后，便在1907年为该建筑刻印的碑文中明确指出，康有为与李福基、叶恩、刘康恒以及维多利亚、温哥华、新威斯敏斯特的其他华商领袖一起，共同在维多利亚创立了保皇会。[118] 由于这座位于加富门街1715号的楼房建于1905年，[119]

---

114 *Colonist*, July 20, 1899.

115 *Colonist*, July 19, 1899.

116 李福基：《宪政会纪始事略》，第4页。

117 汤志钧：《康有为政论集》，上册，第598页。

118 梁应骝：《倡建创始保皇会所碑记》，光绪三十三年（1907年）四月初十。这块碑刻现在仍然保存于维多利亚加富门街1715号的楼房内。

119 David Lai, *The Forbidden City within Victoria*, 131.

它不可能是此前某些论著声称的保皇会诞生地,[120] 也并非该组织在维多利亚的第一个会所。保皇会于1899年7月下旬在维多利亚的华人戏院诞生后,它的第一个会所位于加富门街1625号,直到新的办公大楼于1905年在加富门街1715号建成之后才迁往该处。[121]

显然,与此前有关研究所述不同,保皇会并非仅由康有为独自发起,也不仅是他与叶恩两人创立的。它源于康氏从1899年4月初开始在加拿大西部广大华人社区中的改良宣传和动员,以及他与维多利亚、温哥华和新威斯敏斯特的华商领袖直至同年7月下旬的互动。以此前在温哥华出现的华人跨国公司为基础,保皇会直接产生于1899年7月17日至20日之间康有为与这些商人领袖在维多利亚华人戏院连续进行的会议。无论是就保皇会的中英文名称还是就其组织起源而论,它的出现都在很大程度上归功于维多利

---

120 关于这一错误说法,见李东海:《加拿大华侨史》,第276页;高伟浓:《二十世纪初康有为保皇会在美国华侨社会中的活动》,第29页。

121 此处所述街道号码均为1908年之后的编号。但根据 International Chinese Directory, 1901, 70-71,维多利亚保皇会的第一个会所位于加富门街153号楼的楼上,新利源公司(Sun Lee Yuen & Co.)位于同一地址。这一街道地址在1908年被市政府改为加富门街1625号,新利源公司仍位于该地,详见 Henderson's City of Victoria and Suburban Directory for 1908, "Preface" and 125。一张来自1901年的历史照片显示,维多利亚保皇会会所和新利源公司分别位于加富门街153号的楼上和楼下(1908年起改为加富门街1625号),但该照片收藏者错误地将该地址标注为加富门街1713号。见 "Chinese Empire Reform Association located at 1713 Government Street...," Item no. M06928, in PR-0252, Ainslie James Helmcken Collection, City Archives of Victoria, BC。该楼房在20世纪60年代初已被拆除,其位置成为百年纪念广场(Centennial Square)西部,现为孙中山先生的雕像矗立之处。一位历史爱好者约翰·亚当斯(John Adams)通过对当地建筑的历史照片对比研究,也确定了维多利亚保皇会的这个第一会所所在地点(John Adams' email to the author on February 23, 2019)。关于维多利亚保皇会的第一和第二会所,请参阅本书第四章示意图3。

亚、温哥华、新威斯敏斯特华商领袖的倡举，而不仅仅由于康有为的政治煽动。

康有为还将华侨的政治要求和实际利益纳入了《保皇会序例》这一海外改良组织的纲领性文件，但该组织的全称为保救大清光绪皇帝会。他在1899年7月17日至20日的保皇会成立大会期间就开始起草这份文件，并于同年9月定稿。该文件很快被重印，改名为《保救大清皇帝公司序例》。[122] 此前对于该文件的研究已经肯定，它有效地使用了保皇口号来推动对中国的改革和救亡事业，[123] 其他有关该组织的论著也注意到它使用了"公司"的形式及其实业活动来吸引华人移民，但康氏对于涉及华侨的更为紧迫的政治问题的强烈关注，特别是他对种族歧视问题的关心，却被广泛忽视。[124]

实际上，康有为在《保皇会序例》中不仅谴责了外国列强对于中国的入侵，还痛述了海外反华种族主义的种种倒行逆施，包括美国的排华法案，加拿大的华人移民人头税，北美街头白人孩童对于华人辱骂、殴打等骚扰言行，以至华工遭受比黑人、印第安人更为严苛的奴役和剥削。因此，康氏强调，保皇会或保救大清

---

122 康有为：《康有为全集》，第5集，第130、136、138、144页。关于保皇会的全称，见维多利亚《保救大清光绪皇帝会增兴值理真像》，载 Colonist，May 10，1903。

123 徐松荣：《戊戌后康梁维新派十年研究概述》，第52页；汤志钧：《康有为的海外活动和保皇会前期评价》，第124页；任贵祥：《论华侨与保皇会》，第69—70页；高伟浓：《二十世纪初康有为保皇会在美国华侨社会中的活动》，第26—27、89—92页。

124 汤志钧：《康有为的海外活动和保皇会前期评价》，第123—124页；L. Eve Armentrout Ma, *Revolutionaries, Monarchists, and Chinatowns*, 47-48, 56。后一书注意到加拿大保皇会的支持者希望他们的组织能抵消反华种族主义，但它没有说明康有为如何将这种政治诉求融入他的改革计划之中。

皇帝公司"专以救皇上、以变法救中国、救黄种为主"为政治目的。也就是说，它不仅要拯救软禁中的光绪皇帝和民族危机之下的中国，也要从种族歧视的压迫和剥削下拯救海内外华人在内的所有"黄种"，所以，保救大清皇帝公司又可称为"保种公司、保国公司、亦为保［华人］工商公司"。为了团结所有海外华人，他计划在海外各个华埠、每一国家，及南洋等地区普遍建立保皇会组织或公司。康氏还呼吁创设改良派报刊、银行、轮船公司等机构，并为之募集捐款和投资。他许诺将给予捐款者相应的股票或官职作为奖励，甚至宣称拯救皇帝有功者将会从布衣平民晋升为将相！[125]

显然，康有为的保皇会之所以能够在海外华人社区实现快速发展，其主要原因是康氏根据他们的实际工商利益和政治诉求，调整了改良运动的方案，而不仅仅将目标限于拯救光绪皇帝和恢复国内的改良活动。该组织的"保皇"口号将参与其中的华人移民从被动寻求清廷保护的海外侨民转变为列强威胁下的中国和被软禁的改良派皇帝的积极保护者。这种政治宣传将号召中国和北美唐人街同步改良的政治纲领与民间传说中忠臣义士率领勤王之师拯救明君的先例相结合，有效地动员了广大海外华人。

---

125 康有为:《康有为全集》，第5集，第144—154页，特别是第144、148、152—154页。康有为使用的"黄种"术语主要是指中国人和日本人，因为他当时仍在寻求日本的支持。在当时的西方、日本和中国的人类学家和改良派人士中，这个术语是被普遍使用的。康氏和梁启超等晚清改良派人物也倾向于将汉族人和满族人都纳入"黄种人"的范畴，以此来抵制反满革命宣传。见Ishikawa Yoshihiro, "Anti-Manchu Racism and the Rise of Anthropology in Early 20th Century China," 9–18, esp. 17–18。

　　在1899年7月20日保皇会于维多利亚成立的四天之后，康有为即前往该城以北的较小港市悉尼，并在此后数天恢复了他在附近岛屿的划船航行活动。[126] 康氏自称因长期流亡，头痛严重，不得不在"文岛"居住。他先在该岛上的帐篷里居住了一段时间，后来搬进一栋渔家房屋，并将这个房子装修，取名为"寥天室"。[127] 据当地报纸的报道："康有为住在一栋加拿大式木结构的房屋的空旷楼上。他的房间里除了几个木墩撑起的床铺和一张粗糙的松木桌子及几把椅子，没有别的家具。"[128]

　　然而，康有为的外孙罗荣邦却表示，康氏隐居文岛的原因并非为了头痛休养，而是为了躲避清朝政府可能派遣的刺客。在当时康有为公开发表的诗文中，他提到曾访问一个华人移民家庭所拥有并居住的"魏四岛"。该岛的主人绰号魏四，是一位名为魏鼎高的广东客家移民。罗荣邦由此直接推断，文岛就是维多利亚以北海域中的煤岛（Coal Island），但他赖以推论的证据除了康有为曾经访问该岛的记录外，仅有的其他文献是魏鼎高的几个儿子出生在煤岛的证明。[129]

　　尽管如此，罗荣邦的推论还是可以得到其他文献证实。根据康有为的加拿大警察护卫报告，他们在1899年9月19日，即中秋节当天，曾与几名中国来访的客人会面，并在次日前往煤岛。康

126　M. W. Fyffe，Report to the officer commanding the North-West Mounted Police in Vancouver，August 31，1899.

127　康有为：《康有为全集》，第12集，第197页。

128　*Colonist*，October 19，1899.

129　Jung-pang Lo，"Sequel to the Chronological Autobiography of K'ang Yu-wei，" 181，261n12.

氏的一首诗歌也提到，他在此中秋之夜曾在文岛接待远道来访的同乡苏熠，谈论其乡亲在1898年百日维新因政变失败而受到连累，并曾将后者留宿该岛过夜。此外，当时康有为公开发表的诗文表达了他对文岛的喜爱，但他却又自相矛盾、另外在公布的诗文中使用似乎带有贬义的"未洁岛"来称呼该岛。事实上，在康氏家乡南海县的方言中，"未洁"一词与"魏四"发音相近，而其含义显然是指煤炭。所以，康有为在公开发表的诗文中使用了"文岛"和"未洁岛"这两个隐晦的名称，以便使他隐居煤岛或魏四岛的事实不为公众所知，避免清政府在了解他的藏身之处后派人采取暗杀行动。[130]

的确，在康有为隐居煤岛期间，他白天由一名加拿大警察跟随，晚上则由两名华人保镖护卫。[131] 此前的研究声称，康氏于1899年7月下旬建立保皇会之后，在整个夏天一直隐居煤岛，仅在1899年8月4日离开一次，出席当天在维多利亚举行的光绪皇帝生日庆典。[132] 康有为公开发表的诗文也宣称，保皇会或其他华人团体当日在维多利亚、温哥华、新威斯敏斯特、西雅图、波特兰和其他北

130　M. W. Fyffe，Copy of diary week ending September 21，1899，in RG 18，vol. 170，file 339-348，Library and Archives Canada；康有为：《康有为全集》，第5集，第134页；第12集，第197—199页。此处引用的警察每日报告标题来自原来的档案文件。关于文岛即是煤岛的详细考证分析，见陈忠平：《康有为文岛之谜及其海外改良运动的兴衰》，第24—31页。

131　M. W. Fyffe，Copy of diary from September 21 until September 30，1899，RG 18，vol. 170，file 339-348，Library and Archives Canada，Ottawa。此处引用的警察每日报告标题仍然来自原来的档案文件。

132　Jung-pang Lo，"Sequel to the Chronological Autobiography of K'ang Yu-wei，" 181-182；L. Eve Armentrout Ma，*Revolutionaries*，*Monarchists*，*and Chinatowns*，47.

美城市举行了光绪皇帝生日庆典。他并特别赋诗一首，生动地描述其专程前往维多利亚中华会馆，在飘扬的龙旗之下亲自主持庆典的盛况。[133]

根据康有为的详细记载，在1899年8月4日当天，温哥华的400多名白人男女也加入了当地的保皇会，参加光绪皇帝的生日庆典。新威斯敏斯特的200多名白人居民同样参加了当地的类似活动。他们都受到了当地保皇会的盛情款待，畅饮美酒，并观赏粤剧。[134] 在温哥华的唐人街，甚至白人市长也光临了华人戏院，以至于当地一家英文报纸认为，很有必要承认"华人比通常所认为的更加爱国"。[135]

实际上，康有为关于他亲自主持维多利亚庆典的描述与现有资料相矛盾，并不可靠。在1899年8月4日光绪皇帝生日当天，康氏实际上只召集了两三名渔民，在煤岛的一个草棚里为皇帝的生日举行了非正式仪式。[136] 根据保护他的加拿大警察的记录，从7月25日至27日，康有为一直在维多利亚以北的海域划船，并在岛上居住。但他很快于7月28日返回维多利亚，出席了一个约有2,000名华人参与的大型会议，并在次日参加了一个较小规模的会议。7月30日至8月9日之间、包括8月4日光绪生日那天，康氏实际上是在附近的岛屿周围划船游弋。维多利亚的报纸报道了当地唐人街举行的光绪皇帝生日庆典，但也没有提到他出席活

---

133 康有为：《康有为全集》，第5集，第133页；第12集，第199页。

134 康有为：《康有为全集》，第5集，第133页。

135 *Province*，August 4，1899.

136 康有为：《康有为全集》，第5集，第133页；第12集，第199页。

动。然而，8月10日晚间，康有为再次离开煤岛，在温哥华、新威斯敏斯特和维多利亚参加会议、拜访朋友、接待来宾或从事其他活动，直到9月16日返回悉尼市，然后重新开始在附近的岛屿之间划船。此后，康氏仍与当地华人社区保持着密切联系，并经常接待来自维多利亚、温哥华和新威斯敏斯特的访客。[137] 显然，康有为并未出席维多利亚的光绪皇帝生日庆典，却用诗文捏造了他亲自出席这一活动的假象。这一行为显示，康氏并不像他所声称的那样认真地对待其改良派组织的"保皇"口号。相比之下，即使在隐居煤岛之后，他也一直活跃在当地华人社会的政治活动之中。

康有为于1899年夏天在煤岛上度过的生活可谓喜忧参半，欢乐与焦虑交织。那年夏天，他写了二十多首诗歌，描述他每天在附近的岛屿之间划船航行，欣赏夏日阳光下远处雪山的美景，并在乘船尽兴游弋或半醉之后在海滩上漫步时，吟唱来自故乡的悲伤歌谣。他所隐居的岛屿有矮小的山丘、古老的松树和凌空伸展于海浪之上的石矶。康氏每天坐在这些石矶之上观海或打盹，并在夕阳西下的晚间到海滩散步，环行整个岛屿。康有为的房东和岛上的其他华人居民可能都是打鱼为生的移民，但他们也饲养猪、羊和其他牲畜。他的日常用品主要由冯秀石之子、维多利亚保皇

137　M. W. Fyffe，Report to the officer commanding the North-West Mounted Police in Vancouver；August 31，1899；M. W. Fyffe，Letter to the controller，NW. M. P，Ottawa，September 14，1899，RG 18，vol. 170，file 339–48，Library and Archives Canada，Ottawa；M. W. Fyffe，Copy of diary week ending September 21，1899；*Colonist*，August 5，1899.

44　会的一位年轻创始成员冯俊卿提供。魏四的家人和煤岛上的其他华人居民还给康有为送来椰菜、南瓜以及刚刚捞获的新鲜石斑鱼作为礼物。康氏也向他们学习操舟捕鱼，到更大的岛上去打野鸡，有时甚至下海，在夏天也依然冰凉的海水中游泳。[138]

　　实际上，康有为在煤岛上的生活并不总是像他诗歌描述的那样悠闲、安宁、无忧无虑。他所住的木屋里的粗糙桌子上摆满了中文书籍，他的翻译兼秘书陈恩荣甚至称："康先生向他学习英语的勤奋令人惊讶。"[139] 康有为关于岛上生活的诗歌也表达了对于祖国危机的悲伤关切，并对软禁于瀛台的光绪皇帝以及万里之外的年迈母亲表示怀念和忧虑。直到初秋时节，他一直感到头痛未愈，但他未能获得英美支持的政治失意和日益斑白的须发使他在寂寞的孤岛上感到更加凄凉悲伤。当戊戌六君子在北京受难的阴历一周年到来之际，康有为于1899年9月17日为他们在煤岛上举行了悼念仪式。李福基和刘康恒分别从维多利亚和新威斯敏斯特前来参加。康氏的祭文沉痛表达了他未能恢复光绪皇帝权力并为六君子报仇的深切遗憾。他特别哀叹年轻的弟弟康广仁在北京的无辜被杀、受难后的仓促下葬，以及他自己事后向老母隐瞒悲惨真相的不得已之举。[140] 悼念仪式之后不到十天，康有为相继得到维多利亚几位华人报告，他可能将被某一背景不明的机构逮捕。康氏特别派遣他的加拿大警察护卫到维多利亚探查此事，结果却发现这

---

138 康有为：《康有为全集》，第12集，第197—198页。

139 *Colonist*, October 19, 1899.

140 康有为：《康有为全集》，第5集，第134页；第12集，第197—199页；康有为：《康南海自编年谱》，第65页。

是报纸刊载的关于暗杀他的传闻。[141]

尽管来自清朝政府的暗杀威胁一直使康有为感到不安，他在1899年9月仍然从煤岛策划了一场反对慈禧太后的电报运动。康氏以加拿大和其他国家华人商民的名义，起草了一封发给慈禧的奏折。这份奏折谴责慈禧在戊戌政变期间重新垂帘听政，并要求她归还光绪皇帝的权力。[142] 在1899年11月12日慈禧生日前后，保皇会在维多利亚、温哥华、新威斯敏斯特等加拿大城市的分会，也相继向慈禧发来"贺电"，其中包含了恢复光绪皇帝权力的同样政治要求，西雅图、波特兰、波士顿和其他美国城市，以及南美和东南亚的华侨也发出类似电报。这些海外电报有效地阻止了慈禧太后及其派系废黜光绪皇帝的阴谋。[143]

45

在1899年夏季隐居煤岛期间，康有为政治活动的另一重点是将保皇会组织从加拿大扩大到邻近的美国和其他国家。此前对于康有为和保皇会的研究论著通常强调他的门生对于保皇会跨国扩张的重要作用。[144] 事实上，康氏最初主要依靠加拿大或美国的华人移民活动分子来实现保皇会的跨国组织扩张。他首先通过书信与西雅图、波特兰、旧金山和其他美国城市的华侨领袖建立了联系。[145] 因此，在康有为于当年9月11日在温哥华逗留期间，"一些

141　M. W. Fyffe, Copy of diary from September 21 until September 30, 1899.

142　康有为：《康有为全集》，第5集，第135页。

143　*Province*, November 7, 1899；桑兵：《庚子勤王与晚清政局》，第34—35、48—49页。

144　康同璧：《南海康先生年谱续编》，第72页；Jung-pang Lo, "Sequel to the Chronological Autobiography," 181；任贵祥：《论华侨与保皇会》，第69页。

145　李福基：《宪政会纪始事略》，第4页；康有为：《康有为全集》，第5集，第136、138—139页。

华人专程从美国来拜访他"。[146]

1899年9月下旬，康有为还派遣了三名英属哥伦比亚省的华人移民活动分子前往美国，包括来自维多利亚的马宬堂、温哥华的廖翼朋，以及新威斯敏斯特卫理公会的牧师谭朝东。马宬堂于10月29日首先进入美国，先后访问了华盛顿州的钵当臣、西雅图，俄勒冈州的波特兰和加州的主要城市旧金山。他在这些美国城市发表公开演讲，并帮助当地华人建立保皇会分会。在旧金山，洪门致公堂的一位主要领袖唐琼昌（1869—1916）成为当地保皇会的主要发起人和领导人，与这一秘密社会在加拿大的领袖——如温哥华的叶恩和叶春田以及维多利亚的陆进和林立晃——采取同样行动，加入海外华人改良运动。[147]廖翼朋是否得以进入美国尚不清楚，但谭朝东确实于1899年在美国入境，并于1900年5月再次访问西雅图、波特兰、旧金山和其他美国城市，沿途发表宣扬改良运动的演讲，并以此为保皇会筹集资金。[148]

尽管康有为在1899年夏天被迫隐居煤岛，躲避清朝政府的

---

146 M. W. Fyffe，Letter to the controller，NW. M. P，Ottawa，September 14，1899.

147 *Colonist*，October 10，1899；康有为：《康有为全集》，第5集，第136、156页。马宬堂：《致康有为信》，1899年12月13日，folder 14，carton 5，archival no. AAS ARC 2000/70，Yuk Ow Research Files，Ethnic Studies Library，University of California at Berkeley；L. Eve Armentrout Ma，*Revolutionaries, Monarchists, and Chinatowns*，49-50。

148 Tom Chue Thom，Letter to Kang Youwei，August 18，1900，in FO 17/1718，"China, Chinese Revolutionaries in British Dominions: Sun Yat-sen, Kang-yu-wei, etc.，" 414-415，National Archives，London，UK。在这封信中，谭朝东的姓名拼为Tom Chue Thom，他用舍路、砵伦、大埠来称呼西雅图、波特兰、旧金山。关于谭氏的基督教背景，见Jiwu Wang，*"His Dominion" and the "Yellow Peril": Protestant Missions to Chinese Immigrants in Canada, 1859-1967*，49。

暗杀，他仍然得到了维多利亚华人热血青年的支持，计划对慈禧太后同党采取同样报复行动。1899年8月中旬，维多利亚两名华人青年接受了康氏前往北京的命令，意图刺杀慈禧心腹重臣荣禄（1836—1903）。他们在康氏的指示下首先到达日本，在那里接受伪装成为日人的训练，然后前往北京参加暗杀荣禄的阴谋。这两位青年还获得了北京紫禁城和日本驻京使馆的地图，以及荣禄日常活动的时间表。[149] 作为这两名华侨青年之一，关炳从维多利亚回到他在广州附近的家乡，筹划暗杀计划。他打算用大笔金钱雇佣刺客，并得到了数十人的回应。由于这个计划没有得到保皇会澳门总部的认可，后来只得被放弃。[150]

在加拿大西部地区保皇会领袖的支持下，康有为甚至发起了他的改良运动中最为激进的行动计划。1899年10月2日，他给居于美国一个城市的华人发出信件，声称已在中国大陆和台湾动员了70多万名士兵，准备发动拯救光绪皇帝的"勤王"军事行动。康氏指示该信的收件人向加拿大保皇会领袖请求旅费资助，以便在美国全国旅行、进行巡回演讲，从全美华人移民，尤其是其中的富有商人筹集资金，以帮助国内"勤王"军事行动，救助光绪皇帝。[151]

149　A. B. Winchester, Letter to T. R. E. McInnes, August 19, 1899, file 3906/99, box 1, GR429, Attorney General Correspondence, 1872-1937, British Columbia Archives, Victoria, BC.

150　上海市文物保管委员会编：《康有为与保皇会》，第462—463页。

151　康有为：《康有为全集》，第5集，第139页。康氏的写信目标是一位称为"腾芳"的华人移民，大约是居住于蒙大拿海伦那（Helena, Montana）的黎腾芳，见方志钦主编、蔡惠尧助编：《康梁与保皇会：谭良在美国所藏资料汇编》，第331页。

康有为使用的"保皇"口号及其策划的保皇会政治和军事活动似乎主张"保守落后"的君主立宪制，阻遏反清革命运动，曾长期受到学术界的批评。然而，近来对于保皇会的研究表明，该组织在其早期的目的在于保护光绪皇帝及其改良主义事业免受慈禧及其保守派集团所控制的清政府镇压，而不是防范革命运动的攻击。康有为以光绪皇帝作为中华民族复兴和改良主义运动的政治象征，实际上帮助了海外华人扩展跨国纽带及其与祖国的联系，超越了他们以侨乡村镇、县市、省份和方言群体为限制的地方身份认同。[152]

关于保皇会的一个更为重要但被长期忽视的事实是：它的"保皇"口号、多数创始人及其组织筹备倡议、反种族主义等纲领都来自加拿大华人社区。正是基于这种当地华人的支持，康有为得以首先在北美发起保皇会及其跨国的政治改革运动，并将保护光绪皇帝的"保守"口号进一步变成这一海外改良派组织最为"革命"的行动，即以"勤王"为口号而在中国南方发动军事起义。这一军事行动将导致康氏的改良派阵营中的激进分子追求与孙中山在内的反清革命党在短期内的合作。[153]

康有为于1899年10月10日离开加拿大西部，前往亚洲，[154] 但他与加、美华人移民中改良派领导人物的合作已经促成了保皇会

---

152 汤志钧：《康有为的海外活动和保皇会前期评价》，第124—126页；任贵祥：《论华侨与保皇会》，第70页；Timothy J. Stanley，"'Chinamen, Wherever We Go,'" 475-503。

153 桑兵：《庚子勤王与晚清政局》，第155—176、182—204页。

154 *Province*, October 11, 1899; *Colonist*, October 11, 1899.

在北美的早期发展，特别是从英属哥伦比亚省到加利福尼亚的太平洋沿岸的迅速扩张。康氏号召晚清中国和北美唐人街进行同步改革，并将海外华人的创意、利益和影响带入改良运动，从而对保皇会的形成及其跨国发展产生了积极影响。康氏为保皇会早期发展所制定的政治策略很快就被他的门生及其他追随者效仿，并由他们继续将这一海外华人改良组织及其政治改革运动从加拿大扩展到美国，并从北美扩展到太平洋地区。

北美华人改良运动和女权主义政治的跨太平洋扩张

康有为在1899年底从加拿大返回香港之后，先后面临清政府刺客对他的两次暗杀行动，不得不于1900年1月迁往新加坡。他不仅将新加坡作为避难所，而且在此为拯救光绪皇帝进行的"勤王"军事行动做准备。同时，康氏派遣他的门生作为使者前往其他东南亚国家、美洲大陆、夏威夷和澳大利亚，筹集军事行动所需资金，并扩展保皇会的组织和影响。[155] 保皇会借助这种师生感情等人际关系，特别是其新的改革意识形态和组织制度规范，获得了迅速扩张。康有为的年轻弟子不仅推动了保皇会网络在北美和其他地区的跨太平洋扩展，而且为此提出了从激进民族主义到改良女权主义的新举措。

---

155 Jung-pang Lo，"Sequel to the Chronological Autobiography of K'ang Yu-wei，" 180-190，193；桑兵：《庚子勤王与晚清政局》，第244—249页。

在1898年11月康有为刚刚回到香港之际，他就收到消息，得知一位曾经求学万木草堂的学生谭良（又名谭张孝，1875—1931，见插图2）已经移居美国。康氏除了通过谭良的一位同学与他联络之外，并于12月7日特别写信，敦促谭氏推动保皇会在美国城市的扩张，并与加拿大保皇会领袖保持联系。谭良很快于1900年初报告，他已在洛杉矶创建了保皇会的一个分会。在此之后，康有为开始利用谭氏作为与美国其他改良派领袖联系的可靠联络人，但他因旧金山的保皇会领导人物涉嫌内讧和泄密，对他们表达了极不信任的态度。[156]

康有为还利用他与澳大利亚华人移民的广东乡谊来促进保皇会的扩张。康氏于1899年10月离开加拿大前，特别写信给澳大利亚悉尼市的著名粤商领袖梅光达（1850—1903），鼓励他成立类似保皇会的组织，拯救光绪皇帝、华商、其他移民，以及危机四伏的中国。叶恩也给梅氏致信，指出他们与康氏有同乡之谊，并强调支持后者组建新的改良派组织的紧迫性。此外，维多利亚、温哥华和新威斯敏斯特的所有保皇会领袖向他们在澳大利亚的广东同乡写了另一包含类似内容的信，并连同保皇会的文件和筹款启示一起发送。这三封信都于1899年10月11日同时刊登在悉尼的中文报纸《东华新报》上。结果，约100名华人移民于1900年1月14日在《东华新报》的报社召开会议，当场成立了澳洲的第一个保皇会。[157]

---

156 方志钦主编、蔡惠尧助编：《康梁与保皇会：谭良在美国所藏资料汇编》，第25—28页。

157 《东华新报》，1899年10月11日；1900年1月17日。关于保皇会在悉尼的成立过程，见李海蓉：《澳洲保皇会创立探源》，第75—83页。

在康有为最为亲近的弟子中，梁启超于1900年首先访问了夏威夷群岛，并在1901年远去澳大利亚，而徐勤（1873—1945）和欧榘甲（又名欧云高，1870—1911）先后于1901年和1902年抵达美国。特别重要的是，梁氏的堂兄梁启田（1872—？）和梁启超本人及康有为次女康同璧（1881—1969）在1900年至1903年之间相继从日本前往加拿大，并进而访问了美国。梁启田还于1901年周游了墨西哥。[158] 就他们在各地的活动进行仔细考察，可以揭示这些年轻的改良派人物和华人移民活动家如何通过人际关系、组织制度和意识形态层面的交流互动，共同推动了保皇会的跨太平洋扩张。就梁氏堂兄弟和康同璧从加拿大到美国的连续旅行进行深入分析，更能显示他们对晚清中国政治及其对于种族主义、女权主义等不同西方文化的反应，以及他们在加拿大和美国保皇会之间建立的人际性和组织制度化联系。

当康有为于1899年夏在加拿大策划保皇会的勤王计划之时，梁启超、欧榘甲、梁启田等在日的年轻激进改良派也组成了一个反对清朝、倾向革命的团伙。他们甚至寻求与孙中山和其他革命党人合作。但康氏拒绝了这一倡议，并严令梁启超离开日本，前往夏威夷推动保皇会的发展。梁氏在1900年初到达檀香山之后，加入了当地的洪门组织，并从散处夏威夷群岛的华人移民那里筹集了大量资金，约占保皇会在长江中游勤王军事行动经费的四分之一。他甚至在离开夏威夷之后秘密潜入上海，试图参加武汉周

49

---

158 Jung-pang Lo, "Sequel to the Chronological Autobiography of K'ang Yu-wei," 180-181, 193; L. Eve Armentrout Ma, *Revolutionaries, Monarchists, and Chinatowns*, 49, 80-82, 89.

围的军事行动，但该地的起义在1900年8月21日就遭受失败。在此之后，梁启超与徐勤、欧榘甲一起，仍然试图在中国南方发动新的军事起义。[159] 梁氏在1901年初前往澳大利亚期间，访问了数十个华人移民社区，沿途发表了推动保皇会发展的改革演说。但他逐渐失去为保皇会事业筹集资金的积极性，并在发表的文章中表现越来越多的激进内容，呼吁以暴力革命摧毁清政府的统治。[160]

尽管梁启超直到1903年才访问北美，他在1900年前后倾向反清革命的激进主义在加拿大的保皇会领导人当中仍然产生了共鸣。1900年1月24日，慈禧太后控制下的清廷突然宣布，以端郡王载漪（1856—1922）之子溥儁过继为同治皇帝义子（大阿哥）或皇位继承人。但她由此废黜光绪皇帝的阴谋暴露无遗，立即引起了国内改良派人物和海外保皇会的电报抗议。在这些电报中，对于慈禧阴谋作出最为严厉谴责和警告的电文来自温哥华和新威斯敏斯特的保皇会。由于西方列强表示了对于光绪皇帝和康有为的同情，慈禧及端郡王等保守派官员加强了对于改良派人士的迫害，并在1900年春天开始逐渐利用盲目排外和反基督教的义和团。[161]

在此关键时刻，梁启田接到康有为的指示，命令他从日本前往北美，而其主要任务显然是为保皇会即将进行的"勤王"军事计划动员华侨，筹集经费。梁氏于1900年3月2日抵达维多利亚

---

159 张朋园：《梁启超与清季革命》，第84—87、92—104页；丁文江、赵丰田编：《梁启超年谱长编》，第128—132页；桑兵：《庚子勤王与晚清政局》，第51、76—80、192—204页。

160 蔡少卿：《梁启超访问澳洲述论》，第144—160页。

161 桑兵：《庚子勤王与晚清政局》，第39、43—49、51—53页；Joseph W. Esherick, *The Origins of the Boxer Uprising*，272-275。

后，[162] 迅速在该地及附近的加拿大城市展开筹款活动。他于1900年3月17日在维多利亚出席了一场约有1,000名华人移民参加的大型会议，其中包括保皇会在该市及温哥华和新威斯敏斯特分会的领袖。会议由温哥华保皇会总理叶恩主持，梁启田发表了慷慨激昂的讲演。他的讲演多次引发全场雷鸣般的掌声，其筹款号召得到热烈反响。当叶恩提出在光绪皇帝领导之下改革清朝政府及其教育、军事制度等方面问题的决议时，与会者一致举手欢呼，大声表示赞同。会议还决定在加拿大创办一份中文报纸，并成立支持"勤王"行动的筹款委员会。[163]

50

次日晚间，大规模的华人移民群众会议继续在维多利亚举行，并由温哥华的另一保皇会领袖叶春田担任主席。梁启田再次发表公开演讲，提议为保皇会的勤王军事行动筹集经费。参加大会的保皇会数十名领袖首先认捐了近1万加元，次日在维多利亚一地实际募集的捐款就达8,000加元，并被全部寄往保皇会在澳门的总部。在加拿大西部保皇会领袖的陪同下，梁启田在接下来的几天里先后访问了温哥华和新威斯敏斯特，并在那里举行了筹款集会。来自温哥华附近的锦禄、温哥华岛的煤城乃磨，以及美国西雅图市的保皇会领袖及其妻子也参加了这些会议，并一同捐款。[164]

---

162 Library and Archives Canada, "Immigrants from China, 1885-1949," (https:// recherche-collection-search.bac-lac.gc.ca/eng/Home/Search?q=Immigrants%20 from%20China%2C%201885-1949&, accessed November 14, 2022)。在这一加拿大华人移民资料库中，梁启田的姓名登记为 Leong Kai Ten。

163 *Colonist*, March 7, 1900; *Province*, March 20, 1900.

164 *Province*, March 20, 1900; *Daily Times*, March 23, 1900;《清议报》，1900年第15期，第16页。《清议报》将维多利亚的第二次会议时间错记为1900年3月20日。

梁启田在维多利亚的演讲主要阐述了康有为的政治改革运动，但他也以激进的民族主义激励了在场华人移民群众。在这两天的会议之后，加拿大警方在当地唐人街发现许多海报，呼吁中国人民保卫祖国，抵抗英帝国等外国列强的入侵。这些海报甚至使用"外夷"一词来称呼在中国的外国侵略者，因此当地报纸质疑梁氏是否真正在推动康氏的西式政治改革、试图将西方文化和政治制度引入中国。[165] 保皇会的领导人物，尤其是温哥华的领袖，否认他们的会议与维多利亚的这些海报有任何关联，并谴责这些海报使用"外夷"一词。但他们承认自己都是爱国的华人，坚决反对列强瓜分中国。[166]

梁启田还接到康有为的指示，在加拿大招募华人参加"勤王"的军队。很多加拿大华人鉴于当时祖国面临日益严重的民族危机，响应了这一号召。[167] 到1900年中期左右，义和团得到了慈禧太后控制下的清廷默许，展开大规模反洋人、反基督教的行动，在北京周边及北方数省迅速蔓延开来。与此同时，外国列强采取了越来越强硬的军事行动作为回应，八国联军甚至于1900年6月上旬从天津第一次向北京进发，但在义和团和清军抵抗下遭受失败。6月21日，慈禧控制的清廷向外国列强正式宣战，清军还与义和团一道，开始围攻北京的外国使馆。直到8月14日，八国联军再次进攻北京得胜，清军和义和团对使馆的围攻才草草结束，

51

---

165 *Daily Times*，March 23，1900；*Colonist*，March 23，1900.

166 *Colonist*，March 24，1900.

167 康有为：《康有为全集》，第5集，第186页。康有为在此处以梁启田的别名"君力"称呼他。

无果而终。随后，慈禧太后和光绪皇帝仓皇流亡到内陆城市西安避难。[168]

至1900年7月末，清朝政府统治下的中国所面临的民族危机愈演愈烈，温哥华保皇会也在此时收到了来自其澳门总部的紧急电文，要求派遣海外华人志愿者参加国内营救光绪皇帝的军事运动。居于温哥华的约30名华人青年连夜响应了这一号召，当地的保皇会迅速将他们与来自西雅图的约20名华人志愿者以及来自纽约和波士顿的60名志愿者一起派往澳门。同时，还有很多居住在檀香山和旧金山的华人青年志愿者准备启程前往澳门。[169]

由于一些加拿大的华人已经在1900年6月上旬返回中国，参加保皇会"勤王"军事行动，康有为便计划将他们用作刺客、低级军官或制作军服的裁缝。与此同时，康氏计划从新加坡移居香港，或者乘坐英国军舰前往北京，营救光绪皇帝。他甚至还试图在此次行动中让来自加拿大的华人志愿者担任他的保镖卫队。英国政府要求康有为提供光绪皇帝请求军事营救的诏书，但他因无法从软禁中的皇帝得到这样的诏书，其计划便成为泡影。[170] 更为糟糕的是，康有为在华中地区发动起义，拯救光绪皇帝的计划很快就遭受失败，清政府并于1900年8月下旬在汉口俘虏处决了十多名年轻的起义领袖。由于梁启超和其他激进的改良派领袖仍在策划华南地区新的军事起义，加拿大保皇会在当年9月初再次组织了

---

168 Joseph W. Esherick, *The Origins of the Boxer Uprising*, 283–310, esp. 288, 303, 310.

169 *Province*, July 30, 1900; *Colonist*, July 31, 1900; 桑兵:《庚子勤王与晚清政局》, 第85页。

170 康有为:《康有为全集》, 第5集, 第183、200、203、215页。

一次筹款活动。到那时为止，维多利亚、温哥华和新威斯敏斯特的保皇会已经为国内的军事行动筹集了 12,000 加元。据报道，维多利亚华人在 9 月初额外认捐了 8,000 加元，保皇会并预计将从温哥华和新威斯敏斯特的华人那里筹集到 12,000 加元资金。[171] 康有为的现存信件表明，他确实在 1900 年 5 月和 7 月收到来自加拿大的大笔款项。[172]

梁启田于 1900 年 7 月下旬离开英属哥伦比亚，前往美国活动。维多利亚的保皇会派出沈财满（又名沈满）作为梁氏的秘书，帮助他在华盛顿州、俄勒冈州和加利福尼亚州的华人中进行改革宣传和筹款活动，为期近七个月。仅在旧金山一地，他们就在梁启田的一次公开演讲后筹集了 3,000 美元。[173] 梁氏进而从美国进入墨西哥，到 1901 年中期就访问了 7 个州的 13 个城市，然后帮助筹建了位于菜苑（Torreón）的全国保皇会总部。他还发现，菜苑提供了在农、工、商业方面的投资机会，并筹集了 7,000 墨西哥银圆，在该城开设了一家商店。梁启田的先例将很快导致康有为和保皇会在墨西哥进行大规模工商和金融投机。梁氏后来回到美国，继续在那里进行改革宣传，直到 1901 年末才为徐勤所接替。[174]

---

171 *Colonist*，September 12 and 20，1900；桑兵：《庚子勤王与晚清政局》，第 73—80 页。

172 上海市文物保管委员会编：《康有为与保皇会》，第 151、169 页；康有为：《康南海全集》，第 5 集，第 176、234 页。

173 李福基：《宪政会纪始事略》，第 4 页；*Colonist*，July 25，1900；*Daily Times*，August 16，September 7，1900；March 10，1901；L. Eve Armentrout Ma，*Revolutionaries, Monarchists, and Chinatowns*，79-80。

174 方志钦主编、蔡惠尧助编：《康梁与保皇会：谭良在美国所藏资料汇编》，第 162—164 页；L. Eve Armentrout Ma，*Revolutionaries, Monarchists, and Chinatowns*，80。

在梁启田访问期间，保皇会在英属哥伦比亚省和其他各地城镇的分会很快联合起来，于1900年4月在温哥华成立了叶恩领导下的加拿大保皇会全国总部。[175] 这些加拿大各地的保皇会代表随后于1900年6月21日在温哥华举行了联席会议，决定向英、美、日三国政府请愿，要求帮助光绪皇帝复辟，保全大清帝国。加拿大保皇会全国总部在次月还致电驻于南京的两江总督刘坤一（1830—1902），要求他与外国列强合作，恢复光绪皇帝的权力。除了在1900年中期和1901年初向总督刘坤一以及英、美、日三国政府请愿外，加拿大保皇会全国总部还于1901年1月向英、美、日及德国驻北京的外交代表递交了另一份请愿，要求帮助光绪皇帝恢复亲政，让康有为和其他被罢免的改良派官员复职，并在清朝政府重启政治改革。[176]

这些请愿书显示了加拿大保皇会领袖对于晚清中国所面临的民族危机的担忧及其对于外国列强和总督刘坤一不切实际的希望，其请愿行动对国内政治变革和中外关系的影响也并不显著。不过，正是这些外国列强的压力以及总督刘坤一和其他改良派官员和精英的建议，慈禧太后控制下的清朝政府于1901年1月29日启动了新政改革。这项改革包括建立和扩大西式学校、新军、政府机构

53

---

175 The Chinese Empire Reform Association of Canada's fonds, April 30, 1900, incorporation no. 75, microfilm reel no. B04406, GR–1526–Corporation Registry Files, British Columbia Archives, Victoria, BC.

176 *Province*, June 23, July 12, 1900; January 24, 1901。关于这些请愿书的内容及其提交过程的相关信息，见Correpondence, folder 1–1, Won Alexander Cumyow fonds, Rare Books and Special Collections, the University of British Columbia Library, Vancouver, BC。

等，并最终导致试图实现君主立宪的政治变迁。[177] 清朝政府的这一新的政治改革运动让康有为对光绪皇帝恢复权位重燃希望，此时新任两广总督也减轻了对于保皇会领袖在国内亲属的政治迫害。此外，保皇会在1900年勤王运动中的人员和经费损失以及此后华侨捐款的减少也迫使康氏转向工商业活动，为他的改良派组织开发经济资源，而不再尝试军事冒险。[178]

相比之下，梁启超和康有为的其他年轻弟子在1900年的勤王起义失败之后，仍然保留了激进主义思想，并在改革宣传活动中继续呼吁反满革命。他们得到了维多利亚和温哥华的保皇会主要领袖的大力支持。在1900年至1902年间，梁启田、徐勤、欧榘甲作为康有为的使者，先后抵达北美，并都加入了洪门致公堂，进行改革动员。然而，直到1902年中期，政治态度相对温和的徐勤仍然发现很难用保皇口号来拉拢纽约的致公堂。于是他只得转变方式，在其演讲中用激进的口号激发华人听众，承诺继续发动军事起义来恢复光绪皇帝权位，或在失败后寻求广东独立，脱离清廷。因此，欧榘甲于当年抵达旧金山后，便利用当地的保皇会机关报《文兴报》，大力宣传广东独立，迎合来自该省的绝大多数北美华人心理。由于欧氏的宣传过于激进，他被康有为从该报驱逐。此后，欧榘甲于1903年帮助美国洪门致公堂在旧金山的总堂创办了《大同日报》作为机关报，并试图通过推动晚清中国的宪政改

---

177 Douglas R. Reynolds, *China, 1898-1912: The Xinzheng Revolution and Japan*, chapters 7-10, esp. pp. 13, 91-93.

178 康有为:《康有为全集》，第5集，第396—404页；桑兵:《庚子勤王与晚清政局》，第88—89、418—422页。

革，将这一秘密社团改组为政党。[179]

在写给康有为的私人信件或保皇会的内部通讯中，梁启超和保皇会的加拿大领袖人物，如维多利亚的李福基和温哥华的叶恩，都附和或支持欧榘甲的激进宣传。[180] 但康氏在回复信函和公开发表的文章中，拒绝了他们关于反满革命和广东独立的呼吁。相反，康有为要求他们保持对于新政改革和光绪皇帝权位恢复的信心，并提出发展保皇会跨国实业新倡议，将之作为他们改革事业的关键。[181] 在康氏的压力之下，梁启超在1902年底给他写了一封悔过信，但他实际仍然保留了反清革命的激进倾向和立场。[182] 值得注意的是，梁氏通过次年访问北美，特别是加拿大西部，将彻底改变政治立场，再次成为一位热心的改良派领袖。

梁启超在1903年周游北美的新大陆之旅已经受到此前研究的充分关注，其中一个主要原因在于这次旅程使梁氏的政治思想发生了巨大的变化，从倾向共和及反满革命的激进分子重新变为追随康有为立宪改良运动的领袖。[183] 然而，梁启超在其北美之旅的

54

179　桑兵：《庚子勤王与晚清政局》，第366—375页；冯自由：《革命逸史》，上册，第108—113页；上海市文物保管委员会编：《康有为与保皇会》，第200—204页。

180　丁文江、赵丰田载编：《梁启超年谱长编》，第189页；方志钦主编、蔡惠尧助编：《康梁与保皇会：谭良在美国所藏资料汇编》，第99页；上海市文物保管委员会编：《康有为与保皇会》，第200、203—204页。

181　康有为：《康有为全集》，第6集，第312—351页；方志钦主编、蔡惠尧助编：《康梁与保皇会：谭良在美国所藏资料汇编》，第38、44页。

182　丁文江、赵丰田编：《梁启超年谱长编》，第196—197、208—210页。

183　Joseph R. Levenson，*Liang Ch'i-ch'ao and the Mind of Modern China*，69；Hao Chang，*Liang Ch'i-ch'ao and Intellectural Transition in China, 1890–1907*，238–271；L. Eve Armentrout Ma，*Revolutionaries, Monarchists, and Chinatowns*，89–94.

开始和结束之际对于加拿大西部的访问却在长期以来一直没有受到足够注意。事实上，在大约九个月的北美旅程中，梁启超在英属哥伦比亚省停留的时间长达近两个月。[184] 他在此期间与加拿大华人改良派领袖积极合作，帮助保皇会建立了跨太平洋的商业帝国，并在他放弃激进革命立场之后为改良运动带来了新的动力。

梁启超所乘海轮从日本横滨出发，于1903年3月3日抵达维多利亚。同行的伴侣之中，黄慧之（又名黄为之）是与他在日一同支持反满革命的激进分子之一，另外一位是来自澳大利亚悉尼的英文翻译鲍炽。但梁氏只与维多利亚的保皇会领袖在码头进行了短暂会晤，并在轮船甲板上接受了当地英文报纸记者采访，然后继续乘船驶往温哥华。[185] 梁启超选择温哥华作为他在加拿大政治活动的基地，这可能是因为他与叶恩及其叔父叶春田之间存在着特别紧密的洪门兄弟情谊。事实上，在叶恩于1902年剪掉忠于清朝象征的辫子之时，梁氏已经剪掉自己的辫子，所以将叶氏视为特别亲密的同志中的同志。[186] 叶恩后来与黄慧之和鲍炽一起，参加了梁启超的北美之旅，他们也将在保皇会分布于香港、上海和槟榔屿的工商企业兴衰中扮演关键角色。[187]

---

184 丁文江、赵丰田编：《梁启超年谱长编》，第203—218页。

185 *Colonist*，March 4，1903. 关于梁启超到达加拿大以及黄慧之和鲍炽的个人信息，参见丁文江、赵丰田编：《梁启超年谱长编》，第131—132、204—205页；桑兵：《庚子勤王与晚清政局》，第195、438、443页；《中国维新报》，1904年4月28日，档案全宗 CERAD，文件号码 AR-44。

186 方志钦主编、蔡惠尧助编：《康梁与保皇会：谭良在美国所藏资料汇编》，第102页；丁文江、赵丰田编：《梁启超年谱长编》，第207页。

187 丁文江、赵丰田编：《梁启超年谱长编》，第291、318—319页。桑兵：《庚子勤王与晚清政局》，第438—440、442—446页。

梁启超自称他的北美之行有两个主要目的：首先是考察海外　55
华人的状况；其次是观察美洲新大陆的政治制度。但叶恩关于梁
氏旅行的信中透露，其主要目标是为保皇会的实业活动"招商
股"。[188] 早在1902年中期，康有为就指示朱锦礼（他可能是保皇会
在1899年建立于维多利亚时的青年创始成员朱礼）从香港返回加
拿大，与李福基、叶恩，以及加拿大保皇会的其他领袖商讨发展
实业计划。于是，维多利亚的保皇会于1902年12月2日积极响应，
主动成立了一家"商务会"。朱锦礼返回香港之后，起草了《中国
商务公司章程》。康有为对这份章程进行了修订，然后于1902年
11月分发给保皇会的所有分会。[189] 这份文件后来在1903年3月3日
送抵加拿大之后，由在温哥华、维多利亚和新威斯敏斯特的保皇
会领袖与梁启超一起最终改定。[190]

很快，温哥华的一家英文报纸报道了梁启超的计划，声称他正
"鼓动加拿大华人同胞认购资金，用于创办一家大型商务公司"。[191]
叶恩承诺为保皇会的商务公司筹集10万加元。当时，保皇会在温
哥华、维多利亚和新威斯敏斯特的成员已经认购了大约6万加元。
但梁氏仍然前往温哥华岛的乃磨（Nanaimo）和尤宁湾（Union

---

188 丁文江、赵丰田编：《梁启超年谱长编》，第203—204页。

189 上海市文物保管委员会编：《康有为与保皇会》，第220—221页；李福基：《宪政
　　会纪始事略》，第4—5页；方志钦主编、蔡惠尧助编：《康梁与保皇会：谭良在美
　　国所藏资料汇编》，第44—45、146、304—305页。

190 方志钦主编、蔡惠尧助编：《康梁与保皇会：谭良在美国所藏资料汇编》，第
　　311页；Jung-pang Lo, "Sequel to the Chronological Autobiography of K'ang Yu-
　　wei," 195；桑兵：《庚子勤王与晚清政局》，第423—427页；上海市文物保管委员
　　会编：《康有为与保皇会》，第266—286页。

191 *Province*, March 5, 1903.

Bay）这两个煤矿城镇，宣传保皇会的改革政策和实业计划。他于1903年4月13日写信给一位正在日本的朋友，声称他已完成北美之行计划的50%到60%，并已达到为保皇会实业筹款目标的80%到90%。鉴于加拿大华人对于保皇会改革事业及其实业计划的热情支持，梁氏决定投入这种"实事"当中，放弃之前的"空谈"，即反满革命的宣传。[192]

梁启超还从加拿大保皇会的政治活动中发现了改革事业的新希望。温哥华、维多利亚和新威斯敏斯特分会于1903年3月7日为其全国总会的副总理和正监督改选，同时投票选举。六名副总理候选人分别组织了他们的竞选活动，并通过公开演讲，宣布了各自的政纲。在选举当天，来自这三个城市的电报被用来报告每位候选人的得票数，从而确定选举结果。在当日温哥华唐人街华人戏院的大型集会上，梁氏发表了关于改革运动的进展和成就的公开演讲，并在后来写道，加拿大保皇会的选举是中国数千年历史上空前未有的创举，也是现代华人政党史的开端。[193]

由于梁启超先前抱有反满革命倾向，他最初对于康有为从1899年开始在加拿大公开组织保皇会表示了冷淡态度，直到1902年仍对设于香港的中国商务公司心存疑虑。[194] 但他到达加拿大西部地区之后，却很快戏剧性地改变了立场。1903年3月12

192 丁文江、赵丰田编：《梁启超年谱长编》，第204—205、209页。

193 *Province*，March 9，1903；《中国维新报》，1904年3月11日；梁启超：《梁启超全集》，第2册，第1130页。

194 梁启超：《梁启超全集》，第10册，第5927—5928页；丁文江、赵丰田编：《梁启超年谱长编》，第210页。

日，来自温哥华、新威斯敏斯特和维多利亚以及附近的乃磨和拉德纳（Ladner）等较小城市的保皇会200多名代表首先在温哥华举行了年会，然后在新威斯敏斯特继续开会。他们的会议决定为位于温哥华的加拿大保皇会全国总部建造一座大楼，并在楼内开设一所夜校。3月14日，梁氏与来自英属哥伦比亚省大陆的约130名代表一道前往维多利亚，并在该地于次日结束了这场年会。在维多利亚的会议上，梁启超就中国政治改革的形势发表了讲话，与会人员最终批准了在温哥华建造加拿大保皇会总部大楼的决定。[195]

加拿大保皇会总部于1903年4月2日专门在温哥华为梁启超举办了一场宴会，但这也是该组织力图超越当地华人社区而开展的公关活动。出席宴会的嘉宾不仅有身穿西服的加拿大保皇会全国总部领袖，还有驻温哥华的美国领事L. 埃德温·达德利（L. Edwin Dudley）、美国移民专员大卫·希利（David Healy）、当地英文报纸的出版人，以及三名加拿大海关官员，包括查尔斯·亚瑟·沃斯诺普中校（Lieutenant Colonel Charles A. Worsnop）。在出席宴会的嘉宾向英国国王和美国总统敬酒之后，达德利领事称赞中国是美国的好朋友，希利专员却借机为美国政府的排华法案辩解。梁氏的答词承认"盎格鲁-撒克逊人民是中国人民的朋友"，但他也批评了"他们对中国劳工移民的偏见"。[196] 实际上，梁氏在

57

195　*Province*, March 12 and 13, 1903; *Daily Times*, March 16, 1903；丁文江、赵丰田编：《梁启超年谱长编》，第210页。

196　*Daily World*, April 3, 1903. 关于沃斯诺普中校，见 J. F. Bosher, *Imperial Vancouver Island: Who Was Who, 1850–1950*, 803。

北美之行所目睹的反华种族主义将使他成为反击美国排华政策的主要领袖之一。

在加拿大保皇会的活动极大提高了梁启超对于改良主义事业的信心之际，他在4月中旬收到康有为措辞严厉的来信。康氏的来信严厉斥责了他的反满革命思想倾向，并且批评他为横滨和上海的广智书局筹款，阻碍了保皇会为在香港成立的中国商务公司集资。于是，梁氏于4月15日专门给康有为派往美国的弟子徐勤写信，承诺放弃对于保皇会实业计划的怀疑，并在公开讲演中杜绝任何激进言论。但在同一封信中，梁启超仍然认为中国革命不可避免，未曾放弃原来立场。他还承认在与加拿大保皇会全国总部的总理叶恩和副总理刘章轩私下交谈时，仍然坚持其倾向革命的思想。[197]这封信暴露了梁氏改良思想正在复苏，但他的革命激进主义思想仍挥之不去。

梁启超于1903年4月17日在温哥华主持了加拿大保皇会全国总部大楼开工的奠基仪式，然后于4月28日携随从启程前往渥太华，叶恩也加入了他们的旅行行列。[198]梁氏一行在5月初逗留渥太华期间，用两天时间参观了加拿大国会大楼、一个锯木厂和一个造纸厂。他与随从人员在蒙特利尔度过了此后的五天时间，并在当地华人社区进行政治改革动员。在梁氏的鼓励下，当地华人在

---

197 丁文江、赵丰田编：《梁启超年谱长编》，第209—210页；桑兵：《庚子勤王与晚清政局》，第427—438页。

198 *Province*，April 18，1903；*Daily News-Advertiser*，April 29，1903；梁启超：《梁启超全集》，第2册，第1130、1132页。梁启超将这场庆典发生的时间错误地记录为1903年4月23日。

他于5月12日前往纽约之前成立了保皇会的一个分会。[199]

与康有为在1899年多次试图进入美国均遭受失败的经历相比，梁启超的美国之行从开始之际就十分成功。这是因为西奥多·罗斯福（Theodore Roosevelt, 1858—1919）在前总统麦金利于1901年遇刺继任后，对于中国正在进行的新政改革深感兴趣，并曾在后来发表一篇以《中国的觉醒》为题的文章。[200] 因此，梁启超在1903年5月上旬很容易地到达纽约，并进行了近两个月的公开演讲、接受采访和改革宣传活动。然后，他和叶恩于1903年6月20日在华盛顿会见了罗斯福总统，并在前一天与国务卿海约翰（John Hay, 1838—1905）会谈。此后至1903年11月下旬，梁启超旋风般地访问了波士顿、芝加哥、西雅图、波特兰、旧金山、洛杉矶以及其他数十个城市华人社区，扩建保皇会的分会组织，并为其实业计划筹集资金。在他与徐勤商量之后，他们还在美国华人中发起了一项新的筹款活动，为在广州建立一所保皇会赞助的公立学校筹款。[201]

在梁启超周游美国的旅行期间，他还听从康有为的指示，给香港和澳门保皇会的领袖专门写了一封信，对在港中国商务公司集资问题关心不足主动认错。他在1903年9月1日给这些保皇会领袖的另一封信声称，他已从美国东部各华埠帮助中国商务公司筹集

58

---

199 *Evening Journal*, May 4, 1903; *Daily Star*, May 7, 1903; 梁启超:《梁启超全集》, 第2册, 第1133—1134页。

200 Warren I. Cohen, *America's Response to China*, 50, 61.

201 丁文江、赵丰田编:《梁启超年谱长编》, 第211—216页; *Colonist*, June 21, 1903。丁文江和赵丰田所编年谱记录了梁氏这一行程, 但将他和海约翰及罗斯福会面的日期错误记载为1903年6月11日和12日。

了 40 多万美元的资金，并预计将在北美筹集约 100 万美元。[202] 在梁氏结束美国之行前夕的游记中，他宣称 1903 年 9 月期间在旧金山及此后在洛杉矶受到了华人和白人最为热烈的欢迎。[203]

具有讽刺意味的是，正是在旧金山，梁启超对于当地唐人街的观察最终使他从反对清王朝和倾向共和革命激进主义立场退回到君主立宪的改良事业。梁氏认为旧金山的华埠居民在海内外华人之中最为开明进步，但仍批评他们是服从专制强权的顺民，而不是美国共和制度下的合格自由公民。[204] 因此，此前有关梁启超及其北美之行的研究往往以他对旧金山华人的悲观态度以及康有为的压力等因素来解释梁启超从反满革命的激进立场转向支持清朝的立宪运动。[205]

梁启超对于旧金山华人社区的悲观看法至少部分源于他在美国未能从华人移民那里筹集到足够的资金。他于 1903 年 11 月 18 日专门给康有为写信，报告他和徐勤都无法在美国各大城市华埠，尤其是旧金山的华人中间真正收集到后者已经为保皇会在香港的中华商务公司承诺交纳的资金。梁氏在这封悲观的信中还特别要求康氏停止使用他们有限的资金来资助保皇会针对慈禧太后党羽的暗杀计划。[206]

---

202 丁文江、赵丰田编：《梁启超年谱长编》，第212—214页。

203 梁启超：《梁启超全集》，第2册，第1179、1192页。

204 梁启超：《梁启超全集》，第2册，第1179、1185、1187—1189页；丁文江、赵丰田编：《梁启超年谱长编》，第131、205页。

205 张朋园：《梁启超与清季革命》，第110—116页；L. Eve Armentrout Ma, *Revolutionaries, Monarchists, and Chinatowns*, 91-92。

206 丁文江、赵丰田编：《梁启超年谱长编》，第216—218页。

梁启超所著《新大陆游记》实际显示他在北美各地绝大多数 59
华埠，尤其是在加拿大唐人街，都为当地华人热心支持保皇会的
政治改革和实业计划感到高度兴奋。当梁氏于1903年11月28日
回到温哥华后，他进一步表达了对于保皇会改革事业的信心。梁
氏指出，加拿大保皇会已经在温哥华建立了它的全国总部大楼，
并完成了七个省的代表选举，准备召开其全国会议。因此，他的
游记不仅将温哥华作为其改良派组织发展的起点，还称赞加拿大
保皇会在全国大会代表的选举中采用了西方文明国家的自治政府
制度。[207]

实际上，梁启超的北美之行对保皇会来说仍然是一个巨大的成
功。他访问、动员了分布于北美大陆的华人移民，从而为保皇会
在香港的中国商务公司募集了约80万美元的资金，尽管该公司最
终只实际收到60.5万港币。[208]他在北美筹款活动的成功也帮助康
有为领导的保皇会走出庚子勤王运动失败的阴影，迈向推动改良
政治和跨国商业并肩发展的新征程。在旧金山，梁氏于1903年11
月帮助当地华人移民起草了一份请愿书，并承诺将其呈交清朝广
东省政府，要求官方帮助解决华人移民在美国遭受种族歧视的问
题。梁氏很快就将出版广为人知的《新大陆游记》，并在同时也写
成了《记华工禁约》的小册子。这本小册子很快就成为保皇会动
员全球华人反对美国种族主义运动的宣传品，从而帮助了这一组

---

207 梁启超:《梁启超全集》，第2册，第1126—1200页，特别是第1129—1130、1133、
　　1148、1161、1168、1170、1175—1176、1179、1185—1186、1192、1199页。
208 上海市文物保管委员会编:《康有为与保皇会》，第242—243页；伍宪子:《中国
　　民主宪政党党史》，第77—78页。

织的跨太平洋组织扩张，并将其政治影响提升到一个新的高度。[209]

此外，梁启超在1903年初首次访问温哥华时，曾敦促加拿大保皇会建立联卫部的机构。在他随后于当年8月中旬前往美国蒙大拿首府海伦那（Helena）时，当地的保皇会分会确实成立了这个机构，筹集公共资金，用于互相帮助，以集体力量保护华人免受种族歧视伤害。[210] 在此后不久，康有为将接过这项倡议，用来推动保皇会在跨太平洋华人世界内的进一步组织扩张。

60　　紧随梁启超之后，康有为次女、年方22岁的康同璧也从横滨乘船穿越太平洋，然后从加拿大西部开始了她的北美之旅。在她于1903年5月7日抵达维多利亚港之后，当地海关向加拿大商贸部申请了特别许可，使她以学生身份入境，从而免除了人头税。[211] 但康同璧此次北美之行也遵循了她父亲的指示，"赴欧美演说国事，为提倡女权之先声"。[212] 事实上，早在1903年初，她就已经开始在日本进行争取华人妇女权利的改革宣传。康同璧在保皇会所属横滨大同学校首次发表公开演讲，吸引了1,000多名听众。她敦促华人妇女"合群"争取女权，组织起来反对男权压迫，集体探索新

---

209 L. Eve Armentrout Ma, *Revolutionaries, Monarchists, and Chinatowns*, 93；梁启超：《梁启超全集》，第2册，第1200—1216页；方志钦主编、蔡惠尧助编：《康梁与保皇会：谭良在美国所藏资料汇编》，第113页。

210 丁文江、赵丰田载编：《梁启超年谱长编》，第210、214页。

211 *Colonist*, May 8, 1903；*Globe*, May 11, 1903。该报的新闻报道将康同璧的姓名记录为"F. B. Kang"。她出生于1881年，见康有为：《康南海自编年谱》，第10页，但罗荣邦将其出生时间错误记载为1887年，见罗氏所编译 K'ang Yu-wei, "Chronological Autobiography of K'ang Yu-wei," 36，145。

212 康同璧：《南海康先生年谱续编》，第107页。

知识，在民族危机中保卫祖国。[213] 因此，这次演讲已经展示，康同璧将在太平洋彼岸的活动中追求以妇女组织为基础的女权主义改良政治策略。

康同璧于1903年5月初进入加拿大之后，很快就开始动员和组织华人妇女参与政治改革运动，追求性别平等、女性教育及选举权利，从而通过她的北美之行，领导了这一女权运动的跨国扩张。1903年5月，康同璧在维多利亚"就中国改革的主题在当地进行了多次针对华人的公开讲演，……在唐人街引起很大轰动"。[214] 当月下旬，康同璧在维多利亚"组织了一个改革团体的妇女分会"，[215] 称为保皇女会或保救大清光绪皇帝女会。在现存维多利亚保皇女会领袖图片上（见第二章插图5），一副较短横联写道："国家兴亡，男女同责。"另一竖排长联呼吁华人妇女追随中国和欧洲历史上的伟大女性英雄，如为国牺牲的法国圣女贞德（Joan of Arc，1412—1431）及在俄国历史上为暗杀暴君赴义的索菲亚·佩罗夫斯卡娅（Sophia Perovskaya，1853—1881）。[216]

随后，康同璧于1903年5月22日到达温哥华，并在加拿大保皇会全国总部大楼发表了数次公开演讲。她的每次演讲都吸引了数千华人听众。[217] 仅仅一周之后，当地一家英文报纸报道，温哥 61

---

213 亚造:《记康同璧女士大同学校演说》，第84—86页。

214 *Colonist*，May 23，1903.

215 *Province*，May 22，1903.

216 关于康同璧在加拿大和美国创办保皇女会的详细研究，见Zhongping Chen，"Kang Tongbi's Pioneering Feminism and the First Transnational Organization of Chinese Feminist Politics，1903-1905，" 3-32。

217 Zhongping Chen，"Kang Tongbi's Pioneering Feminism，" 11.

华和新威斯敏斯特的华人妇女在1903年5月28日晚上成立了一个改革团体，康同璧"主持了会议并指导了组织工作"。[218] 在这个保皇女会第二分会的现存图片上（见第二章插图6），一副对联的上联体现了强烈的女权改良主义："宪法何以定？民气何以伸？男女同权。"

康同璧与加拿大保皇会全国总部的总理叶恩一起，于1903年8月21日晚从英属哥伦比亚进入美国，抵达西雅图。在西雅图保皇会于8月23日晚间举行的欢迎宴会上，她向当地华人男女听众发表了激情洋溢的演讲。康同璧在讲演中强调了华人妇女从民族危机中拯救祖国的责任，并严词警告，如果祖国覆亡，她们的命运将比男性更为悲惨。在她的演讲之后，西雅图保皇女会迅速成立。[219] 从西雅图开始，她加入了梁启超的北美之旅，前往俄勒冈州的华人社区进行改革动员，并先后在波特兰和附近的小城阿斯托里亚（Astoria）成立了保皇女会的两个分会。[220] 由于康同璧计划在1903年秋季进入美国东海岸的一所学院学习，她继续向东进发，并于当年年底在芝加哥和纽约分别建立了保皇女会的两个分会。1905年7月，她在波士顿的政治活动也促成保皇女会的一个分会在当地成立。[221]

康同璧在美国华人妇女中的政治改革动员显然受到了当地方兴

---

218 *Province*, May 29, 1903.

219 《新中国报》，1903年9月19日。

220 《新中国报》，1903年12月10日；*Morning Astorian*, September 22, 1903；Zhongping Chen, "Kang Tongbi's Pioneering Feminism," 14，22-23。

221 Zhongping Chen, "Kang Tongbi's Pioneering Feminism," 14-16.

未艾的女权主义运动影响。因此，她追求了比在加拿大更为实际的策略，号召提高女性教育水平，以此争取妇女政治权利，并通过立宪运动获取妇女选举权。正如她在 1903 年 12 月对一位美国记者所说：

> 如果中国妇女能够进行自我教育并坚持自己的权利，她们将会得到与美国女性一样的地位。我希望教育中国的女性去行使她们的力量，我希望她们能够投票选举。她们应该在政府决策中拥有一半的发言权。[222]

同时，康同璧还通过与美国唐人街的其他女性改革活动分子联系，推动保皇女会的组织网络和女权政治扩张。结果，保皇女会 62
至少于 1904 年在洛杉矶成立了一个分会。此外，一个中国女维新会在 1903 年 8 月成立于旧金山，另一称为华女合群的组织于 1904 年 12 月出现于檀香山。这些新的组织在历史上第一次将北美城市和檀香山内人数较少的华人妇女联合起来，并通过宣扬女权主义、提倡教育和选举方面的性别平等，使得改良运动更为激进，[223] 而这些相关内容将在下面一章详细叙述。

总之，在 1898 年的百日维新失败之后，康有为通过他在次年的两次加拿大之行中与华侨领袖及移民大众的直接接触，特别是

---

222 *Herald*, December 13, 1903.
223 Zhongping Chen, "Kang Tongbi's Pioneering Feminism," 16-17, 19-28.

通过保皇会的成立及其组织网络在北美之内和之外的扩张，在海外华人世界重新开启了更为激进和广泛的政治改革。在1900年至1903年间，他所派遣的年轻改良派人物通过在夏威夷、澳大利亚，尤其是北美的活动，进一步领导了改良运动及其组织的跨太平洋传播，并为之不断提出新的创意。他们在各地海外华人中积极宣传民族主义、跨国实业计划和女权主义政治，极大地扩展了保皇会及其保皇女会从人际关系到组织制度层面的网络和影响。康有为利用与他的万木草堂弟子和华商领袖之间的人际关系促进了保皇会的早期发展，但他们之间的个人和派系冲突也将直接导致这个改良派团体及其政治改革运动的衰落。

第二章

华人政治改良运动在北美和亚太地区的盛衰

从1900年到1903年，康有为不仅派遣了一系列年轻使者，而 63
且从他在香港、新加坡、槟榔屿和印度等流亡地不断发出信件，
与北美华侨改良派领袖保持着密切的联系。这种跨太平洋联系为
康氏在1904年至1907年间第三次进入加拿大及其连续访问美国和
墨西哥的旅程铺平了道路，并使他得以同时将海外华人政治改良
运动推向最高潮。然而，他与加拿大和美国保皇会或其后继的宪
政会领袖之间的冲突也将导致海外华人改良运动在1909年左右走
向衰落，而这一变化恰好发生在该运动从维多利亚兴起的十周年
之际。[1] 尽管如此，康氏领导的改良派团体通过在亚太地区扩展其
组织网络和商业帝国、反对北美种族主义动员、推动晚清中国宪

---

[1] 关于康有为从1900年到1903年在各地流亡及其在1904到1907年间访问加拿
大、美国、墨西哥的简况，参见 Robert Leo Worden, "A Chinese Reformer in
Exile," 264–269；关于康有为与北美保皇会成员在1909年之前的冲突，参见
Zhongping Chen, "Kang Youwei's Activities in Canada," 16–22。

政改革等活动，已经深刻地改变了跨太平洋的华人世界。

康有为在1900年末面临来自清政府派往新加坡刺客的新威胁，不得不避居马来半岛西北部的槟榔屿。尽管如此，康氏从1901年3月到6月仍与加拿大保皇会领袖保持着每月一次的通信。他进而和次女康同璧于1901年12月迁往印度，并于1902年初隐居喜马拉雅山脚下的大吉岭。即便在如此偏远之地，康有为与英属哥伦比亚省保皇会领袖之间的邮件通信仍旧持续不断。他的信件及其中的指示通常会从维多利亚或温哥华转交给其他加拿大和美国保皇会的领袖。[2]

通过这种书信来往，康有为在保皇会遭受1900年间勤王军事行动失败、沉重的财政和人员损失，以及此后清廷政治迫害加剧的不利情况下，鼓舞了北美华侨改良派领导人和参加者的士气。康氏竭力鼓励他们坚持对于清廷从1901年初开始的新政改革和光绪皇帝恢复权位的信心。他还制订了新的计划，试图发展保皇会的跨国实业活动，吸引梁启超等激进的年轻改良派人物脱离反清革命的激进倾向。[3]

康有为与北美保皇会领袖的通信中讨论的另外一个重要问题是如何应付加拿大和美国日益高涨的反华种族歧视。在康氏随后于1904—1905年先后访问加拿大和美国期间，他不仅试图通过发展

---

2 Jung-pang Lo, "Sequel to the Chronological Autobiography of K'ang Yu-wei," 187-190；康有为：《康有为全集》，第5集，第398页；方志钦主编、蔡惠尧助编：《康梁与保皇会：谭良在美国所藏资料汇编》，第34—35、37—38、40—54页。
3 康有为：《康有为全集》，第5集，第398页；第6集，第350—352页；第7集，第189—193页。

保皇会的跨国实业来团结海外华人，资助国内改良派的政治改革活动，而且号召改良唐人街社会，减轻白人对于华人社区的偏见。这样的策略将使保皇会在1905年得以发起、领导一场针对美国排华法案的全球华人抵制美货运动，从而实现了其跨太平洋的组织和影响扩张，并建立一个从香港到纽约和墨西哥的工商实业帝国。[4]

随着康有为从1904年末开始从加拿大到美国和墨西哥的连续旅行，保皇会也将其在北美的活动中心逐渐向南转移到纽约等美国城市。[5]在康氏的领导之下，保皇会及由其改名的宪政会还试图将其组织强化、权力集中，但这些努力并不成功。同时，一些加拿大和美国的华侨改良派主要领袖，特别是来自温哥华的领导人物，竭力将其个人、家族甚至帮派利益带入保皇会和宪政会，削弱了它们控制人际关系和派系倾向的组织制度化力量。这些北美华侨领袖与康有为及其亲近的支持者之间发生的个人和派系冲突将成为改良派组织及其政治运动失败的主要原因。

康有为加拿大—美国—墨西哥之旅及其最后访加之谜

关于康有为在加拿大活动的中外研究论著之间存在着严重史实分歧，其中主要问题在于他是否仅在1899年首访加拿大一次，并

4　Zhogping Chen，"Kang Youwei's Activities in Canada，" 17-19.

5　高伟浓:《二十世纪初康有为保皇会在美国华侨社会中的活动》，第32、42、66—67页。

在1902年和1904年两次访加？[6] 或他在1899年两番访问加拿大，并在1904—1905年间第三次访加之后于1909年进行过最后访加之旅？[7] 虽然本书第一章已经证明康氏在1899年曾两次访问加拿大，他在1902年的访加之旅也可以轻易证明从未发生，他在1909年的最后访加记载却被一些学者忽视，而且似乎仍是一个无法解开的历史之谜。[8]

然而，就康有为在1904—1905年间的第三次加拿大之行及其所谓1909年的最后访加记载进行分析不仅有助于研究他在1905—1907年间多次往返美国和墨西哥的历史背景，而且可以帮助揭示跨太平洋华人政治改革运动盛衰的原因。因此，以下就康氏在1904—1907年间加拿大—美国—墨西哥之行进行综合分析，但研究重点是他访问这北美三国活动之间的跨国联系及其对于改良派组织发展、反种族主义动员和跨太平洋商业帝国扩张的影响，而不是他在每个国家的活动细节。[9]

康同璧及其子罗荣邦曾于1958年和1967年先后印行了《康南海自编年谱》的中英文续编，并且都记录了康有为从1904年11月

6　这一说法来自李东海：《加拿大华侨史》，第275—282页，并影响了 Edgar Wickberg, et al., *From China to Canada*, 74。

7　这一记载来自康同璧：《南海康先生年谱续编》，第71—72、121—125、147页，并为以下两部英文论著所沿袭：Jung-pang Lo, "Sequel to the Chronological Autobiography of K'ang Yu-wei," 179–182, 197–198, 214; Robert Leo Worden, "A Chinese Reformer in Exile," 64–81, 109–116, 239–240。

8　Zhongping Chen, "Kang Youwei's Activities in Canada," 16–22.

9　关于1904年至1907年间康有为在这三个国家的活动细节，见 Robert Leo Worden, "A Chinese Reformer in Exile," 115–240；张启祯、张启礽：《康有为在海外·补〈南海康先生年谱〉》，第42—120页。

14日到1905年2月12日的第三次访加过程和他在1909年6月的第四次加拿大之旅中专门访问维多利亚附近煤岛的活动。[10] 作为康有为的女儿和外孙，他们主要根据家庭文献撰写了康氏的年谱续编，其中关于他历次访加记录自然被关于康有为海外活动的主要中英文著作所接受。[11]

　　然而，李东海于1967年发表关于加拿大华侨史的第一本中文著作，声称康有为于1899年5月20日到达维多利亚，并在建立保皇会后于次年访问渥太华，最终从尼加拉瓜进入美国。除了对于康氏首次访加的这些错误记载之外，该书还称他与其次女康同璧于1902年春再访加拿大，并于1904年底第三次访问加拿大，但李东海忽视了康同璧书中关于康有为在1909年最后访加的记载。魏安国（Edgar Wickberg）、黎全恩及其分别与其他学者合著的两部有关中英文著作都接受了李东海的错误说法。[12] 然而，李氏关于康有为与康同璧在1902年春访问加拿大的说法仅基于康有为在当年所写的一首诗。这首诗中确实提及"女儿侍侧山花笑，临水登山日有寻"，似指康有为与康同璧一同出游，但其后记说明这是康氏在1902年3月写成后送给维多利亚保皇会首任总理李福基的一首诗作。[13] 据康同璧自己的记载，她在1902年的绝大部分时间里都在

10　康同璧:《南海康先生年谱续编》，第70—72、121—125、147页；Jung-pang Lo, "Sequel to the Chronological Autobiography of K'ang Yu-wei," 179-82, 197-198, 214。

11　林克光:《革新派巨人康有为》，第415—422页；Robert Leo Worden, "A Chinese Reformer in Exile," 64-81, 109-116, 239-240。

12　李东海:《加拿大华侨史》，第275—282页；Edgar Wickberg, et al., *From China to Canada*, 74；黎全恩、丁果、贾葆蘅:《加拿大华侨移民史》，第180—183页。

13　李东海:《加拿大华侨史》，第282页及第272—273页之间所附康氏诗歌照片。

印度陪伴康有为，而她的加拿大之行是从1903年5月开始的。[14] 康有为在1904年11月到达加拿大后，曾致罗利总理一封信，但他在信中仅仅提及"5年前曾经访加"，即其1899年的两次访加经历。[15]

66　　康有为对于加拿大的第三次访问紧接他在1904年3月开始的从亚洲到欧洲的国际旅程，并将开启他在1905—1906年间对于美国和墨西哥的连续旅行。此后，他将在1906年8月和1907年11月之间从美洲返回欧洲、并在回到美洲后再次赴欧，然后继续前往中东和南亚旅游，最终在1908年10月回到槟榔屿。因此，康氏对于加拿大的第三次访问仅是他近五年的环球旅程的一个阶段。[16] 有关资料显示，康有为乘坐的海轮从利物浦出发，于1904年11月12日抵达蒙特利尔，并在此后于1905年2月11日离开加拿大西部前往美国。[17] 在这大约三个月的访加行程之前和旅行期间，康氏与加拿大保皇会领袖通过信件联系或直接接触，使他得以在随后访问美国和墨西哥期间采取新的举措、为未来的改革运动确定计划。这些从加拿大开始的举措和计划将帮助康氏领导的政治改良运动在1905年前后达到鼎盛，但也将影响它在1909年左右的衰退。

14　康同璧：《南海康先生年谱续编》，第107页；Zhongping Chen，"Kang Tongbi's Pioneering Feminism，" 8—11。

15　Kang Yu Wei [Kang Youwei]，Letter to Wilfrid Laurier，November 17，1904，Prime Minister Wilfrid Laurier's papers，MG 26-G. vol. 345，pp. 92267—92268，Library and Archives Canada，Ottawa.

16　Jung-pang Lo，"Sequel to the Chronological Autobiography of K'ang Yu-wei，" 196—212. 在这一文献中，关于康有为环球旅行的叙述包括他在1906年7月从墨西哥直接前往欧洲的错误记载，见本书以下的分析。

17　"Canada，Incoming Passenger Lists，1865-1935"；Robert Leo Worden，"A Chinese Reformer in Exile，" 116。在此引用的加拿大所接受的旅客资料库中，康有为的罗马字拼音姓名为"Yei Wei Hang"，其中"Hang"为其姓氏的广东方言发音。

在1899年康有为首次访加期间，罗利总理曾与他会见，并如上所述，对他的改革事业表示同情。但是，加拿大政府仍于1900年6月将每位华人移民的人头税从50加元提高到100加元，并任命了一个皇家委员会调查来自中国和日本的移民问题。在1900年至1901年间，该皇家委员会访问了从华盛顿特区到旧金山的美国城市，然后在英属哥伦比亚省沿海的维多利亚、乃磨、温哥华和新威斯敏斯特，以及内陆的锦禄（Kamloops）、老市伦（Rossland）等城市举行了听证会。[18]维多利亚的中华会馆和保皇会领袖，以及加拿大保皇会全国总部和温哥华的华侨商会领导人都在皇家委员会的听证中提供了证据，捍卫华人移民及其社区。然而，在英属哥伦比亚省听证会中出现的336名证人中，绝大多数是反对中国和日本移民的白人。因此，该皇家委员会建议将每位华人移民的人头税提高到500加元，以阻止他们来加。[19]

与此同时，康有为应加拿大保皇会领袖的要求，给罗利总理写了一连串信函，反对渥太华再次提高华人移民人头税。康氏于1902年5月13日专门致函罗利总理："在［加拿大太平洋］铁路建设时，华人来到加拿大提供帮助。现在铁路已经建成，你不能为他们返回中国收取高额税费［原文如此］。"[20]这封信义正词严，但　67

18　Patricia Roy, *A White Man's Province*, 101, 111–114.

19　*Report of the Royal Commission on Chinese and Japanese Immigration: Session 1902*, 168, 212, 231, 234–240, 293–294; Patricia Roy, *A White Man's Province*, 114–117.

20　Kang Yu Wei [Kang Youwei], Letter to Sir Wilfrid Laurier, May 13, 1902. Prime Minister Wilfrid Laurier's papers, MG 26-G, vol. 233, pp. 65103–65104, Library and Archives Canada, Ottawa.

明显将加拿大政府对华人移民征收的人头税误以为对他们返回中国所收费用。1903年4月29日，康氏在致维多利亚保皇会总理李福基的信中声称，他已就此问题给罗利总理写了四封信，但华人移民的人头税仍在当年提高到每人500加元。[21]

康有为还在1902年12月19日给李福基和新威斯敏斯特保皇会总理刘康恒写了另一封信。该信强调，华人在外国受到歧视，既是因为晚清中国的软弱，也是因为华人移民缺乏团结、文明和正义感。这封信还特别指出，中美之间关于禁止华人劳工移民美国的条约将于1904年到期。所以，康氏呼吁海外华人加强内部团结，并通过改善唐人街的卫生状况、消除其中秘密会社之间臭名昭著的"堂斗"等社区改革，来帮助结束这一歧视性条约。[22] 这封保皇会内部通信，连同上述康氏在1902年写给罗利总理的信函，反映了他试图通过唐人街的社区改革及其与白人政客的直接接触，来挫败加拿大和美国的反华种族主义。这封致加拿大保皇会的信函也成为康有为针对美国排华政策，动员全球华人抵制美货的起点。由于保皇会在1905年左右通过领导抵制美货运动及其跨国实业扩张推动海外华人改良运动到达高潮，这些事件已在一定程度上受到了此前研究的注意。[23] 然而，这些事件与康在加拿大的活动，尤

---

21 方志钦主编、蔡惠尧助编：《康梁与保皇会：谭良在美国所藏资料汇编》，第54页。

22 方志钦主编、蔡惠尧助编：《康梁与保皇会：谭良在美国所藏资料汇编》，第46—48页。

23 L. Eve Armentrout Ma, *Revolutionaries, Monarchists, and Chinatowns*, 109-117; 高伟浓：《二十世纪初康有为保皇会在美国华侨社会中的活动》，第279—347页；Shih-shan Henry Tsai, *China and the Overseas Chinese in the United States*, 114, 116, 148-150; Jane Leung Larson, "Articulating China's First Mass Movement: Kang Youwei, Liang Qichao, the Baohuanghui, and the 1905 Anti-American Boycott," 4-26.

其是他的第三次加拿大之行之间的联系仍然很少受到关注。

　　在康有为前往欧洲之前，保皇会于1904年3月在香港举行了首次大会。该会的参与者大多是康氏密友和万木草堂时代的学生，如徐勤、梁启超和梁启田等人。他们重点讨论了保皇会在香港设立总局和中国商务公司的计划，并选择了徐勤、梁启田为总局新任领袖，而康有为与梁启超则成为中国商务公司或"商会公司"的正副督办。在梁启超的强烈推荐下，叶恩成为公司的"正管库"，然而，美国和澳大利亚保皇会的其他领袖只能屈居公司"议员"，权力很小。[24] 会议结束之后，康氏又安排在槟榔屿和缅甸仰光开设了保皇会的大米经纪公司。[25] 然而，在康有为于1904年末开始的加拿大—美国—墨西哥之行中，他的一系列决策将导致叶恩在香港中国商务公司中占据支配地位，并导致保皇会的实业活动从香港和东南亚向北美急剧扩张。此外，在1904年11月至1905年2月第三次访加期间，康氏不仅号召海外华人团结一致、实行唐人街的社区改良，还与加拿大政客、美国外交官等白人精英直接接触，成为他在未来抵制美货运动中行为的先例。

　　当康有为于1904年11月12日从欧洲抵达蒙特利尔时，他受到了加拿大保皇会全国总部主要领导人物——来自温哥华的总理叶恩和财务主管杨灵石，以及当地保皇会分会领袖和数百名华人移民的热烈欢迎。康氏乘坐一辆华丽的马车，前有一个加拿大铜管乐队开路，后有三十辆马车所载知名华商随行，并由敲锣打鼓、

68

24　桑兵：《庚子勤王与晚清政局》，第447—448页；张启祯、张启礽：《康有为在海外：补〈南海康先生年谱〉》，第45、49—50页。

25　康有为：《致李福基信》，1904年5月26日，档案全宗 WZXZY, folder 1, box 2.

演奏笛子和其他乐器的华人乐师团体为后卫。当地一家英文报纸在有关报道中称康有为是清帝国"亲王"。当天晚上，康氏在当地一所教堂对众多华人移民发表讲演，"敦促听众采用西人生活方法，并力图使他们感到在日常生活中保持卫生的重要性。他们应该坚持爱国之情"，但他在讲演者中也"祝贺在场的华人成为加拿大守法公民"。[26]

在渥太华的一家英文报纸宣布，康有为将于1904年11月16日抵达首都，并与加拿大政府首脑会面，讨论接纳华人改良派流亡者入境的问题。但该报还报道，明托伯爵的总督任期已经结束，将在次日离开渥太华，[27] 而罗利总理也不在首都。[28] 所以，康氏无法像在1899年那样拜见加拿大总督和总理，但他仍然向罗利总理赠送了"一件具有200年历史的中国古瓷"和"一盒中国丝绣"作为礼物。[29] 康氏在11月15日至18日先后访问了多伦多和渥太华，受到两市华人的同样热烈欢迎。他在多伦多向数百名听众发表演讲后，100多人当场加入了当地保皇会。在对渥太华保皇会成员的公开演讲中，康氏首次开始呼吁，通过工商业发展来增加中国的"物质"力量，[30] 而这将成为他在海外华人改革运动中的新口号。

康有为一行随后乘火车继续向西行进，并在加拿大中部草原省份曼尼托巴（Manitoba）的首府温尼伯（Winnipeg）短暂停留，

---

26 *Daily Star*, November 14, 1904.

27 *Evening Journal*, November 15, 1904.

28 *Citizen*, November 18, 1904.

29 Kang Yu Wei [Kang Youwei], Letter to Wilfrid Laurier, November 17, 1904.

30 Robert Leo Worden, "A Chinese Reformer in Exile," 111；康有为：《致康同璧信》，1904年11月16日，档案全宗 KTBSW，文件号码 S-C31。

受到当地华人欢迎和一场盛宴款待。[31] 他们于 11 月 22 日抵达温哥华，在当地华人社区和英文媒体中引起了更大轰动。当地一家主要英文报纸报道称，来自当地各阶层的大批华人都前往火车站，向"康亲王"表示热烈欢迎。就像在蒙特利尔举行的欢迎仪式一样，康氏乘坐一辆带有华丽装饰的马车，车前由该市的一个西人乐队引路，车后则由当地华商领袖乘坐的十五辆马车组成游行队伍。在当地唐人街搭起的一个高架平台上，康氏向大批华人听众发表了讲演。[32]

康有为在温哥华的公开演讲中特别强调通过发展商业公司、农工实业及学校教育来促进华人团结和爱国精神。[33] 这一新的改革计划使康氏更加依赖加拿大和其他海外保皇会商人领袖的实业管理技能。因此，他在温哥华对保皇会在香港的中国商务公司管理阶层的人事安排做出了最终也是致命的决定。康有为最初曾提名维多利亚保皇会总理李福基来管理中国商务公司。李氏直到 1903 年初仍拒绝接受提名，此后保皇会的主要领袖就其他提名人选进行了激烈的争论。徐勤和梁启超都强烈推荐叶恩担任该职，但康氏直到与叶氏于 1904 年末在温哥华面谈、使他接受对其管理权力的限制之后才终于同意。[34]

在康有为逗留温哥华期间，他还通过与白人上层人士建立联

31　*Province*，November 21，1904.

32　*Province*，November 22，1904.

33　*Province*，November 22，1904；康同璧：《南海康先生年谱续编》，第 121 页。

34　桑兵：《庚子勤王与晚清政局》，第 428—430、448 页。上海市文物保管委员会编：《康有为与保皇会》，第 230、242 页；张荣华：《振华公司内讧与康、梁分歧》，第 74 页。

系，为进入美国做好了准备。正如梁启超之前一年在温哥华所做的那样，康氏在1904年11月29日与加拿大保皇会全国总部的主要领袖以及特意邀请的白人嘉宾一起出席了为他举办的宴会。几乎同样的白人宾客出席了这两个宴会，表明他们与这个华人改良组织及其领袖之间保持着密切关系。此次赴宴的十三位非华人宾客仍然包括美国驻温哥华领事 L. 埃德温·达德利；加拿大海关税务官员 J. 麦肯齐·鲍威尔（J. Mackenzie Bowell），他的一位同事查尔斯·亚瑟·沃斯诺普中校；以及来自温哥华和维多利亚主要英文报纸的编辑或记者。达德利领事发表了一长串的祝酒词，并向来宾保证，罗斯福总统是保皇会的"朋友"。康氏的答词对此友好态度表示赞赏，并表示要竭力"启迪华人同胞了解西方文明和崇高思想"。[35]

就在这次宴会前后，达德利领事帮助康有为办理了赴美签证，还为他写了给美国海关官员直到国务卿的介绍信，请美国政府方面礼遇康氏及其随从。[36] 同样，加拿大海关税务官鲍威尔和沃斯诺普中校与加拿大保皇会全国总部的总理叶恩和中文秘书叶庭三（1871—？）兄弟二人保持了特别密切的关系。显然是在这两位海关官员的特别关照之下，叶庭三在其兄叶恩于1904年8月24日准备前往保皇会在香港的中国商务公司任职、辞去在温哥华海关工作时，于同日接替了乃兄在海关的翻译职务。[37] 叶氏兄弟将利用他

---

35 *Daily News-Advertiser*，November 30，1904.

36 Robert Leo Worden，"A Chinese Reformer in Exile，" 111–114，199.

37 关于叶恩从温哥华海关辞职和叶庭三继任海关中文翻译，见 "Resignation: Charles Yip Yan，Chinese Interpreter，Vancouver，British Columbia，（转下页）

们与温哥华海关及其白人官员的关系，为保皇会和叶氏家族利益服务，并在当地华人社区和加拿大社会之间充当政治掮客。[38]

由于康有为在温哥华的活动，他迟至1904年12月1日晚间才到达维多利亚，但他的到来仍然受到当地保皇会领袖和一支乐队的热烈欢迎。[39]当地的一家英文报纸称赞他为"四亿华人中最为杰出的人物"。康氏在接受本地英文报社记者采访时，简明扼要地阐述了他的改良派组织及其运动的政治、教育和实业计划："第一，确保华人之间团结一致；第二，教育和启发他们走向进步；第三，促进工商实业活动，使中国在国际社会中占有一席之地。"[40]为了减少白人对于唐人街的偏见、建立与白人社会的友好关系，康有为于12月11日在维多利亚发表演讲，敦促当地华人"遵循加拿大人民风俗，特别是他们的生活方式，注意有关卫生和清洁的法规"。

（接上页）Minister of Trade and Commerce, August 24, 1904," Orders-in-Council-170585, RG2, Privy Council Office, Series A-1-a, vol. 880, Library and Archives Canada, Ottawa（https://recherche-collection-search.bac-lac.gc. ca/eng/home/record?app=OrdInCou&IdNumber=170585&q=Resignation:%20Charles%20Yip%20Yan, %20Chinese%20Interpreter, accessed November 15, 2022）; "Appointment: Yip On, Chinese Interpreter, Vancouver, British Columbia, Minister of Trade and Commerce, August 24, 1904," Orders-in-Council-170586, RG2, Privy Council Office, Series A-1-a, vol. 880, Library and Archives Canada, Ottawa（https://www.bac-lac.gc.ca/eng/CollectionSearch/Pages/record. aspx?app=ordincou&IdNumber=170586&new=-8586354107171942355#1, accessed November 15, 2022）。关于叶恩和叶庭三的兄弟关系，见 Chuimei Ho and Bennet Bronson, "The Chinese Empire Reform Association（CERA）in Vancouver, B. C., 1899"。

38　关于叶庭三在海关就职期间以权谋私及其作为华人社区与白人政客之间政治掮客的活动，见 Lisa Rose Mar, *Brokering Belonging*, 1-48, esp. 39, 但该书（第6、18、31、144页注28、230页）将叶恩和叶庭三误认为同一个人。

39　*Daily Times*, November 29, December 2, 1904.

40　*Daily Times*, December 2, 1904.

作为回应，维多利亚保皇会宣布了一项为当地华人建立公共浴池的计划，其成员"同意光顾这些设施，……并满足其他清洁要求"。[41] 此后，温哥华的保皇会也计划设立"免费公共浴室"，并承诺在当地的唐人街"倡导更好的卫生条件"。[42] 它后来确实在加拿大保皇会全国总部大楼的底层楼开设了"洗身房"和"剪发所"，为其成员及当地华人居民服务。[43]

康有为进而从维多利亚回到他曾在1899年夏天隐居过的煤岛，并再次居住于称为寥天室的渔家木屋。康氏在此居住期间全神贯注于编撰他的《欧洲十一国游记》，直到1904年12月22日完成为止。在该书序言中，他声称自己充分享受和利用了汽车、轮船、电报等现代交通工具和通讯方式，所以能够穿越亚、美、欧洲，环游世界。但康氏将他的旅行视为在世界探寻解救中国民族危机方法的冒险，并将自己比作传说中遍尝百草后得到"神方大药"的神农。[44] 虽然康有为很快病倒，并于1904年底至1905年初搬到温哥华东边的哈里森温泉（Harrison Spring）疗养，[45] 但他根据最近在欧洲旅行的经历，仍然试图制定关于改革运动的具体方案，从而完成了一篇名为《物质救国论》的长篇论文。这篇文章基于他最近在渥太华的演讲，认为西方国家之所以成为强国，主要是因为它们在"工艺、汽电、炮舰与兵"方面物质力量的发展。

---

41 *Daily Times*, December 13, 1904.

42 *Province*, January 3, 1905.

43 这两块中文招牌仍在原加拿大保皇会全国总部大楼的墙上，并在2017年为张启礽发现（张氏2017年3月6日致笔者电邮）。

44 康有为：《康有为全集》，第7集，第344—345页。

45 康同璧：《南海康先生年谱续编》，第124页。

该文甚至强调物质发展可以阻止1900年义和团之乱后自由思想和革命运动浪潮在中国泛滥成灾。因此，康氏将这种物质力量的发展视为当时拯救中国的关键。[46] 在后来于1905年4月12日所写的一封信中，他进一步主张，中国的宪政改革应该从选举乡镇到省级的地方自治"议院"开始，十余年后才可以扩展到国家层面。[47] 这种论点反映了康氏在第三次访问加拿大期间改良思想的逐渐退化保守及其反对自由主义、激进改良主义和革命运动的态度，但这些想法为保皇会此后发展其跨国实业活动奠定了理论基础。

因此，在1904年末至1905年初第三次访加期间，康有为与北美华侨商人合作，完成了保皇会跨国实业经营的理论纲领和实际工作准备，特别是有关的人事安排。他将在随后的美国和墨西哥之行中进一步寻找投资机会，推动保皇会的跨国实业活动。康氏在此期间的加拿大经历也让他做好了发起海内外华人抵制美货运动，并通过发动唐人街的社区改革及其与白人政客的接触来推动美国移民政策和种族观念的改变。

确实，在康有为于1905年2月11日离开加拿大西部前往美国，并先后访问西雅图和波特兰之后，他就向华盛顿州、俄勒冈州、爱达荷州和蒙大拿州的保皇会分会发出一份公告。该公告介绍了他此前与加拿大保皇会就两项新举措进行的讨论和合作：第一是成立洁净会，以减少西方人对于华人不讲卫生的种族偏见；第二，建立联卫部，即上述由梁启超于1903年初在温哥华发起的反

72

46　康有为：《康有为全集》，第8集，第61—101页，特别是第62—63、71页。

47　方志钦主编、蔡惠尧助编：《康梁与保皇会：谭良在美国所藏资料汇编》，第58页。

种族主义组织机构。康氏敦促这四个州的保皇分会在波特兰成立一个联卫总部，并按照加拿大唐人街洁净会的规则制定该组织的计划。[48]

在此之后，康有为在洛杉矶暂时定居，但他很快于1905年5月4日向日本、香港等地保皇会领袖以及上海的改良派人物发出紧急电报。该电报警告称，美国政府已经派遣特使前往中国，试图续签中美政府关于禁止华人劳工移民美国的条约。康氏号召他们招募爱国人士，举行公开会议，并向清廷和各省督抚发出电文，反对续签这项条约。他特别建议使用报纸来动员民众，广泛参与反条约运动。于是，梁启超将保皇会在檀香山所经营的《新中国报》一篇有关文章转到上海改良派所出版的《时报》发表。该文章提议中国工商团体抵制美国商品，以回击在美白人工会倡导的排华法案。同时，保皇会的一份反对禁止华工入美条约的拒约传单表明，康、梁倡导的联卫部已经在加利福尼亚州的洛杉矶及其附近的非士那（Fresno）和玛丽维尔（Maryville）城的华人社区出现。保皇会敦促当地华人利用新建的联卫部，为动员群众筹集、提供资金。这一传单很可能由康氏从洛杉矶匿名发出，他并为香港拒约会的12首歌曲写了至少其中一首。[49]

通过《时报》及其他中文报纸在上海宣传发起抵制美货运动，

---

48 康有为：《公启》，1905年2月25日，档案全宗 WXZXY，folder 1，box 2。这份公告是通过波特兰的保皇会发布的，也见于张启祯、张启礽：《康有为在海外：补〈南海康先生年谱〉》，第66—67页，但该书并未注明这条史料的来源。

49 方志钦主编、蔡惠尧助编：《康梁与保皇会：谭良在美国所藏资料汇编》，第112—113、379—383页。这份资料汇编收录了香港拒约会12首歌曲，其中第一首歌也见于康有为：《康有为全集》，第12集，第263页，但稍有不同。

并经该报人员与该地清朝政府官员及绅商领袖的联系，上海商务总会很快于1905年5月10日召开特别会议。在这次会议上，商务总会领袖发出号召，要求美国在两个月内修改排华法案，否则便要实行抵制美货计划。上海商务总会及中国其他城市的商会随后成为各种抵制组织和行动的领导力量。康有为领导之下的保皇会积极配合，在香港、新加坡、缅甸、澳大利亚等处动员海外华人，组织了跨国的大规模抵制美货运动。[50]

　　由于加拿大保皇会全国总部派往美国的人员时常被拒入境或在入境时受到虐待，它也在温哥华领导了抵制美货的宣传。在它的影响下，温哥华的华人商会于1905年6月19日召开了一次群众大会，聚集了来自本市、新威斯敏斯特和维多利亚的大约800名华人。在会议组织人员宣读了上海和广州的抵制美货电报后，这三个加拿大城市华商领袖发表了慷慨激昂的讲话，与会者一致决定采取抵制行动。该会在现场筹集了1,000多加币，作为华人抵制美货运动的资金及对拒绝装卸美货船只的华人劳工的补贴。[51]维多利亚的华人也举行了抵制美国货物会议，并为此在当地唐人街张贴了红色标语。他们不仅为抵制美货运动筹集资金，还决定不为该市的任何美国公民工作。[52]维多利亚保皇会及其17名领导人，连同当地的中华会馆、致公堂和30多名商人或公司捐集了资金，通过

50　Zhongping Chen，*Modern China's Network Revolution*，110–119；Jane Leung Larson，"Articulating China's First Mass Movement，" 9–11，14–17；黄贤强：《澳洲华人与1905年抗美运动》，第54—63页。

51　*Province*，June 19–20，1905.

52　*Colonist*，June 24，1905.

旧金山的拒约总会汇往中国。[53]

74　　在海内外华人发起抵制美货运动之后，康有为于1905年5月离开洛杉矶，前往美国东海岸，并在旅途中使用他从加拿大开始实行的反种族主义策略推动这一社会运动。他在圣路易斯、芝加哥、匹兹堡和其他城市对华人和白人观众发表公开演讲，并接受英文报纸采访，直接批评美国排华法案，要求改变歧视性政策。他与白人精英就此问题进行了接触，最终于6月15日和24日先后两次与罗斯福总统会面。在他们第二次会面的同一天，罗斯福总统签署了一项行政命令，要求美国海关和其他部门官员礼貌对待非劳工身份的华人旅客。康氏还在1906年1月30日给罗斯福总统写信，敦促美国政府进一步改良对于华人移民的政策，与他之前写给加拿大罗利总理的信中提出的观点相同。[54]

在抵制美货运动达到高潮时刻，康有为于1905年7月24日至28日间召集来自美国、加拿大和墨西哥的保皇会领袖，在纽约召开大会。该会的一项决议是在香港成立保皇会联卫部总局，在横滨成立副局，在每个分会成立分局。另一项大会决议基于上述康氏在第三次访加期间及其在美国之行开始时的提议，要求在所有唐人街建立洁净局，包括公共浴室。通过这些机构，保皇会的成员及其家人只要交纳了月费或者年费，就将在生病、被外国人谋

---

53 《捐助［反］美拒禁约经费部》，in folder 8，box 1，"Chinese Consolidated Benevolent Association Fonds，" acc. no. 2009-021，University of Victoria Archives，Victoria，BC。

54 Robert Leo Worden，"A Chinese Reformer in Exile，" 116，151-187，281-305. See also Shih-shan Henry Tsai，*China and the Overseas Chinese in the United States*，134-135，148-150；张启祯、张启礽：《康有为在海外：补〈南海康先生年谱〉》，第69—79页。

杀，或陷入其他困境的情况下，获得经济甚至法律援助。所有成员们都被要求每周洗澡一次，每十天刮一次胡须，并需身穿西服或得体的中式服装。[55]

虽然抵制美货运动并未导致美国和加拿大政府对于歧视华人移民的政策作较大改善，[56]保皇会鼓励华人通过讲究个人和公共卫生来降低反华种族主义的决议却广泛影响了该组织在太平洋周边国家的会员。澳大利亚的保皇会积极采取措施，鼓励其会员接受并采用西方思想、习俗和风尚，以减少白人对于华人的偏见。其中许多会员效仿西人发型，剪去辫子。[57]如上所述，尽管辫子是男性华人对于清朝政府忠诚的象征，但也是反华种族歧视的目标之一。

作为加拿大保皇会全国总部的前任总理，叶恩在抵制美货运动爆发前刚从温哥华移居香港，掌管这一改良派组织的中国商务公司。在叶氏等香港改良派领袖接到康有为于1905年5月4日发出的上述电报后，他们立即成立拒约协会，反对延续禁止华人劳工移民美国的中美条约。该组织随后联系当地中文报纸和华人活动分子，组织群众集会，并为此向北京和广州的清朝政府官员发电请愿。当广东拒约总会在广州成立之后，叶恩是该组织的四名总理之一，从而成为该市抵制美货运动的主要领导者。[58]在他的控制之

75

---

55 《保皇会公议改定新章》，第13a—16b、18a—b页及"跋"，档案全宗CERAD，文件号码AR-2，carton 3。关于这次保皇会纽约大会的代表名单，亦见高伟浓：《二十世纪初康有为保皇会在美国华侨社会中的活动》，第78页，但该书遗漏了来自檀香山和墨西哥的代表。

56 Lisa Rose Mar, *Brokering Belonging*, 19.

57 C. F. Yong, *The New Gold Mountain: The Chinese in Australia, 1901–1921*, 128.

58 方志钦主编、蔡惠尧助编：《康梁与保皇会：谭良在美国所藏资料汇编》，第158、381页；Jane Leung Larson, "Articulating China's First Mass Movement," 14.

下，保皇会设于香港的华益公司成为广东拒约总会的主要筹款机构之一。[59] 但是，保皇会在当时的晚清中国仍然是一个非法组织。

由于保皇会在国内仍然不是一个合法组织，一些学者便对它在抵制美货运动中的领导作用表示了怀疑。此前的有关论著认为，这场抵制美货运动起源于新式媒体影响之下的民族觉醒或新兴社团出现后的广泛社会变革，而不是有领导有计划的组织活动。[60] 实际上，在这一历史事件中，晚清中国新近成立的商会"在不同社会政治力量互动之间成为中心枢纽或网络节点，扩大了与各种城市组织的关系，并将它们带入了全国范围的抵制美货运动"。[61] 保皇会各级组织及其从康有为到叶恩等领导人物在许多海外华人社区中发挥了类似的作用。通过与上海商务总会等国内新式社团从人际关系层面到组织机构方面的合作，保皇会从海外发起的抵制美货运动首次让海内外华人团结起来，采取了一致行动，正如康有为在首次加拿大之行中所期望的那样。

这场抵制美货运动也极大地帮助了保皇会，将其在海外华人中的组织和影响力扩大到前所未有的程度，并帮助叶恩管理下的中

---

59 广东拒约总会：致域多利中华会馆，1905 年（具体日期不详），in folder 4, box 1, Chinese Consolidated Benevolent Association Fonds, acc. no. 2009-021, University of Victoria Archives, Victoria, BC。华益公司在 1904 年 3 月出现于香港，但在后来为叶恩控制，见上海市文物保管委员会编：《康有为与保皇会》，第 331 页。

60 关于这一主题的主要著作包括 Margaret Field, "The Chinese Boycott of 1905," 63-98；张存武：《光绪卅一年中美工约风潮》；Guanhua Wang, *In Search of Justice: The 1905-1906 Chinese Anti-American Boycott*；Wong Sin Kiong, *China's Anti-American Boycott in 1905*。就它们相关论点的简要评述，见 Zhongping Chen, *Modern China's Network Revolution*, 110；Jane Leung Larson, "Articulating China's First Mass Movement," 12。

61 Zhongping Chen, *Modern China's Network Revolution*, 110.

国商务公司筹集到更多投资。在康有为于1905年2月从加拿大进入美国后，他在沿西海岸南下的约一个月旅行中努力为保皇会的中国商务公司筹集资金，却只有少量华人愿意投资，让他几乎对此失去希望。[62] 叶恩和香港其他保皇会领袖于1905年4月8日在香港召开中国商务公司的股东大会，他们发现该公司实际仅收集到海外华人认购股金的10%。但是，从1905年5月开始的抵制美货运动广泛地动员了海外华人，促使他们将大量为此运动的捐款及其认购的股金一起汇往在港的中国商务公司。[63]

76

结果，在叶恩和其他香港保皇会领袖管理下，中国商务公司很快就从海外华人，尤其是北美华侨那里获得了至少598,760港币的投资。叶氏直接控制的华益公司是广东拒约总会在抵制美货运动中的主要筹款机构之一，也为中国商务公司接受了绝大多数海外华人投资。中国商务公司还为保皇会在墨西哥莱苑设立华墨银行提供了初始资金。在保皇会成员的投资下，华墨银行不仅在莱苑承办了该市电车路轨的建造并投机于当地火爆的房地产市场，还资助建立了保皇会在纽约的华益分局，而后者又为该组织在芝加哥开办一家名为琼彩楼的豪华酒店提供了资金。此外，这些保皇会所属商业和金融机构还资助了上海、广州、纽约及其他城市的改良派报纸，而叶恩管理的中国商务公司进一步投资于其他实业活动。在此之前，梁启超又于1902年将保皇会设于横滨的广智书局迁至上海，并使用来自北美华人，特别是加拿大华侨的投资，

62　方志钦主编、蔡惠尧助编：《康梁与保皇会：谭良在美国所藏资料汇编》，第57页。

63　方志钦主编、蔡惠尧助编：《康梁与保皇会：谭良在美国所藏资料汇编》，第156—58、224页。

扩大了出版业务。[64]

在康有为第三次加拿大之行后，他大约受到保皇会在跨太平洋的政治和实业方面连续成功的鼓舞，所以将其在1904年到1907年间所写的诗歌编为一集，以位于维多利亚附近煤岛的住所寥天室命名。在这本名为《寥天室诗集》的序言中，康氏充分表达了他对第三次访加之行开始的个人生活和政治事业的高度兴奋：

> 自甲辰十月［1904年11月］再入加拿大，［吾此后］遂再游美、墨，再归于欧洲。鸿飞冥冥，扶摇九万，则入于寥天矣。[65]

77　的确，康有为自1905年2月11日离开加拿大之后，首先在美国太平洋沿岸地区向南行进，到洛杉矶暂住。然后，他横跨美国大陆，直至东海岸，继而又回到西海岸，并访问西南诸州。直到11月26日，康氏才在得克萨斯州结束了近十个月的美国之行。此后，康有为在墨西哥旅行了近五个月，直到1906年4月28日返回纽约，第二次访问美国。约四个月之后，康氏于1906年8月15日离开纽约，重游欧洲，从而结束了他从1904年11月至1906年8月

---

64 伍宪子：《中国民主宪政党党史》，第85—92页。关于保皇会在香港的中国商务公司及其各类实业活动稍有不同的财务记录，见上海市文物保管委员会编：《康有为与保皇会》，第326—332页；欧云高、叶恩、刘义任、梁应骝：《驳徐勤等布告书》，第1a—2a页，档案全宗CERAD，文件号码AR-18。

65 康有为：《康有为全集》，第12集，第258页。

的连续加拿大—美国—墨西哥之行。[66]

在他穿越这北美三国的旅行中，康有为继续提出他在与加拿大保皇会领袖通信中开始的反对排华种族主义倡议。在1904年末至1905年初第三次访加期间，他特别通过倡建洁净会和联卫会，推动了唐人街的社区改革，促进华人团结一致对抗种族歧视。在1905年首次访美期间，康氏进而动员保皇会发起跨太平洋的华人抵制美货运动，抗议美国政府的排华政策，从而将海外改良运动在亚太地区的发展和影响推向一个新的高峰。从1905年11月到1906年4月，康有为在第一次墨西哥之行期间终于将他在1899年初首访加拿大时提出的计划付诸实施，通过在墨西哥经营银行、电车、地产的巨型实业公司来团结海外华人，集中其财力。更重要的是，他将在第三次访加时完成的《物质救国论》一文中提出的改革运动新策略也付诸实践，试图通过现代工商金融实业方面的物质发展来建立一个富强的中国。

在1905年7月24日至28日的保皇会纽约大会上，康有为就曾建议在保皇会内成立一个"殖民部"，用以在墨西哥、南美和东南亚国家购买、开发土地，帮助华人移民这些地方，避开排华的

---

66 Robert Leo Worden, "A Chinese Reformer in Exile," 115-199, esp. 178-188, 199。这一文献提供关于康有为在1905年11月至1906年4月首次访问墨西哥的基本正确叙述，但却错误地认为他很快就返回了墨西哥，并在1906年8月从墨西哥前往欧洲。这个错误沿袭自Jung-pang Lo, "Sequel to the Chronological Autobiography of K'ang Yu-wei," 204。实际上，在康有为首次墨西哥之行后，他在1906年4月28日至8月15日期间第二次访问美国，然后离开纽约前往欧洲，见张启祯、张启礽：《康有为在海外·补〈南海康先生年谱〉》，第94、106—107页。除了此书引用的史料外，当时还有很多美国报纸报道康有为于1906年8月15日从纽约前往欧洲。

美国、加拿大和澳大利亚。保皇会纽约大会的代表后来将这个提案变成了一项成立"辟地部"决议，主要帮助广东人移民这些国家。[67] 在康氏首访墨西哥期间，他通过在菜苑的亲自调查后，很快决定在当地设立华墨银行，用于金融和土地投机及其他工商业投资。他最初的雄心勃勃计划包括几项似乎有利可图的商业金融方面冒险事业：第一，根据墨西哥的法律在该国建立银行，发行纸币来积累资本；第二，将墨西哥银圆运往急需大量白银的中国市场牟利；第三，在菜苑蓬勃发展的房地产市场买卖土地赚钱。这些计划后来又有发展，包括在菜苑建造一条有轨电车线路，甚至试图建立一家用于中墨交通的跨太平洋轮船公司。[68]

因此，在康有为从1906年8月15日离开纽约前往欧洲的航行中，他写了一首长诗，声称已经发现了一片人间乐土，可以帮助人口过剩的华人移民海外，实现他二十年来为此开辟"新国土"、建立"新中华"的梦想。[69] 在康氏此次赴欧前的第二次访美期间，他的活动主要集中于为华墨银行筹集一百万美元的资金，包括用于在菜苑建造有轨电车线路的资金。他还为保皇会在香港的中国商务公司或他所谓的"商会"制定了一套改订的章程，试图将其管理权集中在自己手中。[70]

---

67 《保皇会公议改定新章》，第3b、19a页。

68 Jung-pang Lo, "Sequel to the Chronological Autobiography of K'ang Yu-wei," 201–204；Robert Leo Worden, "A Chinese Reformer in Exile," 206；方志钦主编、蔡惠尧助编：《康梁与保皇会：谭良在美国所藏资料汇编》，第65、69、71—72、77页。

69 康同璧：《南海康先生年谱续编》，第131—132页。

70 康有为：《康有为全集》，第8集，第220—226页。

由于美国和墨西哥对保皇会的组织扩张及其政治和实业活动变得如此重要，康有为将很快从欧洲返回北美，进行1907年3月至11月之间的第三次和第四次美国之行，并在这中间于当年6月第二次访问墨西哥，专程前往会见总统波菲利奥·迪亚斯（Porfirio Díaz，1830—1915）。随后，他从美国启程再次返回欧洲，接着途经中东和南亚，最后回到东南亚，从而结束这一从1904年3月到1908年9月的环球之旅。[71] 值得注意的是，在他的第三次加拿大之旅于1905年初结束到1907年11月离开美国之间的近三年里，他没有一次踏足过邻近的加拿大。

然而，根据康有为次女康同璧的记载，他在1909年的最后一次环球之旅中，突然中断了在欧洲的旅行，于6月下旬至7月下旬间从利物浦乘坐海轮前往美洲，但他此行中仅仅重访了维多利亚以北的煤岛。此后，康氏匆匆回到欧洲，继续他的旅行，并于1909年8月中旬经过苏伊士运河返回亚洲。[72] 在这所谓的康有为最后访加之行前后，康同璧本人和她当时的未婚夫罗昌（1884—1955）正陪同其父在欧洲旅行，她的记录应该得到认真对待。[73] 事实上，康同璧关于康有为在1909年最后访问加拿大的记录从未受到此前学者的质疑，但却被以上所引述的李东海、魏安国等人的著作完全忽略了。

79

---

71 Robert Leo Worden，"A Chinese Reformer in Exile，" 201—215，263—269；关于康有为访问美国和墨西哥的次数，见张启祯、张启礽：《康有为在海外·〈补南海康先生年谱〉》，第51、113—126页。

72 康同璧：《南海康先生年谱续编》，第147页。

73 陈忠平：《康有为文岛之谜及其海外改良运动的兴衰》，第30页。

尽管如此，康有为的最后一次加拿大之行看来依然神秘莫测，令人可疑。这次所谓访加之行不仅在他最后一次漫游欧洲的旅程之中突然发生、在加拿大停留时间极为短暂，而且除了重访煤岛之外，似乎毫无其他目的。这次长途洲际旅行也发生在意想不到的时刻，正是以下所述康氏与叶恩及其在温哥华同党的关系高度紧张之际。此外，加拿大的报纸对他所谓在1909年从利物浦到维多利亚的旅行并无记载，表明这次旅行即使真的确实发生过，也是极其秘密的。

由于缺乏相关资料，特别是由于20世纪初跨大西洋航行的旅客数据库尚不准确、也不完整，关于康有为在1909年从欧洲到加拿大的记录仍然难以证实或证伪。事实上，对于康氏领导的海外华人改革运动至1909年在加拿大和亚太地区的兴起与衰落进行仔细考察，可以发现这次神秘莫测之旅既有上述不会发生的各种可能性，也有极其可能发生的原因。当然，这个历史谜团值得探索，不仅因为它对康氏生平的研究具有意义，而且因为它对了解1899年至1909年的十年间从加拿大到跨太平洋地区华人改良运动的兴衰也极为重要。

华人改良运动在北美的中心及其在亚太地区的鼎盛

由于加拿大西部地区是保皇会诞生地和康有为领导下的海外华人政治改良运动的起点，它最初不仅引领了这一改良派团体的组织制度发展及其在不同年龄、阶层和籍贯的华侨中的扩张，而且还影响了北美唐人街为数很少的妇女。康氏通过1905年至1907年间四次访问美国和两次访问墨西哥，将保皇会及其后继的宪政会的活动重心从加拿大向南转移，但他也试图加强其正式组织结构，并将其置于他个人和他万木草堂门生等亲近的人物控制之下。尽管如此，加拿大仍然是跨太平洋地区的保皇会或后来的宪政会在北美的中心舞台之一。特别的是，由于加拿大西部地区保皇会留下了丰富的历史资料，对其组织发展、人事构成和跨国活动进行深入分析，可以帮助揭示这一政治团体如何在北美取得先行发展，并由此将海外华人的改良运动，包括改良主义女权运动推向高潮。

当梁启超在1903年末结束北美之行时，他记录了保皇会在11 80
个国家或区域的总部及其在美洲和夏威夷群岛的86个支会或分会。根据他的记录，加拿大的保皇会全国总部之下有12个分会；在美国的7个区域性总部之下有58个分会。[74] 美国最大的保皇会分会位于旧金山，因为它曾夸大地宣称在1901年左右该市有大约4万名华人，其中约4千人为其成员。[75] 在梁启超于1903年9月访问旧金山期间，他也声称在当地大约2.7万～2.8万名华人中，保皇会拥有近1万名会员。[76] 但因旧金山保皇会领袖从开始之际就互相争权夺利，并与康有为派往北美的使者徐勤和梁启田进行权力斗争，

---

74 梁启超：《梁启超全集》，第2册，第1186页。关于保皇会分会在1903年前后数量的夸大记载，见伍宪子：《中国民主宪政党党史》，第25—27页。

75 方志钦主编、蔡惠尧助编：《康梁与保皇会：谭良在美国所藏资料汇编》，第291页。关于1901年旧金山有4万名华人的说法明显夸大不实。

76 梁启超：《梁启超全集》，第2册，第1179—1180页。据其他的史料记载，旧金山在1900年有13,954名或25,000名华人，见Yong Chen, *Chinese San Francisco*, 59—60。该书并引用了梁启超的另一估计，称当时旧金山及其附近地区有3万名华人。

他们很快失信于康氏。[77]结果，保皇会在美国的七个区域性总部未能联合起来，形成一个全国性联盟。

相比之下，梁启超写于1903年的北美游记显示，加拿大保皇会的十二个分会已在位于温哥华的全国总会领导之下联合起来。他还记录了加拿大保皇会全国总部于1903年3月在温哥华、维多利亚和新威斯敏斯特举行的选举，并称它共有6,000多名会员，但其中只有大约1,000人投了票。他的记录还显示，当时加拿大华人总数只有2万左右，但保皇会的会员却包括温哥华市华人居民的60%～70%，维多利亚市华人一半以上，以及在新威斯敏斯特市的几乎所有华人。[78]

显然基于梁启超在1903年的记载，李东海关于加拿大华人的早期著作声称，这一改良派组织从1904年到1906年在全加仅发展了12个分会，包括6,000～7,000名成员。他还推测加拿大保皇会"以商人为骨干……会员以中年以上之人居多，工人与青年人则视之为畏途，百中无一也。若辈多无识见，思想迂腐之徒，不过以一时爱国心驱使，而误入歧途者也"。[79]魏安国及其他学者合作的有关著作沿袭了李东海的观点，进而声称保皇会仅"在加拿大吸引了年纪较老和较为富有的华商支持"。直到1904年，它仅有"12个加拿大分会，据称拥有7,000名会员"。然而，正如魏安国等学者在其合作的著作中所承认的那样，当时的"[加拿大华

---

77 方志钦主编、蔡惠尧助编：《康梁与保皇会：谭良在美国所藏资料汇编》，第27、292—293页；上海市文物保管委员会编：《康有为与保皇会》，第204页。
78 梁启超：《梁启超全集》，第2册，第1127、1129—1130页。
79 李东海：《加拿大华侨史》，第282、289页。

81

人］社区中不可能有7,000名富商，因为它在1911年也只有28,000人口"。[80] 这种自相矛盾的说法也出现在最近有关加拿大华人的专著中。[81]

就有关资料进行的仔细分析可以大致证实梁启超在1903年末对于加拿大保皇会的记载。加拿大保皇会全国总部确实早在1900年4月就出现于温哥华，其分会在1903年也至少达到了12个。它们分布于英属哥伦比亚省的维多利亚、温哥华、新威斯敏斯特、乃磨、尤宁（Union，后改名为坎伯兰）、参臣（Extension）、锦禄和老市伦，以及加拿大东部的渥太华和蒙特利尔。维多利亚、温哥华、新威斯敏斯特三城之中还设有两个保皇女会分会。[82] 一份关于1903年3月7日加拿大保皇会全国总部选举的报纸报道还显示，共有1,489名会员投票，其中温哥华864人、维多利亚323人、新威斯敏斯特302人。[83] 因此，梁启超对于这次加拿大保皇会全国总部投票人数的记录偏低，但大致正确。梁氏关于该组织在1903年初就有超过6,000名成员的说法可能是基于其内部文件，甚至他对维多利亚唐人街居民中保皇会成员的比例的估计也大致可信。该市保皇会的两位主要领袖李福基和董谦泰（又名董泰，1844—？）也表示，他们的组织早在1901年8月就已经吸收了接近40%的当

80　Edgar Wickberg et al., *From China to Canada*，74-75，88n4.

81　黄昆章、吴金平：《加拿大华侨华人史》，第139—141页；黎全恩、丁果、贾葆蘅：《加拿大华侨移民史》，第183页。

82　陈忠平：《保皇会在加拿大的创立、发展及跨国活动，1899—1905》，第144—145页。这篇文章对于1903年加拿大保皇会早期分会的分析使用了以下史料：*International Chinese Directory*，*1901*，65-68，70；梁启超：《梁启超全集》，第2册，第1133页。

83　*Province*，March 9，1903.

地华人。[84] 因此，与以上引用的有关论著所述相反，保皇会的会员从一开始就不局限于年老富有的华商阶层。

此前的有关研究也忽视了1903年梁启超北美之行后保皇会在加拿大及亚太地区的迅速扩张。至1903年12月，也就是梁启超离开温哥华前往日本仅仅一个月后，加拿大保皇会全国总部所属的分会数量就已经从十二个增加到十六个，它们包括在英属哥伦比亚省的莱迪史密斯（Ladysmith）、阿什克罗夫特（Ashcroft）、利维士笃（Revelstoke）及在加东沿海港市哈利法克斯（Halifax）新成立的四个分部。[85]

1905年7月，康有为在纽约举行的保皇会大会上宣布，这一海外华人改良派组织已经在160多个城市设立了分会。[86] 特别的是，位于纽约的一家改良派中文报纸编辑部的工作人员表示，加拿大保皇会分会的总数在1904年中期已达到36个。[87] 这一说法可以通过维多利亚保皇会在其位于加富门街1715号的楼房内中留下的石碑来证实。该碑铭刻了1905年左右建造该楼的捐助者名单，表明保皇会确实在加拿大的37个城市都有会员。虽然在1903年12月之前的加拿大保皇会全国总部所属12个分会仅有2个位于渥太华和蒙特利尔，其他都在英属哥伦比亚省内，这份碑文中所列37个

82

---

84 方志钦主编、蔡惠尧助编：《康梁与保皇会：谭良在美国所藏资料汇编》，第300页。

85 *Supplement to the New Westminster Columbian*，66.

86 《保皇会公议改定新章》，第5a页。康有为关于保皇会分会数目的声明可以被其他的史料所证实，见方志钦主编、蔡惠尧助编：《康梁与保皇会：谭良在美国所藏资料汇编》，第227页。

87 *New York Times*，May 8，1904.

城市还包括了邻近的阿尔伯塔省的卡尔加里市、草原省份曼尼托巴的温尼伯市，以及安大略省的新兴大都会多伦多和小城市伦敦（London）。[88] 但这份碑文并未包括关于英属哥伦比亚省两个保皇女会分会的信息，还至少遗漏了位于维多利亚北面的港口城市悉尼的分会和东部海岸的哈利法克斯分会。[89]

此外，在1904年初，保皇会曾向清政府请愿，要求在日俄战争（1904—1905）期间保护东三省，其请愿书内一份不完全的名单中包括了132个分会。在这些分会之中，加拿大有42个，美国有57个，共为99个，占总数的75%。[90] 保皇会改名宪政会前后，其分会总数在1906年10月增加到170多个，到1908年7月最多之际达到200多个。[91] 根据现有数据，除了南非的两个分会之外，它们都位于太平洋周边国家。到1908年7月时，保皇会的分会数量在加拿大达到约58个，在美国达到约113个。[92] 也就是说，当保皇

88　梁应骝:《倡建创始保皇会所碑记》。

89　关于这两个加拿大保皇会的分会，见《中国维新报》，1904年4月28日；*Colonist*，April 5，1904。《中国维新报》称悉尼为"申汝"。

90　《槟城新报》，1904年3月7—8日。这份请愿书重印自香港的《商报》，也见张启祯、张启礽:《康有为在海外：补〈南海康先生年谱〉》，第45—46、168—170页。该书不当地将文件来源注为1904年3月7日《商报》（该报发表的日期应当更早），并将保皇会的分会数量错误统计为134个（张启礽2021年8月21日致笔者电邮澄清了书中的史料来源和统计错误）。

91　汤志钧编:《康有为政论集》，上册，第597、608页；康有为:《康有为全集》，第8集，第410页。保皇会在1908年7月向清朝政府的一份请愿书称其分会达到200多个，但汤志钧将这封请愿书的时间错误地推断为1907年，见此处所引《康有为全集》对于这一时间错误的纠正。在张启祯、张启礽:《康有为在海外：补〈南海康先生年谱〉》，第168页，该书将关于保皇会分会的三份不同名单相加，认为其数目已经达到240个以上，但其统计的准确性尚有待检验。

92　张启祯、张启礽:《康有为在海外：补〈南海康先生年谱〉》，第172—181页。

会的跨太平洋扩张于1908年达到鼎盛之际，其美国和加拿大的分会总数接近171个，成为它全部200多个分会中的绝大多数。显然，保皇会的中心舞台仍然位于美国和加拿大的唐人街，而北美也是康有为个人活动主要基地及其广东同乡移民聚集之处。

当然，保皇会在加拿大不同规模城市中的分会成员数量不等。在上述1903年3月加拿大保皇会全国总部的选举中，仅在温哥华就有864名成员投票。据此推测，保皇会在该地的合格选举人或成员总数应该超过1,000人。根据上述梁启超在1903年末的估计，维多利亚的保皇会成员占该市大约3,000名华人居民的一半。[93] 但据一份当地英文报纸的报道，该市保皇会在1902年的10月仅有600多名会员，所以其实际成员在1903年也大约在1,000人左右。该地保皇会还设有少年分会，其成员年龄在6岁之上。[94] 新威斯敏斯特保皇会在该市及其附近的拉德纳（Ladner）和奇利瓦克（Chilliwack）的会员人数超过900人。[95]

相比之下，在维多利亚以北的较小港口城市悉尼，当地保皇会到1904年初只有47名成员。在英属哥伦比亚省的东南部山区小城老市伦，当地保皇会在1903年也只有53名成员。[96] 这两个案例表明，加拿大小城市内的保皇会分会可能每个只有40～50名成员。

---

93 梁启超：《梁启超全集》，第2册，第1127、1129页。梁启超称，维多利亚在1903年拥有5,000多名华人居民，但其实际人数在1902年为3,263名，见 *Report of the Royal Commission on Chinese and Japanese Immigration: Session 1902*，12。

94 *Daily Times*，October 27，1902.

95 *Supplement to the New Westminster Columbian*，66.

96 《中国维新报》，1904年4月28日；"Chinese Empire Reform Association of Canada Member Portraits," VPL 26814, Special Collections Historical Photographs, Vancouver Public Library。

在英属哥伦比亚省东南部的另一个小城市尼尔森（Nelson），当地报纸在1905年末报道该市保皇会有250～300名成员。但这个数字可能有些夸张，因为当时该市只有大约600名中国居民。[97]由于加拿大的华人大多居住在英属哥伦比亚省，其他省份的保皇会分会成员人数应当更少。[98]

就加拿大保皇会成员的社会背景而言，其维多利亚分会的总理李福基在1900年的一封信中表示，他们大多是贫困移民，而不是像上述李东海、魏安国等学者所声称的以富商为主的组织。对于1905年左右为维多利亚保皇会新楼建设捐助者的统计分析证实了李福基的说法。在总计620名捐助者中，来自维多利亚的为314人，其中237人仅仅捐款1～5加元，占75%；其余77人捐款6～100加元，占25%。在加拿大其他城市的保皇会成员或多或少地作了象征性的捐赠，其中来自温哥华的121人中，捐赠1～5加元为90人，占该市捐款者总数的比例也是74%。[99]如果将捐款1～5加元的人视为不太富裕或相对贫穷的成员，他们显然在保皇

---

97 *Daily News*, October 6 and 11, 1905; *Report of the Royal Commission on Chinese and Japanese Immigration*, 124.

98 据伍宪子：《中国民主宪政党党史》，第26页，蒙特利尔保皇会在1903年有2,000多名华人，同年渥太华和多伦多保皇会分别有300名以上和1,000名华人。保皇会在这三个加拿大城市的分会都在该年成立，并各自吸收当地大半华人。事实上，加拿大在1901年的人口普查表明，包括蒙特利尔在内的魁北克省华人的总数仅为1,044人，而在包括渥太华和多伦多在内的安大略省华人总数为712人，见 *Report of the Royal Commission on Chinese and Japanese Immigration*, 7。此外，多伦多的保皇会在1904年才成立，见《中国维新报》，1904年9月29日。

99 L. Eve Armentrout Ma, *Revolutionaries, Monarchists, and Chinatowns*, 48；梁应骝：《倡建创始保皇会所碑记》。关于这些捐款人的定量分析，见陈忠平：《维多利亚、温哥华与海内外华人的改良和革命，1899—1911》，第89页。

会成员中占绝大多数。由于维多利亚保皇会在1905年前就有1,000多名成员，他们当中接近70%的人显然过于贫困，没有捐款。

当然，加拿大保皇会的领袖当中包括富裕华商，但他们并不像李东海、魏安国等学者所揣测的那样，大多为老年人士。维多利亚保皇会的三位主要创始人和早期领导人为李福基、董谦泰、骆月湖（1847—？），在他们于1899年同康有为一道创立这一改良派组织时，年龄均在51至54岁之间。李福基和骆月湖分别是广万丰公司的老板和经理，董谦泰则经营着历史悠久的泰巽公司。[100] 因此，他们仍在壮年时期，是保皇会从维多利亚开始就享有的精力充沛的创办人和领导人。此外，保皇会于1899年在维多利亚成立之际的创始成员包括至少八位"少年"，其中的一位是冯俊卿。[101]

以上所引用的李东海早期著作还声称，维多利亚唐人街的社区联合组织中华会馆没有为1899年新成立的保皇会提供正面支持，其主要商人领袖也不敢公开加入这一改良派组织。然而，李氏著作列出的1884年至1904年间维多利亚中华会馆正董和司事或经理的名单中不仅包括董谦泰、骆月湖，而且还有徐全礼或徐维经、

---

100 关于李福基和董谦泰二人在维多利亚保皇会开创时期的领导地位，见 Colonist, March 24, 1900。直到1902年为止，以维多利亚保皇会领袖名义寄出的信件都由李福基和董谦泰二人署名。到1902年，董氏的泰巽号关闭，他在当地保皇会中的领导地位被骆月湖取代，所以此后来自其领袖的信件均由李氏和骆氏署名，见方志钦主编、蔡惠尧助编：《康梁与保皇会：谭良在美国所藏资料汇编》，第299—307页。他们在1901年加拿大人口普查记录中的年龄，可用其各自姓名（Lee Folk Gay, Dong Tai, and Lok Yut Wo）搜索以下数据库："1901 Census Records for Victoria, British Columbia"（http://automatedgenealogy.com/census/District.jsp?id=4, accessed November 16, 2022）。关于李福基和骆月湖的商业伙伴关系，见 David Lai, Chinese Community Leadership, 58-60。

101 李福基：《宪政会纪始事略》，第4页。

卢仁山，以及徐林福或徐畏三。正如第一章所示，这些中华会馆的主要领袖也正是保皇会在维多利亚的主要创始人。事实上，徐全礼、卢仁山、徐林福，及冯俊卿之父冯秀石是在1884年出现的中华会馆和1899年成立的保皇会共有的主要创始人。[102] 作为中华会馆在1898—1899年间的现任副董事，李梦九未曾接受康有为的提名为维多利亚保皇会的总理，但他仍是这一改良派组织的"值理"之一。[103] 此外，在中华会馆1902年的领导人物名单中，其正董黄锦峰、副董事陈春初，及其11位值事中的至少2位，即骆月湖和刘子逵（又名Charlie Bo），是当地保皇会的主要领袖。[104]

实际上，维多利亚的保皇会组织不仅吸收了此前存在的中华会馆主要领导人物，而且将其亲属、同乡、商业伙伴等人际关系纳入了这个新的改良派组织。作为当地保皇会最初的两位领袖，李福基和董谦泰分别来自广东台山县和番禺县，从而代表了维多利亚和加拿大的广东移民中的两个主要方言群体，即三邑和四邑人士。[105] 泰巽公司于1902年结束其业务后，董谦泰继而移居温哥华，从而使得李福基和他的广万丰公司的经理骆月湖在此后控制了维

---

102 李东海：《加拿大华侨史》，第188—90、278页；李福基：《宪政会纪始事略》，第4页；David Lai, *Chinese Community Leadership*, 38；康有为：《康有为全集》，第12集，第199页。

103 *Colonist*, December 28, 1898；李福基：《宪政会纪始事略》，第3页；《捐助［反］美拒禁约经费部》。

104 上述各人的姓名都见于David Lai, *Chinese Community Leadership*, 58, 134；方志钦主编、蔡惠尧助编：《康梁与保皇会：谭良在美国所藏资料汇编》，第309—310页。

105 东海（李东海）：《加拿大李氏先贤小传》，第48—49页；《昌后堂与禺山总公所之沿革史》，第2—3页。

多利亚的保皇会。[106]

维多利亚保皇会的其他早期领导人物还包括"安兴三兄弟"，[107]即安兴公司老板陈东儒（1848—1910）和他两个合伙兄弟。[108] 徐全礼和他的永祥公司经理徐林福均是当地中华会馆1884年成立后的主要领袖和保皇会的主要创始成员。[109] 由于徐全礼是客家人，他就成为当地客家移民群体与维多利亚唐人街社区联合组织以及海外华人改良派组织之间的重要纽带。[110] 通过这种联系，保皇会的领袖和会员就像中华会馆的领导人和成员一样，可以在海外华人中打破"族群、语言、宗族和地方界限"，[111] 建立广东移民三大方言群体的彼此联系。

尽管在领导人员及其人际关系方面存在这种重叠，保皇会与先前存在的中华会馆有很大区别，表现了进一步的组织制度正规化、更广泛的跨国网络扩张和更为激进的政治行动主义。维多利亚保皇会于1899年在李福基等人领导之下出现后，它在1902年9月的

85

---

106 方志钦主编、蔡惠尧助编：《康梁与保皇会：谭良在美国所藏资料汇编》，第307页；David Lai, *Chinese Community Leadership*，58-60。

107 *Colonist*，March 24，1900.

108 方志钦主编、蔡惠尧助编：《康梁与保皇会：谭良在美国所藏资料汇编》，第309—310页；*Colonist*，June 18，1910。陈东儒经常被本地英文报纸中称作"Tong Ork"。

109 方志钦主编、蔡惠尧助编：《康梁与保皇会：谭良在美国所藏资料汇编》，第305、309页；李福基：《宪政会纪始事略》，第4页；David Lai, *Chinese Community Leadership*，38。

110 Timothy J. Stanley，"Chu Lai（Lay），" in *Dictionary of Canadian Biography*，vol. 13（1901-1910）（http://www.biographi. ca/en/bio/chu_lai_13E. html，accessed November 17，2022）.

111 Timothy J. Stanley，"'Chinamen，Wherever We Go'，" 484.

一张图片显示其领袖人物中又增加了27名理事。[112] 在1905年抵制美货时期，当地保皇会捐助者的名单显示其主要领袖包括一名总理、一名秘书和至少15名值理。[113] 这些维多利亚华侨改良派领袖人物之间的具体分工尚不清楚，但其领导体制很可能为温哥华等地的保皇会所效仿。

在保皇会于1899年7月20日在维多利亚正式成立之前，叶恩、他的叔叔和永生公司老板叶春田，以及温哥华唐人街的其他五位商人领袖已经筹建了它的雏形组织，即上述华人跨国商业公司。这另外五位商人领袖包括温金有（1861—1955），第一位在加拿大出生的华人；牙医廖翼朋；三记公司老板陈才；利源号的创始人李骥（又名李清墀，1870—1953）；协德隆公司的老板黄玉珊（又名Wong Soon King，1850—1918）。[114] 温哥华保皇会分会留下的一张图片包括42位领导人物的个人照片，其中叶恩的照片显示他也是加拿大保皇会全国总部的总理。当地保皇会分会的主要领袖包

---

112 方志钦主编、蔡惠尧助编：《康梁与保皇会：谭良在美国所藏资料汇编》，第145页；关于这份图片，见 *Colonist*，May 10，1903。

113 《捐助〔反〕美拒禁约经费部》。

114 *Province*，May 18，1899。关于温金有的个人背景，见 Edgar Wickberg et al., *From China to Canada*，14。该报纸的报道将其余四位华商的名字记录为：Dr. Lui，Sam Kee，Lee Yuen，and Hip Tuck Lung。本书的第一章已经证实 "Dr. Lui" 即是廖翼朋。关于陈才和三记（Sam Kee）公司、李骥和利源（Lee Yuen）公司，及黄玉珊和协德隆（Hip Tuck Lung）公司的关系，见东海（李东海）：《加拿大李氏先贤小传》，第50页；Paul Yee，"Sam Kee: A Chinese Business in Early Vancouver," 70–96；Paul Yee，*Saltwater City: An Illustrated History of the Chinese in Vancouver* 36。李骥的另一姓名为李清墀，见插图4，"Chinese Empire Reform Association of Canada, First Executive Officers"。在这一合照中，"李清墀" 被用作李骥的另一姓名，出现于作为保皇会雏形组织的跨国公司创始人之中。

括正董陈才、核数或审计叶春田、秘书叶庭三，而其中后二人是
叶恩的叔叔和弟弟。[115] 当加拿大保皇会全国总部于1900年4月在温
哥华出现时，其主要领袖包括总理叶恩、第一副总理陈才、第二
副总理叶春田、联络秘书叶庭三等当地的唐人街富商。[116]

86   这些保皇会领袖的名单排除了廖翼朋，尽管他与叶恩、叶春田
等共七位华商于1899年5月在温哥华发起的华人跨国商业公司是
这一改良派组织的前身。根据上述梁启超于1903年给保皇会在温
哥华创始人物合照上的题词，叶恩、叶春田、温金有、李骥、黄
玉珊、何振祥是六个最初发起人（见插图4）。事实上，何振祥并
不在作为保皇会前身的华人跨国商业公司的七位创始人之中，但
真正身在其中的廖翼朋和陈才反而都不在这张合照上。这张合
照还将这六人确认为加拿大保皇会全国总部的"首届执行官员"
（first executive officers），但其中的何振祥成为一名副总理，取代
了陈才。[117] 此后，陈氏所掌握的温哥华保皇分会的主要领导权又在
1904年转移到新任总理梁如珊手中。[118] 廖翼朋和陈才相继被排除在
温哥华保皇会的主要领导层之外，表明他们与叶氏家族及其党羽

---

115 "Portraits of Chinese Men," VPL 26691 in Special Collections Historical
    Photographs, Vancouver Public Library, Vancouver, BC. See also Chuimei Ho and
    Benner Bronson, "The Chinese Empire Reform Association (CERA) in Vancouver,
    B. C., 1899."

116 The Chinese Empire Reform Association of Canada's fonds, April 30, 1900.

117 "The Chinese Empire Reform Association of Canada, First Executive Officers."

118 梁如珊原来是温哥华保皇会的一名值理，见"Portraits of Chinese Men"。关于
    他的商业背景，见 Paul Yee, Saltwater City, 39。英文报纸使用他的公司名称
    "Mark Long"称呼他本人，记载了他在美国的旅行，但这一旅行也为一家中文报
    纸 报 道，见 Province, November 22, 1904; Spokane-Review, August 24, 1904;
    《中国维新报》，1904年9月29日。

在这一改良派组织内部进行了公开或隐蔽的竞争，但遭受了失败。确实，廖氏和陈氏来自广东省番禺县，都是三邑人，而且后者还是客家人。但叶氏及与其关系亲密的李骥和黄玉珊都是台山县人，或四邑人。他们之间的权力斗争将在不久的将来重演，最终削弱叶氏在温哥华唐人街的支配地位。[119]

　　尽管如此，这两个对立派系的成员都帮助推动了温哥华保皇会的早期发展，并迅速超过了这个组织正式成立于维多利亚的首家分会，建立了它的加拿大全国总部，而他们成功的部分原因在于其中主要领袖包括了更为年轻和更为积极的改良派人物。作为温哥华叶氏家族的首富和族长，叶春田在1899年参加创建保皇会时的年纪为55岁，与维多利亚的改良派领袖李福基、董谦泰、骆月湖年龄相当。但他的侄儿叶庭三和叶恩在当年分别只有28岁和38岁。在其他温哥华保皇会领袖中，28岁的李骥已经是一名成功的年轻企业家，38岁的温金有是一名翻译，另一位大亨陈才也还是一位42岁的中年男子。[120] 这些年富力强的保皇会领袖比维多利亚的改良派人物更为活跃，也为该组织在温哥华及其在加拿大和整个北美的扩张发挥了更为重要的作用。

---

119 Lisa Rose Mar, *Brokering Belonging*, 22，37，58；Paul Yee, "Sam Kee," 73；关于黄玉珊的祖籍，见 "Wong Soon King" in Library and Archives Canada, "Immigrants from China，1885-1949"。

120 "1901 Census Records for Burrard，British Columbia"（http://automatedgenealogy. com/census/District. jsp?districtId=1，accessed November 17，2022）。在这一人口数据库中，叶春田、叶庭三、叶恩、李骥、温金有的年龄可以通过他们的罗马字母拼音姓名（Yip Sang，Yip On，Yip Yen，Lee Kee，Won Alexander Cumyow）搜索获得，但叶庭三和温金有的姓氏在数据库中被误记为"Yik"和"Cumyow"。关于陈才的年龄，见 Paul Yee, "Sam Kee," 73。

如上所述，维多利亚、温哥华和新威斯敏斯特的保皇会曾于1899年末派出包括廖翼朋在内的三位早期使者到美国唐人街宣传改良，此后沈财满也在1900年作为梁启田的秘书，南下穿越美国，进行改革动员。但沈氏实际上是陈才拥有的三记公司与其同为客家好友的徐礼在维多利亚的永祥公司进行贸易的管家。[121] 1904年末，温哥华保皇分会总理梁如珊和温金有在前往纽约和波士顿的途中，也曾在华盛顿州的斯波肯（Spoken）和其他美国城市会见了他们的改良派同志，然后通过蒙特利尔返回加拿大。正是通过他们在多伦多华人中的公开演讲和政治动员，一个新的保皇会分会在当地得以成立。[122] 在温哥华保皇会分会于1905年选举了一位新任总理李嘉天（Lee Jak-Tin）之后，他很快进行了"从太平洋到大西洋的跨加拿大之旅"，先后在英属哥伦比亚省东南部老市伦、尼尔森和弗尼（Fernie）市的保皇会分会，以及阿尔伯塔省的列必珠、卡尔加里和埃德蒙顿市的分会发表公开演讲，推动改良运动。[123]

叶恩于1903年曾陪同梁启超在加拿大和美国的旅行及与罗斯福总统的会面，[124] 并在1904年末又伴随了康有为从蒙特利尔到温哥华的旅行。这些旅行经历极大地提高了叶氏的声誉，使他成为在加拿大境内外华人社区中极具影响力的人物。当1903年梁启超

---

121 Paul Yee，"Sam Kee，" 73。沈氏的名字有时候在历史档案中被记录为"Shum Moon"。

122 *Spokane-Review*，August 24，1904;《中国维新报》，1904年9月29日。

123 *Daily News*，October 6，1905.

124 *Colonist*，June 21，1903.

结束北美之行时，他声称叶恩领导保皇会的能力在"美洲声誉最高，人人共信"。[125] 当1904年11月康有为在叶恩陪同之下抵达温哥华时，当地的一家报纸甚至称赞他们是"当今美洲最杰出的两个华人"。[126] 通过温哥华的保皇会领导人与康、梁及其他主要改良派领袖的互动，以及前者的出访和演讲，这些本地和外来的活动分子都提出了组织制度创新的倡议，从而影响了加拿大和太平洋华人世界的改良运动。因此，即使这些加拿大保皇会领袖急切追求了个人、家族和派系的利益，他们仍然为本地、全国和跨太平洋层面的改良派组织及其改革运动提供了领导力量。

当梁启田作为康有为的第一个使者于1900年3月抵达加拿大，并在维多利亚、温哥华和新威斯敏斯特主持了一系列保皇会分会的联席会议后，这些分会的领袖不仅每周在其所在城市发表公开演讲，并且还在此后每年都举行全体会议。[127] 梁启超于1903年初在温哥华逗留期间，特别帮助加拿大保皇会全国总部起草了新的章程，除了倡议组织上述的联卫部之外，还计划设立一个"劝学部"和一个"交涉部"。此后不久，新威斯敏斯特保皇会就建立了一个劝学部，并于1903年初开办了一所教授英语的夜校。[128] 同年，加拿大保皇会全国总部还在温哥华开设了名为爱国学堂的学校。这所学校在

88

125　上海市文物保管委员会编：《康有为与保皇会》，第242页。

126　*Province*，November 22，1904.

127　梁启超：《梁启超全集》，第2册，第1129—1130页；*Colonist*，March 23，1900，March 10，1901，March 3，1902，February 27，1904；*Province*，February 27，1902，March 12，1903。

128　丁文江、赵丰田编：《梁启超年谱长编》，第210页；*Province*，March 12 and 13，1903。

陈才的三记公司大楼内开办，但校长是叶春田。陈才与叶春田是温哥华两个互相竞争的改良派系头面人物，但他们都是该学校的主要赞助人。他们为了这所学校而密切合作，其中部分原因是两人都有数名妻妾和许多孩子在那里接受教育。该学堂不仅为华人男孩，也为包括叶氏四个女儿在内的女孩教授汉语和儒家思想，提供爱国主义教育，并同时也教授西方科学。[129] 遵循温哥华的先例，保皇会在纽约和旧金山也开设了以"爱国学堂"为名称的学校。[130]

此外，加拿大保皇会全国总部已经在1904年夏天从100多个成员那里成功收取了"联卫经费"，但其中每个会员和领袖支付的费用从1加元到100加元不等。该会联卫部随后成立，其章程规定每位正式成员的年费为4加元，但从分会值理到全国总部总理的每位领袖年费为6至150加元。该章程承诺，在联卫部成员受伤或死亡时将向其提供经济援助，或在他们贫困、生病时帮助他们返回国内。[131] 这一从温哥华开始的组织制度创举后来为加利福尼亚、

129 梁植槐:《叶春田先生传记》，英文部分第6页，中文部分第53页；Paul Yee，"Sam Kee，" 94。关于温哥华爱国学堂的学术论著，见Timothy J. Stanley，*Contesting White Supremacy: School Segregation, Anti-Racism, and the Making of Chinese Canadians*，194-95；Belinda Huang，"Teaching Chineseness in the Trans-Pacific Society: Overseas Chinese Education in Canada and the United States，1900-1919，" 120-122，249，316；Edgar Wickberg et al.，*From China to Canada*，76。上述三项研究称保皇会在温哥华和维多利亚分别创立了一所爱国学堂，其中第二和第三项研究还进而宣称这两所学校分别成立于1900年和1901年。但这些研究著作并没有提供爱国学堂于1903年之前在温哥华出现或此后在维多利亚存在的证据。
130《中国维新报》，1904年7月4日和7月28日；麦礼谦:《从华侨到华人：二十世纪美国华人社会发展史》，第49—59页。
131《中国维新报》，1904年9月1日；《本会联卫章程》，folder 3，box 2，The Lee Family Papers，Rare Books and Special Collections，University of British Columbia Library，Vancouver。

华盛顿、俄勒冈、爱达荷和蒙大拿州的保皇会所效仿。如前所述，保皇会于1905年7月在纽约召开的大会也沿用了温哥华的先例，决定成立联卫总局、副局及分局，形成新的跨太平洋组织网络。[132]

加拿大保皇会的一项最为重要的组织制度创新措施是由康同璧在1903年5月从维多利亚、温哥华和新威斯敏斯特开始建立的保皇女会。在维多利亚最先诞生的保皇女会是中国和海外华人历史上第一个妇女政治组织，比1898年百日维新期间出现于上海的女子教育社团及后来在日本形成的中国女性革命团体都显示了更为超前的发展。它融合了女权主义与改良主义，并形成了更为正式的组织结构和更为广泛的跨国网络。[133] 根据维多利亚保皇女会留存的图片（见插图5），它以康同璧为会长，并设有18位本地妇女领袖担任的职位，包括一位正董、一位副董，以及一位书记。

在维多利亚保皇女会的18位本地妇女领袖当中，仅其秘书司徒鸣玉（又名司徒凤联）的身份可以被确定。她是李梦九的妻妹，也是刘子遽的妻子。如上所述，这两人都是维多利亚保皇会的主要领导人物。[134] 因此，维多利亚保皇女会现存图片上的绝大多数本地妇女领袖可能都是当地保皇会男性领导人的妻子、女儿或其他家庭成员。这些妇女通过参与康有为从维多利亚展开的海外政治

89

---

132 方志钦主编、蔡惠尧助编：《康梁与保皇会：谭良在美国所藏资料汇编》，第381页；《保皇会公议改定新章》，第2b—3a、12b—16b页。

133 关于保皇女会与晚清时期中国和日本的其他女权主义组织的比较研究，见 Zhongping Chen, "Kang Tongbi's Pioneering Feminism," 4-7、13、29。

134 司徒鸣玉的一位侄孙李惠贤（1922—2011）帮助笔者确定了她的两个姓名以及她与李梦九、刘子遽之间的关系（李惠贤致笔者电邮，2011年3月2日）。司徒鸣玉、李梦九、刘子遽之间的关系也被记录于李梦九：无标题自传手稿，第12页（笔者收藏有该稿本的复印件）。

改革活动，已经展示了前卫的爱国女权主义。为了支持康有为在1900年领导的拯救光绪皇帝的勤王军事行动，维多利亚保皇会在当年春天组织了上述筹款活动，当地妇女为此捐赠了数百加元。[135]通过帮助康同璧于1903年5月在维多利亚建立保皇女会的第一分会，她们进一步提高妇女在海外华人改革运动中的地位。1903年8月19日，维多利亚保皇会举办庆祝光绪皇帝的生日庆典，并利用这一特殊的重要时机，举行了一场招待"当地华人女士的宴会"。[136]

尽管康同璧于1903年5月在维多利亚创建了保皇女会，并随后在温哥华和新威斯敏斯特帮助组建了第二个分会，但后者在女权主义改革动员和组织扩张方面发挥了更为积极的作用，其部分原因在于它的许多领袖都来自当地唐人街和保皇会中拥有强大政治势力的叶氏家族。它在1903年5月28日召开的首次会议集合了40多名妇女成员，并选举居于新威斯敏斯特的刘康恒之妻莫月蟾（1881—？）为第一任会长，而当时正是刘氏刚刚赢得加拿大保皇会全国总部选举，成为其新任副总理之后。[137]然而，这个保皇女会留存的图片却将其成立日期注为1904年秋季（见插图6），表明它在1903年出现之后曾有一次重组过程。

135《英国加拿大属三埠保皇同人大会记》，《清议报》1900年第45册，第16b页。

136 *Colonist*，August 19, 1903.

137 *Province*，May 29, 1903。刘康恒在1903年3月当选为加拿大保皇会副总理一事见《中国维新报》1905年3月11日，并见 *Province*，March 12, 1903，但这份英文报纸记载他的姓名为Law A Yam。莫月蟾姓名的广东方言发音为 Mo Yue Sam，其缩短的罗马字母拼音姓名Mok Sam 与Law A Yam 一同作为夫妻二人出现于以下加拿大人口统计资料库，"1901 Census Records for New Westminster, British Columbia"（http://automatedgenealogy. com/census/District. jsp?districtId=2, accessed August 2, 2022），但该资料库将Law A Yam 记录为Low A Yam。

插图5　维多利亚保皇女会领袖图片，1903年。
在这一图片中，光绪皇帝位于正中顶部，
康有为和梁启超分别位于其右侧和左侧，
康氏次女康同璧则处于18位维多利亚妇女领袖的单人照片之上。
司徒鸣玉（第一排右边第一人）为本地妇女领袖之一。

资料来源：Harvard-Yenching Institute Library，Hollis no. 990141995910203941。

插图6　温哥华和新威斯敏斯特保皇女会领袖图片，1904年。
在这一图片中的光绪皇帝照片及清朝龙旗和保皇会会旗右侧为康同璧，左侧为加拿大保皇会全国总部总理叶恩之女叶美蓉。图片下部的20位妇女领袖中，近10名来自叶氏家族。其中第一排左起第二、三和五位分别为莫月蟾、李姬欢和汝利桃（Nellie Yip），玛丽·本森（Mary Benson）位于末排中间。

资料来源：City of Vancouver Archives，AM 1108-S3：
The Yip Family and Yip Sang Ltd. Fonds。

这张保皇女会图片将光绪皇帝、康同璧及加拿大保皇会全国总部总理叶恩的17岁女儿叶美蓉（1886—？）的照片均置于上部，象征着这两位年轻女性在当地保皇女会的领导阶层中同等重要。 92
它的下部包括该妇女组织的其他20位当地领袖照片，其中莫月蟾成为副总理，而正总理李姬欢和一名值理分别是叶恩的正妻和小妾。此外，这些妇女领袖还包括叶恩之弟叶庭三的妻子，其叔叔叶春田的第二、第三、第四夫人或三位小妾。除此之外，叶春田的白人儿媳汝利桃（Nellie Yip，1882—1949）、另外一位儿媳及他的二女儿分别是该会中文或英文秘书或值理。因此，在这个保皇女会中，至少十位领导人物来自叶氏家族，它与维多利亚的保皇女会因此被一些学者称为"纸面上的女性团体"，其留存的图片被简单地视为"公关幻象"。[138]

实际上，这张来自温哥华和新威斯敏斯特保皇女会的图片反映了当时北美唐人街女性生活的现实，包括其中富有商人家庭一夫多妻家庭的状况。它特别显示了叶氏家族在加拿大保皇会，尤其是在温哥华和新威斯敏斯特保皇女会中的支配地位。虽然这张图片显示保皇女会的成员仍然无法在家庭生活中追求性别平等，但这并未阻止她们在公共政治领域追求女权主义。这种女权主义政治不仅体现于该图片上呼吁通过宪法改革来实现性别平等的对联

---

138 Chuimei Ho and Bennet Bronson，"The Chinese Empire Ladies Reform Association in 1903-4: Real or Public Relations Fantasy？"（http://www.cinarc. org/Women. html，accessed November 17，2022）。关于汝利桃（Nellie Yip）的背景，见"Interview with Mrs. Yip Quong，February 26，1924，"5（https://purl.stanford.edu/qz132ss2867，accessed November 17，2022）。

之中，而且在实际上影响了叶春田和他的两个侄子控制下的加拿大保皇会全国总部。1905年12月，加拿大保皇会全国总部召集了来自加拿大许多城市的分会领导人举行会议，讨论其面临的重要问题。据报道：

> 选举权是执行委员会讨论的有趣问题之一……该议案的利弊得到从正反两面进行的激烈辩论，大量代表参与其中。然而，会议最终决定，就中国妇女而言，她们对于公共问题尚无足够知识，允许她们投票的时机尚未到来。[139]

尽管加拿大保皇会全国总部没有授予其女性成员选举权，这次会议仍然具有历史意义。它的议程包括了当时西方女权主义者最为关注的争取妇女选举权问题，但该议题刚刚出现在极为少数的中国女权主义先驱领袖的言论中。[140]

加拿大保皇会领袖就女性选举权的历史性辩论发生在1905年底，距离康同璧于1903年8月将这一妇女组织从加拿大唐人街扩展到美国华人社区已有两年多时间。因此，这次辩论也是对她在北美各地推广保皇女会及类似妇女改革组织的回应。迄至那时，她直接或间接帮助创设的保皇女会及类似女性政治团体

---

139 *Colonist*, December 5, 1905。关于这次会议的报道，亦见 *Colonist*, November 30, 1905；January 9, 1906。

140 关于近代西方和中国妇女选举权问题的既有研究，见 Alana S. Jeydel, *Political Women: The Women's Movement, Political Institutions, the Battle for Women's Suffrage and the ERA*；Louise Edwards, *Gender, Politics, and Democracy: Women's Suffrage in China*。

已经出现于维多利亚、温哥华和新威斯敏斯特这三个加拿大城市，以及西雅图、波特兰、阿斯托利亚、洛杉矶、旧金山、芝加哥、纽约、波士顿和檀香山这九个美国城市。基于她在加拿大的经历，康同璧充分利用了包括她父亲康有为在内的男性改良领袖的影响力和人际关系，积极招募各地保皇会领导人的女性亲属进入新的保皇女会。确实，波特兰的保皇女会就是在当地保皇会总理李美近的支持之下成立的，而该会的总理就是李氏的妻子黄瑞莲。[141]

同样，纽约保皇女会的第一副总理是"Mrs. Wong Kai"或黄溪夫人。[142] 她在1900年的美国人口普查中被记录为 Wong Toy，是黄溪（Wong Ki，又名黄佩泉）的妻子，[143] 而后者也是纽约保皇会的领导人。[144] 在康同璧的影响下，其他美国城市的华人女性改良派活动分子也成立了与保皇女会名称相同或相似的组织，其中一位是洛杉矶保皇会主要领袖谭良的妻子黄冰壶（1875—1957）。[145]

---

141 Zhongping Chen, "Kang Tongbi's Pioneering Feminism," 14-17, 22-24。关于李美近和黄瑞莲的夫妻关系，见 Immigration Office, Portland, Oregon, "In the Matter of the Application of Lee Mee Gin for the Laborer's Return Certificate," April 26, 1921, Chinese Exclusion Case File for Portland, box 63, case no. 5010/171 for "Lee Mee Gin," National Archives at Seattle。

142 *Daily Tribune*, November 1, 1903.

143 United States Census, 1900（https://familysearch.org/search/collection/1325221, accessed November 17, 2022）"黄溪"的粤语发音即"Wong Kai"，但他的姓名被该资料库记录为"Wong Ki"。

144《中国维新报》，1904年5月12日。关于纽约保皇女会与黄溪之妻"溪婶"的关系，见同好：《致康同璧信》，1905年5月27日；《康同璧日记》，1904年6月27日；均见档案全宗 KTBSW，文件号码分别为 B-44、Diary。

145 方志钦主编、蔡惠尧助编：《康梁与保皇会：谭良在美国所藏资料汇编》，第165页；Zhongping Chen, "Kang Tongbi's Pioneering Feminism," 16, 24-25。

虽然康同璧最初在加拿大组织保皇女会时就提出通过宪法改革来促进性别平等，但她及其在美国的华人女权主义追随者采取了更为具体的战略，将促进妇女教育作为她们政治参与和未来获得选举权的先决条件。[146] 当保皇女会在美国的第一个分会于1903年8月23日在西雅图成立时，其女性成员立即为它捐赠了100多美元的资金。康同璧当场承诺，将向保皇女会所有分会募集资金开办女子学校。她提出这一倡议的原因可能是当时梁启超在访问美国各城市期间，正在呼吁华侨捐款，以便在广州开办一所保皇会赞助的公立学校。[147] 此后，康同璧帮助在波特兰组建了一个新的保皇女会，并陪同梁氏于1903年9月7日在该市作改革动员。梁启超在对该地华人发表演讲中请求听众向计划中的广州公立学校捐款，当地保皇女会的成员热情认捐了1,000美元，但她们也批评他仅仅计划在广东设立男校，不设女校。在她们的批评之下，梁氏当场承诺除了在广州开设男生公立学校之外，还将开办女校。[148]

康同璧随后于1903年9月下旬访问了附近的阿斯托里亚，来自温哥华和新威斯敏斯特保皇女会的叶美蓉以及西雅图的刘玉兰（Lao Yak Lon）与她同行，后者可能是西雅图新成立的保皇女会分会的负责人。在她们号召政治改革的演讲影响下，当地华人妇女不仅成立了一个新的保皇女会分会，还为计划中的广州女子学

---

146 Zhongping Chen, "Kang Tongbi's Pioneering Feminism," 21–22.
147《新中国报》，1903年9月19日；丁文江、赵丰田编：《梁启超年谱长编》，第212页。
148 *Morning Oregonian*，September 8，1903；《新中国报》，1903年12月10日。

校捐赠了600美元。[149] 随后，在康同璧影响下于纽约成立的保皇女会分会以及在洛杉矶、旧金山和檀香山的类似华人妇女组织都将女性教育作为动员政治改革和争取性别平等的关键问题。它们还通过定期举行会议、发表公开演讲、一起阅读报纸和其他组织活动来丰富其文盲成员的文化与政治知识。[150]

这些前卫的女权主义组织极大地帮助了保皇会的改革宣传、筹集捐款以及其他政治活动。但在1905年以后，由于缺乏改良派主要男性领袖的持续支持，保皇女会的主要领导人康同璧又将个人精力转向她在巴纳德学院（Barnard College）的繁重课业，这一最早华人妇女政治组织的绝大多数分会都相继衰落。[151] 尽管如此，位于温哥华的保皇女会直到1910年仍然得到当地报纸所谓"华人男子改革协会"的支持，继续其组织活动。它吸引了当地唐人街90%的妇女作为其成员，并努力为女孩提供教育，使她们得以与男孩享有相同的机会和权利。该组织还试图通过其活动帮助那些没有接受过教育的文盲妇女"拓宽视野"。[152] 因此，它继续了康同璧开启的女权改良主义使命，努力促进了妇女在教育、社会和政治方面的权利。

现有史料尚难以说明加拿大保皇会是否也曾遵循梁启超的提议成立公共关系部，但温哥华和新威斯敏斯特的保皇女会确实试图

---

149 *Morning Astorian*，September 22 and 23，1903。这份报纸把叶美蓉的名字记录为"Yip Mea Yung"。

150 Zhongping Chen，"Kang Tongbi's Pioneering Feminism,"22–25.

151 Zhongping Chen，"Kang Tongbi's Pioneering Feminism,"26–28.

152 *Province*，February 5，1910.

与主流社会，特别是白人精英阶层发展友好关系。它的一位值理玛丽·本森（见插图6）就是以上所述温哥华海关官员沃斯诺普中校的妻子。[153] 沃斯诺普与加拿大保皇会全国总部的领袖保持了密切关系，曾出席他们为梁启超和康有为先后于1903年4月和1904年11月举办的两次宴会。[154] 这一保皇女会的英文秘书汝利桃在纽约与叶春田的一个儿子叶光（1866—1948）结婚，并在移居温哥华后开始学习中文。她与这座城市的华人和白人社区的联系极大地帮助了加拿大保皇会全国总部及其在温哥华和新威斯敏斯特的保皇女会，将他们的公共关系扩展到了当地的唐人街之外。[155] 汝利桃并不是唯一的例外，还有其他一些白人女性和加拿大保皇会组织发展了密切关系。在哈利法克斯，两名年轻的白人妇女埃塞尔·斯隆（Ethel Sloane）和曼达·提夫廷（Manda Tiftin）于1904年4月7日一道举办了婚礼，分别与当地保皇会的两位领导人物冯中宏（Fong Chong Hong）和冯泉（Fong Quing）结婚。[156]

　　这种跨越种族界限的通婚案例仍然非常少见，但它们反映了加拿大保皇会在人际关系和组织制度层面开展的公共关系活动取得了一定成效，但白人社会对此并未都作出了积极反应。1905年4月9日至10日，数百名白人工人聚集在位于英属哥伦比亚省东南部小城市尼尔森附近萨尔莫（Salmon）的库特纳木瓦公司（Kootenay

---

153 J. F. Bosher, *Imperial Vancouver Island: Who Was Who*, 803。在温哥华和新威斯敏斯特保皇女会的图片上，玛丽·本森被记录成"陆军副将夫人威士聂"。

154 *Daily World*, April 3, 1903; *Daily News-Advertiser*, November 30, 1904.

155 "Interview with Mrs. Yip Quong, February 26, 1924," 1-6.

156 *Colonist*, April 5, 1904.

Shingle Company）前，企图阻止32名受雇的华人和日籍劳工进入工厂劳动，几乎发动了一场骚乱。由于警方的及时干预，骚乱勉强被避免。为了回应这种种族歧视，尼尔森的保皇会于4月29日召开了一次特别会议，通过了一项长篇决议。这份决议由该保皇会的成员译为英文，在当地报纸发表。它首先回顾了华人劳工对于英属哥伦比亚省的贡献以及他们在该省遭受的歧视，最后以强烈的呼吁结束："作为居住尼尔森的华人改革组织的成员，我们请求尼尔森的白人居民以外国人在中国得到的公平待遇那样对待我们。"[157] 然而，这种保皇会的反种族主义策略并不总是成功的。

在尼尔森和其他加拿大的小城市中，保皇会分会的发展和活动受到位于温哥华的全国总部的强烈影响。在尼尔森附近的老市伦，当地保皇会从1903年就模仿其全国总会，建立了一整套领导体制，包括正董、演说、监督、管数（会计）、书记、核数（审计）和翻译等职位。[158] 然而，老市伦保皇会被一些学者称为"徒具空文"的组织，其原因在于该会在1903年所印制的图片被认为是假造的赝品。这张图片中包括该会的53位领导人物和普通成员个人照片，但其中一些人似乎借了同样一套西装和领带拍照，因而被怀疑是劳工，并非富有商人。[159] 事实上，如上所述，加拿大保皇会包括

96

---

157 *Daily News*，May 3，1905.

158 "Chinese Empire Reform Association of Canada Member Portraits." 这一老市伦保皇会图片也见于Chuimei Ho and Bennet Bronson，"The Chinese Empire Reform Association（CERA）in Rossland，B. C.，1903"（http://www.cinarc. org/Associations. html，accessed November 17，2022）。

159 Chuimei Ho and Bennet Bronson，"The Chinese Empire Reform Association（CERA）in Rossland，B. C.，1903."

许多贫困华人劳工移民，而老市伦的华人在1902年左右只有大约400人，其中富商不会太多。它在老市伦的分会除其1903年图片所载53名参与者之外，直到1904年底仍在招募新成员。[160] 尽管如此，该分会的正式领导体制可能在很大程度上仅是对于加拿大保皇会全国总部的简单模仿，其1903年的图片实际暴露了与温哥华的叶氏家族支配该总部的相同模式。如该图片所示，在老市伦保皇会的21位领导人物中，有9人来自马氏家族，7人来自黄氏家族。在它的32名会员中，马姓和黄姓人士分别为12名和8名。[161]

康有为通过在纽约举行保皇会于1905年7月24日至28日的大会，将其在北美的活动重心从加拿大转移到美国之后，它的组织制度发展既有继承过去的一面，也有新的变化。此次大会通过了新的章程，重申保皇会通过拯救光绪皇帝来救国、救民的宗旨，但又特别谴责反清革命是造成内乱、帮助外人瓜分中国的卖国行为。这一新的章程对于保皇会的成员资格、领导体制、等级结构等方面进行了详细规定，并对设于香港的总局及其九个部作出了规划。[162] 这些规章中的绝大部分在日后仅仅停留在纸面上，[163] 但如上所述，在康有为和梁启超的直接影响下，加拿大保皇会首先发起并实施了有关卫生、教育和联卫保护的倡议，并进而影响了美

---

160 《中国维新报》，1904年7月21日；*Report of the Royal Commission on Chinese and Japanese Immigration: Session 1902*，43。

161 "Chinese Empire Reform Association of Canada Member Portraits."

162 《保皇会公议改定新章》，第1a—24b页，特别是第1a、6a、9a、11b—18a、24a页。

163 关于这次纽约会议及其所制定的新章程的详细探讨，见：高伟浓：《二十世纪初康有为保皇会在美国华侨社会中的活动》，第73—81、94—99、102—120、127—154、174—182、188—192页。但是该书将这次会议发生的时间误写为1905年7月24日至26日。

国甚至澳大利亚的改良派组织及其成员。

然而，保皇会在纽约召开的大会也象征着加拿大在康有为领导之下的改良派组织和运动中的重要性下降。康氏指示美国东部的保皇会分会按照美国国会议员的选举规则来选择其代表参加会议，并亲自指定了两名来自美国西部地区的代表，但让加拿大和墨西哥的保皇会自行决定是否派遣代表或是委托他人出席会议。因此，与会的近20名代表当中，绝大部分来自美国东部，加拿大的蒙特利尔和西部地区仅仅各有一名代表赴会。[164]

在1905年的纽约会议之后，康有为和梁启超领导的保皇会进一步将其活动目标转向中国国内的政治改良及其在加拿大以外的跨国企业，加拿大保皇会的主要领导人物活动也因此呈现同样变化。清廷于1906年9月1日宣布致力宪政改革之后，康有为于10月21日向保皇会170多个分会发出长篇公告，宣称该组织为了拯救光绪皇帝和推动清朝君主立宪的斗争已经取得成功。该公告呼吁在1907年初农历春节前夕举行全球庆祝活动，甚至承诺向保皇会的领袖和成员颁发各种奖项。这一公告还提议，将保皇会的中文名称改为"国民宪政会"，但当时在日本的梁启超却提议将其改名为"帝国宪政会"。[165]

然而，该组织新的中文简称"宪政会"后来更为流行，但原来的英文名称Chinese Empire Reform Association，仍被保留了下来。加拿大保皇会全国总部也保留了旧的英文名称，但中文名称则改

97

164《保皇会公议改定新章》，第2a—b、4b—5页。

165 汤志钧编：《康有为政论集》，上册，第597—607页；Jung-pang Lo，"Sequel to the Chronological Autobiography of K'ang Yu-wei，" 204-205。

为加拿大宪政总会。[166] 在1907年2月26日的元宵节前夕，加拿大宪政总会指示其在维多利亚、乃磨和英属哥伦比亚省其他城市的分会举行盛大规模游行，庆祝中国宪政改革的开始。由于游行活动庆祝中国宪政体制的诞生，温哥华的一家英文报纸甚至将其组织者和参与者误认为是"中国共和党人"。[167]

与此同时，康有为暂时结束了在欧洲的旅行，在1907年3月18日回到纽约。该地及其附近的美国城市宪政会均派出代表，表示热烈欢迎，康氏乘坐六匹白马牵引的华丽马车穿过纽约主要街道，下榻于豪华旅馆。他并为其五十岁（虚岁）生日举行了盛大的庆祝活动，而在同时，宪政会所属华益银行或以上所称的华益分局在纽约成立，成为这一改良派组织在北美的新的金融机构。[168] 它在香港的姊妹公司是由叶恩控制的华益银号，也于同年成立，其股票市值在1908年3月曾最高达到1,117,725港币。[169] 除此之外，华墨银行已在1906年底从墨西哥政府处获得了在莱苑建造电车轨道的特许权，并因其房地产投机前景看好，在1906年至1908年期间从海外华人中筹集了937,268墨西哥银圆的投资。在墨西哥的投资机会是如此之好，以至于李福基从维多利亚迁至莱苑，担任康有为和宪政会在当地实业活动的督办代表。[170] 至此，康氏领导之下

98

---

166 《云高华埠宪政会布告书》，第17页。

167 Province, February 26, 1907.

168 康同璧：《南海康先生年谱续编》，第136页；张启祯、张启礽：《康有为在海外：补〈南海康先生年谱〉》，第113页。

169 上海市文物保管委员会编：《康有为与保皇会》，第330页。这一数字来自华益银号的协理邝寿民在1909年的一份布告。叶恩仅称该银号的市值在1908年超过了800,000港币，见欧云高、叶恩、刘义任、梁应骝：《驳徐勤等布告书》，第2b页。

170 伍宪子：《中国民主宪政党党史》，第79—80页。此处的货币推测为墨西哥银圆。

的宪政会所属工商金融帝国达到了它跨太平洋扩张的巅峰。

然而，康有为与来自温哥华的宪政会领袖之间的私人关系很快就导致了他们的内部纷争和组织分裂。康氏在1905年派遣加拿大保皇会全国总部的财务主管杨灵石前往美国和古巴，后来又指示他帮助洛杉矶的保皇会领袖谭良在芝加哥创建和经营琼彩楼酒店。但杨氏很快失去康有为的信任。从1906年初直到1907年底，杨灵石受到波特兰宪政会邀请，代理其领导职务。[171] 因此，从移居香港的叶恩和墨西哥的李福基到留居美国的杨灵石，这些来自加拿大的华侨改良派领导人物仍然通过他们的跨国活动，帮助将改革运动推向鼎盛。

当这些主要的华人改良派领袖离开加拿大之际，美国排亚联盟（Asian Exclusion League）在加拿大的分会于1907年9月7日晚上在温哥华组织了一场由当地25,000名居民参与的群众集会，反对从日本等亚洲国家的移民。这场集会很快被白人种族主义分子的讲演刺激，变成对于当地唐人街和日本人居民区的暴力袭击。暴徒砸碎了唐人街的所有商店玻璃窗户，损坏了所有的建筑物。受到损毁的建筑物包括加拿大宪政总会大楼及其主要领袖的店铺，其中之一就是叶春田的永生公司。[172] 但是，康有为及其领导的宪政会没有对温哥华的骚乱做出任何强烈反应，与他在1905年积极动员、领导亚

---

171 上海市文物保管委员会编：《康有为与保皇会》，第422—423页。

172 *Province*，September 9，1907，May 27，1908；Patricia Roy，*A White Man's Province*，191-193；*Report by W. L. Mackenzie King, C. M. G., Deputy Minister of Labour, Commissioner Appointed to Investigate into the Losses Sustained by the Chinese Population of Vancouver, B. C. on the Occasion of the Riots in That City in September*，1907，17-18.

太地区的保皇会抵制美货、抗议美国排华政策形成鲜明对比。

康有为对温哥华唐人街所发生的反华种族主义暴乱所持的无动于衷态度是耐人寻味的。从1905年到1907年，他带领跨太平洋的华人改良运动达到高峰，继而将其重心向南迁移并将主要目标转向国内政治之后，加拿大西部地区仍然是这一运动在北美的中心舞台的一个重要部分。因此，他对这场暴乱的忽视不仅反映了他逐渐从海外华人政治转向国内宪政改革以及在香港、东南亚、美国和墨西哥的实业活动，也暴露了他与温哥华叶氏家族及其关系密切的改良派人物的冲突日益增加。就在1907年9月的温哥华骚乱之前，康氏给他的门生及洛杉矶宪政会领袖谭良的信中声称，"近者加埠人甚可恶"。因此，康有为故意将杨灵石留在美国，但取消了让他作为谭良的助手在芝加哥经营琼彩楼酒店的决定，又蓄意阻止他前往香港与叶恩在一起共事，或返回加拿大与温哥华的改良派人物合流。[173] 这种人际关系的紧张和冲突将会引发改良派组织的内部分裂，导致从保皇会改名的宪政会及其跨太平洋华人改良运动在清朝的宪政改革失败之前就走向衰落。

从芝加哥、香港和温哥华触发的华人改良运动衰落

由于多种内在和外在因素的影响，宪政会及其领导的海外华

---

173 方志钦主编、蔡惠尧助编：《康梁与保皇会：谭良在美国所藏资料汇编》，第256、258、260—261页。参见上海市文物保管委员会编：《康有为与保皇会》，第422—423页。

人政治改良运动和跨太平洋的工商实业帝国在1908年之后走向衰落。但在1912年2月4日，即清帝退位8天之前，康有为致函梁启超，指责温哥华的改良派领袖叶恩是这一组织在实业和政治上失败的罪魁祸首。该信将此实业上的失败归因于梁氏在1904年强烈要求让叶恩管理保皇会在香港的中国商务公司，并声称叶氏助长了谭良盗用公款，使其在芝加哥经营琼彩楼酒店挪用资金。康有为的长信特别强调叶恩对于香港中国商务公司的管理不善导致它在美国和墨西哥的相关工商金融企业连续倒闭，引发了1909年在广州发生的一起凶杀案，阻碍了随后宪政会进入国内政治，取得合法扩张。[174] 实际上，这一连串事件反映了从芝加哥、香港和温哥华触发的跨太平洋连锁反应，并在康氏1904年末至1905年初的第三次加拿大之旅及其所谓1909年中期的最后访加之行期间先后发生。它们暴露了海外华人改良派组织中人际性关系网络的有害负面作用，从而引发了跨太平洋华人政治改革运动的衰退。

康有为与他在美国的亲密门生谭良及其与加拿大华人改良派主要领袖叶恩之间的冲突主要源于保皇会领导人物在推动该组织扩张的过程中，使用了亲属、师生等人际关系。虽然这种人际关系 100 有助于保皇会早期从加拿大到美国及此后的跨太平洋扩张，康氏、叶恩及其各自团伙成员对于个人、家族和派系利益的追求将导致改良派组织的分裂及其工商实业和政治运动从芝加哥、香港和温哥华开始的衰落。

位于芝加哥的琼彩楼酒店是完全通过康有为及其门生谭良私下

---

174 该信的摘录见张荣华：《振华公司内讧与康、梁分歧》，第74页。

安排而开设的保皇会企业。1905年6月15日，谭良陪同康氏在华盛顿与罗斯福总统会面，随后二人于9月12日至10月15日期间前往美国东海岸和西北部地区游览。他们在俄勒冈州的波特兰分手之际，谭良从康有为那里得到7,000美元及其在洛杉矶设立一家餐馆的指示。该餐厅的利润将用作保皇会所训练的学生的补助，其中接受资助的学生之一是薛锦琴（1883—1960）。她接受资助和培训的目的是准备将来进入清宫，刺杀慈禧太后，但这一计划从未付诸实施。谭良后来在芝加哥创办了琼彩楼酒店，并在1906年12月餐厅开业前后，通过康氏或直接从保皇会在纽约的华益银行获得了额外的资金。[175]

康有为和谭良完全出于师生之间的双方感情和彼此信任，私下安排了琼彩楼酒店的相关事务。他们甚至没有费心去区分康氏对于琼彩楼酒店的投资和谭良为此保皇会企业或为他家庭所借的个人贷款。康有为与谭良将就康氏对于琼彩楼酒店的投资性质以及谭氏为该企业获得的个人贷款问题发生激烈争执，从而开启改良派主要领袖之间的第一次致命冲突，并为康氏与叶恩及其团伙的矛盾火上加油。[176]

由于叶恩管理之下的保皇会在香港的中国商务公司连续亏损，康有为在1905年底减少了他的管理权力，并任命邝寿文等亲信人

---

175 张启祯、张启礽：《康有为在海外：补〈南海康先生年谱〉》，第75—76、80—82、93—95、108—110页；方志钦主编、蔡惠尧助编：《康梁与保皇会：谭良在美国所藏资料汇编》，第240—243、252页。关于薛锦琴，见 Zhongping Chen, "Kang Tongbi's Pioneering Feminism," 10，15，24。

176 方志钦主编、蔡惠尧助编：《康梁与保皇会：谭良在美国所藏资料汇编》，第235—236、242—253页；蔡惠尧：《康有为、谭张孝与琼彩楼》，第99—106页。

物来监督在港的商业活动。康氏还修改了公司的规则，通过会计、审计和报告等措施对公司财务进行严格控制，但他主要试图将公司的运营置于他的直接控制之下。叶恩就此作出反应，雇用其家族人马来控制这些香港商业机构。[177] 他还利用梁启超在清朝驻日本神户领事馆的内线，帮助在香港的华工非法取得商人护照，从而免除进入加拿大的人头税。在这个过程中，叶恩与他在温哥华海关担任中文翻译的弟弟叶庭三及其在该海关的白人伙伴密切合作。作为加拿大太平洋铁路航运服务的票务代理，叶氏兄弟的叔叔叶春田也加入其中，以至叶氏家族与保皇会在香港的中国商务公司都从这种跨太平洋客运过程中的走私行动受益。[178]

101

作为叶恩的亲信之一，杨灵石在1907年底返回加拿大，随后在温哥华创办了帮助宪政会宣传政治改良的《新报》，但该报的联合创办人之一是叶春田的儿子叶光。[179] 叶氏家族为该报提供了四分之一的资本。[180] 叶恩和叶庭三兄弟俩也在1907年利用他们操纵的

---

177 方志钦主编、蔡惠尧助编：《康梁与保皇会：谭良在美国所藏资料汇编》，第72、266页；上海市文物保管委员会编：《康有为与保皇会》，第287—293、326、331—332页；张荣华：《振华公司内讧与康、梁分歧》，第74页。

178 张子文编：《梁启超知交手札》，第513页；方志钦主编、蔡惠尧助编：《康梁与保皇会：谭良在美国所藏资料汇编》，第314页；Lisa Rose Mar, *Brokering Belonging*, 32-35。如上所述，此处所引用的英文专著有时将叶恩和叶庭三误为一人。该书也没有探讨梁启超与保皇会介入叶家在香港与温哥华之间的走私客运活动。

179 上海市文物保管委员会编：《康有为与保皇会》，第422页；"Memorandum of Association of the Chinese Reform Gazette *Sun Bo* Company Limited," December 26, 1907, incorporation no. 1968, microfilm reel no. B04426, GR-1526, Corporation Registry Files, British Columbia Archives, Victoria, British Columbia。

180《云高华埠宪政会布告书》，第20页。

从香港到温哥华的客运走私网络，将至少一名编辑和三名排字人员带入其编辑部。他们都在叶氏兄弟帮助之下，使用化名、假护照及伪造的商人身份顺利通过温哥华海关进入加拿大，从而免除了华人移民入关的人头税。[181] 借助这种方式，叶氏兄弟通过保皇会在温哥华及其跨太平洋的组织网络，极大地扩大了该家族的联系和影响。

此前的论著已经讨论了康有为与叶恩从1905年之后就保皇会在香港创建的企业，尤其他们就振华公司发生的冲突，并考察了该公司主要创始人刘世骥（1857—1909）于1909年在广州被暗杀导致的海外改良运动的衰落。[182] 然而，更为值得深入分析的是这些事件如何产生跨太平洋的连锁反应，升级为叶恩及其在温哥华的团伙与康有为及其亲信的集体摊牌，并从这种人际关系层次冲突激化为1907—1909年间改良派从香港到温哥华的组织制度层面的分裂。

在这些关键性的年份中，康有为积极带领其海外的宪政会走向国内的政治冒险，并试图增强他个人对于这一华人改良派组织及其跨太平洋工商业帝国的个人控制。从1907年3月23日至4月2日，康氏召集了来自美国宪政会分会的数十名代表以及数名来自加拿大、澳大利亚、中国澳门和香港的该组织代表在纽约举行了

---

181 "Royal Commission re. Chinese Immigration and Opium Smuggling," RG 33, series 146, pp. 2340—2353, 3207—3214, Library and Archives Canada, Ottawa.

182 关于这些问题的既有研究，见伍宪子：《中国民主宪政党史》，第80—92页；高伟浓：《二十世纪初康有为保皇会在美国华侨社会中的活动》，第314—332页、348—377页。关于这场暗杀的更多细节，见以下的讨论及引用的论著。

一次大会，其中至少有一位与会者是来自维多利亚的年轻改良派人物张炳雅。在康有为所作的三个小时的开幕演讲之后，会议代表讨论并通过了包括六章四十条的帝国宪政会章程。该章程主张追求清朝君主立宪，防止"民主立宪"为目标的革命，并坚持以"君民共治，满汉不分为本义"，将"尊帝室"和"扩民权"作为组织宗旨。它甚至设想了宪政会作为一个未来国内政党，"以监督政府为主"，并通过讲求宪政，让人民了解公民的权利和义务。[183]

与康有为1899年夏天在加拿大起草的保皇会第一部条例或它在1905年7月纽约会议通过的第二部章程相比，这份1907年的章程聚焦清朝政府的宪政改革，并没有特别关注海外的反华种族主义或唐人街的社区改良问题。这一政策变化将导致宪政会以牺牲海外华人对其跨国实业的投资为代价，介入晚清国内政治纷争。这份新的章程还暴露了康有为试图加强他对宪政会的个人控制，特别是对其会费和其他财务资源控制的野心。按照这一宪政会的章程规定，每位成员都要支付当地币值的10元入会费和25分的月捐，才能获得该会的照顾、保护和奖励及在其实业中投资的独有特权。宪政会的各地分会可以收取这些经费，但必须发放由康氏个人控制下的总局所印发的收据，并将所有收入在每月初汇交总局。特别的是，这份新的章程剥夺了处于温哥华的加拿大宪政总会及其在美国的旧金山类似组织的"总会"名称，仅允许它们称为"联会"，作为基层分会与康氏控制的总局或总会的通信联系机

183《帝国宪政会大集议员会议序例》，第1a—4a页，档案全宗CERAD，文件号码AR5。与这份文件稍有差异的另一版本见上海市文物保管委员会编：《康有为与保皇会》，第487—495页。

构，[184] 但这一规定后来并未真正实行。

根据这一新的章程，即使是宪政会当时在香港的总局也只能接受康有为的命令代为收取来自分会的款项，并使用"代办总局"的名称。这次纽约会议还计划另外在广州建立宪政会的总会，取代香港总局，以便在清朝统治之下的国内各地扩张这一改良派的组织势力。但宪政会的新章程特别规定，这个即将设于广州的总会与香港总局一样，在康有为未到其地之前不能行使其职权。也就是说，宪政会所有权力将集中于康有为一人手中。[185]

在这次纽约大会期间，康有为试图削减宪政会其他领袖权力、集权于其一身的企图首先遭到叶恩的抵制。叶氏在1906年年初加入广东的民族主义运动，要求使用中国资本，而非外国借款来建造粤汉铁路的南段。他不仅代表当时的保皇会认购了30万元的铁路股票，而且从1906年4月开始，到加拿大和美国进行了近一年的宣传集资活动，获得了华侨认购的约50万元投资。在1907年3月23日至4月2日的宪政会纽约大会上，康有为唆使与会人员集体致电给叶恩，要求他将海外华人投向粤汉铁路的资本转移到华墨银行。这一要求反映了康氏试图以牺牲海外华人的铁路投资为代价，资助他在墨西哥的实业冒险活动，但该电文被叶恩拒绝。[186]

184《帝国宪政会大集议员会议序例》，第3b—8a页；上海市文物保管委员会编：《康有为与保皇会》，第490—495页。

185《帝国宪政会大集议员会议序例》，第8a页；上海市文物保管委员会编：《康有为与保皇会》，第494—495页。

186 丁文江、赵丰田编：《梁启超年谱长编》，第236—237页；叶恩：《驳徐勤布告书再启》，第2b页，档案全宗 CERAD，文件号码AR-19；上海市文物保管委员会编：《康有为与保皇会》，第330—331页；Jung-pang Lo, "Sequel to the Chronological Autobiography of K'ang Yu-wei," 203–204，272–273n38; *San Francisco Call*，April 7，1907。

　　尽管如此，康有为还是陶醉于他在宪政会中取得的更大权力及对它的财政资源的控制。康氏在1877年初婚之后，他的发妻曾生下一个儿子和四个女儿，但只有包括康同璧在内的两个女儿存活了下来。因此，康有为仍然试图履行儒家的孝道，生一儿子来延续其家族姓氏。他为此在1897年娶了一个小妾，但她在1902年生下的儿子未曾满月就已夭折，并在此后到1906年又为康家生产了两个女儿。尽管康有为鼓励康同璧在1903年到北美进行演讲活动，提倡妇女权益，他本人却在纽约于1907年11月将一位17岁的华裔美国女孩何旃理（Lillie Haw，1890—1915）纳为第二位小妾。关于这个年轻女子倾慕康氏改革雄心、自愿求爱为妾的浪漫传说流行甚广，甚至被写入他的传记。[187] 然而，康氏本人留下的文献显示，这位女孩是被媒人诓骗，诱入这段婚姻的，而且在婚后对于自己的妾侍身份深感不平。[188]

　　从1907年底开始，康有为携带何旃理离开美洲，进行穿越欧洲、埃及和阿拉伯半岛的蜜月旅行，然后回到欧洲。1908年5月，当何旃理发现自己的妾侍身份真相后，大为震怒，在郁郁不乐中单人从欧洲返回美洲，但康氏仍然带着康同璧和其他家人继续在欧洲旅行。他和康同璧甚至还进入北极，在挪威的林格赛德（Lyngseidet）观赏午夜太阳升起的奇观。康有为及其家人近一年的昂贵旅行还包括在东欧和土耳其的游览，以及他们在一年内对欧洲的第三次访问。在何旃理迫于父母的压力回到康氏身边之

---

187 康同璧：《南海康先生年谱续编》，第136页；林克光：《革新派巨人康有为》，第539—543页。

188 康有为：《康有为全集》，第10集，第218、220—221页。

前，他继续在地中海和大西洋航行，并于1908年10月最终回到槟榔屿，结束了为期四年多的环球之旅。在这次环球蜜月旅行期间，康氏尚未觉察到一场经济危机已从美国开始，并将导致银行倒闭和全球市场衰退。[189] 但是，宪政会在这场经济危机到来之前就已面临严重内讧。

当康有为的蜜月旅行刚在欧洲开始之际，他于1908年2月中旬向宪政会全体成员发出了一份长达16页的公告。该公告批评他们未能按照该组织新的章程要求，交付每月的会员费。但这份公告特别斥责了加拿大"同志"，指斥他们因康氏任命邝寿文为香港华益银号的管库，限制了叶恩的管理权力，因而对此不满，拒绝交付月费。虽然康有为的批评对象包括加拿大宪政会所有成员，但该公告透露，关于他们的信息来自维多利亚改良派领袖李福基的报告。这份公告还表扬了来自维多利亚的年轻改良派人士张炳雅在纽约华益银行的管理工作，甚至任命了另外一位来自这个加拿大城市的年轻改革活动家冯俊卿到香港的中国商务公司工作。这份公告首次公开暴露了康氏与叶恩的温哥华集团之间的矛盾，但表示了对于维多利亚改良派人士的信任，从而加速了宪政会的派系纷争。尽管如此，该公告仍然为全球经济危机前夕的宪政会实业活动描绘了一片美好的前景，宣称华益银号在香港股市的价值已经上涨至近百万港币，菜苑中墨银行的房地产事业大利可期。但康氏在此公告中也披露了香港的中国商务公司为宪政会在国内

---

189 康同璧：《南海康先生年谱续编》，第136—141页；康有为：《康有为全集》，第10集，第220页；Jung-pang Lo, "Sequel to the Chronological Autobiography of K'ang Yu-wei," 210-212。

外的报刊宣传等政治活动提供了巨额补贴。[190]

确实，在康有为和梁启超的领导之下，他们的改良派集团正在利用其海外成员提供的资金，努力将其组织网络、政治冒险和实业活动扩展到清朝统治下的国内各地，而叶恩也在同时向其广东的家乡进行投资。在保皇会赞助下，广东公学于1905年在广州开办，后来更名为南强公学。这所学校最初是梁启超在1903年北美之行中提议创办的，由华侨捐资39,221元。它在1905年开办时就有90多名学生，第二年的学生人数增加到200多人。此后，通过叶恩控制的华益银号提供的14,000元贷款，该学校购买了更多的土地用于扩建。[191]

为了在广州建立宪政会总会大楼，该组织使用了来自美国、加拿大和其他海外地区94个分会的约5万元捐款，购买了近两英亩的土地。但在1908年9月2日，宪政会不得不再次向其海外分会发出呼吁，要求额外捐款8万元，以便建造总会大楼。然而，这栋总会大楼从未建成，它的土地后来为叶恩强行接管并被卖掉，用以抵消南强学校亏欠香港华益银号的贷款。实际上，宪政会仅仅只是这所学校的赞助机构。[192]

在康有为的支持下，梁启超在中国的政治冒险消耗了宪政会

190　康有为:《各埠宪政党列位同志兄义鉴》，第1—16页，特别是第2—3、6—8、10—12、15页，档案全宗 CERAD，文件号码 AR-24。

191　丁文江、赵丰田编:《梁启超年谱长编》，第212、237页；伍宪子:《中国民主宪政党党史》，第89—90页。

192　上海市文物保管委员会编:《康有为与保皇会》，第529—537页；伍宪子:《中国民主宪政党党史》，第89—90页。根据这两份史料，宪政会购买了超过700井的土地，计划用来修建总部大楼。据丁文江、赵丰田编:《梁启超年谱长编》（第237页），700井相当于11.67市亩或1.93英亩（7 810.43平方米）。

更多资金，并与叶恩等海外改良派领导人的利益产生越来越大的冲突。梁氏于1901年在横滨创办了广智书局进行改良宣传，但于1902年将之迁至上海，并于1903年访问北美期间向加拿大华人为主的华侨募集了约10万元股票。广智书局的总资本后来增至约15.2万元，但在1903年随梁启超赴北美旅行的黄慧之挪用了3万余元。由于广智书局在1908年初未能继续向海外股东派发股息，引起了他们对于梁启超的愤怒谴责，包括李福基在内的加拿大华人对此尤其不满。[193] 为了在国内宣传改革的需要，梁氏从1903年到1907年向上海的《时报》提供了大约15万元。此后，他得到康有为的同意提供更多资金，补助《时报》和国内的其他改良派报纸，但在叶恩控制之下，宪政会在香港的中国商务公司拒绝了康、梁的请求。[194]

梁启超还于1907年10月在东京发起政闻社，作为宪政会一个外围组织进行活动，并于1908年初将它迁至上海。这一举动激发了康有为的希望，认为宪政会能够作为一个合法的政党扩展到国内，并赢得清朝高级官员，甚至肃亲王善耆等皇室成员支持，从而在光绪皇帝之下推动宪政改革。当时宪政会在槟榔屿、墨西哥和中国香港的企业或是遭受失败，或是陷入财务困境，但康氏仍然指示纽约的华益银行于1907年11月汇出7,000美元，作为政闻社的启动资金。他还进一步批准梁启超的要求，从1908年3月开

---

193 伍宪子：《中国民主宪政党党史》，第92页；丁文江、赵丰田编：《梁启超年谱长编》，第282、291—293、318—319页。

194 丁文江、赵丰田编：《梁启超年谱长编》，第282—283、292—293页。

始，每月资助该组织2,000元。[195]

结果，政闻社迅速扩大了它的领导阶层，包括了来自十多个省的73名改良派头面人物，其成员人数超过1,000人。这个新的改良派团体还在1908年中期与全国主要的立宪派组织联合，向清廷请愿，要求在三年内召开国会，而且它的奏疏直接代表了海外200多个宪政分会。这些政治活动并未使得宪政会成为国内合法组织，反而导致清政府于1908年7月下令解散政闻社。[196] 因此，当宪政会在海外的分会数量达到最高之际，它却在清朝控制之下的国内改革运动中遭遇了严重的政治挫折。

对于康有为和宪政会的更为沉重的政治打击是年仅37岁的光绪皇帝突然神秘地于1908年11月14日逝世，仅在73岁的慈禧太后因病去世的前一天。[197] 康氏从此再也无法实现他从1899年开始在维多利亚组织保皇会的梦想，但梁启超仍然试图利用肃亲王善耆的关系，与继位的幼童宣统皇帝溥仪（1906—1967）之父醇亲王载沣（1883—1951）建立联系。至1909年3月，宪政会在纽约的华益银行报告，由梁启超在国内所进行"党事"已经耗费10万美元巨款。此后，由于没有得到康有为的继续资助，梁氏开始

---

195 丁文江、赵丰田编：《梁启超年谱长编》，第273—277、281、289—293页，特别是第274—275、281、292页。

196 张玉法：《清季的立宪团体》，第350—361页；丁文江、赵丰田编：《梁启超年谱长编》，第295—309页；康有为：《康有为全集》，第8集，第410—421页。以下两书将此次请愿的时间错误地记载为1907年，见康同璧：《南海康先生年谱续编》，第136页；汤志钧编：《康有为政论集》，上册，第608—625页。

197 最近的有关研究认为光绪皇帝因砒霜中毒而死，而慈禧被认定是谋杀的罪魁，见清光绪帝死因研究课题组编：《清光绪帝死因鉴证》。

抱怨，其生活清"贫彻骨"，[198] 证明当时宪政会财政危机的严重程度。

显然，梁启超在国内的政治投机加剧了宪政会的财务危机，进而导致康有为与芝加哥的谭良、香港的叶恩等华人改良派领袖发生冲突。康氏在1907年4月8日致函梁启超，声称由于叶恩拒绝将海外华人投资于粤汉铁路建设的资本交由宪政会使用，他已无法全力资助梁氏在国内的政治活动。但该信将资金短缺主要归咎于谭良从纽约华益银行获得巨额贷款，用于经营芝加哥的琼彩楼酒店。康有为在1908年3月9日给梁启超的另一信函中，再次说明难以满足后者为了在国内政治活动而提出的更多资金要求，并列举了宪政会在香港的中国商务公司企业及华墨银行房地产投机的一系列失败。康氏称他"为商务事累几呕血，刻下头痛肝痛"，主要原因是他为墨西哥莱苑电车轨道建设筹集资金的努力全盘失败，美国银行倒闭又造成莱苑房地产市场崩盘。此外，宪政会在槟榔屿经营的大米经纪公司也因亏空倒闭，其资金被鲍炽等人用来狎妓寻欢或擅开酒楼，而鲍氏正是梁启超在1903年访问北美之行的翻译。但康有为的信中将宪政会财务危机的主要责任首先归咎于谭良，声称他已借去8万美元"贷款"，其中包括康氏批准的对于芝加哥琼彩楼酒店的12,500美元投资。该信还声称琼彩楼酒店的年度结算报告显示，谭良另外盗用侵吞了24,000美元。[199]

---

198 丁文江、赵丰田编：《梁启超年谱长编》，第310—314、320—321页；上海市文物保管委员会编：《康有为与保皇会》，第397页。

199 丁文江、赵丰田编：《梁启超年谱长编》，第248—249、290—293页。康有为的第二封信指出，当时美元与中国银圆的汇率是1：2。因此，此处将该信中（转下页）

实际上，康有为此前为在墨西哥菜苑的有轨电车轨道建设筹集资金，已经在1907年10月3日和12月9日的两封信中催促谭良向纽约华益银行偿还琼彩楼酒店的"贷款"本金和10%的利息。康氏后来注意到，琼彩楼酒店在1907年的年度结算报告中没有记录从纽约华益银行"贷款"的2万多美元的记录，他便强烈怀疑谭良将这笔公款私吞，收入囊中。然而，谭良在1908年7月致函康有为，指出琼彩楼酒店实际上从康氏本人和纽约的华益银行总共收到64,151美元，其中29,500美元是康氏批准的对于该餐厅的投资，只有其余34,651美元才是贷款，应该偿还本息。由于琼彩楼酒店此前已经向纽约华益银行归还了8,800美元"贷款"，所以它在1907年度结算报告中记录了25,851美元负债余额，正是剩下未还的"贷款"数目，并非他私自侵吞的资金。[200]

康有为在1908年8月18日给谭良写了回信，基本接受了后者对于他们争议的解释。但康氏除了指示琼彩楼酒店偿还剩余的25,851美元"贷款"的本息之外，还要求谭氏归还其个人借贷的4,000美元贷款的本息。康氏的信中并称谭良为了琼彩楼酒店借款造成的"芝[加哥]事[件]"拖累了宪政会在香港、墨西哥和纽约的所有工商金融企业，几乎导致它们全面崩溃。在康有为的影

（接上页）提及的中国银圆已经按此汇率转换为美元数额。关于槟榔屿大米经纪公司，康、梁从中过度提拨资金也是其亏空倒闭的原因之一，见欧云高、叶恩、刘义任、梁应骝：《驳徐勤等布告书》，第2a页。

200 方志钦主编、蔡惠尧助编：《康梁与保皇会：谭良在美国所藏资料汇编》，第77—78、83、232—234页。该书编者将康有为在1907年10月3日和12月9日的两封信函写作时间误为1906年10月20日和12月20日。笔者感谢谭精意帮助指出这一错误。

响下，他在宪政会领导层中的弟子如徐勤等人大多选择支持旧日的老师，对抗他们的万木草堂同学谭良。徐勤向宪政会全体成员发布公告，指责谭良曾向纽约华益银行借款共计134,000元，或67,000美元，却没有为这项巨额"贷款"支付任何利息，并且还散布关于康氏的谣言。无可奈何之下，谭良于1909年1月发出一份《征信录》和《公启》，将他与康有为等人的有关来往信件以及琼彩楼酒店的账目公之于世。[201]

来自谭良的琼彩楼酒店记录显示，截至1908年底，它已经向纽约华益银行归还了21,703美元，仅剩10,163美元的贷款本息尚未偿还。[202] 因此，有关谭良和琼彩楼酒店的"芝加哥事件"实际并未对宪政会的所有工商金融企业造成康有为所声称的那种严重影响。然而，围绕这一事件的争议成为第一枚被推倒的多米诺骨牌，暴露了康门师徒以及其他宪政会主要领袖之间人际关系的不尽可靠，从而引起一连串的跨太平洋反应，导致这一改良派组织工商帝国和改革运动走向衰落。这个问题也在海外华人心目中引发了对于康有为号召政治改革的爱国诉求和公款处置是否得当的质疑。[203] 在纽约，康有为的外甥游师尹在1909年3月报告说，谭良公布的康氏密信导致附近各个华埠开始对他持抗拒态度。叶恩的

---

201 方志钦主编、蔡惠尧助编：《康梁与保皇会：谭良在美国所藏资料汇编》，第83—85、235—236页。谭良首先在1909年1月将这份《征信录》送往美国东部的宪政会联合会，后在当年5月又为这份文件加上《公启》，广为散发到加拿大等地，见上海市文物保管委员会编：《康有为与保皇会》，第394、422页。

202 方志钦主编、蔡惠尧助编：《康梁与保皇会：谭良在美国所藏资料汇编》，第237—275页，特别是第275页。这笔剩余款项可能包括未曾偿还的贷款及其积累的利息。

203 蔡惠尧：《康有为、谭张孝与琼彩楼》，第99—106页。

亲信及加拿大宪政会领袖杨灵石发现这些公布的密信中包含贬损他的言辞，特别致函康氏，要求给予解释。[204]

在谭良于1909年发布《公启》和《征信录》之后，叶恩及其在香港和温哥华的亲信也将与康有为公开摊牌对决，参与这场反康行动的人物还包括康氏的两位门生。从1905年末开始，叶恩试图将华益银号旗下的实业活动从香港扩展到国内，但遭遇了一系列的投资失败和财务损失，从而使得他与康有为的关系越来越紧张。叶恩辩称，他是在康氏及其包括邝寿文的在港亲信批准支持之后，才投资了广东的一家渔业公司和香港的一家酒店。由于清朝政府的高额税收，渔业公司首先倒闭，香港酒店也因为经理和股东之间的冲突而破产。叶恩还声称，康氏和华益银号的其他管理人员曾经批准一项抵押贷款，用于开办广东省内的徐闻务本公司，投资于土地开发。但是，康有为后来指控叶恩私吞、浪费超过30万港币的公款，包括在这三个企业上损失的8.8万港币。[205]

109

叶恩还因在1907年初拒绝将华侨投资粤汉铁路的80多万港币转移到华墨银行，激怒了康有为。由于叶恩直到1907年中期粤汉铁路股票已经售罄时才收齐海外华人认购的投资，他只得抵押家产贷款，并从华益银号抽取17万港币，以高价向持股人购买股票。同时，他要求纽约华益银行和华墨银行提供紧急救助资金。但是，这一信息导致外国银行在当时的经济衰退和市场危机期间收回了向华益银号提供的大笔贷款，从而使得这个宪政会的金融机构的

---

204 上海市文物保管委员会编：《康有为与保皇会》，第394、422—423页。

205 叶恩：《驳徐勤布告书再启》第1a—2a页；张荣华：《振华公司内讧与康、梁分歧》，第74页。

信贷和股价在1908年中期大为降低。[206]

在此之后，康有为指示纽约华益银行将7万美元转入华墨银行，但叶恩及其亲信辩称，这是北美华人投资香港中国商务公司的资金。[207] 他们还声称，华墨银行和纽约华益银行未能向香港华益银号偿还超过14万港币的债务。因此，叶恩下令香港华益银号停止与其在纽约和墨西哥的姊妹银行之间的资金汇兑和转移，从而在当时的全球经济危机中给宪政会的跨太平洋金融帝国造成了前所未有的混乱。[208]

康有为和他的忠实信徒最终与叶恩及其生意伙伴、家族成员和温哥华宪政会的派系成员彻底摊牌，并通过双方争夺新近成立于广西的振华公司，在1909年发生跨太平洋的公开冲突。这两个派系展开的跨太平洋斗争从广州和香港延续到温哥华，又在大洋两岸掀起紧密相连的波澜。在这场事件中，由于振华公司的主要创办人之一刘士骥在1909年中期被暗杀，这一案件所导致的康氏领导之下海外华人改良派组织和运动的衰落已经引起了学术界关注。[209] 但

---

206 欧云高、叶恩、刘义任、梁应骝:《驳徐勤等布告书》，第2a页；上海市文物保管委员会编:《康有为与保皇会》，第330—331页。

207 欧云高、叶恩、刘义任、梁应骝:《驳徐勤等布告书》，第3a页。康有为的亲信声称，这笔款项为北美华人投资华墨银行的资金，见上海市文物保管委员会编:《康有为与保皇会》，第328页;《附：徐勤等布告原书》，载欧云高、叶恩、刘义任、梁应骝:《驳徐勤等布告书》，第15a页。

208 上海市文物保管委员会编:《康有为与保皇会》，第330—331页；欧云高、叶恩、刘义任、梁应骝:《驳徐勤等布告书》，第2a、3a、7a页。

209 关于最近对于振华公司问题的研究，见高伟浓:《二十世纪初康有为保皇会在美国华侨社会中的活动》，第348—377页。关于这一谋杀案的详细研究，见赵立人、刘仁毅编:《刘士骥之死：康有为集团策划的一场血案》；贺跃夫:《刘士骥被刺案与康有为保皇会的衰落》。

是，此前的研究在很大程度上忽略了这一戏剧性事件的中心舞台，即加拿大西部地区，也忽视了叶恩和他的加拿大派系成员在此事件中扮演的主要角色，以及他们与康氏集团公开冲突对于整个亚太地区改良派组织和运动衰落的广泛影响。

叶恩和来自新威斯敏斯特的刘康恒曾是加拿大保皇会全国总部的最初两任总理，他们也都与长期同情康有为改良事业的广西官员刘士骥合伙，在1908年初创办了振华公司。该公司的其他创始人包括康有为的两位万木草堂门生：其中之一是激进的改良派报人欧榘甲，但他已因宣传广东从清朝独立而与康氏亲信集团疏离；另外一位是任香港华益银号的司事梁应骝（又名梁少闲）。但是，叶恩和刘康恒在振华公司成立的过程中发挥了特别重要的作用。他们二人首先向广西巡抚张鸣岐（1875—1945）上书，承诺提供100万元，作为振华公司的启动资金。叶、刘二人的上书还指出，由于华侨在国外饱受歧视、梦想投资祖国事业，所以他们计划帮助该公司从海外华人筹集共300万元资金，并特别请求派遣刘士骥一同前往南北美洲筹款。[210]

广西巡抚张鸣岐不仅称赞并批准了叶恩和刘康恒关于建立振华公司的上书，还帮助这家公司向清政府农工商部注册立案，并正式通知清朝驻英美公使及其所属在北美城市的领事，要求他们支持振华公司向华侨筹集资金。结果，振华公司于1908年5月6日成

110

210《举办实业呈请奏派大员出洋宣示恩信由》，第1a—3a页，《创办……振华实业有限公司招股章程》，第5b页，均载：《振华公司兴办广西实业禀奉批准奏咨立案各稿》，档案全宗 CERAD，文件号码 AR-16。关于梁应骝的背景，见《附：徐勤等布告原书》，第14a页。

立，其四位发起人首先以每股 4 元的优惠价认购了 7.5 万股优先股，其中叶恩和刘康恒分别认购 4 万股和 2 万股，总计 24 万元，占四位发起人最初投资的 80%。梁应骝和欧榘甲分别仅认购 1 万股和 5 千股，共为 6 万元。值得注意的是，叶恩和梁应骝很快就违抗康有为的指示，中止了香港华益银号与纽约华益银行和华墨银行之间的汇兑和其他资金流通。[211]

振华公司的总资本原定为 65 万股，即 300 万元，其中 25 万优先股票定价每股 4 元，剩余的 40 万股票价格为每股 5 元。这些资金将投资广西省的银行机构、铁路建设、矿山企业、轮船运输和土地开垦。张鸣岐巡抚承诺，在该公司矿山企业运营的前五年和土地开垦后的 11 年内免税。虽然振华公司主要依靠华侨投资，它除了设于香港和广州的收股处及在新加坡的一家收股处之外，仅指定了四家加拿大华人公司为其北美收股处。在这北美仅有的四家收股处中，两家是由叶恩的叔叔和弟弟，即居于温哥华的叶春田和叶庭三分别经营的公司，第三家是刘康恒与两位族人在新威斯敏斯特经营的公司，第四家是李梦九设于维多利亚的公司。[212] 因此，振华公司试图主要通过叶恩和刘康恒在加拿大的人际网络争取海外华人的投资，但它也计划利用李梦九等宪政会领袖所控制的组织网络来筹集资金。

111

---

211 《举办实业呈请奏派大员出洋宣示恩信由》，第 20a—25a 页；《创办……振华实业有限公司招股章程》，第 5b—6a 页；《附：徐勤等布告原书》，第 13b—15b 页。

212 《创办……振华实业有限公司招股章程》，第 1b—6a 页；Jim Wolf and Patricia Owen, *Yi Fao, Speaking through Memory: A History of New Westminster's Chinese Community, 1858-1980*, 57-59。

然而，康有为及其亲信从一开始就试图控制振华公司，他们与该公司的创办人之间为此展开的公开争执从温哥华开始，然后蔓延至纽约、香港和广州。刘士骥于1907年11月16日致函康有为，谈到他与叶恩和刘康恒一起前往北美为振华公司筹集华侨投资的计划。当时正在欧洲旅行的康氏于1908年2月8日写了一封很长的回信，暴露了他企图利用这家公司扩大宪政会对于广西新政改革和资源开发影响的野心。[213] 此后，刘士骥、刘康恒、欧榘甲于1908年7月4日从香港启航，前往北美为振华公司筹资。在海轮暂时停靠日本时，他们拜访了梁启超。梁氏要求刘士骥从振华公司的资本中抽出20万至30万元资金，帮助他和康有为重返清廷政坛，但刘氏拒绝了这一请求。[214]

刘士骥和刘康恒于1908年7月24日抵达温哥华，但他们为振华公司的筹资活动从维多利亚唐人街开始，并得到李梦九和当地宪政会其他领导人物的支持。[215] 尽管该市宪政会的主要领袖李福基当时正在墨西哥，他仍给刘士骥写了一封长信，认购了数百股振华公司股票。因此，维多利亚华人在大约一周内购买了几千股振华公司股票，但集资活动在刘康恒所长期居住的新威斯敏斯特更

213　康有为：《康有为全集》，第8集，第370—374页。

214　刘作楫编：《刘铭博观察令嗣布告天下同胞书》，第5a页，档案全宗 CERAD，文件号码AR-17。此处引用的史料实际来自刘世骥在筹款旅途中所写的日记。这份日记的许多段落也见于赵立人、刘仁毅编：《刘士骥之死：康有为集团策划的一场血案》，第456—483页，但其中一些内容，特别是以上引用的史料却未收入。赵氏和刘氏的书（第325—384页）也包括了刘世骥日记的部分手稿、刘作楫的评注以及其他相关文献。

215　*Province*，July 25，1908；梁朝杰：《振华公司在美洲招股始末真相》，第1、4—5页，档案全宗 CERAD，文件号码AR-21。

为成功。在叶恩返回温哥华后，当地的筹款活动尤为顺利。截至1908年9月4日，刘士骥宣布维多利亚、温哥华和新威斯敏斯特的华人已经认购了价值8万元的优先股票。[216]

112　　然而，刘士骥于1908年9月22日在温哥华收到了康有为在1908年5月31日发出，但被耽搁的来信。该信指责叶恩、刘康恒、欧榘甲追求个人私利，并在所附的另外一信中转达了梁启超的类似指控，从而敦促刘士骥转而与康氏在纽约的亲信合作。刘士骥在当天的日记中称，他对康氏提议将振华公司用于"党事"而非爱国目的感到震惊。因此，他从1898年百日维新以来对于康有为救国言行抱持的"十年迷信"从此完全破灭。[217]在此之后，除了得知光绪皇帝和慈禧太后于1908年11月14日和15日先后去世的消息外，刘士骥在温哥华还收到了有关宪政会在香港、纽约和墨西哥的工商企业经营不善，停止互相汇兑的报告。[218]

此外，一封家书也于10月12日送到刘士骥在温哥华的停留之处。信中警告说，清廷最近解散了与康有为、梁启超有关系的政闻社之后，张鸣岐巡抚已命令刘士骥与康氏领导的宪政会保持距离。与此同时，刘士骥还收到了徐勤及其四名同伙在槟榔屿面见康有为之后发来的电报，要求刘氏排除欧榘甲，让仍在清廷通缉名单上的梁启超管理振华公司。此后，另一封由梁启超和康有为

216《刘观察铭博答莱苑李君福基书》，第3a—4b页，载刘士骥：《刘观察劝业编》，档案全宗CERAD，文件号码AR-15。

217 刘作楫编：《刘铭博观察令嗣布告天下同胞书》，第5a页。亦见赵立人、刘仁毅编：《刘士骥之死》，第326页。

218 梁朝杰：《振华公司在美洲招股始末真相》，第5—6页。

三位门生署名的电报以及康有为及其在槟榔屿的亲信所分别发出的信件也纷至沓来，到达刘士骥手中。这些电报和信件都要求刘氏在筹资活动中忠于改良派的"党"，甚至建议让徐勤管理振华公司。但是，刘士骥拒绝了所有这些要求，声称他将"为国不党"，拒绝将振华公司变成宪政会的党派机器。[219]

尽管如此，刘士骥在加拿大其他城市及其进入美国之后的筹款集资活动中，仍然利用了宪政会的关系和影响。在多伦多的唐人街，他于1908年12月7日借助当地宪政会的会议厅发表公开演讲，出售了总值超过1万加元的振华公司股票。[220] 振华公司在1909年2月的一则广告显示，它大大增加了在北美的招股处，包括了在维多利亚的三个公司、在新威斯敏斯特的六个公司、在温哥华的八个公司，在安大略省伦敦的一家公司，以及在旧金山、檀香山等美国城市内的八个公司或个人。但是，在加拿大西部地区的绝大多数招股处所在公司的老板都是宪政会的领袖，包括维多利亚的骆月湖和李梦九，温哥华的叶春田、叶庭三、叶晓初、黄孔昭和马大淳，以及新威斯敏斯特的刘丽如。在美国的城市内，振华公司在旧金山宪政会所属《世界日报》的编辑部有一指定招股人，而它在洛杉矶的招股人则是谭良。[221]

谭良为了他与康有为就芝加哥琼彩楼酒店争执而公布的《征信

---

219 刘作楫编：《刘铭博观察令嗣布告天下同胞书》，第5b—13b页。亦见赵立人、刘仁毅编：《刘士骥之死》，第333—369、456—485页。

220 梁朝杰：《振华公司在美洲招股始末真相》，第5、10—12页；*Province*，November 28，1908；*Globe*，December 8，1908。

221 《新报》，1909年2月16日。关于温哥华和新威斯敏斯特的宪政会领袖，见《云高华埠宪政会布告书》，第17—18页。

录》刚于1909年初开始在美国东部的宪政会中散发，刘士骥等人为振华公司在北美筹资的人马也抵达了纽约。根据康氏外甥游师尹等亲信的报告，谭良公布的康氏秘密通信和刘士骥在公开演讲中对于康党的抨击都加剧了当地宪政会内部冲突，代表振华公司的刘氏等人赢得了纽约改良派中90%人物的支持。叶恩与康氏在纽约的亲信几乎发生肢体冲突，此后刘康恒和欧榘甲决定提早回国，但刘士骥和叶恩仍然计划继续他们在美国的集资活动。1909年3月29日，他们被康有为的亲信指控推销采矿骗局，受到匹兹堡警方短暂扣押。面对康氏支持者的持续骚扰，刘士骥和叶恩缩短了他们在美国为振华公司集资的行程，返回温哥华，最终于1909年4月23日启程前往中国。[222] 因此，刘士骥等人在北美为振华公司的集资之旅持续了近九个月，其中在加拿大的时间长达五个多月。

主要由于这次筹款之旅在开始阶段的成功，刘士骥一行帮助振华公司筹集了100多万元，[223] 但这一数目与最初预计筹集的300万元目标相差甚远。1909年3月下旬，叶春田在温哥华的永生公司发布了一份不完整的振华公司认购股票名单，显示北美17个城市的华人投资了振华公司。名单上可以识别的城市包括美国的波士顿、纽约、巴尔的摩（Baltimore）、哈特福德（Hartford）、波特兰和旧

---

222 上海市文物保管委员会编：《康有为与保皇会》，第391—392、394、403、415页；梁朝杰：《振华公司在美洲招股始末真相》，第8—9、12—14页；刘作楳编：《刘铭博观察令嗣布告天下同胞书》，第6b—14a页；赵立人、刘仁毅编：《刘士骥之死》，第327—332、336—368、460—480页；*San Francisco Call*，March 29, 1909。

223 上海市文物保管委员会编：《康有为与保皇会》，第339页。

金山，及加拿大的维多利亚、卡尔加里、温尼伯、多伦多、渥太华等城市，但这份名单并未包括温哥华和新威斯敏斯特。[224] 另一个消息来源显示，新威斯敏斯特和温哥华的华人分别认购了振华公司2.5万加元和5万加元的股票。这两个城市的宪政会成员与振华公司的关系特别密切，其原因不仅在于他们对于该公司做出了巨大投资，还因为该公司的主要创始人包括了来自温哥华的叶恩和新威斯敏斯特的刘康恒。[225]

刘士骥和叶恩在1909年5月13日返回香港后，刘氏于5月27 [114] 日在他位于广州的家中被谋杀。对于这起凶杀案的官方调查发现，刘士骥被八名男子组成的团伙用刀刺死。这个团伙的头领何其武（又名何望）是梁启超在日本教授的学生，曾在香港改良派报社担任徐勤的助理。结果，康、梁、徐、何等改良派领袖被清朝广州地方州县政府列入与这场谋杀案有关的通缉名单。在此之前，徐勤及其四名亲信在1909年4月向宪政会所有分会发布公告，谴责刘士骥与叶恩、刘康恒和欧榘甲合谋，破坏改良派组织，从而进一步将该组织牵连到这一案件之中。这份公告很快激起了叶恩对康有为集团的公开攻击，并引发了他们双方的一轮公告大战。[226]

在这起激烈的风潮发生的几个月前，蜗居槟榔屿的康有为终于实现了他多年的传宗接代愿望，而且这一愿望几乎同时两度成真。

---

224 《新报》1909年3月20日。

225 *Globe*, December 8, 1908.

226 欧云高、叶恩、刘义任、梁应骝：《驳徐勤等布告书》，第1a—17b页，特别是第12b页；赵立人、刘仁毅编：《刘士骥之死》，第393—415页；叶恩：《驳徐勤布告书再启》，第1a—7b页；《云高华埠宪政会布告书》，第18页。

他的第二和第三个妻子或两位小妾于 1908 年 12 月 19 日和 1909 年 1 月 25 日先后生下两个男婴，带给全家空前喜悦。但在这双喜临门之际，康氏却遭受了一连串的重大政治打击。首先，光绪皇帝于 1908 年 11 月 14 日突然驾崩，让他无皇可保；其次，谭良与康氏关于芝加哥琼彩楼酒店争议的《征信录》在 1909 年初公布于世；最后，宪政会在香港、东南亚和北美的工商金融企业已每况愈下，振华公司的问题又雪上加霜。在这关键时刻，康有为突然抛下家人和两个刚刚出生的男婴，从 1909 年 3 月开始了原因不明的另外一次环球旅行。他在穿越埃及、耶路撒冷和欧洲之后，据称从英国利物浦专程前往加拿大，但仅在短暂居于维多利亚附近的煤岛之后，又千里迢迢回到欧洲。[227]

在这一环球旅行之前和之间，康有为与来自维多利亚的宪政会领导人物保持了密切联系。当李梦九在 1908 年夏天发起筹款活动，计划在维多利亚唐人街开办一所新的华侨学校并建造校舍时，康氏特别发出呼吁，要求宪政会在世界各地的分会为此捐款。[228] 在 1909 年初的环球旅行中，他可能收到了前述游师尹等人从纽约送来的报告，其中谈及谭良关于芝加哥琼彩楼酒店的《征信录》公告及刘士骥等振华公司筹款人员的反康宣传的影响，甚至从维多利亚到纽约华益银行工作的张炳雅也已改变态度。康有为专门给张炳雅写了两封信，详细罗列了他的宽裕家庭财务状况，历年受

₁₁₅

---

227 康同璧：《南海康先生年谱续编》，第 142—147 页。这两个男婴实际上是康有为的第三和第四个儿子，但他们是康氏两个最早存活的男孩，见林克光：《革新派巨人康有为》，第 543 页。

228 *Colonist*，August 27，1908；康有为：《康有为全集》，第 9 集，第 19 页。

到的友人金钱实物馈赠，甚至还提及在加拿大传播的关于他和外国女人勾搭及纳何旃理为妾的八卦琐事。康氏在信中要求张炳雅为他辩护，以对抗当时仍在美国东部的振华公司人员关于他盗用公款、挥霍奢侈以及男女关系混乱的淫秽谣言。这两封信随后被张炳雅从纽约转给骆月湖等维多利亚宪政会领袖，以便为康氏解脱和辩护。[229]

　　骆月湖于1909年6月19日致函康有为，就康氏在当年5月26日给他的信件以及张炳雅转来的两封信作了回复。骆氏的信中没有提到康有为是否在当时计划从欧洲前往维多利亚，但他报告了宪政会面临的空前危机及其对于当地华人的严重影响。骆月湖特别指出，他对刘士骥在广州遇刺的消息、徐勤等人抨击刘氏和振华公司的公告，以及旧金山的中文报纸对宪政会涉嫌参与谋杀的报道同时传来表示震惊。他的信还报告了当地华人投资者对于宪政会在香港和纽约的企业连续失败的抱怨，以及他们对于梁启超的广智书局和华墨银行数年不发股息的争闹。骆月湖在信末认为振华公司是康、梁和宪政会进入国内政坛、掌握全国财政经济权力的关键，并警告如果不能帮助振华公司成功，宪政会将涣散解体。[230]

　　康有为写给张炳雅的两封信及骆月湖的回信提供了一些间接证

---

229 康有为：致张炳雅信函两封［1909年初］，档案全宗 CERAD，文件号码 AR-25；上海市文物保管委员会编：《康有为与保皇会》，第418页。康有为致张炳雅的两封信均署名"更生"，没有注明时间，但显然写于1909年初，用以对付当时刘士骥等振华公司招股人员在美国东部的反康宣传。

230 上海市文物保管委员会编：《康有为与保皇会》，第418—420页。

据，似乎可以帮助解释所谓康氏在1909年从欧洲到加拿大的一场
短暂、突然、似乎毫无意义的神秘旅行。面对宪政会的空前危机，
特别是康有为与刘士骥遇刺案的牵连，他很有可能在收到骆氏的
来信之前或之后离开利物浦前往维多利亚，以便控制这些事态造
成的严重危害。当时在欧洲随同乃父旅行的康同璧大概亲眼见证
了他的加拿大之旅，所以在半个世纪后留下了有关记录。这次紧
急旅行可以帮助康有为洗脱与刘士骥暗杀案的干系，并在作为海
外改良运动起点的维多利亚获得当地宪政会领袖和成员的继续支
持。如同康氏给年轻和无足轻重的张炳雅特别致函求助一样，他
迫切需要维多利亚宪政会领袖出面辩护，回击叶恩及其近在温哥
华的同伙攻击。甚至可以想象，康有为避居煤岛的目的既是为其
旅程保密，也是为了避免被人暗杀，与他1899年夏天在该岛的行
为一致。然而，现在可能威胁他生命的人已经不是清朝政府刺客，
而是他往日在温哥华的支持者。

　　在所谓的康有为从欧洲前往煤岛的神秘之旅以后，维多利亚宪
政会领袖对他的持续支持似乎也提供了旁证，证明他此行可能取
得了某种程度的成功。在维多利亚宪政会主要领袖李福基于1909
年10月从墨西哥归来之后，他专程前往温哥华，试图平息叶恩集
团人士对于康有为的批评。尽管如此，加拿大宪政总会及其在温
哥华和新威斯敏斯特分会的15名领导人物仍然于1909年11月28
日发表集体公告，支持此前叶恩对于康氏及其集团人士的攻击，
谴责他们在管理华侨投资的工商金融企业过程中独裁、腐败、压
制和不负责任的行为。这15位领导人物包括加拿大宪政总会正董
或总理叶庭三、他的叔父叶春田，以及前面提及的黄孔昭、马大

淳和刘丽如，而他们的公司都曾经是振华公司的招股处。与他们针锋相对，李福基在同月从维多利亚发布了一本小册子，公开斥责叶恩及其同党围绕振华公司问题的言行，竭力为康有为辩护。维多利亚和温哥华及新威斯敏斯特的宪政会之间挺康与反康的公开冲突标志着这一改良派组织从加拿大西部开始的分裂，它在香港、澳大利亚和其他地方的领袖或分会很快也发出支持康氏的电报或信件，加入了这场跨太平洋的内部混战。[231]

当然，无论康有为是否确实在1909年中期曾经踏上他的最后访加之旅、从欧洲前往维多利亚附近的煤岛，这个谜团本身就显示了整个北美，尤其是加拿大西部对于跨太平洋华人政治改革组织和运动的重要性。实际上，保皇会于1899年从维多利亚、温哥华和新威斯敏斯特的兴起及其后继的宪政会在1909年从芝加哥、香港和温哥华触发的衰落具有关键的相似之处，都在很大程度上源于康有为及其他改良派精英与北美唐人街的领导人物为了各自的政治和经济利益追求而进行的互动。

很显然，康有为在1904年至1907年的加拿大—美国—墨西哥之行中与北美保皇会领导人积极合作，帮助推动了海外华人政治改革运动，直至1908年中期达到鼎盛。在此之后，他与这些海外华人改良派，尤其是其中活动于芝加哥、香港和温哥华的北美华人领袖之间的个人和派系冲突却引发了宪政会及其跨太平洋的政

231《云高华埠宪政会布告书》，第1—18页，特别是第6页；李福基：《宪政会纪始事略》；上海市文物保管委员会编：《康有为与保皇会》，第451—454、464—465页。

117　　治改良和实业活动在1909年走向衰落。特别值得注意的是，康有为集团和北美改良派领袖都利用了他们的亲属、乡谊、商业伙伴、师徒同学和其他人际关系来促进保皇会及其后继的宪政会在跨太平洋的政治改良运动和实业冒险活动中的组织扩张和影响。但是，他们各自对于个人、家族和派系利益的追求也导致了改良派组织的分裂及其运动的衰落。尽管如此，康有为所领导的改良派组织在从1899年到1909年的十年中通过跨太平洋的网络扩张和政治动员，已经首次将北美唐人街和分布于亚太地区的华人社区在空前程度上联系起来。它仍将在一定程度上保持其广泛的组织网络，并进一步影响随后兴起的跨太平洋华人革命运动。

第三章

跨太平洋的华人改良派与革命党政治互动

　　在康有为领导下的跨太平洋华人政治改良组织和运动经历了从
1899年至1909年的兴衰之前，孙中山在1894年就在檀香山创建兴
中会，开始了反清革命活动。在康有为之前，孙中山也已在1896
年前往欧洲途中首次穿越美国大陆，并在次年通过加拿大返回亚
洲。在此之后，孙中山还进行了四次穿越美国大陆的旅行，包括
1904年和1909年底到1910年中期的两次，以及在1911年第二次
访加之行前后的两次。他另外还在夏威夷群岛多次出入。[1] 本章不
仅关注孙中山在北美的多次旅行，特别是在本书时间范围内的游
历，还将关注其他革命党人的跨太平洋流动，以及他们与改良派
等多种社会政治势力之间的互动。通过对于改良和革命势力之间

1　陈锡祺主编：《孙中山年谱长编》，上册，第74—75、108—110、308—323、479—494、524—570页。

多样性互动进行网络分析，可以揭示它们的相互竞争、联系及其对于跨太平洋华人播散族群内外关系扩展和政治化的共同影响，特别是它们对于辛亥革命的各自贡献。

孙中山不仅从1890年之后就开始从事如上所述的社会政治改革活动，而且在他于1894年创建反清革命组织兴中会数年之后，还在1898年的百日维新前后寻求与康有为、梁启超等改良派在日本合作。兴中会甚至试图与保皇会在1900年的勤王起义中采取联合军事行动，但此后这两个党派很快分道扬镳，并为争取海外华人支持展开竞争。[2] 孙中山竭力试图将兴中会及其革命运动扩展到北美，但在1899年保皇会取得从加拿大到美国及亚太地区的迅速发展前后，革命派的努力只取得了有限的成功。[3]

自从孙中山于1905年8月20日在日本成功地将兴中会等不同反清势力整合到同盟会之后，该组织与保皇会之间的论战激化，已经受到学术界广泛关注。此前的论著强调，同盟会通过宣传在中国建立民主共和制度，击败了主张推动清朝走向君主立宪改良的保皇会，但孙中山领导的革命党在这场论战中的胜利常被夸大。[4] 同时，改良派直到1908年中期的跨太平洋组织网络扩张、政治影响力上升及其工商金融企业发展则在很大程度上被学者忽视，而该组织及其运动随后的衰落也常被错误地归因于革命党的有效攻

2　陈锡祺主编：《孙中山年谱长编》，上册，第152、165—170、179—196页；Marie-Claire Bergère, *Sun Yat-sen*, 39-41, 49-55, 77-79；桑兵：《庚子勤王与晚清政局》，第188—204页。

3　陈锡祺主编：《孙中山年谱长编》，上册，第108—110、183、308—323页。

4　关于这些既有研究的简要综述，见林增平、郭汉民、饶怀民编：《辛亥革命史研究备要》，第146—149页。

击，而不是本书第二章详细描述的内部冲突。

　　相比之下，对于从北美唐人街到跨太平洋华人世界的改良派和革命党之间的多种形式互动进行广泛考察，将有助于发现反清革命的动力不仅来自其政治领导人和激进参与者，而且也来自保皇会及其后继的宪政会、洪门致公堂，甚至华人基督教改革团体的影响。改良派和革命党之间的跨太平洋竞争和政治接力显示了从前者到后者之间在人员、组织制度和意识形态方面的历史延续和演变，并由此影响了北美和亚太地区华人政治运动，包括1911年前后席卷清末中国的共和革命。

北美洪门致公堂与华人基督徒的改良和革命活动

　　孙中山在多年之后回忆他于1896年首次访问北美的经历时，对于当时美洲华侨社会的保守蔽塞风气表示了极度遗憾，他特别提到与包括致公堂在内的洪门秘密社会成员徒劳无功的接触，以至他们直到数年之后才接受了其他革命党人的影响。这些回忆忽略了他于1896年在旧金山组织少数华人基督徒成立兴中会分会的历史事实，也未详述他在1897年从欧洲返回亚洲途中穿过加拿大的经历。[5] 作为孙中山的一位亲密追随者，冯自由（1882—1958，见图7）也对当时的加拿大华侨社会留下同样负面的记载，并称致

120

5　孙中山:《孙中山全集》，第6卷，第231—232页；刘伟森主编:《全美党史：中国国民党历程与美国党务百年发展史》，上册，第50—55页。

插图7　同盟会在加拿大的第一位活动家冯自由（照片年代不明）。

资料来源：公共资源网站 Wikidata，"Feng Ziyou"

（https://www.wikidata.org/wiki/Q15900356）。

公堂从保皇会出现后就受其蒙骗，直到他于1910年抵达温哥华后才以革命宣传启迪了这一秘密组织成员。但是，冯氏的记载也指出，温哥华首家华人基督教报纸的编辑崔通约（1864—1937）由于和保皇会发生冲突，在1906年之后曾转向反清革命宣传。[6] 因此，孙中山和冯自由都强调革命党人的影响或与改良派组织的冲突是导致北美致公堂和华人基督徒转向反清革命的原因。然而，

6　冯自由：《革命逸史》，中册，第601页。

值得进一步分析的是，北美致公堂和华人基督徒如何在保皇会的爱国、进步宣传下发生了政治变化？康有为和其他改良派先驱人物如何影响了孙中山、冯自由和崔通约等人在太平洋两岸的革命活动，包括孙中山在1904年的美国大陆之行中与北美致公堂的接触？

　　孙中山于1894年11月在檀香山创立兴中会之后，很快于1895年2月21日在香港设立了这个革命团体的总部，并计划在广州进行首次反清起义。由于康有为从1895年中期就开始号召组织学会、联络同志、推动改良，并在北京和上海发起了强学会，孙中山也效仿此举，甚至试图与康氏的改良派合作。他于1895年10月在广州组织了农学会，但这一组织只是为了准备反清军事起义所用，该会的一名成员就是康有为在万木草堂的学生崔通约。虽然孙中山的军事起义计划得到了左斗山等基督徒和香港洪门三合会的支持，但很快因内情泄露，未发先败。孙中山首先逃往日本，并在前往欧洲避难的途中进行了第一次横跨美国大陆之旅。尽管如此，他仍于1895年11月13日在横滨创立了兴中会的一个分会，其中的创始成员之一就是冯自由。[7] 冯氏与左斗山和崔通约将分别为孙中山在1904年第二次访问美国大陆以及后来在北美致公堂和华人基督徒中的革命动员提供重要联系或领导作用。

　　在广州起义夭折之后和清朝政府通缉追捕的威胁下，孙中山于1895年11月从日本逃往夏威夷，然后在1896年6月18日至9月

7　陈锡祺主编：《孙中山年谱长编》，上册，第74、80—81、86—94、100—105、108—116、139—144页；黄宇和：《三十岁前的孙中山》，第554—557页；崔通约：《沧海生平》，第30—31页。

121　23日期间第一次横穿美国大陆，从旧金山到达纽约，并继续横渡大西洋，最终暂居英国伦敦。由于孙中山在1895年从上海的一位清朝官员那里获得了一个学生身份证书，他得以规避美国政府从1882年以来实施的排华法案，以非劳工的学生身份顺利经过旧金山海关入境。孙中山还利用来自广州和香港的基督教教友的介绍信，与旧金山的华人教会成员取得了联系，但他仅得以招募其中少数人加入兴中会。他在继续前往纽约的途中一路发表反清革命演讲，但只有少数华人基督徒愿意与他交往。[8]

122　　　孙中山声称，他与美国洪门人士的接触之所以劳而无功，其原因在于他们的团体已经变成了华人移民结拜互助、保持联络的组织，忘记了该秘密社会在国内原有的"反清复明"政治口号。[9] 尽管他在旧金山曾经于1896年创立了兴中会的第一个北美分会，但这一重要事实在国民党官方资助出版的《"国父"年谱》及《"国父"全书》中都被遗漏。在中国国民党驻美国总支部最近编撰印行的党史之中，关于这个旧金山兴中会分会的叙述仍然基于该支部此前的一份内部报告中来源不明的说法以及另外一本在1962年完成、但从未正式发表的书稿，而该书稿的作者与此分会成员既非同一时代人物，也无直接联系。[10]

　　实际上，旧金山的一家英文报纸不仅于1896年8月15日发表

8　陈锡祺主编：《孙中山年谱长编》，上册，第102—110页；"Sun Yat Sen," 113, 130, 153, file no. 9995, "Immigration Arrival Investigation Case Files, 1884-1944," National Archives at San Francisco。

9　孙中山：《孙中山全集》，第6卷，第231—232页。

10　刘伟森主编：《全美党史：中国国民党历程与美国党务百年发展史》，上册，第50—52页、第56页注解二。

了孙中山在当地组织"Hing Chung Woey"或兴中会，并由斯坦福大学毕业生邝华汰（Walter N. Fong，?—1906）担任会长的报道，还登载了它的《振兴中国章程》（Regulation of Promotion of China）。这份章程包括对于清政府的谴责、要求中国振兴的一般呼吁，以及有关旧金山兴中会的组织、领导和成员等方面的十项规则。[11] 但因该分会成员在国内的亲属受到清政府迫害，这一组织在两年后就自动解散。[12] 值得注意的是，孙中山在1895年10月发动第一次反清起义之前，就曾模仿美利坚合众国，规划了一个"合众政府"，[13] 但这个计划并未出现于《振兴中国章程》之中。直到他首次横穿美国大陆，并于1896年10月在伦敦逗留期间，孙中山才告诉一位英国记者，他渴望在中国建立"宪政政府"，或是一个"共和国……［及其］由人民选举的议会"。[14]

　　关于孙中山随后于1897年从欧洲返回亚洲的行程中首次横穿加拿大的经历，冯自由不仅错误地将其时间记为1898年，还声称孙中山在温哥华和维多利亚逗留期间没有足够的时间在当地华侨中进行革命动员。冯氏叹惜这个失去的机会让康有为得以在次年从加拿大发起保皇会，并在此后十年之中将加属华侨置于改良运动的支配之下，直到他自己于1910年抵达温哥华、通过编辑致公　123

---

11 *San Francisco Call*, August 15, 1896.

12 *San Francisco Chronicle*, August 7, 1898。直到1897年7月，孙中山仍然与邝华汰保持了通信联系，见孙中山：《孙中山全集》，第1卷，第170—171页。

13 陈锡祺主编：《孙中山年谱长编》，上册，第74、81、91页；Harold Z. Schiffrin, *Sun Yat-sen and the Origins of the Chinese Revolution*, 43-44。

14 见孙中山答记者问，载于 *Daily News* in London, October 26, 1896。这一报道重印于 Patrick Anderson, *The Lost Book of Sun Yatsen and Edwin Collins*, 233。

堂的报纸掀起反清革命潮流为止。然而冯自由的记载也坦白承认，温哥华基督教会的编辑崔通约在他之前就已经在加拿大发起了反清革命宣传。[15]

实际上，孙中山于1896年10月在伦敦被清朝驻英使馆绑架，并在英国政府的外交压力下获释之后，他的名声很快就通过维多利亚英文报纸的有关报道传到了当地华人社区。[16]当孙中山离开英国，并于1897年7月11日抵达蒙特利尔时，一位清朝外交官员和清朝驻伦敦使馆雇用的英国私人侦探一路都在跟踪监视。在蒙特利尔海关，孙中山声称是日本人，使用了"Dr. Y. S. Lun [Sun]"的名字登记入境。[17]随后，他迅速乘坐火车，前往加拿大西部，于7月18日抵达温哥华，又在次日抵达温哥华岛的乃磨市。此后，孙中山从7月20日到8月2日在维多利亚停留了将近两个星期，等待乘坐跨太平洋的海轮回到亚洲。作为一名曾经受洗的基督徒，孙中山在温哥华、乃磨和维多利亚的卫理公会教堂分别得以寄宿一晚。[18]

从1897年7月21日到8月2日，孙中山一直寓居于维多利亚的中华会馆前任正董李英三及其儿子李勉臣经营的英昌隆号公司。由于清朝外交官员和英国私人侦探时刻对孙中山进行着监视，[19]为

---

15 冯自由：《华侨革命开国史》，第103—104页。

16 *Colonist*，December 6，1896.

17 陈锡祺主编：《孙中山年谱长编》，上册，第138—139页；"Canada，Incoming Passenger Lists，1865-1935，" for "Y. S. Lun"。在这个加拿大入境旅客的资料库中，孙中山的罗马字母姓氏"Sun"可能被错误地誊抄为"Lun"。

18 陈锡祺主编：《孙中山年谱长编》，上册，第139—144页。

19 Slaters' Detective Association，"Report. July 11-24，… re. Sun Yat Sen，" and "Report. July 25-August 2，… re. Sun Yat Sen，" 186-200；陈锡祺主编：《孙中山年谱长编》，上册，第139—144页。

他提供寄宿是冒着很大风险的行动。英国私人侦探的每日报告也显示，孙中山始终受到监视，并未能够进行任何革命活动。然而，孙中山曾在7月27日与当地永祥公司的老板徐全礼畅谈近两个小时，而徐氏是当地中华会馆的一位主要领袖，也是两年后与康有为一同创立保皇会的华侨改良派人物。孙中山前往日本的海轮船票由李梦九帮助安排购买，英国侦探并声称他们两人为"朋友"。如上所述，李氏也是当地中华会馆和未来保皇会的另外一位主要领袖。[20]

因此，在孙中山于1897年首次访问加拿大西部时，维多利亚华人社区组织的领袖以及当地未来的改良派人物对他此前因反清起义而被伦敦清朝公使馆拘押的情况都很了解，[21]但仍然为他提供了关心、帮助和同情。然而，冯自由对致公堂和北美华人社区在他本人于1910年抵达加拿大之前的描述不仅呼应了孙中山的上述惨淡回忆，而且忽视了致公堂在康有为领导的改良运动长达十年影响之下的政治转变。此外，他也忽视了北美致公堂成员和华人基督徒直接通过与改良派和革命党双方在人际、组织制度和意识形态层面互动，主动从改良转向革命的历史性变化。

与孙中山上述首次北美之行的回忆一致，冯自由声称当时的致

124

20　Slaters' Detective Association，"Report. July 25-August 2，… re. Sun Yat Sen，" 197-199。在陈锡祺主编：《孙中山年谱长编》，上册，第139—144页，关于孙中山1897年在加拿大的活动主要基于这份英国私人侦探报告，但其中对于英昌隆号公司及李梦九等维多利亚华侨姓名翻译存在错误。本书关于这一公司及其老板的信息主要来自长期生活于维多利亚的李东海：《加拿大华侨史》，第189、301页；东海：《加拿大李氏先贤小传》，第50页。

21　Slaters' Detective Association，"Report. July 11-24，… re. Sun Yat Sen，" 194-195.

公堂成员占美国和加拿大华人移民的 80%～90%，但他们已经从使用洪门的"反清复明"政治口号转而呼吁建立"手足相顾，患难相扶"的互助组织。据冯氏看来，康有为通过自称光绪皇帝的宠臣及伪造求他"密救"皇帝的诏令，蒙骗了许多致公堂成员，使他们误入保皇会歧途。他的弟子徐勤、梁启田、欧榘甲等也先后加入了致公堂，试图利用这一秘密社会为他们的政治目的服务。[22] 但是，冯自由后来也与这些改良派人物一样，加入了致公堂活动，并力图将其用于反清革命动员。

近来中国历史学界对于洪门起源的争议仍然悬而未决，难以完全确定这一秘密社会是从 17 世纪后期开始的反清复明政治团体，或是从 18 世纪后期出现的贫民结社拜盟、互助自保的组织。[23] 维多利亚的一家英文报纸在 1891 年曾经报道，该市的致公堂为"黑帮分子总部"，其目的是"策划阴谋，推翻"清朝。当地致公堂的代表就此发表特别声明，否认该报道的内容，声称致公堂的反清"政治目标已被放弃，已经变成与其名称一致的纯粹互助团体和慈善组织"。[24] 这种公开声明呼应了孙中山和冯自由关于致公堂已经成为北美华人移民互助组织的描述，但隐瞒了它通过内部传说、秘密会簿和地下活动在其成员中保持的反清革命传统。

实际上，致公堂和其他北美洪门团体所使用的各种秘密会簿

---

22 冯自由：《中华民国开国前革命史》，上编，第 156—159 页。亦见冯自由：《革命逸史》，中册，第 601 页。

23 Dian H. Murray and Qin Baoqi, *The Origins of the Tiandihui*, 16-34，90-114，117-150，154-162；黎全恩：《洪门及加拿大洪门史论》，第 2—20 页。

24 *Colonist*, February 18，1891.

包括了反清传说、诗歌、密码等政治内容。在这些标题不同、但内容相似的北美洪门团体秘密会簿中，成书于1886年、1892年、1906年和另一不明年份的四个版本已被发现于加利福尼亚州普莱瑟县（Placer County），[25] 英属哥伦比亚省的克林顿村、尼尔森市、巴克维尔镇及温哥华和维多利亚。[26] 这些秘密会簿都收录了作为洪门创始传说的《西鲁传》，典型地反映了这一秘密社团的反清革命传统。这个传说讲述了一个虚构的故事，声称福建省少林寺武僧在1674年或之后曾帮助忘恩负义的清朝皇帝击败来自西域的蛮夷入侵，但却被清军包围该寺，纵火屠杀。据此传说，仅有五名僧人幸存下来，与他们的支持者组织洪门，歃血为盟，结为兄弟，发誓复仇。在他们的起义被清军击败之后，洪门领袖前往不同省份，建立各自组织，召集他们的支持者，其中活动于广东省的团

125

25　"Hung Shun Tong Manuscript，1886，" in Internet Archives（https://archive.org/details/caaupmd_000009，accessed November 22，2022）。这份手抄会簿有334页。笔者感谢张少书教授让我注意到这份资料。

26　《绣像□□□锦囊传》（无出版地，1892年），上卷现藏于Clinton Museum，英属哥伦比亚省克林顿村博物馆，下卷为尼尔森致公堂所藏（笔者个人收藏史料中包括此两卷的全部照片）。这份会簿的标题来自上卷封面，其中包含三个异常的汉字。下卷的封面已经遗失，但两卷共319页（正反两面为一页），而且页码是连续的。笔者另外在Barkerville Historic Town and Park Archives发现了一份该会簿的手写影印件，曹龙编：《洪顺堂锦囊传》，但仅有149页（正反两面为一页），其印刷地点与年份不明。在黎全恩：《洪门及加拿大洪门史论》，第2—9页，该书引用了来自维多利亚致公堂的《洪顺堂锦囊传》，是基于上述1892年版，但在1906年重修的会簿。在秦宝琦编：《清代前期天地会史料集成》，第8卷，第328—628页，其中所收《洪顺堂锦囊传》是同样的1906年版本，共600页。该书由咸水埠生隆号在1906年夏发售（咸水埠为温哥华旧名，但秦宝琦将此旧地名误为维多利亚），将原版两册合编为一本，但并未包括1892年版全部内容。

体即为洪顺堂。[27]

这个创始传说显示，即使洪门确实如近来研究所述，是从18世纪后期出现的互助自保的贫苦民众组织，它仍然可能对于官方的镇压作出政治反应，发展反清革命传统。洪门的另一传说声称，它在1787年举行的反清起义被清政府派来的奸细田七破坏。在此之后，洪门的文书中便将"七"字替换成"吉"字，希望避凶趋吉。[28] 在英属哥伦比亚省卡里布地区致公堂于1885年招收的一份新成员名单以及同一时期当地福士埠（Quesnel Forks）致公堂的另外一份类似的名单中，应为第七名成员的位置上既未填写姓名，也没有写上"吉"字，而是代之以一句政治口号："大明皇帝万岁。"[29]

在孙中山于檀香山成立兴中会、开始反清革命活动的约三个月之前，美国中部内布拉斯加（Nebraska）州奥马哈（Omaha）市的一家报纸于1894年8月末报道了当地"义兴分会"（branch of Geehing）为50名新成员在一家华人洗衣店举行的加盟仪式，而"义兴"是洪门组织的另一名称。这次仪式共有150人出席，包括

---

27 "Hung Shun Tong Manuscript, 1886," 4-34；《绣像□□□锦囊传》，上卷，第44a—67b页。亦见曹龙编：《洪顺堂锦囊传》，第1a—20b页。关于这一洪门创始传说的更多细节，见黎全恩：《洪门及加拿大洪门史论》，第2—8页。关于该传说七个不同版本的英文翻译，见 Dian H. Murray and Qin Baoqi, *The Origins of the Tiandihui*, 197-228。

28 冯自由：《中华民国开国前革命史》，第157页；简建平编著：《中国洪门在加拿大》，第106页。

29 《［天］运乙酉年六月贰拾叁晚新丁芳名列》，档案全宗CKTMO，文件号码980.414.1-11；"Quesnel Forks Chi Kung Tong, List of new members," 档案全宗CKTMO，文件号码：980.416.1-18。此处引用的第二份名单没有年代，但显然来自19世纪80年代。

来自旧金山、丹佛（Denver）、明尼阿波利斯（Minneapolis）等城市以及"方圆200英里内的周边城镇"华人秘密会社的大佬们。这些大佬首先发表反清演说，其中一位宣称将于9月9日在芝加哥举行一次秘密的会议，制定反清计划。然后，蒙着眼睛的新成员宣誓反满。最后，他们每人在手臂上用刀划开小口，各自将其手臂伤口中流下的鲜血滴入一碗酒中，并先后分享这碗血酒，从而使这些新的成员变成了共负抗清使命的结拜兄弟。[30] 这份报道显示，当时的北美洪门组织中普遍存在反清革命倾向。

在英属哥伦比亚省克林顿村和尼尔森市的1892年版洪门会簿中，除了反清传说、歌谣等内容之外，还罗列了致公堂在受到保皇会和革命党影响之前的组织原则、内部结构，以及各堂口三大主要头目的职务、名称及其秘密代号，其中将军称为"草鞋"，军师号为"白扇"，掌管执法的大佬为"洪棍"。该组织的主要规则包括"三十六誓""二十一例"和"十禁"。除了对于秘密仪式、年度祭祀等具体规定之外，这些规则大多强调这个组织成员相互之间的兄弟友爱、关怀、帮助和保护，以及他们对于外界，尤其是政府官员保守内部秘密的责任。[31]

因此，洪门团体对于贫困成员相互帮助和自我保护的追求并不妨碍该组织发展并保留反清革命传统。作为洪门在北美的主要分

30　*Daily Bee*，August 31，1894。这篇报道声称，该报贿赂了这个华人洗衣店的一位员工，让一名记者躲在举办会议房间的墙内密室观察仪式。不过，似乎更有可能的是，报社通过贿赂一位参加仪式的人获得了有关信息。

31　《绣像□□□锦囊传》，上卷，第89b—90a、116b—117b页；下卷，第190a—197a、255a、256a—262b页。

支，致公堂继续使用上述秘密会簿、拜盟仪式以及其他秘密活动，向它的成员灌输反清的政治传统，但它同时追求了其中成员之间的兄弟情谊和集体自卫，成为种族歧视之下一个普及和强大的华人移民社区组织。因此，维多利亚致公堂的两位头领在1898年10月宣称，他们组织的成员包括"八成最为优秀的华人"，[32] 部分证实了冯自由的上述说法。

康有为在加拿大华人中开始改良宣传和动员之初就与致公堂领袖有频繁接触。特别的是，致公堂在维多利亚的领袖林立晃和陆进等人几乎每天都与康氏往来，并与他及其他华商领袖一道于1899年7月20日正式创立了保皇会。[33] 在温哥华，七位华商在当年5月就筹建了作为保皇会雏形组织的跨国商业公司，其中至少有三位，即叶春田、叶恩和黄玉珊，是当地致公堂的头面人物。[34] 从这个意义上说，这些致公堂领导人物并非冯自由所贬称的被康有为蒙骗之后误入保皇会歧途的盲从者，而是海外华人政治改良运动的积极倡导者。尽管致公堂秘密保持了反清的政治传统，它的领导人物仍然响应了康氏保救光绪皇帝的口号，实际以此保救外国入侵之下的祖国和种族歧视下的"黄种人"。[35] 因此，对致公堂而言，光绪皇帝和康有为不仅是代表进步和爱国的改良派领袖，也是用以反抗慈禧太后为首的满族保守派统治集团的

127

---

32 *Colonist*, October 4，1898.

33 李福基：《宪政会纪始事略》，第3—4页；《域多利埠重建致公堂劝捐缘簿》。

34 由于叶春田和黄玉珊都是在1892年筹建温哥华致公堂的创始人，所以叶氏私人印章和黄玉珊的协德隆公司印章都出现于当年的《咸水埠倡建致公堂劝捐缘簿》。关于叶恩与致公堂的关系，见《福缘善庆》。

35 康有为：《康有为全集》，第5集，第144—154页。

象征。

当然，致公堂的头目也为个人追求财富、名望和权力的实际目的加入了保皇会的政治改革和实业活动。在叶春田和黄玉珊于1899年7月与康有为及加拿大西部华商领袖发起保皇会及其政治改良运动后，他们和李骥、何振祥及该组织其他领导人物很快筹集了资金，在当年年底购买地皮，建立了温哥华中华会馆。[36] 叶春田、黄玉珊、李骥以及当地保皇会的年轻领袖、陈才的三记号管家沈财满和另外两名华商后来于1906年在英属哥伦比亚省政府注册了温哥华中华会馆，并成为首届董事会成员。[37]

这些温哥华保皇会中的致公堂领导人通过建立这一新的社区联合组织，加强了他们在当地唐人街的支配地位。在附近的新威斯敏斯特市，当地致公堂的大佬戴奇（Tai Kee）也加入了该市的保皇会，并成为其董事之一。他于1902年3月去世时，当地保皇会和致公堂的成员聚集在一起，举行了一场"出席人数众多而且规

36《大汉公报》，1918年2月4日。温哥华中华公所的创办时间被下述论著误记为1889年，见 Brij Lal, "Chinese Benevolent Association of Vancouver: 1889-1960: An Analytical History," unpublished manuscript of 1975; Chee Chiu Clement Ng, "The Chinese Benevolent Association of Vancouver, 1885-1923: A Response to Local Conditions," 57, 75-76; Kay J. Anderson, *Vancouver's Chinatown*, 78, 262n11. 对于这个史实错误的批评，见《温哥华中华会馆百年纪念特刊，1906—2006》，第49—52页。

37《温哥华中华会馆百年纪念特刊，1906—2006》，第53页。这份温哥华中华会馆自费出版物正确指出该组织并非出现于1889年，但却仍然将其成立日期误记为1896年。这一错误说法来自误解维多利亚中华会馆及温哥华和新威斯敏斯特华商领袖在1896年9月呈送李鸿章的一封请愿书。这一请愿书中的维多利亚中华会馆被误认为是温哥华中华会馆，见该自费出版物第49—52页，特别是第52页。

模十分庞大"的葬礼。[38]

当梁启超于1900年访问檀香山，从事宣传和发动改良活动时，他很快注意到当地洪门组织三合会的成员包括60%～70%的华人移民。因此，他加入了这一秘密社团，试图将它的领袖和成员拉入保皇会。梁氏随后在1903年访问北美期间以保皇会领袖和洪门成员的双重身份展开活动，首先在温哥华得到了当地致公堂和改良派首领叶春田和叶恩的兄弟般照顾和支持。因此，梁氏于1903年4月在温哥华逗留期间声称，他在此次北美之行开始之际，除了为保皇会所完成的招股投资计划之外，为其建立于致公堂等"秘密界之基础亦得三、四也"。[39]

在保皇会的影响下，加拿大的致公堂发生了重要变化。如第二章所述，加拿大保皇会全国总部于1900年4月成立，并在英属哥伦比亚省政府注册，此后该省东南库特纳（Kootenay）地区的老市伦市于1903年建立了一个分会，但这些改良派组织也影响了当地致公堂的发展。老市伦致公堂有大约100名成员，于1903年10月13日举行了成立典礼，其中出席的人物包括来自温哥华和库特纳地区的大佬，并向当地公众开放观览，不再完全作为秘密社团而活动。[40]在英属哥伦比亚省内华人秘密社团中，老市伦致公堂首先于1904年1月2日在省政府公开注册，并在它的注册文件模仿了加拿大保皇会全国总部在1900年的注册文件，宣称它们的共同目标是促进"成员的社会交往、互相帮助、精神提高、道德进步以

---

38 *Daily News-Advertiser*，March 8，1902.

39 丁文江、赵丰田编：《梁启超年谱长编》，第131、205页。

40 *Rossland Miner*，October 13 and 27，1903.

及合理娱乐"。[41] 当位于维多利亚的加拿大致公堂总堂于1908年6月29日向英属哥伦比亚省政府注册时，它的文件也抄录了老市伦致公堂注册文件中一项有关宗旨：宣称将"通过捐款、认购、捐赠或其他方式为会员的疾病、不可避免的不幸或死亡提供救济"。[42] 因此，正是在保皇会的影响下，加拿大的致公堂通过公开活动及在地方政府正式注册，开始从一个秘密社会转变为一个公共合法组织，并将有关其成员友爱互助和自我保护的传统口号现代化。

在美国，起源于旧金山的致公堂已于1879年5月12日在加利福尼亚州政府注册，其中一位主要头领唐琼昌是1899年10月当地保皇会成立时的创始人之一，并担任其书记。加拿大和美国致公堂领导人可能抱有同样目的，希求通过加入保皇会的进步爱国运动来增加他们个人及其组织的影响力。正如此前的一项研究表明，他们与保皇会的合作不仅有助于保皇会的扩张，而且还以改良主义和民族主义影响了致公堂的传统政治口号，超越其中会员原来追求的狭隘兄弟情谊和互助自保的旧式观念。[43]

41　这段引文首次出现于加拿大保皇会全国总部在1900年的注册文件，见 The Chinese Empire Reform Association of Canada's fonds，后来为老市伦致公堂逐字抄录于其1903年注册文件，见 Rossland Chinese Masonic Lodge，January 2，1904，no. 7，incorporation no. 131，microfilm reel no. B04406，GR-1526-Corporation Registry Files. British Columbia Archives，Victoria，BC。

42　这段引文首先出现于老市伦致公堂在1903年的注册文件，见 Rossland Chinese Masonic Lodge，后来全部被加拿大致公堂总堂在1908年的注册文件转录，见 Declaration for Corporation of Chee Kong Tong Society，June 29，1908. Incorporation no. 200，Container no. 880056-4493，GR-1526-Corporation Registry Files. British Columbia Archives，Victoria，BC。

43　五洲致公总堂：《革命历史图录：170周年纪念特刊》，第37页；L. Eve Armentrout Ma，*Revolutionaries，Monarchists，and Chinatowns*，49-50，55-57。

作为康有为门生和改良派报人，欧榘甲因其激进的宣传与乃师疏远之后，转而担任旧金山致公总堂《大同日报》主编，最早尝试将这一秘密社团改组为一个政治党派，并由此影响了该组织后来对于反清革命的公开追求。他在1903年为其创刊号所写的《〈大同日报〉缘起》一文中，发挥了洪门起源于反清复明活动的传说。该文敦促洪门成员保持这一政治宗旨和组织团结。欧榘甲并为这一致公堂的机关报设定了两个宗旨：第一，将洪门从秘密社团改造成一个公开组织，并从一个民间社团成为一个政治党派；第二，将洪门兄弟情谊推广为"大同主义"，与其他爱国组织结盟，迫使清廷"改专制为立宪，……庶几汉种有吐气之时，民权有出现之日也"。[44] 值得注意的是，欧榘甲以当时康有为已经完成、尚未发表的《大同书》中的关键理念为这份致公堂的机关报命名，[45] 但他将康氏关于一个未来统一和谐的乌托邦世界空想加以改造，变成了致公堂追求政党地位的实际目标。

在欧榘甲的激进改良主义口号影响下，位于旧金山的美国致公总堂的政治态度在梁启超的1903年北美之行抵达该市之际已经发生巨大变化。由于梁氏在1900年已在檀香山加入洪门组织，并在旧金山发现致公堂的成员占该市华人移民的70%～80%，[46] 所以他

---

44 冯自由：《革命逸史》，上册，第108—113页。

45 康有为的《大同书》在1902年左右完稿，并同时在他的门生中秘密传阅，见 Kung-chuan Hsiao, *A Modern China and a New World: K'ang Yu-wei, Reformer and Utopian, 1858-1927*, 411-513。

46 丁文江、赵丰田编：《梁启超年谱长编》，第131页；梁启超：《梁启超全集》，第2册，第1185页。

数次努力与它在旧金山的总堂取得联系，争取支持。[47] 虽然当时梁启超已经最后决定放弃激进的共和革命，转而献身康有为的立宪改革事业，他却未能阻止旧金山的致公总堂从原来的接近保皇会立场转向反清革命的道路。

在梁启超于1903年9月和11月两次访问旧金山期间，他与当地致公总堂大佬黄三德（1863—1946）进行了数轮面谈，但因洪门的反满口号和保皇会拥护光绪帝的宗旨无法协调，所以他们最终不欢而散。[48] 虽然梁氏当时仍是一位洪门会员，他在旧金山所写的游记却痛斥致公堂和相关秘密社团，将它们相互之间的"堂斗"视为这一美国城市的罪恶渊薮。在他看来，致公堂以推翻清朝统治为目的，但实际比清朝政府腐败十倍。尽管如此，梁启超仍然与叶恩等加拿大致公堂领导人保持着密切友好关系，甚至在1903年底仍向康有为强力推荐叶氏，让他管理保皇会在香港的中国商务公司。[49] 因此，到1903年底，美国致公堂与加拿大致公堂分道扬镳，从支持保皇会的改良运动转向反清革命，但它的革命倾向却在最初受到了一位激进的改良派人物欧榘甲的影响。 130

在此之前，孙中山领导下的兴中会从1900年10月6日至20日在广东惠州举行的反清起义中遭受惨重失败，即他所称的第二次反清起义失败。1903年10月，孙中山回到檀香山，目睹了他于九

---

47 黄三德：《致伍宪子信》，1929年7月21日，档案全宗：CERAD，文件号码 AR-43B；黄三德：无标题手稿，第3—4页，档案全宗：WXZXY，folder 2，box 11。

48 黄三德：《致伍宪子信》，1929年7月21日；黄三德：无标题手稿，第3—4页。

49 丁文江、赵丰田编：《梁启超年谱长编》，第131页，第215—216页；梁启超：《梁启超全集》，第2册，第1179、1185页；上海市文物保管委员会编：《康有为与保皇会》，第242页。

年前创立的兴中会在夏威夷的进一步瓦解。在梁启超于1900年来此开展改良主义宣传鼓动之后，包括孙中山的长兄孙眉在内的夏威夷群岛兴中会绝大多数领袖和成员都受到影响，转而投向保皇会。因此，孙中山将保皇会视为保护清廷、反对革命的死敌，并从1903年开始通过公开演讲和报纸宣传，在檀香山对改良派阵营发起了全面攻击。[50] 在他得知梁启超"借革命之名"进行改良主义宣传、从旧金山和附近城市的华人筹集了百余万美元的谣传之后，孙中山决定了第二次前往美国大陆的旅行。[51] 事实上，梁启超当时已经放弃激进革命态度，回到了改良派阵营。

尽管如此，孙中山仍然效仿梁启超，于1904年1月由钟国柱（又名钟水养）担保，加入了檀香山的一个洪门组织国安会馆。钟氏大概在1900年也曾介绍梁启超进入国安会馆，而且他在当时还是檀香山保皇会的协理。孙中山在加入国安会馆后受封"洪棍"之职，成为该堂口名义上的主要头领之一，负责维持纪律和施加责罚。[52]

50　Harold Z. Schiffrin，*Sun Yat-sen and the Origins of the Chinese Revolution*，227-247，314-326；L. Eve Armentrout Ma，*Revolutionaries，Monarchists，and Chinatowns*，60，101-104；孙中山：《孙中山全集》，第6卷，第229—235页。此处引用的两部英文著作均认为孙中山在1896年离开夏威夷之后于1903年首次回到该地。实际上，孙中山在与梁启超等激进改良派摊牌对决之前，曾于1901年4月到6月之间短暂访问夏威夷，见陈锡祺主编：《孙中山年谱长编》，上册，第268、278—279页。

51　孙中山：《孙中山全集》，第1卷，第229—230页。

52　陈锡祺主编：《孙中山年谱长编》，上册，第303页；丁文江、赵丰田编：《梁启超年谱长编》，第131页。孙中山由钟国柱担保加入了国安会馆的登记簿照片见于简建平编著：《中国洪门在加拿大》，第35页。孙中山在1904年所加入的国安会馆常被误解为致公堂，见冯自由：《革命逸史》，上册，第114页，第198、261页。实际上，北美致公堂直到辛亥革命之后才扩展到夏威夷，见五洲致公总堂：《革命历史图录：170周年纪念特刊》，第82页。

在孙中山从1904年4月6日到12月14日第二次访问美国大陆期间，他与这一洪门组织建立的新关系将使他得到旧金山致公堂的重要帮助。[53] 尽管孙中山计划通过对于康有为领导的保皇会进行斗争来争取致公堂的支持，他实际上继续了欧榘甲在激进改良主义口号下的创举，试图改造这一秘密社团，用于推进北美华人社区的反清革命运动。但孙中山试图以现代政党组织原则和共和革命理想来改造致公堂的努力将难以取得成功。

由于美国在1898年兼并了夏威夷群岛，并将岛上居民转变为公民，孙中山便设法以一套伪造的文件取得了一份夏威夷出生证明，为他在1904年第二次访问美国大陆提供方便。这份由夏威夷领地总督及其秘书办公室官员于1904年3月签署的孙中山在夏威夷的出生证及其旅行文件显示，他的年龄为33岁4个月，而他实际上已经超过38岁。尽管如此，这份旅行文件对他的身体特征提供了相对准确的描述："身高：5英尺5¾英寸［1.67米］；……前额：高、宽；眼睛：棕色；鼻子：宽，中等高度；嘴巴：中等，有胡子；下巴：小，饱满；头发：黑色；肤色：棕色；脸：椭圆形。"虽然持有这些文件，孙中山于1904年4月6日抵达旧金山后，立即被美国移民当局拘留。[54]

131

53　陈锡祺主编：《孙中山年谱长编》，上册，第308—310、323页。

54　"Sun Yat Sen," 117-120, 150-151。在这份旅行证件上，孙中山身高记录中尾数分母之上分子数不够清晰，也有可能为5英尺5¼英寸［1.66米］。另据清朝驻旧金山总领事馆在1896年6月报告，孙中山"身材短小、面黑微须，剪发洋装，"见陈锡祺主编：《孙中山年谱长编》，第1卷，第108页。此外，在孙中山：《孙中山全集》，第1卷，第239页载有《檀香山出生证》，但该文件实际仅是申请出生证的一份个人声明。

冯自由后来声称，保皇会在檀香山和旧金山的头目串通，通过清朝在旧金山的总领事馆向美国当局举报了孙中山伪造夏威夷出生证明的情况，从而导致他被拘留。幸而孙中山曾从参与1895年广州起义密谋的基督徒左斗山得到一封信，介绍他与旧金山的伍盘照（1866—1931）牧师相识。伍盘照是旧金山的华人基督教报纸《中西日报》的主编，他在收到孙中山的紧急求援信后，便利用孙氏与夏威夷洪门组织的新关系，联系旧金山致公总堂求助。最终，在致公总堂大佬黄三德和另一主要领袖唐琼昌的帮助下，孙中山得以获释。由于欧榘甲主编的《大同日报》批评黄三德和唐琼昌对于孙中山的营救为不智之举，他很快被致公总堂从该报开除。孙中山所推荐的革命党人刘成禺（1876—1952）取而代之，在此后成为《大同日报》的编辑。[55] 欧榘甲随后成为新加坡另一家保皇会报纸的编辑，但他最终回到中国，帮助成立了振华公司，并如第二章所述，在1909年与康有为的派系发生了冲突。[56]

在此之后，孙中山接手欧榘甲开始的改组致公堂为政党的计划，为它起草了一套新的规章，要求该组织的所有分堂都在旧金山总堂注册，并为其头领制定了新的头衔，包括以总理取代洪棍的称呼。他还规定了致公堂的新的四大政治纲领："驱除鞑虏，恢复中华，创立民国，平均地权。"致公堂成员欣然接受了前两项纲

132

---

55 冯自由：《革命逸史》，上册，第114、118、262、267—268页；冯自由：《中华民国开国前革命史》，上编，第148—149页。

56 李少陵：《欧榘甲先生传》，第28—38页。该书声称，欧榘甲在1903年底或1904年初为了吊唁死去的祖父，已经在孙中山抵达旧金山数月前离开，回到广东家乡。但是，当时一封美国洪顺堂的公开信确实抗议将欧氏从大同日报社撤职，见《中国维新报》1904年6月6日。

领，因为它们与洪门的"反清复明"传统口号基本一致，但他们对于其余两项纲领并不理解，也认为整个规章不切实际，窒碍难行。这四大政治纲领后来成为同盟会的誓词，但甚至一些革命党人也对其中第四项纲领表示异议，并将其改为"平均人权"。[57]

从1904年5月24日开始，孙中山与黄三德大佬开始一道巡游美国，在致公堂各分堂发表反清演讲，并试图实施他最近拟定的新规章。孙中山的主要目的是借此收集各分堂的注册费，用于他的革命事业，但黄三德和旧金山致公总堂其他领导人的实际计划是以此统一和控制所有分堂，包括他们的财务资源。相反，这些地方堂口大多利用孙中山与黄三德的演讲及其影响来吸引和招募新的成员，以扩大它们的人力和财力资源。但它们竭力回避注册，拒绝将其资金上交旧金山的美国致公总堂，就连总堂本身也并未按照新的规章进行改组。因此，孙中山未能在他的第二次美国大陆之行期间成功改造致公堂。幸而美国致公总堂的《大同日报》编辑刘成禺利用与一些欧洲华人留学生的湖北同乡关系，让他们为孙中山提供了旅行基金，使他得以在1904年12月14日离开纽约前往欧洲，在那里开辟了新的反清革命基地。[58]

在1904年孙中山第二次穿越美国大陆之行中，他与保皇会领

57　冯自由：《革命逸史》，上册，第114—117、269-270页；中册，第521—527页；
　　陈锡祺主编：《孙中山年谱长编》，上册，第312—313页。冯书指出，这四大纲领
　　曾首先为孙中山与日本友人于1903年在东京建立的革命军事学校誓词，并在此后
　　为夏威夷与旧金山的兴中会所使用。但该书在其上册第116、269页和中册第522
　　页对其内容有不同表述，本处引文以其中册所述为准。

58　冯自由：《革命逸史》，上册，第117、269—270、274页；陈锡祺主编：《孙中山年
　　谱长编》，第1卷，第312—323页。

袖的直接冲突变得如此激烈，以至双方都曾策划暗杀行动。欧榘甲首先在1904年7月招募了一位保皇会年轻会员陈岳崧为刺客，并试图让他在芝加哥谋杀孙中山，但很快发现陈氏是一个没有经验的书生。[59] 康有为在1905年初从加拿大前往美国之前，特意嘱咐洛杉矶保皇会领袖谭良搜集孙中山活动的信息，并敦促康同璧联系康有为在纽约的门徒，制订暗杀计划。康氏还要求谭良和康同璧为他入美旅行购买防弹的"铜甲"等防身器具，因为他担心自己会像美国总统麦金利在1901年一样遭遇不幸，被孙中山的革命党暗杀。[60]

孙中山与纽约致公堂及保皇会领袖黄溪等人的接触尤其让康有为在该市的追随者感到惊恐。因此，在孙中山已经秘密离开纽约前往欧洲之后，陈岳崧仍以为他在1905年1月抵达了芝加哥，并吹嘘已经作好准备在那里除去这一心腹之患。[61] 直到1905年10月，康有为仍在联系陈岳崧和其他保皇会成员，策划暗杀孙中山的计划，但后者在那时已经经过欧洲回到亚洲。[62] 据黄三德后来回忆，孙中山也曾在1905年给他发过一封信，敦促致公堂乘康有为在洛杉矶期间谋害他，但其请求被黄氏拒绝。[63]

---

59 欧榘甲：《致康同璧信》，1904年7月29日，档案全宗KTBSW，文件号码S-C33。

60 方志钦主编、蔡惠尧助编：《康梁与保皇会：谭良在美国所藏资料汇编》，第55页；康有为：《致康同璧信》，1904年12月5日；《致康同璧信》，1904年12月［无具体日期］，均见档案全宗KTBSW，文件号码：S-C39、C-46。

61 汤铭三：《致康同璧信》，1904年12月5日；陈岳崧：《致康同璧信》，1905年1月7日；均见档案全宗KTBSW，文件号码B-21、B-32。

62 康有为：《致康同璧信》，1905年10月20日，档案全宗KTBSW，文件号码：Kang-30；陈锡祺主编：《孙中山年谱长编》，上册，第361页。

63 黄三德：《洪门革命史》，第13页。

　　在1904年孙中山第二次访问美国大陆期间，他也曾利用伍盘照编辑的中文基督教报纸《中西日报》报社印刷邹容所撰写的《革命军》一万一千册，并请旧金山致公总堂邮寄给美洲和东南亚华侨社区。尽管伍盘照和其他华人基督徒提供了免费印刷这一反清宣传品并购买了革命债券，其中只有邝华汰一人宣誓加入孙中山重建的旧金山兴中会，但他在1896年就是当地短期存在的兴中会会长。[64] 绝大多数在美国和加拿大的华人基督徒并没有正式加入孙中山的革命党，但他们中的许多人仍对反清革命宣传表示支持，并通过介入激进改革或与康有为领导的保皇会的组织冲突，帮助促进了革命动员。

　　伍盘照所编辑的中文基督教报纸《中西日报》及美国和加拿大华人基督教会与保皇会之间从其开始之际就发展了复杂的关系。当保皇会于1899年在维多利亚诞生时，加拿大基督教卫理公会已经在英属哥伦比亚省的华人之中开展了数十年的传教活动。它并开设教堂和学校来吸引华人移民，甚至于1888年聘请陈升阶（Chan Sing Kai），从香港移居温哥华唐人街传教。陈升阶在1891年成为维多利亚唐人街卫理公会教堂的牧师，他的弟弟陈耀檀（Chan Yu Tan）于1896年接手温哥华传教工作。基督教长老教会在19世纪80年代也开始在加拿大华人中传教，在唐人街开设了夜校等机构，并在1895年从广州招募伍文庆（Ng Mon Hing）作为传教士到维多利亚工作。[65] 这两个基督教团体都因其在华人

64　冯自由：《革命逸史》，上册，第263—264页；陈锡祺主编：《孙中山年谱长编》，上册，第310—311页；*San Francisco Call*，August 15，1896。

65　Jiwu Wang，*"His Dominion" and the "Yellow Peril，"* 34-43，51，60-61。

社区展开的教会改良运动而与保皇会及其后继的宪政会发生了冲突。

134　　康有为于1899年在维多利亚创立保皇会之前，曾如第一章所示，试图在加拿大华人中重建保国会，他也显然计划使用该组织原来的"保国、保种、保教"口号。在保皇会诞生之后，它在维多利亚、温哥华和新威斯敏斯特的值理曾于1899年9月下旬集体向海外华人发出募捐公告。这一公告声称"保皇即所以保国、保家、保身、保种族、保子孙、保孔教"，具有尊崇儒教、反基督教文化侵略的意味。[66] 这一募捐广告可能使当时担任洛杉矶《中西日报》编辑的伍盘照牧师感到不快，要求向他求助的康有为放弃针对基督教的"保教"口号，然后才给予保皇会以支持。伍氏后来将这份中文基督教报纸迁往旧金山，成为支持改良派的宣传机构。康有为和保皇会在此后也确实未再使用"保教"口号，并努力拉拢华人基督徒加入这一改良主义组织。[67]

　　除了保皇会与华人基督徒之间的宗教文化分歧，《中西日报》及其主编伍盘照牧师从1903年4月起与旧金山改良派的《文星报》就美国政府强迫华侨登记的政策发生争论。在伍盘照参与了上述从美国移民局拘留所营救孙中山的行动之后，双方的冲突愈演愈烈。《中西日报》于1904年7月18日在头版发表社论，公开谴责《文星报》在欧榘甲影响下摇摆于保皇和革命之间的新闻立场，并

66　这一募捐公告登载于澳大利亚悉尼市《广益华报》1899年10月7日，但它很可能是康有为于当年9月在加拿大所撰。

67　L. Eve Armentrout Ma, *Revolutionaries, Monarchists, and Chinatowns*, 58; Zhongping Chen, "Kang Youwei and Confucianism in Canada and Beyond," 10.

为伍氏离开康有为的改良主义阵营辩护。[68]

在此之后，这家中文基督教报纸日益表现出了拥护反清革命的倾向。1906年6月20日，该报特别报道了反清学者章炳麟（1869—1936）的言论，欢呼他从上海租界监狱获释，并称颂他为革命英雄。该报编辑就该报道加以评论，并在两天后发表头版社论，赞扬章炳麟驳斥康有为的反革命立场，称赞章氏是汉族的伟大人物。该报还对著名的反清宣传品《革命军》的年轻作者邹容遭受迫害、在狱中去世表示愤慨。[69]

保皇会在其发源地维多利亚所奉行的尊孔崇儒活动，显然是它与当地华人基督教会产生矛盾的原因之一。康有为从1899年9月起发起当地华人祭祀孔子诞辰的活动，此后每年的祭孔典礼都在该市保皇会的赞助下继续进行。儒家课程也影响了维多利亚唐人街的乐群义塾和温哥华的保皇会所属爱国学校。除了这些倾向改良主义的中文学校与基督教会所主持的华人学校之间竞争之外，保皇会在每星期天晚上的公开演讲和聚会也吸引了当地大批华人离开教堂活动。仅在保皇会出现的1899年，维多利亚的卫理公会教会就失去了一半的华人成员，该教派在英属哥伦比亚省的华人信徒数量跌至1885年开始在唐人街传教以来的最低点。[70]

135

---

68 L. Eve Armentrout Ma, *Revolutionaries, Monarchists, and Chinatowns*, 88, 91；《中西日报》1904年7月18日。

69 《中西日报》1906年7月20日、22日。

70 Zhongping Chen, "Kang Youwei and Confucianism in Canada and Beyond," 10, 12; Jiwu Wang, *"His Dominion" and the "Yellow Peril,"* 55–56.

　　大概由于这种宗教信仰区别和组织机构竞争，维多利亚唐人街卫理公会教堂的陈升阶牧师敦促他的华人信徒团结在教会之下，不要参与康有为领导的保皇会及其反对慈禧太后的密谋。此后，在1899年的圣诞节前夕平安夜，一枚带有定时引线的铅管炸弹被人放置在该卫理公会教堂的一个窗台上，并在陈牧师用中文布道时爆炸。这一爆炸仅震碎了玻璃窗户，但给教堂内的华人听众造成极大恐慌。当地一家英文报纸关于此事的报道猜测，保皇会人物是肇事者。还有传言称，一个中国男性移民因为没能娶到与该教会有关的华人妇女救济所中的一个女孩，出于不满，成为此案凶手。这起神秘案件从未解破，但它反映了维多利亚保皇会与当地华人卫理公会从一开始就存在的紧张关系。[71]

　　在新威斯敏斯特，卫理公会牧师谭朝东曾为康有为于1899年4月在当地的首次公开演讲担任翻译，[72]此后许多华人基督徒也加入了该市保皇会。[73]谭朝东还在1899年和1900年两次担任康氏使者，前往美国推动保皇会的发展，并为之筹款。然而，在1900年8月18日写给康有为的一封信中，谭氏抱怨保皇会的成员"鄙视基督新教"，而它在旧金山分会的领导人物"只关心个人利益"和"挪用公款"。谭朝东甚至批评康氏当时仅在新加坡"舞文弄墨"，并因此敦促他返回中国，动员士兵和帮会，推动保皇会的勤王军事

---

71 *Colonist*, December 27 and 28, 1899; January 3, 1900; *Daily Times*, December 26, 27 and 28, 1899.

72 *British Columbian*, April 28, 1899.

73 *Supplement to the New Westminster Columbian*, 66.

行动计划。[74] 在同时向卫理公会总部递交的一份报告中，谭氏也抱怨保皇会的支持者"侈谈改革和西方形式的政府和法律"，但却拒绝接受基督教。[75]

因此，早在伍盘照牧师及其中文基督教报纸《中西日报》与改良派发生冲突，并在1904年帮助孙中山宣传革命之前，加拿大的华人基督徒就已经逐渐与康有为领导下的保皇会分道扬镳了，但他们仍然以康氏为榜样进行了教会领导下的华人社区改革。作为温哥华卫理公会的两名牧师，陈耀檀和冯德文（又名Fong Dickman，1860—1946）得到商人周天霖和摄影师周耀初帮助，于1906年6月创办了《华英日报》。[76] 他们承认是在康有为的改良运动影响之下创办了这份基督教报纸，所以它的宗旨不仅限于传播福音，也包括在华人移民中祛除赌博、吸食鸦片等恶习的社区改革目标。[77] 然而，冯自由对该报的记载仅将它描述为两位周氏基督徒个人的事业，并将其与保皇会的冲突仅归之于该报编辑崔通约对

136

---

74 Tom Chue Thom, Letter to Kang Youwei, August 18, 1900。该信曾被引用于L. Eve Armentrout Ma, *Revolutionaries, Monarchists, and Chinatowns*, 53-54。但该书将谭朝东对旧金山保皇会领袖的批评误以为是对温哥华保皇会领导人而发。

75 谭朝东报告的引文来自Jiwu Wang, *"His Dominion" and the "Yellow Peril,"* 56。

76 "Memorandum of Association of *Waying Yatpo*," June 26, 1906, incorporation no. 1514, microfilm reel no. B04424, GR-1526-Corporation Registry Files, British Columbia Archives, Victoria, BC; 崔通约：《沧海生平》，第50页。陈耀檀的背景见以上介绍，关于冯德文，见Jiwu Wang, *"His Dominion" and the "Yellow Peril,"* 38, 51; Jianada Yungaohua Huaren xiehe jiaohui, *93rd Anniversary of the Chinese United Church, Vancouver, BC, 1888-1981*, 16-18, Appendix 8。

77 *Daily World*, August 27, 1906; S. S. Osterhout, *Orientals in Canada: The Story of the Work of the United Church of Canada with Asiatics in Canada*, 87-88.

这一改良组织的不利报道。[78] 事实上，这次冲突也是崔通约与康有为的亲信弟子之间长期的宗教分歧和政治不和，以及《华英日报》领导华人基督徒介入反鸦片社会改革所引起的争端。

由于崔通约曾是康有为开办的万木草堂的学生，他在1898年慈禧太后镇压百日维新和围捕改良派人士的风潮中随康氏逃往香港。然而，由于目睹康有为以推崇孔教来反对基督教，而香港华人牧师仍在此关键时刻冒着生命危险支持康氏，崔通约在1899年选择了接受洗礼、皈依基督教。虽然康门弟子大多只将基督教刊物作为儒学研究的参考资料，并且仍然将这一外来宗教视为异端，崔氏却立志将儒学融入基督教。尽管如此，他后来仍将他的革命动机归因于康有为的启蒙。[79]

崔通约此前曾参与孙中山在1895年组织广州起义的活动，并于1899年皈依基督教后仍然加入香港洪门组织，介入革命党及三合会在广州、澳门和香港领导的各种反清活动。他还加入了孙中山在香港组织的兴中会，并担任香港《世界公益日报》的驻东京记者，在日本从事反清革命活动。然而，孙中山于1905年8月在东京成立同盟会之后，却因崔氏反复无常的政治行为而将他排斥在外。[80] 崔通约后来辩称，他在《世界公益日报》上曾发表一篇文

---

78 冯自由：《华侨革命开国史》，第103—104页。类似的记载见冯自由：《华侨革命组织史话》，第48—49页；冯自由：《革命逸史》，中册，第601页。

79 崔通约：《沧海生平》，第14、27—28、31—32、43—45页。

80 崔通约：《沧海生平》，第30—42、48—49页；《大汉日报》，1915年7月27日；冯自由：《革命逸史》，中册，第437页。孙中山曾于1905年9月30日致函一位在东南亚的革命党人，通知崔通约已被同盟会开除，见孙中山：《孙中山全集》，第1卷，第281页，但在该书中，崔氏的名字被编者略去。

章，将康有为与孙中山进行比较，实际意在贬康扬孙，但还是冒犯了后者。正在这个时候，崔氏收到了陈耀檀牧师和周耀初从温哥华发来的信件，邀请他担任《华英日报》的编辑。[81] 于是，他接受了这个邀请，从反清革命活动转向了这一基督教报纸领导的华人社区改良事业。

清政府于1906年9月颁布了一项新的反鸦片社会改良政策，[82] 恰在崔通约于1906年底抵达温哥华、开始编辑《华英日报》之前。[83] 维多利亚的华人社区对这一来自北京的改良政策作出热烈反应，并计划于1907年7月成立一个反鸦片协会。[84] 英属哥伦比亚省的华人基督徒很快在崔通约编辑的《华英日报》领导之下发起了反鸦片的社区改良运动，并进一步促使加拿大政府进入这场运动以及后来针对这一毒品的全球行动。具有讽刺意味的是，英属哥伦比亚省华人的反鸦片社会改良运动将保皇会的华商领袖作为主要目标之一，并由此加剧了保皇会与崔通约编辑的基督教报纸之间的冲突。

虽然康有为在1899年就从维多利亚发起海外华人的政治改革，但他的保皇会并未触及危害唐人街的鸦片问题。实际上，加拿大保皇会的许多华商领袖都或多或少地从事鸦片的加工和贸易。在

---

81 《大汉日报》1915年7月29日。崔氏在后来的回忆中将他收到这一邀请信的时间错误地记作1909年，见崔通约：《沧海生平》，第50页。

82 Thomas D. Reins, "Reform, Nationalism and Internationalism: The Opium Suppression Movement in China and the Anglo-American Influence, 1900–1908," 101.

83 《大汉日报》，1915年7月29日。

84 *Colonist*, July 11, 1907.

1880年中美条约禁止华人劳工和中国鸦片进入美国之后，[85] 维多利亚的唐人街成为北美大陆西北地区鸦片制造和贸易的中心，并向美国走私这一毒品。维多利亚的鸦片行业也成为该市、英属哥伦比亚省和加拿大联邦政府的主要税收来源之一。维多利亚中华会馆和当地保皇会的一些主要领导人物如李福基就在该市经营着大型鸦片加工厂。作为加拿大保皇会全国总部及后继的宪政总会的两位主要领袖，李骥的利源号和黄玉珊的协德隆号是温哥华最大的两家鸦片加工厂。[86]

相比之下，基督教报纸《华英日报》倡导的社区改良的主要目的就是打击华人中贩卖、吸食鸦片的行为，它也自然成为反对这种社会弊病、进行改革运动的领导力量。到1908年中期，在英属哥伦比亚省出现了一个华人反鸦片联合协会，它在维多利亚、温哥华和新威斯敏斯特的唐人街设有三个分支机构。作为它的年轻领袖之一，伍德培（又名Peter Hing）是维多利亚唐人街长老会首位华人牧师伍文庆牧师的儿子，曾在1906年成为位于蒙特利尔麦吉尔大学法学院的首位华人学生。但他在1908年暑假期间回到英属哥伦比亚省，为崔通约编辑的卫理公会报纸《华英日报》担任撰稿人，并同时致力于反鸦片的社会改良运动。[87]

因此，英属哥伦比亚省华人基督徒的卫理公会和长老会通过

---

85 Elizabeth Sinn, *Pacific Crossing*, 211–212.

86 David Lai, *Chinese Community Leadership*, 38, 48–49, 52–54, 60–61, 94; David Lai, *The Forbidden City within Victoria*, 131; *Colonist,* July 19, 1908; Sarah M. Griffith, "Border Crossings: Race, Class, and Smuggling in Pacific Coast Chinese Immigrant Society," 475–482.

87 *Colonist*, July 29, 1906; May 2, June 18, July 3, 1908.

崔通约编辑的《华英日报》联合了起来，发动了反鸦片的社区改良运动。正是在《华英日报》编辑部，伍德培于1908年5月29日给加拿大政府劳工部副部长、未来的加拿大总理威廉·L. 麦肯齐·金（W. L. Mackenzie King）写了一封信，而当时后者刚刚抵达温哥华，准备评估华人和日本人在1907年9月当地反亚洲移民暴乱中的财产损失和政府赔偿问题。伍德培的信要求金副部长注意鸦片问题，并进而敦促加拿大政府支持华人反鸦片联合协会关于禁用鸦片的倡议。伍德培和华人反鸦片联合协会的另外三位领袖还与金副部长直接面谈数次，反复讨论了这个问题。[88]

金副部长于1908年5月30日给伍德培的回信中承诺，他将亲自调查英属哥伦比亚省的鸦片问题。事实上，从5月27日开始，他在关于1907年温哥华骚乱的华人索赔听证中已经发现当地唐人街鸦片加工厂的巨大规模和高额利润。作为加拿大宪政总会主要领袖之一，李骥的利源号从鸦片加工生产中获得的每年总收入为18万加元，包括2万加元利润。但金副部长的进一步调查也表明，鸦片加工和贸易行业不仅合法，而且还被加拿大各级政府视为财源，课以重税。例如，仅温哥华市政府每年就从鸦片业获得17万加元的营业许可费。[89]

在金副部长于1908年7月上旬返回渥太华后，华人反鸦片联

88　W. L. Mackenzie King, *Report ... on the Need for the Suppression of the Opium Traffic in Canada*, 5–6; *Colonist*, July 3, 1908.

89　*Colonist*, May 28 and 29, 1908; W. L. Mackenzie King, *Report ...the Need for the Suppression of the Opium Traffic in Canada*, 6; Patricia Roy, *A White Man's Province*, 15.

合协会从英属哥伦比亚省向他提交了另一份请愿书，要求加拿大政府"禁止鸦片的进口、加工和销售"。[90] 该建议很快得到金副部长的支持，并于当年7月中旬被加拿大议会纳入其反鸦片法。[91] 到那时，清政府支持下的反鸦片改良运动已在国内取得了重大成功，甚至与英国签署了一项终止中印鸦片贸易的十年协议。1909年初，中国还在上海主办了国际反鸦片委员会大会，金副部长代表加拿大政府参加该会，并自豪地宣称加拿大影响了美国政府最新的鸦片禁令。[92] 因此，英属哥伦比亚省华人基督徒发起的反鸦片改革运动首次将华人社区、近代中国、加拿大政府及其他西方政府结为统一战线，比它们在一战和二战时期结盟还早。

139

毫不意外的是，加拿大政府的反鸦片法案立即引发了温哥华和维多利亚华人鸦片商号的抗议。他们争辩说，加拿大政府对他们进口的大量鸦片库存已经征税，但却给他们如此短的时间结束业务，表现虚伪，同样有罪。作为回应，加拿大国会参议院修改了反鸦片法案，给予从事有关贸易的商人三个月的宽限期来处理他们的存货。但是，加拿大宪政会领袖和其他商人拥有的大型鸦片加工厂，如维多利亚市内李福基的广万丰号及温哥华市内李骥的利源号和黄玉珊的协德隆号，已经订购或加工了将近一年的货

90　W. L. Mackenzie King, *Report ...the Need for the Suppression of the Opium Traffic in Canada*, 6–7. also see *Colonist*, July 3, 1908.

91　*Colonist*, July 14, 1908.

92　Thomas D. Reins, "Reform, Nationalism and Internationalism," 128–141; W. L. Mackenzie King, *Missions to the Orient*, vol. 2, 11, MG 26 J13, William Lyon Mackenzie King Papers, Library and Archives Canada, Ottawa.

物供应，无可避免地遭受了重大损失。[93] 与此同时，英属哥伦比亚省华人反鸦片联合协会在英文报纸上以"华人改革联合会"（the Chinese Reform League）的名义出现，通过奖励举报人或者设下诱捕走私者陷阱，积极帮助警方打击刚刚成为非法毒品的鸦片走私。[94]

这场主要由英属哥伦比亚省华人基督徒在1907年到1909年之间展开的反鸦片运动是崔通约所编辑的《华英日报》所倡导的唐人街社区改良运动的一个重要方面，并在其直接领导之下。它毫无疑问地引发了与鸦片贸易相关的加拿大宪政会领导人在1907年到1909年之间对崔通约及其《华英日报》的一系列法庭斗争。由于《华英日报》在1907年登载了广州清朝政府官员逮捕宪政会成员的报道，崔通约首先被康有为在加拿大的支持者起诉为诽谤造谣。[95] 这场司法纠纷恰恰发生在维多利亚的华人计划建立一个反鸦片协会之后，而他们可能就是崔通约及其《华英日报》影响下的华人基督徒。[96] 在这一案件尚未结束之前，崔通约在1909年5月再次面临另外一场诽谤诉讼官司，其中诉讼人叶荣（Yip Wing）是来自维多利亚宪政会的一位成员，并在该市地方法庭担任中文翻译。这场官司发生的原因是《华英日报》发表了来自英属哥伦比亚省尼尔森市42名华人的一封公开信，指控叶荣在一次溺水命案调查中提供虚假证据。饶有意味的是，《华英日报》在发表这封信

93　*Colonist*，July 14，16 and 19，1908.

94　*Province*，December 31，1909.

95　冯自由：《华侨革命开国史》，第103—104页。

96　*Colonist*，July 11，1907.

的同时，已经按照惯例声明报社对此信的准确性不承担任何责任，但叶荣的诽谤诉讼目标却是该报编辑崔通约，而不是尼尔森市的写信人。叶荣对崔通约的诉讼得到了温哥华宪政会领导人的直接帮助，这是十分明显的。[97]

140 　上述诉讼只是这些宪政会领导人从1907年到1909年之间对于崔通约及其《华英日报》发起的总共十场官司中的前两场。在这些诉讼之中，至少一部分，如果不是全部的话，是对崔氏的基督教报纸所领导的反鸦片社会改良运动的报复行动。作为回应，崔通约在《华英日报》公开攻击宪政会，进行反清宣传，并与香港的革命报纸建立联系，又重新与孙中山交往。崔氏声称，由于当地华人基督教团体和温哥华致公堂提供支持，他赢得了与宪政会的全部十场官司，但他的报纸在1909年底仍然破产。此后，崔通约前往旧金山，成为美国主要中文基督教报纸《中西日报》的编辑，[98]并继续与当地宪政会所属的《世界日报》进行论争。他也将追随孙中山，在1910年成为旧金山同盟会的主要创立者和领导人之一。[99]

---

97 *Province*，May 9，1907；David Lew（Liao Hongxiang），Letter to the President，CERA，June 27，1907，David Lew Letterbook，p. 11，PR-1638，David C. Lew fonds，British Columbia Archives，Victoria，BC（http://search-bcarchives. royalbcmuseum. bc. ca/uploads/r/null/1/8/7/1876424adec89f25f96c01f18b2c162dd299 3a65485b722faca2f250da4e7a06/E. D. L58. pdf，accessed November 23，2022）。有关这一案件的报纸报道将崔通约的名字拼为 "Tuey Tong Yuk"。此处所引用的档案表明叶荣是宪政会的一位成员，并且将他的诉讼记录为 "Yip Wing vs. Hong Yok"，其中 "Hong Yok" 应是崔氏名字的旧式拼法（Tong Yuk）的错误拼写。

98 崔通约：《沧海生平》，第51—52、58—59页；冯自由：《华侨革命开国史》，第104页；《大汉日报》，1915年7月27日。

99 Shehong Chen，*Being Chinese*，*Becoming Chinese American*，27-28；陈锡祺主编：《孙中山年谱长编》，上册，第490页。

由于崔通约与洪门、教会及孙中山的兴中会和同盟会都有密切联系，他的个案典型地体现了北美致公堂和华人基督徒中改良派和革命党之间的密切人际和组织关系。以上的讨论也表明，在孙中山的1896—1897年首次北美之行及其在1904年对美国大陆的再次访问，以及同盟会派往加拿大的第一位活动家冯自由于1910年到达之前，反清革命倾向已在北美华人之中存在并得到发展。北美华人革命运动的多重起源包括致公堂所保存的洪门反清革命传统，华人基督徒社区改革运动及其与改良派的冲突等因素。如下所述，即使冯自由等人的政治生涯也体现了海外华人改良和革命运动之间的竞争和联系。

华人改良派与革命党的跨太平洋政治竞争和接力

在孙中山于1896年至1897年首次穿越美国、英国和加拿大及其1904年第二次访问美国大陆之后，他便忙于在日本组织同盟会及在中国南部边境地区组织反清起义等革命活动，直到1909年11月才再次踏足北美。在1907年至1908年间，孙中山领导的同盟会发起六次反清武装起义，全部失利。这些军事行动即是孙中山后来所称的兴中会所领导的1895年和1900年两次起义失败之后的第三到八次反清革命失利之举。[100] 这些军事失败迫使孙中山和另一位革

141

---

100 孙中山：《孙中山全集》，第6卷，第230、235、239—240页。关于这些反清军事起义的更多细节，见罗家伦主编：《"国父"年谱初稿》，上册，第60—63、98—102、177—202页。

命领袖冯自由先后在1909年和1910年间来到北美，寻求政治庇护和新的资源。特别值得注意的是，冯自由在太平洋两岸的活动不仅为孙中山努力在北美推广同盟会和打击宪政会提供了关键性的帮助，还反映了跨太平洋华人世界从改良到革命的历史延续和变化。

冯自由于1910年夏抵达加拿大，正是孙中山从1909年11月8日到1910年3月22日的第三次访问美国本土之后。[101] 冯氏政治生涯值得特别关注的原因在于他在1905年到1911年间从日本先后移居香港、温哥华和旧金山，其个人经历典型地表现了华人改良派和革命党之间的跨太平洋竞争和政治接力。作为康有为所领导的改良派阵营的叛逆，冯自由充分代表并直接影响了一些来自加拿大和美国的年轻华人激进分子，在太平洋两岸引导了他们从政治改良活动转向反清革命运动。

在冯自由最初与北美华人改良派和革命党发生关系的过程中，一个关键人物是鲜为人知的李伯海，但他却是维多利亚保皇会于1899年设立后首任总理李福基的幼子。[102] 在1905年左右，冯自由从康有为的改良派阵营转向孙中山领导的革命党，并通过与李伯海共享的朋友，间接影响了后者的政治选择。[103] 他们二人均以同样

101　冯自由：《革命逸史》，上册，第169页；陈锡祺主编：《孙中山年谱长编》，上册，第479、494页。

102　李福基又名李文惠，有四个儿子，其中李伯海最为年轻，见《李文庄公家乘》，卷4，第47b页；东海：《加拿大李氏先贤小传》，第49页。在东海或李东海的文章中，他声称李伯海曾在香港、维多利亚和日本活动，并在1904年加入同盟会。但同盟会于1905年创立于东京，李东海的文章也并未引用任何证据。

103　冯自由留下的记录显示，李伯海于1905年冬加入冯氏所领导的香港同盟会，见冯自由：《革命逸史》，上册，第357页；中册，第535页。但如上一注解所述，李伯海也有可能曾在日本生活，与冯自由在香港相遇之前就有交往。

方式分别背叛了他们在日本或加拿大的改良派家庭，加入革命党，并因这一共同政治转变而对同盟会从东亚向北美的扩展产生了至关重要的影响。但是，关于冯自由的记载要比李伯海留下的信息丰富得多。冯氏个人的政治生涯也更具戏剧性，因为他连续经历了从革命党到改良派再回到革命党的转变。

　　冯自由于1882年生于横滨，原名冯懋龙。他的父亲冯镜如（1844—1913）和叔叔冯紫珊（？—1921）曾因其家庭卷入1854年至1864年间洪门天地会在广州附近的起义，遭到清政府的迫害，所以逃到日本。[104] 当孙中山在广州筹划的首次反清起义失败后逃亡日本期间，冯氏兄弟帮助他于1895年11月在横滨成立了兴中会的分会，其中最为年轻的成员就是冯自由。当孙中山在1895—1897年间结束从日本到欧洲并回归日本的旅行之后，他在横滨发起一所中文学校，但康有为的弟子徐勤等人将其接管，并改为号称"大同学校"的改良派教育机构。冯镜如和冯紫珊随后都加入了康氏的改良派团体，与孙中山等革命党人争夺该学校的控制权。冯自由成为该校学生，首先受到徐勤爱国主义的政治教育影响。1898年的百日维新失败后，梁启超、康有为先后抵达日本，冯家与这些改良派人士关系更加亲密。冯自由也在1899年10月进入由梁氏创立的东京大同高等学校，在这一改良派的教育机构继续接受教育。[105]

142

104　冯自由：《革命逸史》，上册，第7—8页。关于这次天地会起义的细节，见雷冬文：《近代广东会党》，第79—94页。

105　冯自由：《革命逸史》，上册，第13—14、48—49页；中册，第655—656页；陈少白口述、许师慎笔记：《兴中会革命史要》，第9—13、24—26、32—34页；丁文江、赵丰田编：《梁启东超年谱长编》，第120—121页。

梁启超、欧榘甲等激进改良派曾鼓吹自由主义、民权思想和个人自主，号召广东脱离清朝独立，甚至在1900年左右试图与孙中山领导的革命党合作。[106] 因此，此前就革命党对于改良派论战的研究往往集中在1905年同盟会成立之后的时期，[107] 但如上所述，孙中山已经于1903年从夏威夷开始了针对当地保皇会的论战。[108] 尽管如此，当时冯自由和他的年轻伙伴仍处于康有为领导的改良运动之中，所以他们最初受到革命思想的影响主要来自梁启超、欧榘甲等激进改良派，[109] 而不是孙中山等革命党人。

冯自由在1900年就读东京大同高等学校期间首先与他的同学跟随梁启超、欧榘甲等激进的教师所宣扬的自由主义等西方思想，反抗了康有为在当时禁止讨论个人自由和广东独立的规定。冯氏公开将自己的名字从懋龙改为自由，表示对于康有为禁止讨论这一思想的蔑视。他的同学郑贯公（又名郑贯一，1881—1906）和冯斯栾如法炮制，分别给自己起了自立和自强的笔名。1903年冯自由成婚后，他的妻子李三多也改名为自平，其妻弟李炳星（1889—1971）通过冯镜如的关系进入这一改良派的学校之后，同样改名为自重。[110] 通过在名字中使用"自"字，冯自由和他的年轻

---

106 张朋园：《梁启超与清季革命》，第31—92页；桑兵：《庚子勤王与晚清政局》，第192—199、358-372页。

107 章开沅、林增平主编：《辛亥革命史》，中册，第537—564页；林增平、郭汉民、饶怀民编：《辛亥革命史研究备要》，第146—152页。

108 张朋园：《梁启超与清季革命》，第87—92页；L. Eve Armentrout Ma, *Revolutionaries, Monarchists, and Chinatowns*, 60-63, 101-104。

109 冯自由：《革命逸史》，上册，第62—63页；中册，第705页。

110 冯自由：《革命逸史》，上册，第62—63页；中册，第460、705—706页；李自重：《从兴中会至辛亥革命的忆述》，第203—206页。

伙伴表示了与梁启超等激进改良派同样的崇尚自由、倾向革命的态度。尽管梁氏本人在1903年北美之行后返回改良派阵营，他的这些年轻追随者后来都变成了革命党人。

143

由于冯自由家庭与天地会的关系，他于1904年在横滨创立了一个洪门三合会，并成为其中代号为"草鞋"或职位为将军的主要头目之一。冯氏的妻子李自平与来自浙江的未来革命女杰秋瑾（1875—1907）也加入其中，成为职位为军师的两位妇女领袖，代号为"纸扇"或上述的"白扇"。这个洪门组织第一次把几十名来自中国不同省份的激进学生带入了这一秘密社团，后来又把他们带进了孙中山的同盟会，其中的秋瑾加入这一革命党的介绍人就是冯自由。[111]

因此，孙中山创立的同盟会从1905年在东京开始之际就比当时以北美广东移民为主的保皇会包括更为多样化的成员。它不仅吸收了孙中山原来领导的以广东移民为主的兴中会成员，还包括秋瑾等浙江籍贯的光复会人物及以黄兴（1874—1916）等长江中游人士为主的华兴会会员。因此，同盟会的组织能够遍布中国国内各省和来自不同省份的海外华人之中，但它到1911年8月只有41个分部，[112]远远低于康有为所领导的宪政会在1908年鼎盛时期的分会数量。

孙中山在同盟会中融合了秘密社会的传统组织方法和新的革命意识形态，而冯自由在这两个方面都成了他最亲近的追随者。在

---

111 冯自由：《革命逸史》，上册，第136、301页；中册，第460—461页。
112 张玉法：《清季的革命团体》，第222—246页。

孙中山于1905年逗留欧洲期间，他曾将当地的激进中国留学生组成一个"革命党"，然后才在回到日本之后于东京创立了同盟会。在这两个组织中，他都要求其成员向天发誓，并按照洪门长期使用的"天运"纪年写下他们宣誓的日期及誓言，而不使用当时清朝的光绪年号。他们的誓言与孙中山在美国为致公堂制定的规章中四大纲领一致，即"驱除鞑虏，恢复中华。创立民国，平均地权"。孙中山进而发展了新的革命意识形态，即冯自由最先简称的"三民主义"，包括"反满兴汉"的民族主义、以西式共和体制为主体的民主主义及民生主义，但他最初将"民生主义"解释为"世界大同主义"，[113] 类似于上述康有为所著《大同书》或欧榘甲所写的《〈大同日报〉缘起》一文中的某些思想。

在冯自由及其妻弟李自重于1905年在日本加入同盟会之后，他们接受了孙中山的委任状，前往香港发展同盟会。冯氏与李氏家人的姻亲关系极大地帮助了他们在这一英国侵占之地的革命活动。冯自由的岳父李煜堂（1851—1936）及乃弟李文启是广东台山籍的两位在港富商，他们均加入了冯氏领导下的同盟会香港分会，并为其组织发展和政治活动提供了大量财政支持。[114]

特别重要的是，冯自由与维多利亚保皇会首任总理李福基之子李伯海的关系将台山另一李氏家族的更多、更年轻的族人带入了同盟会，从而帮助推进了这一革命组织及其活动在香港和北美的

---

113 冯自由：《革命逸史》，上册，第113—114、274—276页；中册，第521—528页。关于孙中山三民主义思想演变的详细讨论，见Marie-Claire Bergère, *Sun Yat-sen*, 66, 133, 156-172, 352-391。

114 冯自由：《革命逸史》，上册，第144—147、158页；中册，第737页。

扩展。1905年冬，李伯海通过冯自由的同学郑贯公和一位革命报人陈树人（1884—1948）的介绍，加入冯氏领导下的香港同盟会。但他在此前已经与郑贯公、陈树人及其在香港编辑出版的一份名为《惟一趣报》或《有所谓》的风行小报保持密切往来，由此介入了同盟会针对保皇会的论战。[115]

李伯海很可能为《有所谓》报提供了来自加拿大的消息进行这场媒体战，所以该报在1905年7月发表了一篇仅署名"李"姓作者的诙谐讽刺文章，隐晦地攻击了康有为、他的次女康同璧以及她于1903年开始从维多利亚组织保皇女会的活动。这篇文章描述了一个妓女名叫"穷逼"，但其名字应该读作"铜壁"，曾帮助她的父亲吸引嫖客，以夺得龟鸨大王的头衔。[116] 与此同时，冯自由主编的《中国报》也发表了一篇类似文章，公开抨击康有为和康同璧对华侨的"混骗"。由于当时叶恩刚刚从加拿大移居香港管理保皇会的中国商务公司，他便代表康同璧对《中国报》提起诽谤诉讼，要求赔偿名誉损失。这场官司在1906年以叶恩的改良派一方胜利而告终，法庭判决的处罚是如此沉重，竟然给香港同盟会造成严重的财政危机。[117]

这场官司反映了康有为的保皇会和孙中山的同盟会在当时太平洋地区的对抗日趋激烈。同盟会于1905年8月在东京成立后，

145

115　冯自由：《革命逸史》，上册，第70、356—357页。关于这份香港小报对于康有为、梁启超及保皇会的频繁攻击，见《有所谓》1905年7月7日、11日、16日、18日、28日，1906年2月27日，3月4日、12日、14日、16日、17日、20日。

116　冯自由：《革命逸史》，上册，第357页；《有所谓》，1905年7月7日。

117　冯自由：《革命逸史》，中册，第536—537页。

它的机关报《民报》很快发动了针对保皇会的宣传战，攻击它推动清廷实行君主立宪制改良计划。作为回应，梁启超则在日本用《新民丛报》回击《民报》的宣传，反对革命派鼓吹的暴力革命。双方之间的论战很快扩大到东南亚和北美的华人社区。在旧金山，美国致公总堂的《大同日报》由革命党人刘成禺担任编辑，与当地保皇会的机关报《文兴报》之间展开激烈辩论。此前对于这些论战的研究论著通常宣称同盟会已在1907年取得对于改良派的胜利。但事实上，到1908年7月，由保皇会改名的宪政会已经将其分会进而扩展到200多个海外华人社区，标志着它的组织发展进入全盛时期。[118] 然而，正如梁启超在1906年所承认的那样，同盟会的宣传赢得了一半以上的旅日华人学生的支持。[119]

在香港，李伯海在1906年秋将一位同族青年李是男（1886—1937）引荐给冯自由，从而为同盟会从东亚向北美的最早组织扩张作出了关键性贡献。李是男出生在旧金山的唐人街，但后来遵奉父亲意愿，回到台山县接受传统儒家教育，准备参加科举考试。通过同族、同乡李伯海的介绍，李是男加入了冯自由领导之下的香港同盟会。此后，李是男将在1907年回到美国，成为同盟会进军北美的领军人物，并帮助了该组织在香港的发展。[120] 李是

---

118 章开沅、林增平主编：《辛亥革命史》，中册，第536—564页、第636页注4；林增平、郭汉民、饶怀民编：《辛亥革命史研究备要》，第146—152页；康有为：《康有为全集》，第8集，第410页。梁文卿：《致康有为信》，1905年7月18日，档案全宗：KTBSW，文件号码Kang-0。

119 丁文江、赵丰田：《梁启超年谱长编》，第245页。

120 冯自由：《革命逸史》，上册，第158、356—357页。除了冯自由根据亲身经历所作的可信记录之外，大多数李是男的传记都忽视了他由李伯海介绍加入同盟会的事实，其中的一例是黄伯耀：《李是男事略》，第8—9页。

男在1909年通过信件，向冯自由引荐了他在香港的两位年轻族人及台山同乡李海云（？—1936）和李以衡，并介绍他们加入同盟会。李海云后来屡次使用他父亲经营的商号款项，为香港的同盟会提供了资金帮助，并特别资助了香港同盟会机关报《中国报》。在冯自由于1910年夏前往加拿大后，李以衡便接手管理这家革命报纸。[121] 因此，从维多利亚改良派家庭出身的李伯海转向同盟会之后，他的率先行动在台山李氏同族的三位年轻人中引起一系列连锁反应，导致他们先后参加这一革命党，并在太平洋两岸的反清革命运动中发挥了领导作用。

在李是男于1907年回到美国之前，冯自由特别指示他与旧金山致公总堂领袖黄三德、唐琼昌，以及《大同日报》编辑刘成禺取得联系，以便推动同盟会的组织扩张。由于李氏与致公总堂的联系并不成功，他便召集了一些年轻朋友成立了少年学社，并从1909年7月4日开始，在旧金山出版《美洲少年》周报，宣传革命。少年学社的创始成员之中，至少三位是与旧金山宪政会领导人黄金保持密切关系的人物，其中一位正在为黄氏的公司做义务宣传工作。[122]

因此，正是通过冯自由与加拿大一个主要改良派家庭的叛逆成员李伯海的初步联系，以及后者将年轻族人李是男招募为革命党

146

---

121 冯自由：《革命逸史》，上册，第158—159、356—357页；中册，第546页。

122 冯自由：《革命逸史》，上册，第357页；中册，第747页；温雄飞：《中国同盟会在美国的成立经过》，第338—339、345—349页。关于同盟会在美国组织发展的一般讨论，见Him Mark Lai, "The Kuomintang in Chinese American Communities before World War II," 176-180。

人，同盟会才首次得以从香港扩展到美国大陆，为孙中山于1909年11月第三次踏足美国本土后的政治活动奠定了一个组织基础。孙中山此次从亚洲到欧洲和美国大陆的旅行是在他遭受从1907年到1908年的六次反清军事行动失败之后进行的。这些连续失败的起义不仅耗尽了同盟会的财政资源，还因孙中山在日本等清朝邻国或越南等欧洲殖民地国家策划或采取反清军事行动，引发了它们对自身安全的忧虑或与清朝政府的外交问题。因此，孙中山于1907年2月被日本政府勒令出境，于1908年1月被河内法国殖民当局驱逐出法属印度支那，并在此前后被驱逐出香港。他被迫于1909年5月离开亚洲，前往欧洲筹款，但劳而无功，只得在同年11月继续旅行，前往美国大陆。[123]

孙中山第三次访问美国大陆之际恰逢康有为所领导的宪政会内部纷争剧烈之时，他因此得以招募其中叛离的成员，发展同盟会在北美的组织。在孙中山于1909年11月8日抵达纽约时，他受到洪门人士黄溪的迎接。黄溪曾是纽约保皇会成员，但他与孙中山都是来自香山县的同乡。借助冯自由通过信件联系的一位纽约人士帮助，孙中山于12月31日晚间创立了同盟会在美国的第一个分会，其成立地点正是黄溪的店铺。根据不同史料来源，参与这个美国第一家同盟会成立会议的人数为7人、12人或16人。尽管黄溪曾参加保皇会，他却成为纽约同盟会首任会长。如上所述，他的妻子号为溪娣，曾在1903年担任当地保皇女会的第一副总理，但也成为纽约同盟会的创始会员之一。纽约同盟会的另一主要领

---

123 陈锡祺主编：《孙中山年谱长编》，上册，第395、425、464—466、479—493页。

导人物是周超，担任部长，也曾是保皇会成员。[124]

在孙中山从纽约继续西行途中，他于1910年1月在芝加哥成立了同盟会的另一个美国分会，然而该分会最初的成员仍然只有十余人，其中大多数人是当地一家中餐馆的经理、招待员、洗碗工和其他员工。在这些会员中，该餐馆的老板最初是因与孙中山有一个共同的朋友，所以接待了他。[125]与此同时，孙中山收到了冯自由领导下的香港同盟会发来的紧急电报，要求他筹集2万港币，用于在广州动员新军，发起反清起义。孙中山立刻行动起来，试图从芝加哥的华人以及纽约和波士顿的致公堂筹集足够的资金。波士顿的致公堂承诺为此军事行动捐款5,000港币，但它实际给孙中山的汇款只有1,900港币，纽约的致公堂则最终没有提供任何捐款。由于孙中山只筹得8,000港币，他于1910年2月11日急忙赶往旧金山，并急切寻求致公总堂及由李是男领导的少年学社帮助。只有李是男设法从他父亲的商店里筹集了1,000港币给孙中山救急。然而，在孙中山抵达旧金山后的次日，广州新军发动的叛乱就流产了，成为他领导的反清革命的第九次失败。[126]

124　陈锡祺主编：《孙中山年谱长编》，上册，第479、483页；《中国维新报》，1904年5月12日；吴朝晋口述，李滋汉笔记：《孙中山三赴纽约》，第2—7页；Zhongping Chen, "Kang Tongbi's Pioneering Feminism," 31。纽约华文学校现存一张注明"同盟会纽约分会"的照片，其中人数为17位，见刘伟森主编：《全美党史》，上册，第88页。但该照片大概并非该分会成立当晚所摄，刘著对于该分会的领导人物也有不同记载，但并未提供史料来源。

125　陈锡祺主编：《孙中山年谱长编》，上册，第485页；梅斌林：《关于辛亥革命前孙中山在美国芝加哥活动的回忆》，第60、64、66页。

126　陈锡祺主编：《孙中山年谱长编》，上册，第485—489页；冯自由：《革命逸史》，上册，第357页；孙中山：《孙中山全集》，第1卷，第446页。据旧金山致公总堂大佬黄三德：《洪门革命史》，第15页，他曾应孙中山请求，从各华埠（转下页）

这次筹款的失败加速了孙中山在北美发展自己政党机构的努力。1910年2月27日，他指示李是男将旧金山少年学社改组为同盟会的一个分会。但它最早的成员只有18人，其中的崔通约曾在加拿大编辑基督教报纸《华英日报》，因涉及反鸦片的社会改良等活动而与改良派集团发生冲突，开始从事反清革命宣传。此后，孙中山访问了加利福尼亚州的洛杉矶、北加非（Bakerfield）、非士那（Fresno）等大小城市，最终于1910年3月22日从旧金山经檀香山返回日本。在他从1909年11月到1910年3月的第三次访问美国大陆期间及其之后，同盟会在十多个城市发展了分会，并在旧金山设立了美国总支部，由李是男领导。[127]

孙中山原计划在美国逗留更长时间并访问更多的城市，将同盟会扩展为一个更大的组织力量，从而为国内的反清起义建立稳固的财源。然而，他收到了檀香山革命党人的紧急邀请，前去那里建立同盟会分会，随后又急于前往日本，应对其他更为重要的问题。[128] 因此，孙中山的第三次美国大陆之行并未实现他原来的宏大计划，甚至也未能前往附近的加拿大。在这次旅行中，他也未能为广州新军起义赢得美国东西海岸致公堂的充分支持。

（接上页）分堂筹集7,000美元，资助1910年的镇南关起义，并在1911年1月与孙中山一道在凤凰（Phoenix）城、洛杉矶等地筹得2,000多美元。实际上，镇南关起义发生于1907年12月，孙中山也并未与黄三德一道在1911年1月访问凤凰城等地，见上引陈锡祺主编书，上册，第416—418、523—525页。

127 陈锡祺主编：《孙中山年谱长编》，上册，第490、494页；冯自由：《革命逸史》，中册，第601、748页；孙中山：《孙中山全集》，第1卷，第448、450、497页。孙中山有时也称此美国总支部为美洲同盟总会。

128 孙中山：《孙中山全集》，第1卷，第440、446、460—461页；陈锡祺主编：《孙中山年谱长编》，上册，第494—495页。

相比之下，在1910年夏冯自由抵达加拿大之后，他不仅将重新启动崔通约此前已在那里发起的反清革命宣传，还将导致致公堂与同盟会从加拿大到美国在辛亥革命前夜的真正合作。冯氏避免了孙中山试图利用现代组织原则和共和主义意识形态来改组致公堂的失败，而是转而利用洪门组织的传统反清口号及其与加拿大华人激进青年的个人联系进行革命动员。他在加拿大面临的宪政会的抵抗比孙中山在1909年至1910年第三次访问美国大陆期间遇到的还要强大，但他的革命活动也将得益于这一改良派组织此前的政治动员及其在加拿大的新的叛逆者。

在维多利亚，一群华人青年于1907年左右已经组成了一个称为击楫社的反清团体。它的名称来源于东晋时期著名将军祖逖（266—321）在渡过长江北伐时击楫中流，发誓克复中原、驱逐胡人的故事。[129] 击楫社的领导人包括维多利亚的中华会馆秘书吴紫垣和司徒旄（又名司徒英石，1889—1967）。李东海的早期著作声称这些激进青年的反清革命倾向来自同盟会及其在日本的机关报《民报》的影响，但他没有提供任何史料作为证据。[130]

事实上，直到1905年，司徒旄还是维多利亚保皇会的成员，而且他和吴紫垣都是温哥华基督教改良派报纸《华英日报》的两位长期投资者。[131] 在光绪皇帝于1908年11月14日逝世后，维多利亚的中华会馆收到了来自华盛顿特区清朝使馆的电报，指示其举行哀悼。于是，中华会馆很快为光绪皇帝举行了哀悼仪式，但击

149

129　冯自由：《华侨革命组织史话》，第72页。

130　李东海：《加拿大华侨史》，第190、298—299、349页。

131　梁应骝：《倡建创始保皇会所碑记》；《新报》，1909年2月16日。

榰社的成员扰乱了这一仪式，其中一人并发表公开讲话，反对为清朝皇帝举行任何悼念活动。虽然这位发表异议的演讲者被赶出会场，他却在中华会馆附近的街角举行了集会。击榰社在其主要领袖吴紫垣归国后逐渐自行解散，但其中绝大多数成员后来跟随冯自由，参加了反清革命活动。[132]

来自美国致公堂旧金山总堂机关报《大同日报》的反清革命影响，甚至传到了温哥华东北约300公里处的阿什克罗夫特（Ashcroft）村。1909年3月8日，这个村子的华人居民之一梁齐长在《大同日报》发表通告，声称他的姓名曾被当地宪政会总理周子廷在该会的公告中恶意滥用。梁齐长的通告谴责宪政会是一个"妖党"，并斥责周氏及其同伙是"甘心从虏"的马屁精和背宗忘祖的行骗者。[133] 但是，由于周子廷在当地法庭以诽谤罪起诉梁齐长并胜诉，梁氏被关押。在梁氏族人的调解下，梁齐长获得释放，但他被迫通过设在温哥华的改良派报纸《新报》向周氏公开道歉。[134]

这一戏剧性的事件反映了当地宪政会仍有强大影响。1909年2月21日，周子廷总理领导下的宪政会分会在阿什克罗夫特村建立了新的办公大楼，并举行了隆重开幕式。这个分会在成立之初就已有44名成员，它还通过开幕式和随后几天的公开演讲和其他活动招募了十多名新成员，其中还包括一名女性会员。[135] 因此，直到

---

132 *Colonist*, November 17, 1908；李东海：《加拿大华侨史》，第298—299、349页。
133 《大同日报》，1909年3月8日。
134 《新报》，1909年3月20日。梁的致歉声明刊登在该期报纸的副刊《警钟》内。
135 《新报》，1909年2月25日。

1909年中期宪政会因内讧走向衰落之前，它在加拿大华人基层社区仍然保持了组织扩张。1909年2月15日，加拿大宪政总会在维多利亚、温哥华和新威斯敏斯特的三个分会仍然像过去十年一样，继续举行了年度联合会议，由它们的一百多名男女会员代表出席了当天在维多利亚华人戏院举行的大会。加拿大宪政总会的总理叶庭三和其他领袖在整个下午发表了热情洋溢的公开讲演，仍然希望清朝政府在光绪皇帝去世后继续推行宪政。[136]

150

出席这次三个分会年度联合会议的代表还参观了在维多利亚唐人街新建的"大清侨民公立学校"的楼房，[137] 而这也是李梦九等当地改良派领袖取得的一项重大成就。自从1907年以来，维多利亚教育局董事会就开始将英语水平未达标准的华人学生排除在当地公立学校课堂之外，但却仍然允许不懂英语的法国、德国儿童正常上课。作为回应，维多利亚的中华会馆发起了一场反对教育歧视的法律斗争，并在加拿大各地华人中发起筹款活动，计划建设一所新的中文学校。在李梦九的领导下，这项运动在1908年得到了清政府赴北美教育代表团的支持。同年，康有为也发布文告，帮助该学校筹款。[138] 但建立这所新的中文学校所需总共7,000加元的资金主要来自加拿大各地的华人捐助者，他们包括了维多利亚中华会馆和加拿大不同城市的宪政会领导人物，特别是维多利亚

136《新报》，1909年2月16日。叶庭三在同年也自称加拿大宪政总会正董，见《云高华埠宪政会布告书》，第17页。

137《新报》，1909年2月16日。该校在辛亥革命之后改名为华侨公立学校。

138《新报》，1909年2月16日，1909年3月20日；David Lai, *Chinese Community Leadership*，127；Timothy J. Stanley, *Contesting White Supremacy*，195-196；康有为：《康有为全集》，第9集，第19页。

的李梦九和温哥华的叶庭三。[139]

　　1909年8月7日上午，这一新建成功的大清侨民公立学校首先举行中式开幕典礼，由清朝驻旧金山总领事许炳榛主持，其中出席的贵宾包括来自英属哥伦比亚省和美国俄勒冈州的许多唐人街代表。当天下午，维多利亚市长、其他地方官员和受邀政要出席了一场使用英语的典礼。[140] 李梦九成为这些清朝及当地白人官员与当地华人社区接触的关键人物，尽管他是宪政会的领袖之一，该会仍被清政府视为非法组织。早于1907年4月，他已获得清政府颁发的五品官衔，他的寡母也因守节得到以光绪皇帝名义颁发的封号。李梦九并于1909年11月27日在维多利亚最为豪华的皇后饭店（Empress Hotel）为新任命的清朝驻温哥华领事欧阳庚（1858—1941）举行了大型欢迎宴会。出席此次晚宴的贵宾有数十位当地市级和省级官员，以及英属哥伦比亚省的其他白人政要和华人社区领袖，其中包括来自维多利亚的李福基和来自温哥华的李骥等宪政会领导人物。[141]

　　值得注意的是，加拿大宪政总会现任总理叶庭三没有出席这一
151　宴会。相反，他与叔父叶春田、加拿大宪政总会及其温哥华、新威斯敏斯特分会的共15名领袖在次日发表集体公开声明，就振华公司的问题严厉谴责康有为集团。[142] 如本书第二章所述，这一声明造成跨太平洋的宪政会内讧，而这场内讧对于宪政会的打击要比

139《新报》，1909年3月20日。

140 *Colonist*，August 7 and 8，1909.

141 *Colonist*，April 16，1907；November 28，1909.

142《云高华埠宪政会布告书》，特别是第17页。

同盟会针对该组织的宣传打击更为致命。特别的是，叶氏家族从此退出宪政会，并帮助了同盟会在加拿大的扩张。

根据冯自由的记载，由于香港《中国报》和旧金山《大同日报》这两份革命报纸的影响，温哥华致公堂的大佬陈文锡和秘书黄壁峰意识到洪门反清传统与宪政会的拥清改良立场存在不可调和的矛盾。于是，他们在1909年为当地致公堂创办了《大汉日报》作为机关报，并联系身在香港的冯自由，请求帮助寻找编辑。此前，冯氏领导下的香港同盟会于1910年2月在广州发动新军兵变，但却遭遇毁灭性失败，随后其报纸《中国报》出现财务困难，难以为继。在这种紧急情况之下，冯自由回应了来自陈文锡和黄壁峰的请求，毛遂自荐，要求担任《大汉日报》编辑，但他的真正计划是在加拿大为同盟会建立一个新的基地。[143] 确实，《大汉日报》于1910年2月在英属哥伦比亚省政府登记注册，其中五位发起者包括黄壁峰和其他四位致公堂的领袖人物。[144] 然而，由于叶春田是1892年建立的温哥华致公堂主要创始人之一，[145] 他与康有为及宪政会的疏远显然促进了这一当地洪门组织向反清革命立场的转变。

1910年9月20日，冯自由在此夏季结束之际从维多利亚进入加拿大，[146] 但他却得到了该市海关的中文翻译和当地唐人街改良

143　冯自由:《革命逸史》，中册，第601页。

144　"Memorandum of Association of *Tai Hon Yet Bo* Chinese Daily Newspaper Company Limited," February 12，1910. 这份文件将黄氏的名字记作"黄壁"。

145　《咸水埠倡建致公堂劝捐缘簿》。

146　Library and Archives Canada，"Immigrants from China，1885-1949，"for "Fong Man Lung"（https://recherche-collection-search.bac-lac.gc.ca/eng/Home/Search?q=Fong%20Man%20Lung&，accessed November 22，2022）。冯氏以他的原名冯懋龙在维多利亚海关登记上岸。

派主要领袖李梦九的帮助。李氏帮助他将护照上的职业从"主笔"改为"教员"，以便符合入境身份，免交500加元人头税。冯自由也受到了维多利亚致公堂领导人物的热烈欢迎，但其中的林立晃也是宪政会领袖，对于冯氏的洪门成员背景持怀疑态度。于是，冯自由只好使用一连串洪门暗语来回答林氏的质问，并最终通过朗诵一首包含密语的诗句，使得林立晃相信冯氏曾是横滨三合会中的"草鞋"或将军：[147]

> 草鞋原是五条龙，要把洪家信息通。风雨不停常走动，文书一到便成功。[148]

冯自由很快利用温哥华致公堂的《大汉日报》开始了反清革命宣传。但与孙中山在1904年使用现代组织原则和共和政纲改造美国致公堂的失利尝试不同，冯氏主要利用了致公堂的自身机构和洪门的反清政治传统。他刻意避免讨论同盟会及其政治纲领，而是发挥了致公堂"反清复汉"传统口号。[149]冯氏编辑的报纸不仅发表政治评论，而且使用粤曲歌谣进行革命宣传。为了避免与当地的致公堂发生任何组织竞争，他并未立刻组建同盟会的加拿大分会，而只是与激进青年发展个人关系，其中也包括此前维多利亚

---

147 冯自由：《革命逸史》，上册，第169页。
148 冯自由：《革命逸史》，上册，第169页。冯氏的记载显示他背诵了这首密码诗，但全诗引自《绣像 □□□锦囊传》，上卷，第127a页。
149 冯自由：《革命逸史》，上册，第117—119、169—170页。

152

击楫社的成员。[150]

　　在冯自由来到温哥华后，他很少像康有为和梁启超那样积极接触加拿大的主流社会。[151] 但他使用致公堂的反清口号所作宣传，直接反映了海外华人对于晚清时期外来侵略的担忧。《大汉日报》在这个口号下大肆进行反清宣传，将外国列强对于中国的控制直接归咎于统治清朝的"满虏"，从而与加拿大宪政总会发生了冲突。[152] 在1910年末，加拿大宪政总会已将原由温哥华的叶氏家族控制的《新报》收回解散，并更名为《日新报》出版。[153]《日新报》的主编梁文卿（又名梁文兴）是康有为的学生之一，曾在上海广智书局为冯自由的父亲工作。但冯氏利用致公堂的《大汉日报》与梁氏主编的《日新报》进行了一年多的政治论战，并声称击败了对手，让许多加拿大改良派领导人物转向反清革命。[154]

　　与此相反，梁文卿于1910年11月30日给在日本的梁启超写信报告，宣布他不仅通过论战平息了冯自由的"浮言"，还在加拿大宪政会中祛除了叶氏家族的负面影响。这封信件表明，加拿大的宪政会仍然保留了绝大多数的领导人物，并用他们取代了温哥华的叶氏家族成员。[155] 该信及梁氏随后于1910年12月20日发出的

153

150　冯自由：《革命逸史》，中册，第602—603、750页；冯自由：《华侨革命组织史话》，第72页。

151　陆丹林：《冯自由其人其事》，第153—154页。

152　冯自由：《革命逸史》，中册，第602—603页。

153　"Memorandum of Association of the Chinese Daily Reform Gazette *Sun Bo* Limited," January 25，1911。该档案文件包含一份信函，指出《新报》已在1910年11月15日结业解散。

154　冯自由：《革命逸史》，上册，第170页。

155　张子文编：《梁启超知交手札》，第329页。

另一信件证实，这些加拿大领袖已从宪政会成员中筹集了2.9万日元。其中的2.5万日元已经汇到日本，用以支付梁启超对于满族王公的贿赂，试图使清朝政府承认宪政会在国内的合法地位。由于当时宪政会已经陷入了严重财政危机，该会在墨西哥、中国香港和东南亚的工商企业纷纷破产或陷入困境，这些来自加拿大的汇款显得格外重要。[156] 梁文卿的这些信件表明，尽管面临冯自由主编的《大汉日报》挑战，加拿大宪政会已在一定程度上从温哥华叶氏家族造成的内讧危机中恢复过来。

近来出版的一部加拿大华人史著作详细讨论了叶氏家族的叶庭三与加拿大宪政总会前任秘书廖鸿翔从1910年至1911年之间的个人权力斗争。该书指出廖氏企图取代叶氏的地位，成为温哥华海关的中文翻译，所以竭力讨好罗利总理及其执政的自由党的其他领袖，倡议改革叶氏家族操纵的温哥华移民机构。由于加拿大皇家委员会在1911年初的调查确实揭露了叶庭三向从香港出发的华人劳工出售伪造的商人护照，以供他们进入加国，逃避每人500加元的人头税，他最终失去了在温哥华海关的中文翻译职位。该书由此推断，"宪政会的衰败降低了叶氏家族在跨太平洋世界和加拿大的地位"，而廖鸿翔对于叶家权力的挑战可能与当地华人政治中恩怨有关。然而，"叶氏家族退出宪政会，转而支持孙中山"，由此在温哥华的华人社区，特别在当地致公堂之中"仍然保持了强大的影响"。[157]

---

156 张子文编：《梁启超知交手札》，第329—331页；丁文江、赵丰田编：《梁启超年谱长编》，第341—348页。

157 Lisa Rose Mar, *Brokering Belonging*, 15-48, esp. 18-22, 28-31, 33-46。此处引文来自该书第30—31页。

除了上述该书的推论之外，更为值得注意的是叶氏家族党羽还指控廖鸿翔与加拿大宪政会的三位领袖，即温哥华的李骥和沈财满及维多利亚的李梦九合谋，与叶庭三争夺对于加拿大移民体系的影响和控制。[158] 这一指控暗示这些加拿大宪政会领导人物可能因为叶氏集团在1909年攻击了康有为派系，集体对叶庭三进行了报复。[159] 正因需要应对宪政会领导人物的威胁，并维持在温哥华唐人街的家族统治地位，叶春田的次子叶求茂（又名叶剑胆）受到父亲鼓励，在1911年加入了冯自由所领导的反清革命活动。[160] 这位来自叶家的青年还将在1911年成为加拿大出现的第一个同盟会的主要领导人物。[161]

154

叶求茂和冯自由及前述李伯海的个人经历一样，也出身于改良派家庭，但在后来加入了孙中山领导的同盟会。这三个年轻华人与他们改良派父辈的关系反映了从加拿大到跨太平洋地区的改良派与革命党之间的人际和政治联系。在东南亚，新加坡最早的三位革命领袖也在加入了康有为影响下的改良派之后才转而投身于孙中山领导的反清事业。然后，他们进而从改良派手中夺取了对

---

158 "Royal Commission re. Chinese Immigration and Opium Smuggling," 730, 799-801, 2536. 这份档案将沈财满的名字记为 "Shum Moon" 或 "S. Moon"。关于这些人物在保皇会或宪政会的领导地位，见第二章。

159 根据 Lisa Rose Mar, *Brokering Belonging*（p. 22），廖鸿翔的支持者包括了李骥、沈财满、陈才，但该书仅将他们视为"加拿大华人商业巨头，与叶家争夺移民产业利润的对手"。

160 梁植槐：《叶春田先生传记》，第82页（中文部分）；冯自由：《革命逸史》，中册，第604页。

161 叶求茂：《致梁植槐信》，1929年3月8日，folder 8，box 108，the Chung Collection, Rare Books and Special Collections, University of British Columbia Library, Vancouver。

于中文学校和其他社会组织的控制权力。[162] 因此，在辛亥革命爆发时，孙中山领导的同盟会之所以能在中国国内和北美华人社区中取得革命胜利，其中的部分原因在于它得益于康、梁以及保皇会和宪政会先行发起的政治动员、人员培训和组织发展。

改良派与反清革命从北美唐人街到中国的相继胜利

近代中国共和革命的一个重大历史之谜是：尽管孙中山后来被国民党政府尊为"国父"，他在武昌起义于 1911 年 10 月 10 日爆发、反清运动席卷南方各省的关键时刻却仍在北美、欧洲、东南亚和香港旅行，直到 12 月 25 日圣诞节当天才抵达上海。[163] 中国史学界内外还盛行一种说法：孙中山曾赞誉散居海外尤其北美的"华侨乃革命之母"。此前的学术研究已经对于孙中山的"国父"身份及其"华侨乃革命之母"说法的历史真实性提出质疑。[164] 使用网络分析的方法，就辛亥革命时期同盟会与致公堂的互动进行考察，特

---

162 Yen Ching Hwang, *The Overseas Chinese and the 1911 Revolution*，40，51–52，63，156–165.

163 陈锡祺主编：《孙中山年谱长编》，上册，第552—595页。

164 Lyon Sharman, *Sun Yat-sen, His Life and Its Meaning: A Critical Biography*；Winston Hsieh, *Chinese Historiography on the Revolution of 1911*，68–72；Marie-Claire Bergère, *Sun Yat-sen*, esp. 198–218；Jianli Huang, "Umbilical Ties: The Framing of the Overseas Chinese as the Mother of the Revolution." 在上述历史论著中，Lyon Sharman 的著作最先批驳了辛亥革命史研究中对于孙中山的崇拜，但该书仅引用西文资料，并且充斥史实错误。Winston Hsieh 和 Marie-Claire Bergère 的著作分别代表了早期和近期关于孙中山与辛亥革命的严谨历史研究，并都否认了孙中山在这场革命当中的主要领导地位和作用。

别是就孙中山在1911年北美大陆之行中与致公堂改良派领袖的互动以及同时国内立宪派的政治转变进行探讨，可以揭示从美、加唐人街到国内政治中孙中山地位的崛起、共和革命胜利等历史性变化之间的跨太平洋联系。[165]

　　孙中山于1910年12月6日开始他的最后一次环球之旅，在从东南亚的槟榔屿到达欧洲之后，又于1911年1月19日第四次抵达美国大陆，而此次访问距离他上次从美国西海岸离开仅过去了大约10个月。孙中山在美国大陆的第四次旅行仅仅持续了16天，就突然于1911年2月4日匆忙赶往加拿大西部。[166] 尽管此前一些论著声称孙中山曾于1897年、1910年和1911年三次访问加拿大，[167] 其中所谓的1910年访加之旅实际从未发生过。[168] 他在1897年的第

155

165　关于辛亥革命与北美致公堂关系，见孙昉、刘旭华：《海外洪门与辛亥革命》，第95—169页；黎全恩：《洪门及加拿大洪门史论》，第109—131页。最先就国内立宪派在辛亥革命中的重要作用进行系统分析的论著是P'eng-yüan Chang（张朋园），"The Constitutionalists," 143-183。该作者就此问题的综合分析，见张朋园：《立宪派与辛亥革命》。对于立宪派和辛亥革命持有同样观点的著作还包括 Joseph W. Esherick, *Reform and Revolution in China: The 1911 Revolution in Hunan and Hubei*；Edward J. M. Rhoads, *China's Republican Revolution: The Case of Kwangtung, 1895-1913*；以及 Mary Backus Rankin, *Elite Activism and Political Transformation in China: Zhejiang Province, 1865-1911*。本书的以下部分对于这些不同政治势力在美国和加拿大华人社区及其在国内政治中的互动作了进一步分析。

166　陈锡祺主编：《孙中山年谱长编》，上册，第494、520、524—525页。

167　关于孙中山在1897年、1910年和1911年三次访问加拿大的说法最早见于李东海：《加拿大华侨史》，第301—302页，但该书并未提供任何史料证据。Edgar Wickberg et al., *From China to Canada*（pp. 76 and 88n10）沿袭了李东海的说法，但也没有用原始资料加以证明。这个错误说法后来被许多关于加拿大华人史的论著所沿用，如黄昆章、吴金平：《加拿大华侨华人史》，第141—142页。

168　刘伟森主编：《全美党史》，上册，第54—55、108—130页。

一次横穿加拿大之行从蒙特利尔开始，至维多利亚结束，而他的第二次访加之旅逆向而行，仅持续了两个多月，至1911年4月19日匆忙赶往纽约为止。与此相较，孙中山的第五次也是最后一次横穿美国大陆的旅行却超过了六个月，与他匆忙短促的第四次访问美国大陆之行截然不同。在此最后访美之行中，他从美国东海岸前往西海岸，然后再次返回东部，直到1911年11月2日前往欧洲。但在此同时，反清革命已经在中国南部迅速蔓延，逐步取得胜利。[169]

孙中山最后一次访问北美大陆之旅的异常行程反映了他在亚洲的政治活动及其在同盟会内部领导地位所遭遇的前所未有挑战，并显示他与1911年10月国内反清革命的爆发并无紧密关系。然而，他的这次旅行最终将帮助同盟会在美国和加拿大唐人街取得空前胜利，集结北美华人为中华民国的建立进行先驱性奋斗，并在国内立宪党人支持下，争取辛亥革命的成功和孙中山在这场革命中的政治崛起。

在同盟会于1905年成立之后不久，孙中山的领袖地位就受到了该组织中来自长江中下游的革命领导人物挑战。他们倾向于在1907年前后与康有为、梁启超领导的改良派妥协，停止双方报纸的论战，并对孙中山专注于广州及中国南部边境地区、组织反清起义的"南方战略"表示异议。从1907年到1910年，他们在长江中、下游地区形成了独立于同盟会的革命组织，并进行反清军事活动。在1909年底，籍贯浙江的革命党人陶成章甚至在东南亚公

---

169 陈锡祺主编：《孙中山年谱长编》，上册，第525—530、570页。

开谴责孙中山的领导，并散布他挪用海外华人捐款的谣言。[170]

面对这场同盟会的内部危机及其对他领导地位的直接挑战，孙中山在第三次美国大陆之行结束及在此后的夏威夷短期停留之后，就于1910年6月急忙返回日本。但他尚未获得时间重新组织东京同盟会总部，将其置于个人控制之下，就被日本当局再次勒令离境。从日本抵达东南亚之后，孙中山从党内反对者手中夺回了设于新加坡的同盟会组织，将其东南亚总部迁至槟榔屿。1910年11月，孙中山与他的广东同志及黄兴等来自长江流域的少数支持者共同决定，在广州发动另外一场同盟会领导的反清起义。[171]

这一决定是在位于日本的同盟会总部及其在欧洲、中国香港和东南亚的分部或者陷入内部分歧，或者因1910年2月广州新军起义失败后陷入困局之际作出的。[172] 尽管此前许多论著，特别是中国大陆和台湾学者的研究强调同盟会从1905年开始对改良派进行论战，取得节节胜利，[173] 它在东京的机关报《民报》的发行量在1908年10月日本当局封禁之前就一直在下降。香港同盟会的机关报《中国报》也在其主编冯自由于1910年夏前往加拿大之前就陷入了

170　章开沅、林增平主编：《辛亥革命史》，中册，第501—503、509—512页；陈锡祺主编：《孙中山年谱长编》，上册，第406—411、469—479页；Yen Ching Hwang, *The Overseas Chinese and the 1911 Revolution*，212-219。关于同盟会内部反对孙中山运动的细节，见Marie-Claire Bergère, *Sun Yat-sen*，147-153。

171　陈锡祺主编：《孙中山年谱长编》，上册，第494、505-518页；Yen Ching Hwang, *The Overseas Chinese and the 1911 Revolution*，226-234。

172　章开沅、林增平主编：《辛亥革命史》，中册，第509—512页、第531页注152；Yen Ching Hwang, *The Overseas Chinese and the 1911 Revolution*，226-234；Marie-Claire Bergère, *Sun Yat-sen*，185。

173　关于此类论著的典型，见章开沅、林增平主编：《辛亥革命史》，中册，第534—564页；张玉法：《清季的革命团体》，第277—297页。

严重财政危机。在新加坡的最早三家革命报纸中，第一家在1905年末结束营业，第二家在同一年被改良派夺取，而其中最为重要的《中兴日报》仅从1907年发行至1910年。在1908年至1911年之间存在的六家影响较小的革命报纸中，每家均仅运行了一到两年。[174] 因此，在同盟会的这个困难时刻，孙中山作出的广州起义计划显然是孤注一掷的冒险行动，试图以此来扭转反清革命连遭不利的形势。

由于槟榔屿的改良派报告了孙中山在当地发表的煽动性言论，他很快就收到了该地英国殖民当局的驱逐令，而他在此前已经先后被日本、荷属东印度、法属印度支那和泰国拒之门外。因此，从1910年12月6日开始，孙中山只得前往欧洲和北美避难，并计划为决定举行的广州起义筹集资金。经过短暂而徒劳的欧洲之行，孙中山在1911年1月19日抵达纽约，但他很快就离开那里前往旧金山。在与美国致公堂旧金山总堂的领袖约定于2月4日为农历新年会面聚餐之后，他却在当天不辞而别，接受了冯自由的邀请，前往加拿大，为广州起义紧急筹款。[175] 很显然，他将筹款成功的期望主要寄托于这一临时决定的加拿大之行，而不是他从1904年以来一直竭力争取的美国旧金山致公堂总堂。值得特别注意的是，孙中山从以往的一连串失败转向未来节节胜利的关键却是维多利

---

174 Marie-Claire Bergère，*Sun Yat-sen*，148，155-156；陈少白口述、许师慎笔记：《兴中会革命史要》，第62页；Yen Ching Hwang，*The Overseas Chinese and the 1911 Revolution*，60-62，100-101，302。

175 Yen Ching Hwang，*The Overseas Chinese and the 1911 Revolution*，234-236；陈锡祺主编：《孙中山年谱长编》，上册，第520—525页；孙中山：《孙中山全集》，第1卷，第509—510页。

亚，而该市正是康有为的海外改良运动的起点及加拿大宪政总会 157
的新的组织活动中心。

康有为和梁启超所领导的宪政会并非如以往的研究所述，在辛
亥革命前夕的加拿大唐人街及跨太平洋华人世界中遭受"完全溃
败"。[176] 在加拿大宪政总会于1909年失去温哥华叶氏家族及其同党
的支持之后，维多利亚致公堂总堂的一位主要领袖林立晃于1910
年成为该组织总理，其组织活动中心也因此从温哥华迁往维多利
亚。林立晃和太平洋地区宪政会的许多领袖仍然忠实地追随康有
为和梁启超，并与清朝国内的立宪党人一道联合行动，试图加速
宪政改革，避免暴力革命在祖国发生。饶有意味的是，这些国内
改良派与清政府在宪政改革议程上发生日益激烈的冲突，最终将
会促使他们考虑选择革命的道路。[177] 同样的政治态度变化也在加拿
大宪政总会领袖之中发生，从而直接帮助了孙中山在北美筹款活
动中取得最初的成功。[178]

在中国历史上首次由民众在1909年选举出省谘议局之后，
十六个谘议局的领导人物很快就向清朝政府请愿，请求尽早召开
民选的国会。由于清政府在1908年8月取缔了宪政会的外围组织
政闻社，梁启超与国内的立宪党人失去了直接组织联系，但他仍

---

176 L. Eve Armentrout Ma, *Revolutionaries, Monarchists, and Chinatowns*, 125。其
　　他著作也强调海外华人改良运动及其组织已在辛亥革命前夕全面衰落，见章开
　　沅、林增平编：《辛亥革命史》，中册，第562—564、802—806页。

177 《英属加拿大七省宪政总会禀》，档案全宗 CERAD，文件号码 AR-8；丁文江、赵
　　丰田编：《梁启超年谱长编》，第334—335页。

178 关于孙中山1911年初加拿大之行的更为详细分析，见陈忠平：《维多利亚、温哥
　　华与海内外华人的改良和革命，1899—1911》，第92—94页。

然派遣其领袖徐佛苏（又名徐公勉，1879—1943）加入他们的政治活动。[179] 在各省谘议局代表的第一次请愿于1910年1月30日被清廷拒绝之后，他们于当年6月16日举行了第二次请愿。紧随其后，国内的商会、教育会等九个组织及海外华人也进行了同样请愿，其中东南亚和澳大利亚华侨的请愿书由康有为亲自撰写，但清政府仍然拒绝早开国会。[180] 1910年10月3日，清政府仅召开了作为临时国会的"资政院"，但其中196名议员的半数由朝廷任命，另外一半来自省谘议局。因此，各省谘议局领袖继续在10月7日及随后几天举行了第三轮请愿，要求尽早召开民众选举的国会。康有为领导下的宪政会派出两名领导人物，担任东南亚、澳大利亚和美国华侨的请愿代表。[181]

然而，加拿大宪政会总会及其在七个省的分会已经于1910年9月27日采取行动，通过其总理林立晃和副总理蒋奈同向清政府提交了请愿书。该请愿书特别强调清政府召开国会的迫切需要，以便凝聚海外华人的支持，防止外国列强分裂中国，并由责任内阁制改革政治体制，在民众支持下加强军事实力。[182] 这份请愿书可能由康有为撰写，因为他也为美国宪政会起草了一份类似的请愿书，

179 张玉法：《清季的立宪团体》，第386—395页；张朋园：《立宪派与辛亥革命》，第11—12、52—54页；丁文江、赵丰田编：《梁启超年谱长编》，第289、306、326页。

180 张玉法：《清季的立宪团体》，第395—405页；康有为：《康有为全集》，第9集，第173—175页。康有为的请愿书的稿件写于1910年，但它要求在10月3日召开国会，显然是为第二轮请愿活动而准备的。

181 张玉法：《清季的立宪团体》，第418—438页；张朋园：《立宪派与辛亥革命》，第60页。

182《英属加拿大七省宪政总会禀》。这份请愿书直接送达清朝海军大臣载洵，因为他当时正在美国访问，见《东华新报》，1910年12月17日、31日。

由其弟子伍宪子（1881—1959）在第三次请愿期间提交清朝政府。[183] 尽管各省谘议局领导的第三轮请愿得到了资政院和数十名巡抚、总督的支持，但清廷仍然加以拒绝，仅承诺提前四年于1913年召开国会，然后就动用警察，将所有请愿人士驱逐出京。作为第三轮请愿的两位参与者，徐佛苏和伍宪子均记录了大多数立宪派请愿人士对于清廷及其虚假改革的绝望，并记录了他们关于发动革命、推动各省独立、以便组织立宪政府的秘密讨论。[184] 作为1910年加拿大宪政会请愿运动的主要领导人，林立晃在孙中山到达维多利亚筹款期间，对于反清革命表现了类似态度。

孙中山于1911年2月6日晚到达温哥华，受到当地致公堂领袖和成员的热烈欢迎。尽管大雨滂沱，他在致公堂和当地华人戏院的演讲还是吸引了大批观众。[185] 根据冯自由的说法，孙中山之所以获得当地致公堂的热烈支持，不仅是因为他的讲演迎合了洪门的反清传统和口号，还因为他的名气帮助致公堂招募了更多成员作为其人力和财力的新来源。冯氏的记载表明，孙中山在致公堂新成员的入会仪式上担任了"老母"，即主盟人，以至300多人当场加入了温哥华的堂口。冯自由趁机提议组织"革命救国筹款局"，致公堂领袖当即赞同，并自愿加入。冯氏声称，温哥华的致公堂通过该局首先为广州起义捐出1万港币。他们并依照孙中山的建议，让该局以革命军政府的名义，发行价值10加元、100加元或

159

---

183 康有为：《康有为全集》，第9集，第171—172页；张玉法：《清季的立宪团体》，第410页。
184 张朋园：《立宪派与辛亥革命》，第84—91页。
185 孙中山：《孙中山全集》，第1卷，第509—510页。

1,000加元的债券。此后，冯自由陪同孙中山前往维多利亚，在那里他们动员加拿大致公堂总堂抵押其堂所，筹得3万港币，资助广州起义。[186]

现有资料显示，孙中山确实曾于1911年2月13日在温哥华发表了一场公开演讲，但他夸大其词，耸人听闻地声称他所领导的革命党已经在国内控制了3,000～4,000名士兵和7,000～8,000名炮兵，此外还有上百万驻扎中国某地的军队。[187]同一天，孙中山充当号为"老母"的主盟人，与温哥华致公堂大佬陈文锡一道，为60多名新的成员举行了入会仪式。[188]所有这些活动显然旨在为计划中的广州起义筹集资金，但冯自由对孙中山在温哥华首先取得筹款胜利的记载仍然与现有原始资料矛盾，值得考证和订正。

根据香港同盟会中担任广州起义统筹部出纳员的李海云所开收据，他在1911年3月1日收到维多利亚致公堂汇出的3万港币。[189]负责筹备这项军事起义的主要领导人黄兴也在1911年3月6日从香港致函维多利亚致公堂，确认收到3万港币汇款。但他在3月12日

---

186 冯自由：《革命逸史》，上册，第170—71页。

187 孙中山：《孙中山全集》，第1卷，第511—512页。

188 简建平编著：《中国洪门在加拿大》，第9、24、32页。该书基于曹建武所写的《加拿大致公堂复国运动史》一文手稿，详细记述了孙中山在1911年初横跨加拿大的筹款之旅。曹氏原稿写于1930年，曾在《大汉公报》以系列方式在1978年9月至12月发表。该手稿根据温哥华致公堂档案写成，所以包括关于孙中山在英属哥伦比亚活动的相对准确记录。但是它对孙中山在加拿大其他省份活动的记录，特别是他在卡尔加里和多伦多活动的记载，存在严重史实错误。这些史实错误误导了黎全恩：《洪门及加拿大洪门史论》，第118—130页。其他的一些中文出版物也沿袭了这些史实错误，见笔者以下的讨论。

189 该收据的照片见冯自由：《中华民国开国前革命史》，中编，图片7。该照片复印件载黎全恩：《洪门及加拿大洪门史论》，第123页。

给冯自由的信中指出，温哥华致公堂的1万港币在此前一天汇达香港。[190] 此外，孙中山于1911年3月5日致函维多利亚的年轻华商林礼斌，表示温哥华的致公堂无法抵押房产，还需要一至两天才能筹集到1万到2万港币，将资金汇给香港同盟会。[191] 因此，孙中山起初在纽约、旧金山或温哥华为广州起义筹款的活动并没有取得太大成功。实际上，他在维多利亚逗留期间也坦率地向当地致公堂领袖和林礼斌承认尚未取得成功。[192]

孙中山、冯自由与廖翼朋一起于1911年2月22日离开温哥华，前往维多利亚。廖氏于1899年5月与温哥华六位华商创立的跨国商业公司正是保皇会的前身，但如上所述，他从这一改良派组织的开始之际就被排除在其领导阶层之外。孙中山一行三人在维多利亚的港口受到加拿大致公堂在该市总堂的三位领导人物的欢迎，但其中的一位却是加拿大宪政会总会现任总理林立晃。在维多利亚期间，孙中山作了两场宣传反清革命、请求支持广州起义的筹款演讲，其中一场向公众开放，另外一场专门针对当地致公堂成员。冯自由乘此机会向维多利亚致公堂总堂领袖和成员建议，要求他们抵押其堂所，为广州起义提供捐助。据冯氏后来回忆，维多利亚致公堂总堂领袖曾担忧温哥华分堂因其成员更多、与加拿大其他堂口联系更为方便，争夺总堂领导地位。冯自由应他们所

160

190　黄兴:《黄兴集》，第35—37页。

191　Sun Yat-sen, Letter to Lin Libin, March 5, 1911. MS-1027, British Columbia Archvies, Victoria。该信的复印件载黎全恩、丁果、贾葆蘅:《加拿大华侨移民史》，第193页。孙中山致林礼斌的信件发自温哥华，他并敦促后者为维多利亚唐人街的华人作出表率，进行个人捐款。

192　林礼斌:《域埠中华会馆之沿革及华侨学校创立之缘起》，第3页。

请，曾在双方进行调解，所以他的建议能够被维多利亚致公堂总堂领袖接受。冯氏还希望维多利亚的致公堂总堂能够开创为广州起义积极捐款的先例，影响加拿大其他分堂。[193]

为了这一目的，孙中山特意邀请温哥华和新威斯敏斯特的致公堂分会领袖参加维多利亚总堂会议，敦促他们集体决定抵押总堂堂所，从而为计划中的广州起义筹集足够资金。在此次会议中，林立晃是一位特别关键的人物，因为他既是维多利亚致公堂总堂司库员，又是加拿大宪政会总部的现任总理，恰是孙中山领导的同盟会的长期对手。大概是由于清政府拒绝了包括林立晃在内的海内外改良派的三轮请愿，拒绝速开国会，林氏与国内立宪党人一样，对此深怀不满。所以，他从孙中山到达维多利亚开始之际就表示欢迎，并未反对为广州的反清革命起义筹款。不过，他建议向致公堂成员筹集资金，以防广州起义失利，抵押的堂所无法赎回。但孙中山保证，如果广州起义失败，他将再来此地，将该地香山同乡全都带进致公堂，帮它偿还贷款。[194]

显然，孙中山通过反清革命宣传迎合了致公堂的反清传统和招募新成员需要，并因为冯自由利用了维多利亚和温哥华致公堂之间的竞争，所以他在维多利亚能够首先取得为广州起义筹款的巨大成功。此外，林立晃对于孙中山为广州起义筹款的温和支持态度既符合致公堂内部普遍的反清倾向，也与海内外改良派在清末

---

193 *Province*, February 22, 1911；冯自由：《革命逸史》，上册，第169、171页；中册，第603页。简建平编著：《中国洪门在加拿大》，第24—25页。

194 简建平编著：《中国洪门在加拿大》，第24—25页；冯自由：《革命逸史》，中册，第601页。

宪政改革中受挫的政治态度一致。维多利亚致公堂总堂对于孙中山筹款活动的大力支持迅速影响了加拿大其他城市的分堂，而林立晃对于激进改良派中革命倾向的被动接受也为他所领导下的加拿大各地宪政会开创了先例。

　　一份现存档案文件证明北美致公堂与孙中山的同盟会之间的真正有效的合作是从维多利亚开始的。这份具有历史意义的文件显示，加拿大致公堂在维多利亚的总堂于1911年2月24日举行了一次特别会议，绝大多数与会者同意以1.2万加元的价格抵押总堂的房产，作为"救国基金"。总堂大佬马延远、书记张辉、林立晃等共10名"职员"，林立荣等共24名"议员"，以及46名会员签署了关于抵押房产决议。2月27日，马延远和张辉与英属哥伦比亚土地和投资局（British Columbia Land and Investment Agency）签署了正式文件，以总堂房产抵押1.2万加元，并为此付7%的年利率。[195] 为了筹足、汇出3万港币的整数，孙中山又要求林礼斌从当地一家银行借款900加元，这笔钱后来由温哥华的致公堂偿还。他还敦促林氏和维多利亚的其他商人补足剩余资金。[196]

---

195 "Mortgage from Chee Kong Tong Society to B. C. Land & Investment Agency, 27th February 1911," Land title no. 3501571, Victoria Land Title Office, Victoria, BC。该致公堂在1911年2月24日决议的签名页共为三页，其中两页的复印件载于 Chuen-yan David Lai, "Contribution of the Zhigongtang in Canada to the Huanghuagang Uprising in Canton, 1911," 102。但该文章错误地推断称孙中山在1911年2月14日抵达维多利亚。黎全恩：《洪门及加拿大洪门史论》（第122页）重印了这两页签名。在这一文件中，林立晃以其别名"Lim Sam"签字。

196 林礼斌：《域埠中华会馆之沿革及华侨学校创立之缘起》，第4页；Sun Yat-sen, Letter to Lin Libin, March 5, 1911。林礼斌文章中关于维多利亚致公堂抵押房产所得资金总数及当地商人捐款数额有一些错误，见陈忠平：《维多利亚、温哥华与海内外华人的改良和革命，1899—1911》，第93页注解3。

　　为了感谢维多利亚致公堂总堂领袖和当地一些商人为广州起义筹款，孙中山专门邀请他们共进晚餐。由于致公堂内部对于抵押房产问题仍有激烈争议，只有11名致公堂领导人物和5名捐款的商人敢于接受孙中山的邀请。这些商人不仅包括曾于1897年孙中山首次访加期间在维多利亚接待他的李勉臣，还包括在1899年向康有为建议将他的改良派组织命名为保皇会的黄宣琳。晚餐刚刚开始之际，所有的灯光突然全部意外熄灭，加剧了本来就已十分紧张的气氛，以至出席晚宴的一些客人将这次意外视为不祥之兆。但据冯自由的回忆，林礼斌和黄宣琳等维多利亚商人在此后继续支持孙中山的筹款活动，提供了4,000多港币的个人捐款。[197]

　　孙中山在维多利亚取得初步筹款成功后，在1911年2月26日至3月1日左右继续前往温哥华岛上的两个煤矿城市——乃磨（Nanaimo）和坎伯兰（Cumberland）——进行活动。此后直到3月中旬，他主要在温哥华和附近的新威斯敏斯特市从事反清革命宣传和为广州起义筹款的活动。3月5日，他再次在温哥华帮助当地致公堂大佬陈文锡，为70多名新成员举行了入会仪式。3月12日，孙中山与陈文锡一起回到了乃磨，共同主持了当地致公堂新成员的入会仪式。[198] 他的筹款活动最终使得温哥华的致公堂能够从自己的成员和附近的堂口筹集到足够的资金，向香港的同盟会汇出1万港币。在广州起义之前，它给黄兴汇款的总数为1.9万港币，

162

197　林礼斌：《域埠中华会馆之沿革及华侨学校创立之缘起》，第3—4页；冯自由：《革命逸史》，中册，第603页。
198　简建平编著：《中国洪门在加拿大》，第24、26、33页。

并在此后又汇出 2,000 港币。[199]

由于温哥华东北方向的锦禄（Kamloops）市内致公党的特别邀请，孙中山在1911年3月15日到达该地火车站，受到当地洪门兄弟和他们请来的一支西洋乐队的热烈欢迎。孙中山从该地发出的信函表明，他当时已经得到预期从美洲筹集的5万到6万港币的一半以上资金。所以，他计划从锦禄向东穿越加拿大，在旅程中继续募捐其余的半数。但在锦禄的演讲中，孙中山将在北美筹款的目标进而提高到30万港币。[200]

加拿大致公堂维多利亚总堂专门派出其主要领袖之一谢秋帮助孙中山在加拿大各地筹款。温哥华致公堂的一名领袖也陪同他们前往锦禄和英属哥伦比亚省的其他城市。孙中山一行从锦禄首先到达附近的阿什克罗夫特村，继续革命宣传和筹款活动。他们随后向南进入奥肯那根山谷（Okanagan Valley），穿过弗农（Vernon），于1911年3月24日到达企龙拿（Kelowna）时，受到当地致公堂的30多名成员和一支中式乐队的欢迎。他在英属哥伦比亚省的筹款之旅于1911年3月28日至29日在山城利维士笃（Revelstoke）结束。[201]

值得注意的是，孙中山走访了英属哥伦比亚省近十个大大小小的城市，而这些地方都有宪政会的分会。但他仅在温哥华岛上的

---

199 黄兴：《黄兴集》，第36、46页。关于来自温哥华致公堂汇款的详细分析，见陈忠平：《维多利亚、温哥华与海内外华人的改良和革命，1899—1911》，第93页。

200 简建平编著：《中国洪门在加拿大》，第25页；冯自由：《革命逸史》，上册，第172页；孙中山著：《孙中山全集》，第1卷，第513—514页。

201 简建平编著：《中国洪门在加拿大》，第25—27页；关于孙中山抵达企龙拿的报道，见 Courier, March 30, 1911。

煤矿城市坎伯兰曾面临来自宪政会成员对其生命的潜在威胁，以至当地致公堂的四名成员身怀手枪，轮流站岗，守卫了他一夜。[202]由此可见，这些地方宪政会的绝大多数改良派领导人物都与维多利亚的林立晃采取了同样态度，已从与孙中山为敌转向对他容忍和同情，甚至支持他为反清革命筹款的活动。

163

　　孙中山在1911年3月初抵达阿尔伯塔省的最大城市卡尔加里之后，立即收到香港同盟会的紧急电报，敦促他在五天内再筹集3万港币。因此，在卡尔加里进行反清革命宣传和为广州起义筹款动员之后，他已处于焦急万分之际，不得不拒绝来自列必珠（Lethbridge）等附近小城市的致公堂邀请，急忙前往曼尼托巴（Manitoba）省的省会和当时加拿大的第三大城市温尼伯（Winnipeg）。但在1911年4月6日离开温尼伯之前，他在那里只筹集了几百加元。[203]

　　在谢秋的陪同下，孙中山抵达多伦多，正巧收到一位满洲将军在广州被华侨革命党人于4月8日暗杀的消息。这一英勇的行动和戏剧性的事件极大地帮助了孙中山在多伦多华人中间进行的反清宣传和筹款活动。4月9日晚，在孙中山和谢秋的公开演讲结束后，当地致公堂效仿维多利亚总堂先例，决定利用其堂所为广州起义

---

202 简建平编著：《中国洪门在加拿大》，第25—27页；陈忠平：《维多利亚、温哥华与海内外华人的改良和革命，1899—1911》，第88—89页。

203 简建平编著：《中国洪门在加拿大》，第27页；孙中山：《孙中山全集》，第1卷，第515、518—519页。简氏误以为孙中山曾在卡尔加里停留三周之久，并且夸大了他在温尼伯筹款活动的成功。其他一些有关著作沿袭了这些史实错误，见黎全恩：《洪门及加拿大洪门史论》，第127页；刘伟森主编：《全美党史》，上册，第123—125页。

筹集资金。它首先将该堂所以8,260加元的价格拍卖给一家中国杂货商，但这项交易要到三个月后才能完成。因此，多伦多致公堂最终将其堂所抵押给道明银行（Dominion Bank），从而为广州起义筹集了1万港币。[204]

至1911年4月19日，孙中山与谢秋在蒙特利尔结束了他们为广州起义筹款的跨加拿大之旅。在蒙特利尔，孙中山向当地的致公堂成员发表了反清革命演说，并主持了43个新成员的加盟仪式。结果，蒙特利尔致公堂筹集了近6,000加元，然后汇给了黄兴约1.1万港币。1911年5月，黄兴在关于广州起义的报告中，记录了他共收到了6.3万港币的加拿大捐款，占海外各地华侨为此次反清起义所捐15.7万港币的40.1%。[205] 冯自由也指出，他通过温哥华致

---

204 孙中山：《孙中山全集》，第1卷，第515—516、518—519页；*Globe*，April 10 and 15，1911；冯自由：《革命逸史》，中册，第604页；简建平编著：《中国洪门在加拿大》，第27—28页。李海云在香港收到多伦多致公堂的1万港币之后，曾于1911年4月13日发出签名的收据，见冯自由：《中华民国开国前革命史》，中编，图表8。根据简氏的著作，多伦多致公堂起先曾试图将其堂所出售来帮助广州起义，本书引用的新闻报道也证明确有其事。但简氏声称多伦多致公堂的捐款数额为1.3万加元，与事实不符。特别重要的是，简著因袭了前文提到的曹建武手稿《加拿大致公堂复国运动史》，将孙中山在多伦多停留的日期错记为1911年4月25日至29日，并将广州满人将军在1911年4月8日被暗杀事件错认为1911年4月27日发生的广州起义。同样的错误出现于黎全恩：《洪门及加拿大洪门史论》，第127—128页，并且误导了刘伟森主编：《全美党史》，上册，第126页。刘著进而将这一事件错误理解为新军在广州的兵变，但这一兵变实际发生于1910年2月12日。

205 黄兴：《黄兴集》，第46页。根据David Lai，"Contribution of the Zhigongtang in Canada to the Huanghuagang Uprising in Canton，1911，"97，103，加拿大捐款数及海外华人捐款总数与以上所述有所不同，但该文仅引用了关于黄兴报告的间接史料。这篇文章也指出，加拿大致公堂声称为广州起义捐款共14.1万港币，但这是不符事实的夸大说法。

公堂的革命救国筹款局，亲自电汇超过7万港币的款项到香港同盟会，约占海外各地华人为广州起义提供的157,213港币捐款总额的44.5%。因此，他将加拿大致公堂誉为海外华侨为广州起义捐款的冠军，[206] 为此军事行动贡献了近一半的资金。

164　　　不幸的是，黄兴指挥下的广州起义却以失利告终，并成为孙中山从1895年至1911年间策划的十次反清军事起义之中最后，也最为惨重的失败。共有86名起义人员或是当场牺牲，或被清政府事后逮捕处决，其中绝大部分遇难者的尸体后来被收集起来，安葬于著名的广州黄花岗七十二革命烈士陵园。[207] 然而，孙中山为这一军事起义在加拿大各地的筹款活动不仅增强了他继续进行反清斗争的信心，而且也为他未来与美国致公堂的合作提供了先例。1911年3月30日，新威斯敏斯特致公堂就致函美国致公堂旧金山总堂，以加拿大致公堂维多利亚总堂和温哥华分堂的先例，鼓励旧金山总堂支持孙中山的筹款活动。[208]

　　确实，孙中山在加拿大及此后在美国的筹款成功主要依赖于各地致公堂的支持，但如上述讨论所表明的，它们之中的大多数领袖和成员都已经受到了康有为的保皇会、宪政会及其改良运动的政治影响。从这个意义上说，1911年初期孙中山在加拿大各地

---

206 冯自由：《革命逸史》，中册，第603—604页。关于加拿大为广州起义捐款的数额，亦见冯自由口述、孙宣武笔记：《黄花岗一役各地筹饷机关人物活动》，第361—362页。该文说明，加拿大捐款总额为7.2万港币，其中各地致公堂的捐款数额为：温哥华，1万港币；维多利亚，3万港币；多伦多，1万港币；其他加拿大城市，2万多港币。

207 陈锡祺主编：《孙中山年谱长编》，第1卷，第533页。

208 五洲致公总堂：《革命历史图录：170周年纪念特刊》，第71页。

筹款期间对于致公堂的革命动员极大地受益于康有为领导的海外华人政治改良运动的遗产。孙中山在加拿大的经历将帮助他赢得美国致公堂的全力支持，但在他最后一次穿越美国的筹款活动中，也沿袭了康有为在政治改良运动中举办实业的做法。

　　在孙中山的加拿大之行取得筹款成功之后，冯自由乘机于1911年5月在温哥华成立了同盟会的第一个加拿大分会，从该市和维多利亚的华人中招募了100多名成员。在冯氏的领导之下，这个新成立的同盟会分会积极动员其成员参加温哥华中华会馆领导人的年度选举。他们利用家族关系和同乡情谊，在选举中影响了其他华人选民，几乎击败了当地宪政会的所有改良派候选人。结果，在中华会馆的20名新董事中，有12人来自同盟会温哥华分会。其中选举获胜的同盟会员之一是叶求茂，出身于曾经在加拿大保皇会及其后继的宪政会总部中占据统治地位的叶氏家族。如上所述，温哥华的中华会馆是在1899年创立的，其创始人主要是叶春田、黄玉珊、李骥等加拿大保皇会的改良派领导人物。所以，同盟会温哥华分会在这次选举中的成功，再次证明了它继承了康有为改良派的组织制度遗产。此后，同盟会的分会也在1911年底先后出现在维多利亚、多伦多和其他加拿大城市。[209]

165

　　孙中山于1911年4月19日从加拿大东部到达纽约后，立即召集那里的华人社区领袖举行为广州起义筹款的会议，出席会议的人中包括当地同盟会和致公堂的领导人物，并有宪政会的成员，但这些改良派成员的本来目的是在会场捣乱。由于参加会议的人

209　冯自由：《革命逸史》，中册，第604—605页；《新民国报》，1912年11月3日。

数很少，孙中山只得取消了他的公开演讲，改为与出席者进行圆桌讨论。他的反清言论赢得了一位宪政会领导人的同情，并得到了他20美元的个人捐款，但纽约同盟会和致公堂领袖及其他与会者都没有捐献分文。当孙中山在4月28日抵达芝加哥时，他收到了广州起义失败的消息。但孙中山没有为此灰心失望，反而立即开始了新的筹款活动，用于照顾起义中受伤的人，并重新振兴反清革命事业。他计划成立一家资助革命的中华实业公司，并利用其发行的股票筹集资金。这种手段与此前康有为利用保皇会从事的实业活动十分类似，但因认购股票的人很少，孙中山很快就放弃了这个计划。[210]

当孙中山于1911年6月18日前后抵达旧金山时，他决定沿用他在加拿大筹款成功的先例，与美国致公堂总堂领袖讨论合作计划。为了迎合他们招募新成员的愿望，孙中山命令当地同盟会的所有成员加入致公堂，并借机推动成立洪门筹饷局，与此前在温哥华设立的机构一致。作为旧金山致公堂总堂和新成立的洪门筹款局的主要领袖之一，唐琼昌在1899年就曾是该市保皇会的一位主要领导人物，与维多利亚的林立晃有相同政治经历。为了保证同盟会与美国致公堂的合作，孙中山在1911年8月又将冯自由从温哥华派到旧金山。此后，冯自由与唐琼昌及美国致公堂旧金山总堂大佬黄三德建立了特别密切的关系。[211] 如前所述，北美的绝大

---

210 吴朝晋口述、李滋汉笔记:《孙中山三赴纽约》，第7—8页；陈锡祺主编:《孙中山年谱长编》，第1卷，第530—535页；孙中山:《孙中山全集》，第1卷，第517—522页。

211 陈锡祺主编:《孙中山年谱长编》，上册，第537、541—542页；冯自由:《革命逸史》，上册，第119—124页。

多数华人移民都是致公堂的成员。所以，通过先后与加拿大和美国致公堂合作，孙中山领导的同盟会在辛亥革命爆发前夕已经赢得了绝大多数北美华人移民支持。

维多利亚的林立晃、旧金山的唐琼昌以及其他曾经追随康有为的致公堂领袖在辛亥革命前夕转而支持孙中山的革命党，为后来国内的立宪党人开创了先例。在武昌起义于1911年10月10日爆发后，国内的许多立宪派领导人也像这些北美致公堂的领袖一样，转向了反清革命，其中的湖北省谘议局议长汤化龙最早投身革命运动，引领了这种政治潮流。当驻扎武昌的新军内革命官兵于10月10日晚发动起义，并在次日组建军政府之后，汤化龙很快就加入了他们的行动，担任军政府民政长兼秘书。他还向全国各省谘议局发出公开电报，敦促他们支持武昌起义，并在另一电报中首先倡议组建"共和政体"。此后至1911年11月27日之前，共14个省的谘议局领袖或者与革命党及其他支持革命的力量合作，或者在推动各省从清朝和平独立方面发挥了重要作用。[212]

在武昌起义爆发的一个多月之前，孙中山于9月2日离开旧金山，带领其他三名同志展开横跨美国大陆的由西向东筹款之旅。他于10月12日在科罗拉多（Colorado）州丹佛（Denver）市的一家旅馆逗留时，从一份当地晨报上得知关于武昌新军发动反清起义的消息。但是，这次新军起义由其内部两个革命团体的军官和

[166]

---

212 陈忠平、陈明：《辛亥前后汤化龙与革命党人关系探析》，第1720—1723页；Joseph W. Esherick, *Reform and Revolution in China*, 182-186。关于汤化龙及各省立宪党人在辛亥革命期间的政治活动，见张朋园：《立宪派与辛亥革命》，第105、114—117、120—186页。

士兵发起，与孙中山及其领导之下的同盟会没有直接组织联系。他们仅与设在上海的中部同盟会产生过有限接触，但该组织是一个由长江中下游革命党人脱离孙中山直接领导、自行组成的一个分离主义团体。此外，孙中山及其亲密的同志如黄兴在最初并未预料到武昌起义能够成功，但黄兴曾在事先与密谋起义者有过个人联系，并在后来前往武昌战场指挥战斗。身在美国的孙中山则仍旧向美国东海岸进发，继续其筹款旅行。但是，随着国内辛亥革命运动日益扩大并逐渐显示胜利的迹象，他在11月2日结束的最后一次美国之行中及其在此后欧洲的旅行中日益积极寻求与美国、英国及法国官员接触，加强了为国内革命争取外交和财政支持的活动。然而，他的这些努力并未产生实际成效。[213]

尽管如此，孙中山作为一位长期从事反清活动的资深革命领袖的声望，加上有关他已从西方政府取得外交支持，尤其是财政援助的传闻，为他在国内的反清阵营中赢得了崇高声誉。在江苏巡抚程德全于11月5日领导苏州独立，从一位清朝的立宪派官员转变为苏省军政府都督之后，他在11月14日就首先提议由孙中山组织新的民国政府。在孙中山于12月25日圣诞节当天抵达上海后，他作为总统候选人的提名得到了黄兴等同盟会高层领导人的强烈支持。在旧金山，美国致公堂总堂以其所属各分堂和华侨团体的名义向南京发去了一百多份电报，强调孙中山是担任新的民国政府总统职位的唯一合格人选。11月28日，包括汤化龙和其他主要

213　陈锡祺主编：《孙中山年谱长编》，上册，第546—548、551—585页，特别是555页；Marie-Claire Bergère, *Sun Yat-sen*, 151-153, 201-209。关于武昌起义与孙中山及其同盟会的关系，见Joseph W. Esherick, *Reform and Revolution in China*, 173-176。

立宪党人在内的共和建设会也向14个省份代表发出电报，要求选举孙中山为南方临时政府的总统。同天晚上，孙中山在17个已经独立省份代表的无记名投票中，以16票当选为临时大总统。他的就职典礼于1912年1月1日在南京举行，标志了中华民国临时政府的成立，但该政府中的大多数部长都是立宪党人，甚至是从清朝政府倒戈的前改良派官员。[214]

由于孙中山在1911年的最后一次北美之行期间取得空前筹款成就，由此巩固了他在同盟会的领导地位，并通过与致公堂实现合作取得革命党在加拿大和美国唐人街的胜利，因此也可以说正是这次旅行使他成为辛亥革命前期缺席的中华民国"国父"。更重要的是，在辛亥革命前夕，北美华人对于同盟会及其反清革命运动的支持使得他们成为共和革命的先驱斗士，并在其后成为新的民国政权的坚定捍卫者。

在武昌起义引发辛亥革命之后，冯自由带领致公堂旧金山总堂所属的洪门筹饷局进行了更为积极的活动，积极地动员北美华侨，为祖国革命捐款。他当时所取得的最大成就之一是从旧金山、维多利亚等北美城市华人中筹集到了足够的捐款，购买了六架飞机，并运往中华民国临时政府的首都南京。由于缺乏合格飞行员，这些飞机无法飞上天空，只是成为南京新建机场的钢铁摆设。但

---

[214] 陈锡祺主编：《孙中山年谱长编》，上册，第603—604、615—619页；Joseph W. Esherick, "Founding a Republic, Electing a President: How Sun Yat-sen Became *Guofu*," 129, 134–135, 139–145；黄三德：《洪门革命史》，第22—23页。关于中华民国临时政府成立的历史细节，参见章开沅、林增平主编：《辛亥革命史》，下册，第1184—1200页，但该书强调由革命党人担任的少数部长和多数部门的次长在南京临时政府中的支配地位。

上海的通讯社和北京报纸纷纷报道，声称革命军的飞机能够凌空数千尺，威力无比强大。当时担任清朝政府总理和北方新军实际统帅的袁世凯将军已经通过与南京临时政府的谈判达成协定：只要他能迫使清帝退位，并宣布赞成共和主义，就可以代替孙中山为中华民国临时大总统。他巧妙地利用了有关革命军飞机的耸人听闻报道，威吓代为幼年的宣统皇帝垂帘听政的隆裕皇太后。隆裕皇太后闻言惊恐变色，声泪俱下，从而最终决定清帝在1912年2月12日宣布退位。[215] 因此，使用北美华侨捐款购买的飞机虽未升空，仍对辛亥革命的最后胜利发挥了作用。

根据旧金山洪门筹饷局至1911年底的报告，它从北美华人筹集到的资金超过40万美元，其中可能大部分来自美国。[216] 根据更为详细的史料，加拿大致公堂总共为1911年4月27日的广州起义捐款9.2万元，位于温哥华、新威斯敏斯特和锦禄的致公堂还在1912年为新成立的中华民国筹集了3.4万元的"国民捐"。[217] 在维

---

215 冯自由：《革命逸史》，上册，第124页，第380—382页；《英属加拿大驻域多利埠华侨义捐飞船芳名》，载《新民国报》，1911年2月18日，档案全宗 SHHRA，文件号码8728；Li Chien-nung, *The Political History of China*, 259—267。该期《新民国报》注明是在此农历新年之际出版的第一期。但它在此前已经开始出版发行，并曾代为印刷《普兴公司股份》，1911年3月21日，in folder 1，box 3，the Lee Family Papers，Rare Books and Special Collection，University of British Columbia Library，Vancouver。

216 刘伟森主编：《全美党史》，上册，第162—164页。

217 《申报》1913年4月6日。并见简建平编著：《中国洪门在加拿大》，第29—30页。这一报纸的报道承认缺乏关于1912年维多利亚"国民捐"数额的信息。由于它将1911年初维多利亚致公堂总堂的3万港币捐款按照3∶4的汇率换算为4万元，加拿大公堂为广州起义而捐的9.2万元总数相当于6.9万港币，与上述冯自由的记载非常接近。

多利亚，年轻商人林礼斌曾因收到孙中山的特别要求，在1911年12月4日前收集并汇寄了2.3万元，[218] 而该市的中华会馆和加拿大致公堂总堂在1912年筹集了24,810元"国民捐"。[219] 换言之，在1911年左右，加拿大约27,774名华人至少捐款173,810元，平均每人超过6元，用于支持广州起义、辛亥革命以及1912年成立的中华民国。[220]

在辛亥革命之前和革命运动之中，孙中山、冯自由等革命领袖在北美筹款的成功主要依赖于致公堂及其他华人组织和个人的支持，而不是同盟会。孙中山在1896年首次访问美国本土时，仅在旧金山建立了一个存在不久的兴中会，后来在1904年再次横穿美国大陆的旅行中也仅在同一城市重建了只有一人宣誓参加的兴中会组织。即使在1909年11月至1910年3月的第三次访问美国大陆期间，孙中山也仅仅建立了大约十几个同盟会的不稳定分部组织，每个分会的会员都为数甚少。但到1911年底，同盟会在美国已经拥有49个分会。到1912年末，它在加拿大的分会也已经出现在温哥华、维多利亚、多伦多和蒙特利尔这四个城市。[221]

218　桑兵编：《各方致孙中山函电汇编》，第1卷，第162—163页。

219　李东海：《加拿大华侨史》，第460页。李氏没有提供他所引用的史料来源，但他从20世纪50年代早期到80年代曾在维多利亚中华会馆先后担任领导职务，其资料应该来自该会馆档案。由于维多利亚的中华会馆在当时代表加拿大全体华人，它的部分"国民捐"可能来自加拿大的其他城市。

220　1911年加拿大华人人口的数字来自 Patricia Roy, *A White Man's Province*, 269。

221　中国国民党中央委员会第三组编：《中国国民党在海外》，上篇，第118—119页；下篇，第15页。《新民国报》，1912年11月3日。

很显然，同盟会在美国和加拿大的发展在很大程度上受益于海外华人改良运动中保皇会及其后继的宪政会的历史遗产，包括它们对于冯自由等激进青年的培养。在冯自由的加拿大追随者之中，李伯海和叶求茂也从原来华侨改良派领袖的家庭转向了同盟会，并为其从东亚向美国和加拿大的扩展分别作出了贡献。在辛亥革命期间，许多类似汤化龙的国内立宪党人也经历了同样的演变，走上了反清革命的道路。这些政治活动家的个人和集体经历反映了辛亥革命之前十多年间太平洋两岸改良与革命运动之间的联系、竞争以及其他互动关系。在辛亥革命这个中国近代历史的分水岭之后，这两个运动中的参与者继续在国内、北美唐人街和跨太平洋的华人世界中进行政治互动，并扩展了各自的政党网络。

第四章

孙中山与跨太平洋华人共和革命的未竟之业

中华民国在成立之初就采纳了孙中山的提议，从1912年1月1日开始使用公历来记录日期。[1] 当农历春节在2月18日来临时，正值清朝政府灭亡、超过两千年之久的帝制时代在中国结束的六天之后。因此，温哥华的一份报纸宣布："这是最后一次按照旧历庆祝的中国新年。"但该报道也指出，孙中山正与袁世凯发生政治冲突，敦促袁氏离开他在北京的权力基地，在南京担任中华民国临时大总统。该报的报道还指出，温哥华的"中国维新会"（Chinese Reform Association），即康有为领导下的宪政会，在春节当天升起中华民国五色国旗的时间仅为一小时，随后便换成了"一面印有巨大地球图片的旗帜"。[2] 位于纽约的宪政会在此后的重要节日也仅

---

1 陈锡祺主编：《孙中山年谱长编》，上册，第610页。
2 *Province*, February 19, 1912.

升起同样的地球旗，而不是中华民国国旗。[3] 因此，就像此后华人继续按照农历庆祝春节一样，孙中山和他的追随者也继续通过与袁世凯集团、康有为派系人士、北美致公堂，以及海内外华人其他政治势力进行政治较量，并发展新的政党社团网络，为理想中的民国共和政体进行斗争。

在太平洋地区，墨西哥革命也在1911年前后发生，但它却导致当年5月15日对于菜苑303名华人的大屠杀。这一暴乱摧毁了康有为控制下的宪政会所属实业帝国的最后剩余部分，并在整个美洲引发了针对华人的种族主义恐怖活动。在1914年7月28日第一次世界大战爆发之前，加拿大社会的反华种族主义也因劳工市场竞争加剧、经济严重衰退而愈演愈烈。在温哥华岛上与煤业有关的城镇中，参臣（Extension）、南威灵顿（South Wellington）和莱迪史密斯（Ladysmith）在1913年夏天都被卷入一场煤矿工人大罢工之中，白人暴徒乘机发起了攻击当地华人的暴乱，时间长达四天。[4]

面对一战前和战时加拿大不断恶化的种族主义和居高不下的失业问题，许多华人移民选择返回中国。[5] 维多利亚的年轻商人林礼斌也在1913年到达中国，并在上海拜访了孙中山，重叙他们在两年前为广州起义筹款结下的友谊。在他们的谈话中，林礼斌询

3　刘伯骥：《美国华侨史续编》，第469页。

4　Grace Peña Delgado, *Making the Chinese Mexican*, 104-105; Jung-pang Lo, "Sequel to the Chronological Autobiography of K'ang Yu-wei," 215; Patricia Roy, *A White Man's Province*, 255.

5　Patricia Roy, *The Oriental Question: Consolidating a White Man's Province*, 17-20.

问康有为的保皇会是否确实试图保护清朝皇帝。孙中山明确回答：保皇会和同盟会共同推动了革命，但它们只是分别采取了温和或激进的方法。[6]

　　尽管如此，孙中山与康有为的各自政党以及其他清末立宪党人在民国初年组成的新的政党仍将在国内和北美唐人街继续争夺政治支配权力。特别的是，孙中山将以保护脆弱的中华民国的名义继续进行共和革命。这些不同党派及北美致公堂不仅相互竞争，而且也与袁世凯及其军事独裁失败后的军阀政权进行斗争，为了尚未完成的共和事业而奋斗，以追求全体公民平等参与政治的权力。[7]这种新的党派政治将进一步导致跨越太平洋华人播散族群的政治化和内部分裂，但也将加强它在不同政党和社团网络基础之上的组合和集结。

孙中山与民初中国及北美唐人街之内新的党派政治

　　在袁世凯使用军事实力和政治阴谋于1912年3月10日在北京就任中华民国临时大总统、拒绝迁都南京之后，孙中山只得结束他的总统任期。他并在此后接受袁氏任命，负责全国铁路建设。作为清末改良派的两位主要领袖，康有为从1909年到1913年间继续他在东南亚和日本的流亡，基本游离于国内政治之外；梁启超　172

6　林礼斌：《域埠中华会馆之沿革及华侨学校创立之缘起》，第3页。
7　David Strand, *An Unfinished Republic*, esp. 111–112, 289–290.

则逐渐卷入国内政治漩涡，在1912年末从日本回国参政。[8] 如下所述，美国和加拿大致公堂均力图使孙中山领导下的民国政府承认洪门组织及它们自身的合法政党地位，但在开始都遭受失败。所以，在民国最初数年，北美华人政治社团大多处于缺乏坚强领导、散漫无序状态。但孙中山领导的革命党将很快通过跨太平洋扩张得到复兴，美国和加拿大的致公堂也将追求跨国统一的发展，甚至康有为在北美的追随者也将成为新的华人民族主义运动领导人物。他们对于祖国政治的不同态度及其追求海外华人支持的相互竞争将导致其多样化的政党网络在太平洋地区的发展。

在西方和日本的历史先例和政治意识形态的影响下，梁启超和其他民国初年的政治家以及知识分子强调他们的政党是自愿结合团体、具有永久结社性质、以公共利益为基础，并通过选举取得管理国家事务权力、实现其政治纲领的目的。但在民国初期，这些政党大多是由具有相关利益的个人派系组成的松散政治网络，经常利用新的国会来追求党派利益。[9] 尽管如此，它们仍然为民国初期的国内社会和跨太平洋的华人社区带来了新的组织制度，并在追求党派政治的同时也在不同程度上致力于发展新的共和政体。

在孙中山放弃临时大总统职务之前，他仍然试图建立一系列制度来约束袁世凯的权力，并特别借助南京临时政府的临时参议院

8 陈锡祺主编：《孙中山年谱长编》，上册，第675、685页；康同璧：《南海康先生年谱续编》，第150—168页；丁文江、赵丰田编：《梁启超年谱长编》，第399—427页。
9 张玉法：《民国初年的政党》，第22—23页；Andrew J. Nathan, *Peking Politics*, 44-74。

通过、公布了《中华民国临时约法》。[10] 1912年8月，同盟会的另一主要领袖宋教仁（1882—1913）带领该党与其他一些政治团体合并，组成国民党。新组成的国民党实际上比同盟会组织更为松散，甚至放弃了后者关于土地国有和男女平等的政策，以吸纳其他政治团体。[11]

宋教仁领导的国民党计划在1912年末举行的全国选举中争取胜利，赢得国会中的多数席位，以便组建民国政府内阁，与临时大总统袁世凯及其支持者对抗。尽管国民党至1913年已经在国内设有50多个支部、分部及交通部，现有统计发现其中仅有6个海外支部或交通部设在维多利亚、旧金山、东京、神户、横滨和荷兰在东南亚的殖民地帝汶（Timor）。太平洋沿岸地区的大多数原有同盟会分会已经不再活跃，[12] 它在美国的原有分会特别遭受了在华人社区中支持者的流失和政治声望下降的危机。[13]

173

康有为直到1913年底才返回中国，他还告诫梁启超不要将从宪政会改名的宪政党从海外带入国内党派政治。尽管康氏在1912年为宪政党起草了一部新章程，计划将其总部设在上海或北京，并在国内外发展其支部和分部，但该党仍然是一个活动于海外的

10　陈锡祺主编：《孙中山年谱长编》，上册，第676、685页。

11　张玉法：《民国初年的政党》，第52—61页。

12　张玉法：《民国初年的政党》，第53、63—71页。该书的统计根据国民党与其支部、分部及交通部联络的报道编制，并不完全，但至少说明原来同盟会的绝大多数海外分会在民国初年并不活跃。

13　Shehong Chen, *Being Chinese, Becoming Chinese American*，56-57.

华人组织。[14] 康有为还在1912年2月将其名称改为国民党，[15] 但在宋教仁领导的新政党采用同样中文名称后，它不得不恢复使用宪政党的名称。该党于1914年通过的新章程仍然强调在中国实行宪政的政纲，并特别包括关于其海外各支部和分部职员、会员、活动等方面的32条附则。[16] 所以，宪政党主要以海外华人社区为活动基地。至1913年，它在加拿大有41个分部，在美国有57个分部，并在其他国家设有26个分部。[17]

在梁启超于1912年末回到北京之后，他很快加入了汤化龙和其他清末立宪党人组成的新政党，包括共和党及其后来并入的进步党。尽管共和党从1912年中期开始在旧金山和温哥华等北美城市建立了分部，并在国内进步党于1913年5月出现后仍旧在北美分部保持原有名称，但正如康有为所告诫的那样，梁启超与海外的宪政党保持了距离。康、梁后来在与孙中山领导的政党在政治竞争中失败，其主要原因之一就是康、梁对于国内政治的分歧及

---

14 伍宪子：《中国民主宪政党党史》，第74—76页；康有为：《康有为全集》，第9集，第413—414页。

15 《中国维新报》，1912年4月6日；上海市文物保管委员会编：《康有为与保皇会》，第468、472页；伍宪子：《中国民主宪政党党史》，第94—95页。

16 《宪政党章程：民国三年刊》，档案全宗 WXZXY，box 2，folder 4。这份文件比上述康有为在1912年为该党起草的章程更为详细。

17 Wong Kin, *International Chinese Business Directory of the World for the Year 1913*, 1019-1589, esp. 1354-1558. 这份世界华人商业指南出版于康有为所领导的政党恢复其原有名称为"宪政党"之前，所以它将该党所有分部称为"国民党"，但其中仅曼谷分部位于中国所在的亚洲。这些分部在该指南的原稿中均为"宪政党"，见 黄金：《万国寄信便览》，folder 7，carton 26，Yuk Ow Research Files. Ethnic Studies Library，University of California，Berkeley。但此前一些历史著作已将这些分部误解为宋教仁所领导的国民党分部，见 Edgar Wickberg et al., *From China to Canada*，313。

其国内外政党力量的分散。[18]

　　与宪政党相比，国民党在北美唐人街更强有力的对手是曾经与孙中山合作进行反清革命的致公堂。此前的研究已经说明致公堂与国民党分道扬镳的一些原因，例如其领导人物未能从孙中山及其他革命党人控制的民国政府那里获得奖励、其组织未能得到承认为合法政党，并担心革命党可能吞并致公堂。[19] 实际上，美国和加拿大的致公堂在辛亥革命后对孙中山的革命党采取了不同的立场：它们最初或是与孙中山的革命党继续合作，或是迅速转向袁世凯的北京政权。直到后来，美、加的致公堂才联合起来，与孙中山的革命党竞争。

　　早在1912年1月，加拿大致公堂在维多利亚的总堂就派出两位代表前往国内，其中的谢秋曾在1911年初陪同孙中山横贯加拿大的旅行，为广州起义进行筹款活动。这两位代表的主要任务是寻求孙中山的帮助，让加拿大致公堂成为民国政府承认的合法政党团体。[20] 与此同时，位于旧金山的美国致公堂总堂在1912年2月将其组织更名为"中华民国公会"，并自称海外华人的代表。它誓言要为海外华人的共同利益奋斗，挑战美国的排华法案，并推动国内的共和体制发展。当加拿大致公堂总部的两位代表在1912年3月刚刚抵达国内时，美国致公堂总堂的大佬黄三德也几乎同

174

18　张朋园：《梁启超与民国政治》，第24—31页；刘伯骥：《美国华侨史续编》，第493—494页；Wong Kin, *International Chinese Business Directory of the World for the Year 1913*，1363；伍宪子：《中国民主宪政党史》，第74—76、112页。

19　刘伯骥：《美国华侨史续编》，第457—458、493—494页；黎全恩：《洪门及加拿大洪门史论》，第140—141页；孙昉、刘旭华：《海外洪门与辛亥革命》，第175—178页。

20　桑兵编：《各方致孙中山函电汇编》，第1卷，第153、286—287页。

时到达，并同样试图让其组织成为合法政党。尽管孙中山很快失去临时大总统的权力，让位于袁世凯，他仍然承诺，帮助黄三德在革命党控制下的广东省将致公堂登记注册为合法政党。当时，两位革命党领袖人物控制着广东政局，其中一位是都督胡汉民（1879-1936），另一位是他在军事上的副手和前代理都督陈炯明（1878—1933）。[21]

然而，此前陈炯明为了广东政局稳定，已经开始对三合会和其他洪门堂口的破坏性活动进行军事镇压，以保证广东军政府之下的治安稳定。[22]孙中山也担心如果广东治安败坏，会给袁世凯实行军事干预以口实，所以他支持陈炯明的政策，并特别警告洪门各堂口不要触犯法律。[23]正因如此，胡汉民在任广东省都督后秉持与孙中山和陈炯明同样的态度，一再拒绝黄三德关于将包括致公堂在内的洪门组织合法注册的请求。结果，黄三德认为孙中山和胡汉民都是背信弃义的"党棍"，转而要求偿还致公堂先前对于同盟会的捐款。胡汉民在1913年6月被袁世凯解职之前，确实开始从广东省财政预算中拨款，归还华侨和致公堂的捐款。但在两个月后，继任的都督陈炯明停止归还捐款，声称要以此资助反对袁世凯独裁而采取的军事行动。[24]

175

---

21 《少年中国晨报》1913年2月16日；刘伯骥：《美国华侨史续编》，第457页；黄三德：《洪门革命史》，第23—25页；《申报》，1912年5月4日。

22 《申报》，1912年3月1日、4月26日、5月8日；砭顽：《读陈督禁止三合会示文书后》，第5—8页。陈炯明在1912年5月之前为广东代理都督。

23 孙中山：《孙中山全集》，第2卷，第346—348、358—359页。

24 黄三德：《洪门革命史》，第23—25页；《申报》，1913年6月29日、7月3日；五洲致公总堂：《革命历史图录：170周年纪念特刊》，第86—87页；华侨革命史编纂委员会编：《华侨革命史》，下册，第301—314页。

实际上，袁世凯在1913年罢免胡汉民和其他南方省份国民党都督的行动是他走向军事独裁的一个重要步骤。由于国民党在1912年末的民国第一次国会选举当中大获全胜，威胁到了袁世凯在北京政府的统治权力，该党的主要领袖宋教仁于1913年3月20日被袁氏的帮凶暗杀。因此，孙中山于当年7月至9月在南方领导了一系列反袁军事起义和各省独立运动，称为"二次革命"。至1913年7月，他连续向名为中华民国公会的美国致公堂旧金山总堂写了三封信，请求捐款支持。[25]

在此之前，美国致公堂总堂曾以中华民国公会的名义在1912年8月向袁世凯的北京政府请愿，希望合法登记为政党，并为此事特别委托冯自由作为其驻京代表，但它只从袁氏政权获得可以在未来作为商会注册的承诺。[26] 因此，黄三德在1913年6月从国内写给致公堂旧金山总堂的信中表达了对袁世凯政府奸诈政策的愤怒。由于旧金山致公总堂的另外一位主要领导人物唐琼昌曾得到冯自由的帮助，于1913年当选为国会华侨议员，他与冯氏的关系尤为密切。因此，旧金山致公总堂仍然响应了孙中山的号召，向各堂口发出筹款的通告，以资助反袁军事行动。[27]

孙中山于1913年8月上旬再次逃往日本避难，他为反对袁世

---

25 张玉法：《民国初年的政党》，第298—311、329—330、339—341页；陈锡祺主编：《孙中山年谱长编》，上册，第788、821—846页；五洲致公总堂：《革命历史图录：170周年纪念特刊》，第96页。

26 中国第二历史档案馆编：《中华民国史档案资料汇编》，第3辑《政治》，第1册，第799—803页。

27 五洲致公总堂：《革命历史图录：170周年纪念特刊》，第79—80、92—93、98—101页；冯自由：《致居正函》，1914年10月22日，档案全宗SHHRA，文件号码8151。该信发出的年份系据内容推定。

凯军事独裁所发动的"二次革命"也很快失败。袁世凯则在1913年10月强迫国民党为主的国会选举他为中华民国正式总统，但在一个月后就解散了国会，并取缔国民党。同时，孙中山也抛弃了国民党在国内的松散组织，转而通过组织中华革命党，开始为反对袁世凯的"三次革命"作准备。但是，中华革命党是一个小型秘密团体，要求其党员服从上级、绝对忠诚、具有自我牺牲精神、接受严格纪律约束。它甚至要求所有新成员举行宣誓，并在誓约上按下指纹，承诺追随并效忠孙中山。[28]

但是，中华革命党的扩张受到严重限制。尽管孙中山从1913年9月就开始招募党员，但包括黄兴在内的一些资深革命领袖拒绝在誓书上按下指纹向他宣誓效忠，所以并未入党。在中华革命党于1914年7月8日在东京成立之际，其党员人数仅为741人。[29] 根据该党的官方历史记载，它特别强调向国内的军队和会党渗透，而不是追求在群众组织中的扩张。所以，它后来仅包括"爱国团体〔中〕人数过万"。[30] 有关中华革命党的领袖、支部、分部的记载仅包括其组织在北美地区的有限信息，如它在旧金山的美洲支部和一位迟迟未曾到任的加拿大联络委员夏重民（1885—1922）。[31]

实际上，中华革命党从北美可能招募了更多美国和加拿大华人

28 陈锡祺主编：《孙中山年谱长编》，上册，第834、846、851—852、854—858页；Edward Friedman, *Backward toward Revolution: The Chinese Revolutionary Party*, 57—70。

29 陈锡祺主编：《孙中山年谱长编》，上册，第851—858、886—889页；冯自由：《革命逸史》，中册，第629—630页。

30 邹鲁编著：《中国国民党史稿》，上册，第253页。

31 《中华革命党史料》，第93—263页，特别是第109、166、192、241页；亦见孙中山：《孙中山全集》，第3卷，第421、423、454—489页。

为其成员，其成果在很大程度上归功于冯自由和福建籍贯的资深革命党人林森（1868—1943），而后者将在1931年到1943年间担任国民政府主席。[32] 在他们的领导之下，位于旧金山的美洲支部突破了孙中山对于招募党员的严格规定，从而实现了会员的大量扩张。冯自由于1914年1月在日本加入中华革命党后，就在次月抵达旧金山，很快就任美洲支部代理支部长。当时，孙中山命令美国的国民党分部全部改名为中华革命党分部，并让其所有成员填写加上指纹的誓约后重新登记。但是，冯氏说服孙中山，保留北美中华革命党原来的"国民党"名称，以便它在当地政府公开注册为慈善机构，借此进行反对袁世凯的筹款活动。孙中山领导之下的中华革命党后来确实让其北美和其他海外组织保留了"国民党"的名称。[33]

旧金山的美洲支部于1914年3月20日以国民党名义首次在加利福尼亚州注册，声称其目的是"促进华人或华裔人士之间的友好交往和社会关系，……［并在中国］建立、维持和保护健全的共和宪政政府"。[34] 由于孙中山的规定，美洲支部最初要求其成员在誓约上加上签名和指纹，承诺保守党的秘密和对孙中山的忠诚。[35] 然而，这项严格的要求很快被一项灵活的规定所取代，即新

177

32　林友华编撰：《林森年谱》，第1、209、678页。

33　冯自由：《革命逸史》，中册，第629—631页；孙中山：《孙中山全集》，第3卷，第113页；冯自由的记载将当时的美洲支部误记为美洲总支部，但后者在1916年才开始成立，见台北中国国民党中央委员会第三组编：《中国国民党在海外》，上篇，第147—148页；下篇，第21页。

34　"Articles of Incorporation of the Chinese Nationalist League of America," March 20, 1914, archival no. C0076320, California Stae Archives, Sacramento.

35　邹鲁编著：《中国国民党史稿》，上册，第251页；孙中山：《孙中山全集》，第3卷，第141—142、178—179、225—226页。

成员可以提供仅仅带有个人签名的誓约。尽管中华革命党的东京总部直到1915年底仍然坚持其成员在誓约上加上签名和指纹的要求，林森领导之下的美洲支部改订其规章，删除了这一要求。[36] 因此，美国的中华革命党得以在国民党的名义下发展成为一个拥有大量成员的公开组织，而不是孙中山所计划的狭小秘密团体。

孙中山在1914年7月中华革命党成立之后，还向海外所有洪门组织发出号召，要求其成员宣誓入党，但不强迫他们改变其纲领和规章。[37] 冯自由在1914年达到北美之后，极大地协助了孙中山的计划在北美实施，因为他不仅是国民党旧金山美洲支部的代理支部长，而且担任了由该市美国致公堂总堂改名的中华民国公会会长。在国民党美洲支部组织"民国维持会"作为抗袁运动的筹款机构之后，中华民国公会也为同样目的在1914年7月建立了洪门筹饷总局，而冯氏是这两个机构兼职的领袖。他在此后访问了美国各地的致公堂，筹集反袁资金，并扩大国民党或中华革命党的组织，但他招募的党员大多来自致公堂。到1914年12月，冯自由已经筹集了近10万日元，并为国民党在美国新建了二十多个分部。他在1915年10月向中华革命党东京总部的报告，当时美国国民党的成员大约有7,000人，占在美华人移民的10%，但华侨中的70%～80%仍然属于致公堂。[38]

---

36 "国史馆"编：《前国民政府主席林公子超遗集》，第61—62页；邹鲁编著：《中国国民党史稿》，上册，第141—150页；《中华革命党史料》，第438—440页。

37 孙中山：《孙中山全集》，第3卷，第140—141页。

38 冯自由：《革命逸史》，中册，第632页；冯自由：《上总理函》，1914年10月25日，档案全宗SHHRA，文件号码8017；冯自由：《致居正函》，1914年10月22日；周贾一：《上总理函》，1914年11月17日，档案全宗SHHRA，文件号码8165。关于"民国维持会"的详情，见《中华革命党史料》，第298—422页。

但是，美国旧金山致公堂总堂领袖很快开始与国民党公开分裂。在此之前，孙中山未能奖励致公堂对于反清革命的贡献，他们已经积怨颇深。由于冯自由大量吸纳致公堂成员加入国民党，更让他们怨恨交加。前广东省都督胡汉民和陈炯明对于三合会的镇压也仍然使他们感到愤怒。当总堂大佬黄三德于1915年1月从国内返回美国之后，他直接向孙中山抱怨：冯自由不仅将国民党的组织扩张到致公堂会员当中，还命令各地致公堂将筹集的资金汇给孙中山，而不是旧金山总堂。结果，冯自由只得辞去中华民国公会会长的职务，并在1915年6月为总堂从洪门开除。作为回应，孙中山直接致函旧金山致公堂总堂，对于黄三德及总堂领袖以上所抱怨的数点问题作出解释，并说明陈炯明导致了致公堂未能获得其捐款的补偿及其在广东省合法注册，但该信无济于事。[39]

尽管如此，林森在1915年初担任国民党旧金山美洲支部部长之后，他针对日本侵华政策，积极领导北美华人的民族主义运动，仍然得到不少致公堂的支持。[40] 由于日本与英国在外交方面长期结盟，它在第一次世界大战开始后就于1914年8月23日加入协约国对德宣战，并在此后占领德国在山东半岛的青岛租界。在欧洲列强忙于欧战之际，日本趁机在中国推行扩张主义政策，于1915年1月18日向袁世凯的北京政府提出秘密的"二十一条"，寻求在中国

178

39 冯自由：《致居正函》，1914年10月22日；黄三德：《上总理函》，1915年1月30日，档案全宗SHHRA，文件号码7665；《大汉日报》，1915年6月14日；陈锡祺主编：《孙中山年谱长编》，上册，第938页。

40 中国国民党中央委员会第三组编：《中国国民党在海外》，下篇，第16—19页。林氏在1914年下半年被选为国民党美国支部部长，但他在1915年2月才收到孙中山的正式任命，见陈锡祺主编：《孙中山年谱长编》，第1卷，第932页。

的特权，并试图通过派遣日本顾问来对中国进行政治控制。[41]

但在此同时，海内外华人对于日本帝国主义的抗议很快蔓延到了北美唐人街。当林森在1915年2月从古巴的反袁筹款之旅返回美国后，他也很快迎合了华侨中日益高涨的反日民族主义情绪，在美国和加拿大的许多唐人街进行了一系列的公开救国演讲。他在波士顿的演讲甚至呼吁为袁世凯的北京政府统治之下中国可能发动的对日战争筹款。从北美东部的纽约到蒙特利尔以及从美国中部犹他州的主要城市奥格登（Ogden）到爱达荷（Idaho）州的首府贝市（Boise），林森的反日爱国演讲得到了当地致公堂的支持，并在它们的堂所举行。此后，他与美国国民党的几位领袖一起向孙中山请愿，要求他停止反对袁世凯北京政府的革命运动，以便组成抗日统一战线。然而，孙中山仍然坚持认为，反袁革命是拯救中国免受外国侵略的根本途径。[42]

但由于林森领导的反日爱国主义活动的影响，美国国民党已经得到急剧扩张。在此之前，冯自由领导下的国民党美洲支部已经发展了70多个分部和通讯处，并在1914年就招募了3,232名新成员。林森在1915年初担任美洲支部的支部长之后，又按照孙中山的指示，极力招募因对袁世凯北京政权不满、从康有为领导下

179

41 陈锡祺主编：《孙中山年谱长编》，上册，第898—899、915—916、927、933—935页；李吉奎：《孙中山与日本》，第422—427页。藤井昇三：《孙文の研究》，第84—95页；Marius B. Jansen, *The Japanese and Sun Yat-sen*, 188-193；Marie-Claire Bergère, *Sun Yat-sen*, 262-265。

42 中国国民党中央委员会第三组编：《中国国民党在海外》，下篇，第17—19页；冯自由：《革命逸史》，中册，第632、638页。

的宪政党叛逃出来的成员，进一步扩张了国民党组织。[43] 因此，林森和冯自由主持之下的旧金山美洲支部便在此后要求，希望得到对于美国、加拿大和欧洲的所有国民党分部的领导权。孙中山在1915年5月批准了这一请求，但他仍将国民党在菲律宾的支部置于中华革命党东京总部的直接控制之下。[44] 在此之后，林森召集国民党在美国的各分部领导人及其在日本、澳大利亚、加拿大、墨西哥、古巴和南美洲各国的代表，于1915年7月4日至8月3日在旧金山举行了规模盛大的全美恳亲大会。[45]

因此，位于旧金山的国民党美洲支部于1916年1月更名为"国民党美洲总支部"，[46] 其成员在美洲约有1.5万人。从1914年7月6日至1916年2月，它所领导的反袁筹款机构民国维持会为中华革命党的东京总部筹集了超过20万美元资金。[47] 据冯自由的记载，民国维持会向东京总部捐款共约120万日元，所以他将国民党美洲总支部视为中华革命党在反对袁世凯北京政权斗争中最为有效的筹款组织。[48]

43　中国国民党中央委员会第三组编：《中国国民党在海外》，下篇，第18页；陈锡祺主编：《孙中山年谱长编》，上册，第961页。

44　"国史馆"编：《前国民政府主席林公子超遗集》，第53—54页；《中华革命党史料》，第440—442页；中华革命党总务部：《致林森等函》，1915年6月5日，档案全宗SHHRA，文件号码4866。

45　中国国民党中央委员会第三组编：《中国国民党在海外》，下篇，第20—21页。关于这次恳亲大会的详情，见《中华革命党史料》，第298—414页。

46　《中华革命党史料》，第441—443页。

47　中国国民党中央委员会第三组编：《中国国民党在海外》，上篇，第147—148页；刘伟森编：《全美党史》，上册，第263—264页。

48　冯自由：《革命逸史》，中册，第632—633页。关于美国国民党的更详细讨论，见Him Mark Lai, "The Kuomintang in Chinese American Communities before World War II," 180–185。

相比之下，在此时期的加拿大国民党缺乏具有影响力的领导人物，而且严格遵守孙中山对于中华革命党的严格规则及其强调反袁革命、忽视反日民族主义的方针，在组织发展和统一方面都显得黯然失色。尽管设在北京的国民党总部于1912年11月16日就在维多利亚设立了交通部，[49] 孙中山在最初只派了一位低级革命党人胡汉贤（1884—1968）于1912年冬到达该处。胡汉贤受到此项任命的原因是因为他来自广州附近的四邑地区，而该地是侨乡，曾向美洲输送了许多华人移民。孙中山希望胡氏能在加拿大发动华侨，投资国内铁路建设和其他工业项目。胡汉贤抵达维多利亚后，确实利用了国民党在加拿大的机关报《新民国报》，号召华侨投资国内实业建设。[50]

在中华革命党于1914年7月在东京成立之后，孙中山很快任命其最早的一名党员夏重民为加拿大联络委员，在维多利亚建立该党支部。由于夏重民的行程耽误了一年多，中华革命党东京总部只得指示胡汉贤设立党支部。于是，胡氏召集维多利亚旧日同盟会的成员，在《新民国报》编辑部组织了这个秘密的中华革命党的加拿大支部。[51] 在温哥华，中华革命党的一个加拿大分部也于1915年初在曾石泉（1878—1942）的领导下成立，并设有"加

49 《支分部诸同志均鉴》，1916年8月14日，档案全宗SHHRA，文件号码6186。关于维多利亚国民党交通部的规则，见《民国初年之国民党史料》，第71—72页。

50 胡汉贤：《中华革命党讨袁军美洲华侨敢死先锋队组织始末》，第25页。

51 胡汉贤：《中华革命党讨袁军美洲华侨敢死队先锋组织始末》，第26页；中华革命党本部：《复加拿大支部长马杰端函》，1915年初，档案全宗SHHRA，文件号码6098。该函没有写明日期，但它是在夏重民于1915年4月26日被任命为中华革命党加拿大联络委员之后发出的，见《中华革命党史料》，第109、241页。

属民国维持会"。但温哥华分部并不愿意接受维多利亚支部的领导，同时在多伦多又出现一个自称中华革命党总分部的组织。[52] 到1916年中期为止，中华革命党在加拿大共有20多个分部，包括党员约2,000人。[53] 然而，直到1914年底，位于卡尔加里、里贾纳（Regina）、汉密尔顿（Hamilton）和蒙特利尔的中华革命党分部仍然隶属于国民党在旧金山的美洲支部，而维多利亚支部与温哥华及多伦多的分部依旧保持各自的独立。除此之外，维多利亚支部和温哥华分部一直不和。这些加拿大支部或分部的组织统一仅表现于它们在公共活动中都同样使用国民党的名称，并且都隶属于日本的中华革命党总部。[54]

加拿大的国民党与绝大多数致公堂也一直处于紧张的关系之中。尽管加拿大致公堂在维多利亚的总堂曾于1912年初派遣上述两名代表，前往国内寻求孙中山的帮助，使其组织在民国政府登记成为合法政党，他们显然未能成功。然而，袁世凯控制下的北京政府驻渥太华总领事馆和温哥华领事馆却在1913年10月15日和11月20日先后批准承认加拿大致公堂为合法社团，北京政府国务院并于1913年12月26日授予它们官方印章，加以确认。[55] 此外，早在1911年8月辛亥革命前夕，由于孙中山怀疑崔通约是清朝政

---

52 曾石泉等：《上总理函》，1915年2月1日，档案全宗SHHRA，文件号码4856。

53 林启文等：《上总理呈》，1922年4月15日，档案全宗SHHRA，文件号码6232。

54 吕南：《上总理函》，1914年11月12日，档案全宗SHHRA，文件号码7738；林森：《上总理函》，1915年12月17日，档案全宗SHHRA，文件号码7747。林氏函件的年份是从其内容推断出来的。国民党的名称一般均在这些加拿大支部或分部的信头出现。

55 简建平编著：《中国洪门在加拿大》，第30页。

府驻旧金山总领事馆在革命党中的内线，将他开除出同盟会。但在此后，温哥华致公堂的机关报《大汉日报》聘请崔通约担任主编，取代前往美国的冯自由。在民国初年，崔通约还加入了共和党的温哥华支部。但是，加拿大共和党从1913年中期之后就隶属于梁启超领导的进步党，成为袁世凯政权的政治盟友，也因此成为孙中山领导的北美国民党的竞争对手。结果，崔通约经常利用这家致公堂的机关报进行亲袁和反孙的宣传。通过崔氏主编的报纸，加拿大致公堂于1915年4月发表紧要布告，不仅否定其改组为中华革命党分会的传言、谴责孙中山从1913年以来领导的反对袁世凯政权的第二、三次革命，而且斥责美国致公堂旧金山总堂的亲孙立场及其采用中华民国公会的名称。该布告特别强调加拿大致公堂是袁世凯北京政权承认的合法社团，将其与美国致公堂加以区分，并声明双方已经断绝通信往来。[56]

　　然而，蒙特利尔致公堂与当地国民党共有一位主要领袖魏振沛。因此，它在1915年2月回应了中华革命党东京总部的邀请，决定加入该党，并极为夸大地声称其会员有四千多人，以便接近一个支部的标准。由于《中华革命党总章》第32条规定，支部为自治团体，可以自立章程，蒙特利尔致公堂领袖便利用这条规则，要求中华革命党东京总部承认它是一个支部，以便管理附近该党分部。作为回应，东京总部同意蒙特利尔的致公堂成为该党在加拿大的一个支部，但仍要求其会员在效忠孙中山的誓约上加上指

56 陈锡祺主编：《孙中山年谱长编》，上册，第545—546、816页；《大汉日报》1914年8月3日、10日、28日，1915年4月26日。

纹，并按照该党海外支部章程选举领导人物。[57] 实际上，孙中山在1914年11月给各地洪门的号召中曾同意他们保持原有的机关，此后林森领导下的国民党美洲支部已经不再要求其成员在誓约上加盖指纹。[58]

魏振沛等人确实于1915年中期在蒙特利尔成立了国民党名义之下的中华革命党支部，[59] 但当地的致公堂仍与该市的宪政会保持着密切的关系，并通过双方合作于1915年2月联合成立中华会馆，以保护华人洗衣店免受种族歧视。此后，该中华会馆为了抵制日本提出的"二十一条"，又于1915年4月成立救国团，并为可能发生的对日战争筹集了资金。魏振沛是在这两个组织中兼职的国民党领袖，但当一个"党人"（可能是魏本人）提议将这些资金用于反袁活动时，该动议被救国团的绝大多数领导人物拒绝。[60]

在维多利亚和温哥华，当地的国民党与致公堂、宪政党和共和党发生了更为激烈的冲突。国民党在维多利亚发行的《新民国报》于1915年2月22日刊登了加拿大致公堂维多利亚总堂会议记录，其中包括它向赌场收取费用和从领导阶层中排除同盟会前成员的决议。作为回应，致公堂维多利亚总堂威胁要捣毁该报大楼，并绑架其编

182

---

57 魏振沛等：《复谢持、陈其美函》，1915年2月28日，档案全宗SHHRA，文件号码6101（该档案附有中华革命党总务部和党务部回复函件）；《大汉日报》，1914年11月9日。蒙特利尔市的华侨人口在1911年仅为1,197名，在1921年为1,735名，见Edgar Wickberg et al., *From China to Canada*, 303。所以，该市致公堂显然夸大了它的成员数量。

58 孙中山：《孙中山全集》，第3卷，第140—141页；Edward Friedman, *Backward toward Revolution*, 99。

59 魏振沛：《上总理函》，1915年5月25日，档案全宗SHHRA，文件号码4865。

60 《大汉日报》，1915年2月6日、23日，4月17日，6月19日。

辑。通过当地中华会馆的调解，维多利亚国民党的领袖才与致公堂总部达成和解，并在1915年3月上旬正式道歉，解决了这个纠纷。[61]

当抗议日本对于袁世凯的北京政府提出的"二十一条"的民族主义运动在1915年初期席卷中国和海外华人社区之际，加拿大的国民党未能像当时林森领导之下的旧金山美洲支部发挥领导作用。维多利亚国民党领导人物在1915年3月向孙中山报告，抱怨新近成立的爱国组织的创办人大多是原来保皇会的领袖，他们支持袁氏北洋政府抵抗日本的扩张政策，阻碍了反袁革命运动。[62]确实，此前的保皇会及其后继的宪政党以及共和党和致公堂的领导人物都积极参与了温哥华、维多利亚和其他加拿大城市华侨爱国组织和反日民族主义运动。相比之下，国民党的领导人很少参与这些爱国组织，[63]并经常与这些组织的领袖在对袁世凯政权的不同立场等问题上发生冲突。

作为加拿大保皇会总部在1900年成立之初的两位主要领袖，陈才和叶春田在1915年2月分别成为温哥华救亡会的正、副会长，而该组织誓言支持袁世凯的北洋政府，反对日本对华侵略。因此，它在1915年4月的一次会议上讨论了一项禁止在街头公开发表反袁言论的动议。但出席会议的曾石泉和其他国民党领导人谴责这

---

61 《大汉日报》，1915年2月22日，3月6日、15日；马杰端、李公武：《上总理函》，1915年3月19日，档案全宗SHHRA，文件号码7295。

62 马杰端、李公武：《上总理函》，1915年3月19日。

63 《大汉日报》，1915年2月22日、26日，3月4日、9日、10日，4月8日。这些爱国组织领袖包括宪政党主席廖崇教，共和党主席刘旭初，致公堂在温哥华的报纸主编崔通约。关于廖崇教和刘旭初两人在这两党中的领袖地位，见《大汉日报》，1915年1月5日、2月25日。

项动议，称其违背言论自由的原则。尽管如此，在陈才、叶春田，以及其他来自宪政党和共和党的领导人物主持之下，救亡会仍然作出决议，与反袁演讲者隔断关系。温哥华共和党领袖和中华会馆值理张儒伯还因拒绝让国民党利用会馆场地在星期六晚间进行反袁演说，在1915年6月遭到该党党员的暴力袭击。[64]

　　在维多利亚，李梦九曾是保皇会在当地于1899年创立之后的主要领袖之一，他也在1915年3月成为该市的华侨爱国团正团长。由于报纸报道了旧金山国民党美洲支部长林森煽动反袁活动，李梦九便利用他在维多利亚海关担任中文翻译的职位，将林氏在1915年4月7日从西雅图到维多利亚的访问时间限制为一个小时。[65]但在1915年4月下旬日本向袁世凯政权提出关于"二十一条"的最后通牒之后，李梦九给北京发出的电报慷慨承诺，如果中国不得不对日开战，维多利亚的中华会馆将提供20万元的军费。到那时，加拿大致公堂在维多利亚的总堂已经为当地华侨的3,000加元捐款贡献了近三分之一的资金。[66]

　　作为孙中山派往加拿大的特使，夏重民最终于1915年10月上旬抵达温哥华。他将新的一轮革命激进主义浪潮带入加拿大的国民党活动之中，也加剧了该党的内外纷争。就像上述林森在1915年4月的维多利亚之行一样，夏氏的到来惊动了曾经担任保皇会领袖的温哥华海关华人翻译，他在加拿大的停留因此便被限制到

183

64《大汉日报》，1915年2月26日，4月26日、27日，6月14日。

65《大汉日报》，1915年3月15日；马杰端：《致党务部函》，1915年4月11日，档案全宗SHHRA，文件号码7371。

66《大汉日报》，1915年3月15日，4月27日。

1915年底，时间不足两个月。[67] 在为维多利亚《新民国报》短暂工作期间，夏重民又很快带领这一加拿大国民党机关报与温哥华的致公堂机关报《大汉公报》展开了一场笔战。[68]

夏重民主要利用了他在加拿大停留的有限时间在各地巡游，为反对袁世凯运动筹款，并在国民党的名义之下实现中华革命党的组织扩张。他也试图整合国民党或中华革命党的所有加拿大支部和分部，并让它们与孙中山及其东京总部直接接触。夏氏声称中华革命党在温哥华的组织名存实亡，请求孙中山指定该党在维多利亚的支部统一领导加拿大各分部。他还鼓励加拿大各分部将反袁资金直接汇往孙中山领导的中华革命党东京总部，并声称国民党在旧金山的美洲支部阻碍了东京总部的财务管理，一再造成革命失败。[69] 夏重民向孙中山的提议得到了国民党在维多利亚、卡尔加里、多伦多和其他加拿大城市领袖的大力支持，他们在给孙中山的信中都恳切要求设立国民党在加拿大的统一支部，脱离该党在旧金山美洲支部的控制。[70]

---

67 马杰端、李公武:《上总理函》，1915年10月21日，档案全宗SHHRA，文件号码8149；马杰端、李公武:《上总理函》，1915年11月2日，档案全宗SHHRA，文件号码8181；林森:《上总理函》，1915年12月17日。

68 《大汉公报》，1915年12月27日、28日，1916年1月4日。该报在1915年11月将其名称从《大汉日报》改为《大汉公报》。

69 《中华革命党时期函牍》，第86—89页；林森:《上总理函》，1915年12月17日。在夏重民自加拿大发出的数封信中，其中一封亦载于桑兵编:《各方致孙中山函电汇编》，第2卷，第476—477页。

70 马杰端、李公武:《上总理函》，1915年11月2日；何井立等:《致陈其美呈》，1915年12月3日，档案全宗SHHRA，文件号码7676；许一鸥:《上总理函》，1915年12月10日，档案全宗SHHRA，文件号码8186；胡维壎:《上总理函》，1916年1月15日，SHHRA，文件号码8240。

与此相反，国民党美国旧金山支部长林森和副支部长冯自由均
强烈反对夏重民的建议，阻止加拿大国民党分部绕过他们的领导、　　184
与中华革命党东京总部直接联系。1915年12月17日，林森给孙中
山写了一封长信，要求加拿大分部汇往东京总部的捐款以及东京
总部寄给加拿大分部的收据、证书、徽章，以及东京—加拿大两
方的其他联系都必须经过旧金山的美洲支部。冯自由也在1916年
初致函孙中山，反驳夏氏的提议，支持林森的要求。[71] 由于旧金山
美洲支部在反对袁世凯运动中从华侨捐款的重要性，[72] 孙中山只得
拒绝了夏重民的建议，中华革命党东京总部也在1915年底命令在
维多利亚的国民党领导人通过林森和冯自由领导下的新的美洲总
支部来与东京方面联系。[73]

因此，民国初期的国内和北美唐人街的党派政治涉及孙中山、
康有为、梁启超领导下的不同政党以及美国和加拿大致公堂之间
的权力斗争，甚至包括美、加国民党之间的派系权力之争。然而，
上述各个政党或派别追求自身权力的斗争又与反对袁世凯独裁专
制、恢复共和民主制度的运动有关，或与反对日本侵略、支持民
族主义运动具有联系。虽然加拿大的国民党与积极领导反袁革命
和反日民族主义的美国国民党相比都相形见绌，它却在中华革命
党与民初两次反帝制复辟的斗争中发挥了更为重要的作用。

71　林森：《上总理函》，1915年12月17日。关于冯自由的信，见《中华革命党时期
　　函牍》，第92—93页。该信亦载桑兵编：《各方致孙中山函电汇编》，第2卷，第
　　485—486页。

72　Edward Friedman, *Backward toward Revolution*, 99-100.

73　《中华革命党史料》，第442—443页；中华革命党本部：《致马杰端等函》，1915年
　　12月13日，档案全宗SHHRA，文件号码8187。

从加拿大和亚太华人社区到国内的反帝制复辟运动

由于袁世凯的北京政府在1915年5月9日屈辱地接受了日本"二十一条"的绝大部分要求，并在此后开始筹划复辟帝制、建立袁氏王朝，它很快就失去了民众的支持。但袁世凯复辟运动面临的最为激烈的挑战主要来自他在此前政争中的盟友，尤其是梁启超等清末立宪党人在民国初年组成的进步党及其军事伙伴。康有为和他的亲信也加入了反对袁世凯复辟的运动，但他很快在1917年介入另外一场帝制复辟运动，从而与梁启超在政治上分道扬镳。孙中山领导的中华革命党东京总部在国内反对两次帝制复辟的斗争中只发挥了有限的作用。[74] 然而，北美国民党，特别是其加拿大的许多分部却在海外领导了激进的反袁复辟军事活动，并显示了坚强的制度化组织网络力量，从而动员和影响了跨太平洋华人播散族群的反帝制运动。

国民党在旧金山的美洲支部于1915年12月25日的圣诞节当晚通过一场政治暗杀开启了海外反抗袁世凯帝制复辟的激进行动。不幸的是，该支部延续了国民党与梁启超领导的进步党之间的党派斗争，将梁氏的一位新闻界友人误以为袁氏复辟运动帮凶，从而造成了以下将要详述的无辜者受害血案。相比之下，加拿大国

---

74 Li Chien-nung，*The Political History of China*，311，318-330；Jung-pang Lo，"Sequel to the Chronological Autobiography of K'ang Yu-wei，"227-235.

民党组织了海外规模最大和最为激烈的反帝制复辟军事斗争，并影响了美国、日本、东南亚华人采取类似行动，直接归国参与中华革命党在国内的反袁战争。它还继续与加拿大致公堂和康有为影响下的宪政党进行了斗争，并在1917年康有为参与清代末帝溥仪复辟活动前后与他在维多利亚的支持者发生了空前激烈冲突。然而，加拿大国民党的反帝制复辟活动，尤其是反袁军事行动在以往的研究中仅受到有限注意，[75] 它对跨太平洋华人社区的广泛影响尚未受到学术界的关注。

　　在袁世凯于1915年11月公布帝制复辟计划之前，他已为此进行了数月之久的策划宣传和精心准备，并沿袭前代帝王的先例，举行了祭拜天地和孔子的仪式。[76] 尽管梁启超从1912年起就与袁氏军人集团在权力斗争中合作，共同反对孙中山和其他革命党人，他却在1915年8月下旬就开始公开发表文章，强烈驳斥复辟帝制的宣传。在当年12月，梁启超为了蒙骗袁世凯，请求前往美国治病，但他的实际目的是安全离开北方，前往南方发动反对帝制复辟运动。梁氏与其门生蔡锷（1882—1916）将军经过密谋，很快发动云南省于1915年12月25日举行反袁军事起义，并由此导致随后西南各省先行独立。[77] 在加拿大，位于温哥华的共和党一直处于梁启超领导的进步党影响之下，所以也在1915年11月21日举行会

75　李东海：《加拿大华侨史》，第308—313页；Edgar Wickberg et al., *From China to Canada*, 105；黎全恩、丁果、贾葆蘅：《加拿大华侨移民史》，第198—199页。

76　Jerome Ch'en, *Yuan Shih-k'ai*, 162-174.

77　张朋园：《梁启超与民国政治》，第57—74页；丁文江、赵丰田编：《梁启超年谱长编》，第471页。

议，宣布维护共和政体，反对复辟帝制。[78]

186　　位于旧金山的国民党美洲支部及其支部长林森仍然将梁启超视为敌对党派领袖，并认为他是袁世凯帝制运动的同谋。在林氏于1915年12月17日写给孙中山的上述信函中，他不仅批评了加拿大国民党试图寻求从旧金山美洲支部独立的倾向，还就梁启超即将来美的消息提出警告。林森认为梁启超以治病为幌子前往美国，实际上是为袁世凯的帝制复辟运动充当走狗，前来寻求资助。他在信中特别报告，梁启超的一位门生是在国内影响广大的记者黄远庸（1885—1915），已经作为梁氏先驱抵达旧金山。根据林森的报告，黄远庸携有一封介绍信和电报密码，以便秘密联系曾经拒绝参加孙中山专制下的中华革命党、侨居美国东部的黄兴。林森认为黄兴已经被美国致公堂愚弄，还有可能被梁启超的"保皇党"所欺骗。[79]

正因如此，林森首先派人在旧金山跟踪、监视黄远庸，然后命令其党羽于1915年12月25日晚在当地唐人街的一家餐馆里将他暗杀。甚至孙中山的儿子孙科（1891—1973）也参与了这一暗杀密谋，在该餐馆充当一名为杀手望风的帮手。由于三名刺客成功逃离现场，这个血案在此后一个多世纪都成为没有完全解决的历史谜团。[80] 实际上，黄远庸在北京受到袁世凯政府威胁，确实曾

---

78 《大汉公报》，1915年11月22日。

79 林森：《上总理函》，1915年12月17日。

80 关于该案件的最新研究，见陈忠平：《黄远庸暗杀案档案揭秘》。这篇文章主要基于林森的上述信件以及三名凶手于1947年11月10日向国民党提交的关于这场暗杀案的秘密报告。该报告题为《杨棠、刘北海、余昌等枪杀袁氏走狗黄远庸事件》（藏于台北中国国民党文化传播委员会党史馆，档案号407/1）。（转下页）

经写过一篇有关复辟帝制的似是而非文章。但他随后就离开北京，很快拒绝了袁世凯的任命，未曾担任一份为帝制宣传的报纸总编，并在最后逃往海外。作为当时旧金山国民党美洲支部的副支部长，冯自由在后来的回忆中指出，林森在黄远庸被暗杀前曾将他作为梁启超领导的进步党主要策士和袁世凯在1913年取缔国民党及其解除该党各省都督兵权的主谋。因此，黄远庸的暗杀主要是由于孙中山的革命党与进步党的党派斗争所导致，并由于林森对黄氏在袁世凯帝制运动中角色的误解所造成的血案。[81] 两年多后，类似的党派斗争中的暴力事件将再次在加拿大发生，导致梁启超的另一政治密友和进步党领袖之一汤化龙被国民党人暗杀。

　　从1915年9月开始，孙中山就在日本派遣中华革命党的一些主要领导人物回国，进行反袁军事行动。在他们之中，居正（1876—1951）于1915年11月成为中华革命党在山东青岛组织的东北军总司令。由于日本已经在1914年11月占领了青岛德租界，并利用孙中山的革命党来对付袁世凯的北京政府，居正便得到日方帮助，从1916年2月率领东北军挥师西征，向山东省城济南进发。此外，孙中山指挥的中华革命党也在广东省领导了规模较小的反袁军事行动。尽管陈炯明拒绝加入孙中山领导的中华革命党，他仍然在广东领导了反袁起义，并于1915年11月向北美致公堂请

187

　　（接上页）这个悬案曾在20世纪80年代中期被两位学者部分揭露，但他们的文章基于刺客之一刘北海的朋友口述资料，错误地将刘氏视为唯一受林森指令的凶手，并且未能揭示林氏的动机。详见黄流沙、孙文铄：《关于黄远生之死》，第48—51页。

81　冯自由：《革命逸史》，中册，第635页；陈忠平：《黄远庸暗杀案档案揭秘》，第52—58页。

求捐款支持。[82]

　　然而，加拿大致公堂在维多利亚的总堂领导人立即拒绝了陈炯明的请求，并斥责他在1912年任广东省代理都督期间镇压洪门、阻止致公堂在该省合法注册。该总堂及其在温哥华和新威斯敏斯特的分堂还在次月举行活动，庆祝袁世凯的北京政府此前承认它们为合法社团，并在此后到1916年初接连呼吁国内和平。[83] 相比之下，美国致公堂在旧金山的总堂发出了针对反袁复辟帝制运动的筹款号召，但该总堂大佬黄三德却拒绝了孙中山的捐款请求，转而接受了云南护国军政府的任命，帮助它在美洲筹集资金。他的筹款呼吁也在1916年初传送到了加拿大的致公堂。[84]

　　与此同时，孙中山在1916年初收到了来自美国和加拿大国民党一些党员的一系列信件。这些信件报告了他们从事军事训练的活动，并请求允许组织反袁军队，直接参与国内反帝制复辟的战斗。在海外华人社区中，加拿大的国民党带头展开了最为激进的反袁军事训练活动。[85] 他们的行动将在美国和东南亚的华人青年中引起强烈反响，并导致他们返回国内，加入革命军的战场，以对

---

82 陈锡祺主编：《孙中山年谱长编》，上册，第915、921—922、957—958、962、965、967—968、976—977、980—981、991—993页；华侨革命史编纂委员会编：《华侨革命史》，下册，第526—529页；《大汉公报》，1915年11月16日。

83 《大汉公报》，1915年11月16日，12月21日；1916年1月4日、12日、17日，2月5日。

84 华侨革命史编纂委员会编：《华侨革命史》，下册，第522—524页；黄三德：《洪门革命史》，第37—38页；五洲致公总堂：《革命历史图录：170周年纪念特刊》，第114—119页；胡维墺：《上总理函》，1916年1月15日。

85 《中华革命党时期函牍》，第50—52页。

抗袁世凯的帝制复辟运动。

　　由于加拿大在第一次世界大战于1914年7月爆发之后就很快加入了英国所属的协约国阵营，战时气氛为国民党组织其成员进行军事训练提供了契机和保护。尽管此前的有关论著仅将该党军事训练活动归功于孙中山派往加拿大的特使夏重民，[86] 它实际上是在胡汉贤从维多利亚移居阿尔伯塔省会埃德蒙顿（Edmonton）之后发起的。至1915年4月，胡汉贤已在埃德蒙顿国民党成员中建立了一个"军事社"。该团体宣称将在必要时为加拿大提供战时防御，并为其成员加入加拿大军队、在战争中服役作好准备。但当地一家英文报纸强调华人缺乏英语能力，否认该团体成员具有服役资格。由于胡汉贤曾在广东省一所警察学校接受过军事训练，并在广东省的辛亥革命中带领过一个"敢死队"，因此他担任了军事社教员。该团体除为其成员提供军事训练和政治教育之外，还在公共活动中表演体育和粤剧，为当地社区提供娱乐，并筹集反袁活动资金。[87]

　　埃德蒙顿国民党军事社在1915年8月有13名职员，包括总理、监学、教员各一人，三名中、西文书记和其他工作人员，以及三个排的40名学生。当夏重民于1915年11月在加拿大各地筹款途中到达埃德蒙顿时，他发现当地国民党的240多名成员都积极为反袁军事行动捐款。于是，夏重民和胡汉贤发起了组织华

188

86　李东海：《加拿大华侨史》，第308页；华侨革命史编纂委员会编：《华侨革命史》，下册，第531页。

87　胡汉贤：《中华革命党讨袁军美洲华侨敢死先锋队组织始末》，第26—28页；*Edmonton Bulletin*，September 20，October 27，November 5 and 11，1915.

侨敢死先锋队的计划，准备直接回国参与反对袁世凯复辟的战争。[88] 通过加拿大国民党的广泛组织网络，它到1916年就在阿尔伯塔省的卡尔加里和列必珠、英属哥伦比亚省的维多利亚和温哥华、萨斯喀彻温（Saskatchewan）省的萨斯卡通（Saskatoon）以及多伦多和其他加拿大城市建立了类似的军事社。[89] 在列必珠市，当地国民党的100多名成员中就有约40人接受了军事训练，组成名为"国防队"（Home Defence）的团体。据当地报纸报道，他们"穿着整洁的制服，并配备了军用步枪"进行训练。他们的领导人声称："如果中国对德宣战，他们准备为协约国而战。"但当地警长认为他们的军事训练是一种威胁，停止了他们的活动。[90]

鉴于袁世凯在1915年末加速了帝制复辟活动，这些加拿大军事社呼吁其成员返回祖国，直接参加反袁战争。埃德蒙顿国民党于1915年12月初举行大会，决定将军事社成员组织成胡汉贤领导的"加属华侨敢死先锋队"，准备派遣他们归国参战。在此之后，它正式请求旧金山国民党美洲总支部批准这一决定，[91] 并以此行动影响了加拿大国民党的其他军事社。胡汉贤在1965年的

189

---

88 《加拿大点问顿军事社职员学员名籍册》，1915年8月，档案全宗SHHRA，文件号码7941；《中华革命党时期函牍》，第87页；刘维汉：《义勇团报告》，1916年9月19日，档案全宗SHHRA，文件号码3580。

89 胡汉贤：《中华革命党讨袁军美洲华侨敢死先锋队组织始末》，第28页。关于这些军事社一个典型，见《列必珠军事社规则》，1916年，档案全宗SHHRA，文件号码7961。

90 *Lethbridge Herald*，March 13，1919。这是一篇事后的追溯报道。

91 马超凡、马兆华、胡汉贤：《致林森函》，1915年12月5日，档案全宗SHHRA，文件号码7973。

插图8 加拿大列必珠市国民党军事社成员，1916年。

资料来源：Special Collections and University Archives, University of Victoria, Canadian Scottish Regimental Museum Collection（SC337）, accession no. 1990–009, file no. 24. 35。

回忆录中称，加拿大不同城市的500多名青年华人报名，希望自费或用国民党的经费回国参战。[92] 然而，根据一份现存档案，加属华侨敢死先锋队起初包括来自加拿大十个城市的100名青年成员，后来又有来自其中四个城市的14名新成员被加入它的名单上。[93]

国民党驻旧金山的美洲支部也在1915年采纳了其中一位领导人物伍横贯的建议，成立了"美洲华侨军事研究社"。这个组织很快从党员之中招募了学员，并从1915年5月1日开始在爱达荷州首府贝市向他们提供军事训练。虽然冯自由担任名义上的社

---

92 胡汉贤：《中华革命党讨袁军美洲华侨敢死先锋队组织始末》，第28—29页。

93 《加属敢死先锋队名册》档案全宗SHHRA，文件号码7962；《新加入先锋队诸队员》，档案全宗SHHRA，文件号码7971。另外一份112名成员名单见《加属华侨敢死先锋队……预算表》，档案全宗SHHRA，文件号码7953。

长，但伍横贯是负责实际管理的教务长。到1916年初，美洲华侨
军事研究社的学员已达51人。[94] 当国民党在旧金山的美洲支部于
1915年7月至8月召开全美恳亲大会时，它还决定成立一个"华
侨军事讲习所"。然而，这项决议的实施遇到了人员和财务方面的
双重困难。尽管如此，至1916年，国民党美洲支部仍然得以在旧
金山附近的雷德伍德（Redwood）市和芝加哥分别建立两所航空
学校。[95]

由于伍横贯一直与加拿大国民党的埃德蒙顿军事社保持了秘密
接触，他和美国国民党在波特兰分部及加州分部的领导也在1916
年3月组织了"美洲讨袁军"，并请求孙中山允许他们归国，参加
反对袁世凯复辟帝制的实际战斗。但孙中山指示他们等到他的反
袁势力在中国沿海地区取得立足点，然后再回国效力。[96] 在此同时，
加属华侨敢死先锋队向孙中山提交了其章程和117名归国成员的最
终名单，其中至少有43人来自埃德蒙顿和31人来自维多利亚。埃
德蒙顿国民党于1916年2月中旬为此直接联系了中华革命党东京
总部，以求获得归国许可，但包括胡汉贤在内的三名加拿大代表
在此之前就已抵达日本。他们亲自向孙中山请愿，要求让焦急等

---

94 伍横贯：《致支部长林森函》，1915年，档案全宗SHHRA，文件号7952；《贝市
埠美洲华侨军事研究社职学员姓名册》，1916年，档案全宗SHHRA，文件号
7970。伍横贯信函的年代是根据其内容及相关档案推断出来的。

95 华侨革命史编纂委员会编：《华侨革命史》，下册，第492—500页。关于华侨军事
研究社以及这两所航空学校的详情，见《中华革命党史料》，第422—435页。

96 胡汉贤：《中华革命党讨袁军美洲华侨敢死先锋队组织始末》，第28页；《中华革命
党时期函牍》，第51、95页；孙中山：《孙中山全集》，第3卷，第245页；冯自由：
《革命逸史》，中册，第638—639页。

待批准的加拿大同志尽速回国参战。[97] 但是。中华革命党反袁军队在国内的不利军事形势迫使孙中山推迟了他们的行程。直到1916年4月上旬，孙中山才给加拿大和美国登记归国的华侨青年发出命令，指示他们分三批乘船前往日本，在横滨集合待命。[98]

林森大约是需要让美国的华侨青年为回国旅行作好准备，推迟了将孙中山的命令转给加拿大国民党的时间。因此，已经到达日本的胡汉贤及其他加拿大国民党领导人物给孙中山致信，表达了强烈不满。最终，加属华侨敢死先锋队的成员于1916年4月下旬开始跨太平洋之旅，并于次月与美国华侨青年在横滨会合。直到1916年5月中旬，他们才在山东加入居正指挥下的中华革命党东北军，并被编制为"华侨义勇团"。[99] 胡汉贤在其1965年的回忆录中声称，华侨义勇团共有500多人，其中加拿大和美国华侨有300多人，日本华侨有100多人。[100] 当时的一份报纸也发表了一篇关于华侨义勇团的夸张报道，估计该团在1916年7月驻扎于山东潍县时有大约700名成员和一支由4架飞机、80多名飞行员组成的

191

---

97 《中华革命党史料》，第503—522页；马兆华、方卓云：《上总理函》，1916年2月15日，档案全宗SHHRA，文件号码7972；胡汉贤：《中华革命党讨袁军美洲华侨敢死先锋队组织始末》，第29—30页。胡汉贤的回忆录称，他和另外两名加属华侨敢死先锋队员在1915年10月抵达东京。

98 孙中山：《孙中山全集》，第3卷，第267、269、274页；胡汉贤：《中华革命党讨袁军美洲华侨敢死先锋队组织始末》，第30页。

99 胡汉贤等：《上总理函》，1916年5月5日，档案全宗SHHRA，文件号码7395；《中华革命党史料》，第473页。关于加属华侨敢死先锋队的跨太平洋旅行，亦见华侨革命史编纂委员会编：《华侨革命史》，下册，第531页、第609页注19，但该书的有关记录基于李东海：《加拿大华侨史》，第309—310页，而后者关于其队员抵达日本和中国的日期并不准确。

100 胡汉贤：《中华革命党讨袁军美洲华侨敢死先锋队组织始末》，第30页。

航空队。[101]

　　现存的华侨义勇团名册包括其团长夏重民、团附［副团长］伍横贯、8名参谋等官员，以及三队中的83名官兵。这93名官兵中至少有73人（78%）直接来自加拿大。[102] 除此之外，到1916年7月为止，夏重民还指挥了一个由3架飞机、2名华人庶务官员、4名日本教官、6名日本机械师以及14名中国飞行员组成的航空队。[103] 这些飞行员中至少胡汉贤等五人直接来自加拿大，其他飞行员则来自美国、日本和东南亚。[104] 因此，夏重民后来在1916年9月中旬报告，华侨义勇团共有108名成员。[105] 在来自加拿大的5名飞行员当中，马少汉也被列为华侨义勇团名册上的士兵。[106] 所以，华侨义勇团中加拿大华侨成员的人数至少为77名，占108名官兵总数的71%或可能更多。

101《民国日报》，1916年7月18日。根据维多利亚国民党的一份报告，超过100名华人青年参加了此次回国参战之旅。该报告并夸大地宣称，其中有50到60人来自维多利亚，见马杰端、李公武：《上总理函》，1916年8月23日，档案全宗SHHRA，文件号码7406。

102《中华革命党华侨义勇团团本部姓名册》，1916年，藏于台北中国国民党文化传播委员会党史馆，档案号400/163.8。这份文件以相同的标题发表在《讨袁史料（一）》，第461—472页。华侨义勇团中的三名成员来自美国，一名来自日本，但是有16名没有说明直接来自哪个国家。

103《航空队编成》，1916年7月11日，档案全宗SHHRA，文件号码3577；胡汉贤：《中华革命党讨袁军美洲华侨敢死先锋队组织始末》，第30—31页。胡氏的回忆录夸大了飞行员的人数。

104 胡汉贤：《孙中山先生在日本创办飞行学校的经过》，第82、84页；蔡鹤朋、马超凡：《上总理函》，1916年4月17日，档案全宗SHHRA，文件号码8585。

105 夏重民：《上居总司令呈》，1915年9月15日，档案全宗SHHRA，文件号码3692。

106 胡汉贤：《孙中山先生在日本创办飞行学校的经过》，第82页；《中华革命党华侨义勇团本部姓名册》。

除了航空队之外，华侨义勇团还从加拿大采购了数十挺美式手提机关枪及步枪和手枪等武器，军事装备优于居正指挥下的中华革命党东北军。因此，为了未来的扩张和军事宣传的双重目的，它被列为居正总司令部直接指挥的师级部队。的确，华侨义勇团及其航空队的到来，极大地鼓舞了反袁革命势力的士气。中外报纸都声称，孙中山的军队得到了海外华人的资金和人员支持，并将得到战机的空中掩护。当华侨义勇团在山东加入中华革命党东北军后，它很快就加入了对省会济南的突袭。[107]

这场军事行动发生在1916年5月15日晚上。为了准备这一战役，来自华侨义勇团航空队的三架飞机在济南城市上空进行了侦察，并向敌军散发了传单。按照原定计划，东北军一个团将作为主力对济南发起正面进攻，城内的袁世凯军部分士兵和山东督军署警卫连则已约定届时起义作为内应。华侨义勇团特别派出近百名成员，伪装成商人、游客和日本铁路工人，乘坐日本火车到达济南车站，然后埋伏于日本旅馆、公司等地方，准备总攻时突袭督军署，与其中已经约定的警卫连里应外合。然而，由于日本线人向袁军报告了军事计划，济南宪兵队在东北军发动攻击前一个小时，突然替换了督军署警卫连，使得东北军在总攻开始时受到敌军截击，伤亡惨重。城内的华侨义勇团成员得到督军署警卫连连长的警告，仓促从济南火车站乘日人火车撤退，丢失了所有带

192

107　胡汉贤:《中华革命党讨袁军美洲华侨敢死先锋队组织始末》，第30、34页。据陈锡祺主编:《孙中山年谱长编》，上册，第991页，美洲华侨"讨袁敢死先锋队"在1916年5月初曾与东北军一道加入攻打潍县的战斗，但它引用的史料并无有关信息。

进城内的手枪、炸弹等武器以及一个无线电接收器。[108]

在中华革命党东北军于1916年5月23日占领济南以东的潍县之后，华侨义勇团及其航空队就在此建立基地，参与该城的防御。它帮助东北军击退了袁世凯军队在1916年6月上旬对于该城的偷袭，并俘虏了数名敌方奸细。当山东的战斗仍在持续之际，另一批为数60人的北美华侨青年抵达横滨，其中大概包括了30多名迟到的加属华侨敢死先锋队成员。他们之中的成员或者前往山东战场，加入了华侨义勇团；或者前往上海，组成别动队从事特别任务。[109] 根据1916年12月孙中山发给中华革命党各支部和分部的公告，不少加拿大和美国的华侨也与东南亚的华人一道，参加了广东省的反袁斗争。[110]

在孙中山于1916年初收到加属华侨敢死先锋队的报告时，[111] 他就指示东南亚的中华革命党领袖招募类似的敢死队成员，为他们提供军事训练，并派遣他们到日本，以备未来在国内的行动。作为回应，国民党在英属马来亚的端洛（Teronoh）支部成立了"铁

---

108 胡汉贤：《中华革命党讨袁军美洲华侨敢死先锋队组织始末》，第31—33页。胡氏的回忆录称济南战役发生于1916年5月14日，但根据另外一份关于华侨义勇团参与济南战役的记录，该战役发生于1916年5月15日，见辜仁发：《中华革命军山东反袁战争亲历记》，第120、122页。辜氏记录的济南战役时间与当时的报纸有关报道一致，见《民国日报》，1916年5月18日；《申报》，1916年5月19日。关于济南战役的更多详情，见《时报》，1916年5月21日。

109 Edward Friedman, *Backward toward Revolution*，197；《中华革命党时期函牍》，第89—90页；胡汉贤：《中华革命党讨袁军美洲华侨敢死先锋队组织始末》，第33页；谢持：《致某某电》，1916年5月31日，档案全宗SHHRA，文件号码3531；孙中山：《孙中山全集》，第3卷，第302页。

110 孙中山：《孙中山全集》，第3卷，第399—400页。

111 《中华革命党时期函牍》，第51—52页。

血团"，很快更名为"继后团"，并派遣其中10余名成员作为志愿者抵达国内，参加了广东和广西两省的抗袁战争。[112] 在1916年初期，共有100多名东南亚华侨返回广东。他们参加了一系列激烈的战斗，包括该年2月12日袭击广州黄埔港内的肇和舰及在汕头、江门等广东城市的战斗。其中一些归国华侨甚至在战场上牺牲了生命。[113]

　　孙中山于1916年5月1日从日本回到上海，直接领导中华革命党在国内对抗袁世凯的军事运动。同时，来自北美和东南亚的华侨与袁世凯军队在山东、上海和广东的战场上继续作战。但在1916年6月6日，袁世凯在面临帝制复辟失败、梁启超和他的进步党影响下的西南诸省及其他省份纷纷独立的情况之下，突然一命呜呼。由于孙中山领导的中华革命党在国内的政治影响和军事力量有限，他仅向袁氏的继任者黎元洪（1864—1928）总统发出通电，要求恢复1912年南京临时政府通过的《中华民国临时约法》和1913年由国民党支配的国会。同时，孙中山还命令中华革命党的军队，包括在山东由居正统帅的东北军，停止战斗，并寻求与北京政府的和平解决方案。但直到1916年7月，来自东南亚的华侨仍在广东战场，自我组成"南洋师团"，希望效法华侨义勇团，隶属于居正麾下的东北军。[114]

193

112　孙中山：《孙中山全集》，第3卷，第267—268页；招耀东：《上总理函》，1916年9月，档案全宗SHHRA，文件号码7944。该信没有注明日期，但信中批注说明孙中山在10月3日收到此信。

113　孙中山：《孙中山全集》，第3卷，第399—400页；华侨革命史编纂委员会编：《华侨革命史》，下册，第547—550页。

114　陈锡祺主编：《孙中山年谱长编》，上册，第991、998—1000页；钟水：《上居总司令呈》，1916年7月8日，档案全宗SHHRA，文件号码3386。

在1916年9月末，孙中山将华侨义勇团从山东召往上海，随后将其解散。他在对其团员的讲话中赞扬了他们为了反袁复辟、再造共和而进行的英勇斗争。他还在1916年12月10日致函中华革命党各支部和分部，赞扬来自北美和东南亚的华侨志愿者在反对袁世凯帝制复辟运动中不顾生命危险、勇于自我牺牲的精神。但他们从东北军仅收到每人300元的遣散费，在广东的仅得到每人30元或数元的遣散费。孙中山的信还说明，他的政党将以非军事手段争取政治权力，力争恢复1912年的《中华民国临时约法》和1913年国民党主导的国会，所以只得将这些华侨义勇军人遣散。[115] 虽然如此，来自北美的一些华侨很快就返回革命军队服役，加入孙中山所领导的部队，与继袁世凯而起的军阀所控制下的北洋政府作战。来自加拿大的华侨青年马湘（1889—1973）和黄惠龙（1878—1940）还将成为孙中山的两名保镖和侍从副官。胡汉贤在1918年初回到加拿大，继续为国民党开展军事活动，并曾在萨斯卡通建立一所飞行学校。[116]

实际上，北美华人参与的反对帝制复辟运动并没有随着袁世凯在1916年的死亡而结束。这次帝制复辟运动在此后恢复的民国政府中的政治余波很快导致加拿大国民党介入与康有为的保皇会、宪政会原领导人及加拿大致公堂维多利亚总堂主要领袖发生前所未有的暴力冲突和长期法庭斗争。这场发生在加拿大华人社区的政治冲突不仅与康有为派系在国内政治中的活动紧密相关，而且一直延续到他在1917年底加入第二次帝制复辟运动前后。这种跨

---

115 陈锡祺主编：《孙中山年谱长编》，上册，第1008—1009、1013页；孙中山：《孙中山全集》，第3卷，第370—374、399—401页。

116 胡汉贤：《中华革命党讨袁军美洲华侨敢死先锋队组织始末》，第35—37页。

太平洋的华人政治联系显示了孙中山和康有为的党派从清朝末年到民国初期在北美唐人街和国内进行相互斗争的长期延续。但在这新的政治冲突事件之中，加拿大的致公堂已从此前孙中山的反清盟友转变为康有为追随者的支持力量。[117]

　　当黎元洪总统之下的北京政府采纳孙中山的建议，于1916年7月下旬恢复国民党支配的1913年国会之后，以加拿大国民党领袖曾石泉为总理的温哥华中华会馆立即为此发出贺电，并在电报中庆贺国会恢复了1912年的《中华民国临时约法》。[118] 由于袁世凯曾将祭祀天地和孔子作为他复辟帝制的重要步骤，国民党主导下的国会在1916年9月上旬开始的会议之初就围绕推动宗教信仰自由、废除祭天祀孔崇拜的提议展开激烈辩论。与此同时，康有为及其追随者一直推动国会将孔教变为民国国教，他并在致国会的一封长信中谴责了上述国民党的提议。[119]

　　康有为早在1899年7月20日创立保皇会于维多利亚前夕就提出了尊孔教为国教的想法，并于当年在该市的唐人街发起了祭孔活动。[120] 作为当地保皇会及其后继的宪政会一位长期领袖，刘子

---

117 以下著作包括对此冲突事件的有限讨论，见 David Lai，*Chinese Community Leadership*，134-135；黎全恩、丁果、贾葆蘅：《加拿大华侨移民史》，第290—291页。但这两本书对此事件的讨论仅限于维多利亚中华会馆的地方历史框架之内，其内容不够完整，也包含史实错误。

118 《大汉日报》1915年11月22日；《大汉公报》1916年8月1日。

119 Jerome Ch'en，*Yuan Shih-k'ai*，162-163；康有为：《康有为全集》，第10集，第318—320页。关于1916年国会对于孔教的辩论详情，见韩华：《民初孔教会与国教运动研究》，第199—202页。

120 Zhongping Chen，"Kang Youwei and Confucianism in Canada and Beyond, 1899-1911," 11-12.

逶通过维多利亚中华会馆的年度选举在1916年9月初成为它的正董。[121] 毫不奇怪，他很快利用这一华人社区联合组织在维多利亚发起并领导了反对北京国会废除孔教崇拜的抗议活动。加拿大致公堂在维多利亚总堂的主要领袖之一林立荣是中华会馆的副董，所以他也参与领导了维多利亚的抗议活动。[122]

刘子逶召集了中华会馆的20位领导人物在1916年9月20日举行了一次会议，并在会上决定给北京政府的总理和袁世凯的军事继承人段祺瑞（1865—1936）发出一封关于国会废除孔教崇拜的抗议电报。这封由刘子逶与林立荣共同签署的电报谴责国会废除孔教、危害国家，已经引起民众公愤，并要求解散参、众两院，"另选贤能"。这份电报随后被送至温哥华致公堂的机关报《大汉公报》发表，并交给北京政府驻温哥华领事馆转发段祺瑞内阁。[123] 维多利亚中华会馆随后呼吁庆祝即将到来的孔子诞辰，庆祝活动也确实分别在维多利亚和温哥华的两所中文学校举行。温哥华爱国学堂原来就是保皇会在1903年创办的改良派教育机构，它所举行的祭孔仪式上自然集合了林立晃等保皇会前任领袖和宪政会的现任领导人物，并由他们发表了演讲。[124]

由于刘子逶和林立荣的电报要求解散刚恢复的由国民党控制

121《新报》，1909年2月16日；《大汉公报》，1916年9月5日；David Lai，*Chinese Community Leadership*，134。

122《大汉公报》，1916年3月8日，9月5日。刘子逶也是一位致公堂成员，见David Lai，*Chinese Community Leadership*，134。

123《大汉公报》，1916年9月22日，10月23日；*Daily Times*，November 23，1916；January 17，1917。

124《大汉公报》，1916年9月26日。

的国会，维多利亚国民党领导人立即展开反击，并散发传单抗议。该党在维多利亚的机关报《新民国报》多次指责刘子逵与林立荣在中华会馆内部未经充分讨论后就发出上述电报，要求他们对此作出澄清。作为回应，维多利亚中华会馆便要求北京政府驻温哥华领事馆修改上述电报内容，删除其中解散国会的请求，然后发往北京。他们还计划在1916年10月8日晚间召开特别会议，讨论此事。[125]

当维多利亚中华会馆的领导人物按计划在唐人街华侨公立学校集合，举行这一晚间会议之际，当地国民党员何铁魂也带领他的同伙强行进入会议室。他们很快激起与刘子逵总董、林立荣副董以及其他中华会馆领导人物的口头争吵和肢体冲突。由于何铁魂及其同伙携带了棍棒等武器，他们便大打出手，砸碎了会议室的窗户和家具，并打伤了对方人员。同时，近400名当地华人挤满了学校院落和前面的街道，其中不少人也参与了相互斗殴和混战。当警察赶到会场并制止打斗之后，刘子逵、林立荣及其他六名中华会馆领导人物已经受了轻重不等的肢体伤害。警察逮捕了何铁魂和他的七名同党，在他们交付了每人500加元到1,000加元不等的保释金后才被暂时释放。次日，双方分别在本市警察法庭向对方提出指控。[126] 至1916年底，上述国民党的八名扰乱会议成员被维多利亚警察法庭定罪，并被送往区级法院接受进一步审判。该党在维多利亚的领导人物之中，高云山、李子敬和李公武三人也

196

125《大汉公报》，1916年10月7日、23日；*Daily Times*，November 24，1916。
126 *Colonist*，October 10，1916;《大汉公报》，1916年10月9日、11日。

被逮捕，并在交付押金后获得保释，等待接受审判。高云山又反过来控告中华会馆的总董刘子遽等人，声称他们制造了所有事端，使他们也成为等待法庭审判的被告人。[127]

他们的相互指控导致了双方从维多利亚警察法庭到区级法院，再到巡回法院的长期司法斗争，直到1917年底才结束。[128] 加拿大国民党动员其所有分部，为该党在维多利亚的成员和领袖提供政治支持和财政援助，甚至还向孙中山本人寻求帮助。[129] 在维多利亚受审的一些国民党领袖和成员后来被区法院释放，不过另外四名党员被判犯有殴打伤人罪，受到罚款75加元或监禁三个月的处罚。1917年末，李公武和其他三名国民党员还被巡回法庭定罪，并入狱服刑。他们对刘子遽、林立荣等中华会馆领导人物的指控早在1917年3月就被法官驳回。[130] 有趣的是，在关于孔教的辩论中，孙中山影响下的国民党利用它在国会的多数席位，在1917年中期击败了康有为的派系。[131] 但加拿大的情况正好相反：孙中山在维多利亚的追随者在政治斗争中诉诸暴力，以至当地国民党对于康有为的支持者及致公堂领袖在各级法院的司法斗争遭受了一连串失败。

---

127 《大汉公报》，1916年11月1日、27日，12月13日；*Colonist*, October 25, December 19, 1916, January 11, 1917；李子敬、李公武：《上总理函》，1916年11月30日，档案全宗SHHRA，文件号码6188。

128 *Colonist*, October 25, December 8 and 17, 1916; January 11, March 14, May 8, 1917；《大汉公报》，1917年1月13日。

129 《中华革命党史料》，第473、498页；《域多利埠公民团同人报告》，1916年12月6日，档案全宗SHHRA，文件号码7349；李子敬、李公武：《上总理函》，1916年11月30日。

130 *Colonist*, February 1, May 8, 1917；《大汉公报》，1917年1月19日、3月13日、14日、5月11日；《中华革命党史料》，第473、498页。

131 韩华：《民初孔教会与国教运动研究》，第208页。

由于维多利亚的中华会馆曾两度试图通过北京政府在温哥华的领事馆发出电报，抗议国民党支配的国会，该党在温哥华的主要领袖曾石泉便利用其担任中华会馆总理的身份，在1916年10月下旬要求林轼垣领事提供解释。虽然林领事表示他曾两次拒绝维多利亚中华会馆向北京发送电报的要求，曾石泉依然指控他犯有十大罪状。曾氏以温哥华中华会馆的名义，向北京政府发出电报，进一步要求罢免林轼垣的领事职务，但这一滥用会馆总理职权的行为立即受到了该社区组织内宪政党领袖的谴责。1917年3月3日，曾石泉甚至在温哥华的街道上遭到一名男子从背后的袭击。后来，当北京政府驻渥太华总领事来到温哥华就曾氏指控进行调查时，该地宪政党、共和党及致公堂都对林轼垣领事表示支持，从而确保他的任期持续到1917年12月新任领事王麟阁到任时。与此相较，曾石泉已经在1917年7月温哥华中华会馆的选举中失去总理职位。[132]

在北京政府中，当时由国民党支配的国会正试图与软弱的总统黎元洪联盟，制衡总理段祺瑞的军阀派系，但段氏得到梁启超、汤化龙领导的进步党支持。特别的是，段祺瑞与梁、汤二人都呼吁中国在尚未结束的第一次世界大战中加入协约国一方，对德宣战，但遭到黎元洪和国民党支配的国会反对。这场权力斗争愈演愈烈，导致总统黎元洪在1917年5月23日解除段祺瑞的总理职位。北京政府的内部斗争和政治混乱为老牌军阀张勋（1854—1923）

132《大汉公报》，1916年10月23日，1917年1月10日、12日，3月5日、9日，6月6日，7月23日，12月11日。

创造了机会，使他得以率军入京，迫使黎元洪解散国会，然后扶植清朝末代皇帝溥仪于1917年7月1日复辟。[133] 由于康有为尚未放弃从清末以来实行君主立宪的理想，所以他也加入了这一帝制复辟行动，以实现他在辛亥革命期间及其后提出的"虚君共和"政治计划。但康氏很快就在这场短暂的复辟运动中失去影响，他的反动行为甚至遭到梁启超的公开谴责。[134]

与此同时，梁启超、汤化龙继续支持段祺瑞，使用他所集结的军队，结束了这一为时仅有十二天的帝制复辟闹剧。此后，段氏重新担任北京政府总理，袁世凯的另一位军事继承人冯国璋将军（1859—1919）成为新总统。在这两个军阀控制下的北京政府于1916年8月14日对德宣战，带领中国与协约国结盟，加入第一次世界大战。与此同时，康有为躲入美国驻北京使馆内寻求避难，直到1917年2月3日为止，他在此后成为国内政治中的保守派边缘人物。[135] 在他试图通过1917年的帝制复辟重回北京政坛之际，他所领导的加拿大宪政党曾短暂地回光返照，但最终走向衰落。

当康有为在1917年6至7月间要求解散国民党支配的国会并伙同军阀张勋等顽固分子恢复溥仪的帝位前后，加拿大宪政党总支部于6月5日在温哥华召开了近百人参加的全国"恳亲大会"。这

198

---

133 Li Chien-nung, *The Political History of China*，357–371；陈锡祺主编：《孙中山年谱长编》，上册，第1006—1035页，特别是第1006—1007、1010—1011、1019—1030页；张朋园：《梁启超与民国政治》，第77—79、117—124页；陈忠平、陈明：《辛亥前后汤化龙与革命党人关系探析》，第1733—1735页。

134 June-pang Lo, "Sequel to the Chronological Autobiography of K'ang Yu-wei," 218–219, 233–235.

135 Li Chien-nung, *The Political History of China*, 371–373；June-pang Lo, "Sequel to the Chronological Autobiography of K'ang Yu-wei," 235–237.

次会议聚集了来自加拿大各省宪政党代表及其纽约总部的领导人物，加拿大致公堂、共和党以及维多利亚、温哥华的华人社区组织也派遣代表出席了会议，甚至国民党也派出代表与会。[136]

然而，加拿大的宪政党不仅缺少统一坚强的领导，而且失去了在其会员中收取会费的基本能力，[137]已经注定要走向衰落。康有为介入1917年7月的短暂帝制复辟，变为声名狼藉的保守顽固人物后，又给宪政党带来了致命打击。在第二次反帝制复辟运动中，梁启超、汤化龙等晚清改良派与康有为发生公开冲突，进一步导致了他们在民国初期组建的政党团体分裂甚至衰亡。相比之下，致公堂的组织网络将在北美唐人街和跨太平洋的华人社区得到不断扩大和整合，孙中山领导的国民党更将取得全球性组织扩张，但它在1918年卷入维多利亚的一场政治暗杀之后，将在加拿大遭受严重挫折。

跨太平洋华人播散族群的政治分裂和政党网络力量

在孙中山于1916年5月从日本返回中国后，他目睹了国内政治局势的不断恶化，直到1917年7月发生第二次帝制复辟。结果，中国陷入了军阀混战时期，即在1916年到1928年间由军事领袖个人控制军队、垄断政府、造成内战的政治分裂时代。孙中山也在

136《大汉公报》，1917年6月6日、9日、15日。
137《大汉公报》，1917年6月4日。

1918年与西南军阀结盟，在广州建立了一个独立的政权，介入对于北洋军阀控制下的北京政府的内战。[138] 然而，他在同时也继续以往的努力，力图建立一个坚强有力的革命政党。孙中山的革命党在他的统一领导下将达到高度组织制度化，并通过积极招募和教育其成员而取得成功扩张，远远超过竞争对手，逐渐成为国内社会和海外华人社区中的支配力量。然而，这种组织制度和意识形态上的成功也导致了国民党的权力集中和个人崇拜倾向，并激励其成员采取激进和暴力行为来对付政见不同的对手。正是出于这种使用暴力攻击来代替理性政争的激进倾向，美国和加拿大的国民党策划了上述在1915年12月发生于旧金山的黄远庸暗杀案和在1916年10月殴打维多利亚中华会馆领袖事件。

至1917年初，孙中山已经准备放弃性质秘密和规模较小的中华革命党，并在1918年后将它改组为"中国国民党"，与此前松散的"国民党"在名称上有所区别。[139] 作为孙中山的长期追随者，陈树人是1905年同盟会成立之初的骨干之一，并曾于同年在香港介绍来自加拿大保皇会一位主要领袖家庭的李伯海成为该党成员。他在1916年末收到加拿大国民党的邀请，担任其设于维多利亚的机关报《新民国晨报》的编辑。[140] 陈树人抵达之后就大力改组加拿

---

138 Zhongping Chen，"The May Fourth Movement and Provincial Warlords，"137，141.
139 陈锡祺主编：《孙中山年谱长编》，上册，第1015—1016、1021页；邹鲁编著：《中国国民党史稿》，上册，第260页，第354—355页注解1。该党在1918年首先使用"中华国民党"的名称与此前的"国民党"保持区别，后来才改为"中国国民党"。
140 冯自由：《革命逸史》，上册，第356—357页；马杰端、李公武：《上总理函》，1916年8月23日。当时《新民国报》已经改名为《新民国晨报》。

大国民党，使其更为类似"铤而走险和忠实服从"人物组成的中华革命党，并成为后来孙中山在其领导下改组中国国民党为类似组织的先声。[141]

实际上，国民党在旧金山的美洲支部及由其更名的美洲总支部已经开始建立对于孙中山的个人崇拜，并力图将该党在美国和加拿大的分部置于其控制之下。作为国民党美洲支部代理支部长，冯自由在1914年10月写给中华革命党东京总部一封信，声称该党在美国的发展和巩固得益于党员"崇拜党魁"孙中山的思想意识。[142] 如上所述，在林森和冯自由的阻挠之下，夏重民未能帮助加拿大的国民党分部与中华革命党东京总部的直接联系。结果，林森领导下的国民党美洲支部和后继的总支部进一步将加拿大各分部置于其严密控制之下。后来，林氏在1939年担任国民政府主席时还领衔倡议，尊称孙中山为"中华民国国父"。这一倡议在次年得到国民党中央执行委员会与国民政府的正式批准。[143]

由于维多利亚国民党交通部早在1912年就已建立，它受到林森领导下的美洲总支部特别优待，并于1916年6月29日从后者得到颁发的证书，承认其特殊地位。但在当年7月林氏离开美国、前往中国之后，国民党在旧金山的美洲总支部为其各分部发布了一套新的规则，并由此撤销了维多利亚国民党交通部的名称，将其转变为一般分部。维多利亚国民党领袖被这一决定激怒，在1916

141 此处引文中对于中华革命党和改组之后中国国民党的描述来自Marie-Claire Bergère, *Sun Yat-sen*, 259, 325–331。
142 冯自由：《致居正函》，1914年10月22日。
143 林友华编撰：《林森年谱》，第577—578、595页。

年8月18日发表公开信，谴责这一决定。这封公开信特别痛斥美
200 洲总支部的专制行为，包括它迫使各分部使用其统一印刷的信笺
等规定。[144] 在陈树人的领导下，加拿大国民党将从旧金山的美洲总
支部取得独立，并实现全国组织统一，但他从一开始就面对同样
的党内分歧和挑战。

在陈树人于1916年8月15日到达温哥华之后，[145] 他在次年2月
成为该市国民党支部的支部长。陈氏随后向孙中山报告，他通过
对加拿大国民党的大力整顿，确保了该党在全加40多个分部的绝
对忠诚，已经在全国范围内统一了它们的组织。加拿大国民党各
分部现在已经从旧金山的美洲总支部转向温哥华支部，请求颁发
党员证书及其领导人物的委任状等文件。于是，陈树人向孙中山
直接请求：在温哥华设立国民党的加拿大总支部，而这一机构将
与旧金山的美洲总支部平级。该报告还强调了他在加拿大取得的
初步成就，特别是让所有国民党员坚信该党是"再造民国"的最
大功臣。但如上述讨论所示，中华革命党及海外国民党在粉碎袁
世凯的复辟运动中的实际作用有限，对击败军阀张勋的复辟几乎
没有任何影响。陈树人还在报告中直接恭维孙中山，自称在加拿
大国民党员中广为宣传，已经使"众〔人〕咸知先生为古今中外
第一大伟人，爱戴之心日笃"。[146]

陈树人领导之下的国民党温哥华支部在两个月后提交了一份
统计报告，强调他在扩大该市党员人数方面的领导作用。根据这

144《支分部诸同志均鉴》；邹鲁编著：《中国国民党史稿》，上册，第146—147页。
145 马杰端、李公武：《上总理函》，1916年8月23日。
146 陈树人：《上总理函》，1917年3月10日，档案全宗SHHRA，文件号码7757。

一报告，从1916年4月1日到1917年2月10日的十多个月里，该市国民党共招募了301名党员，但其中三分之二是重新入党的旧党员。从陈氏于1917年2月11日担任该支部的支部长之时到当年4月20日的两个月零十天期间，招募入党的人数为281名，其中仅有7人是重新入党的旧党员。因此，该市国民党的党员总数迅速达到582人。[147] 陈树人很快在该年得到孙中山的批准，于1917年中期在温哥华成立了国民党加拿大总支部，并成为总支部长。当时，加拿大总支部拥有40多个分部，包括了8,000多名成员。在此顺利发展的基础之上，陈树人呼吁召开加拿大国民党的全国恳亲大会。这次会议很快于1917年8月在温哥华举行，并作出决议购买土地，用于在温哥华建造国民党加拿大总支部的办公大楼。[148] 陈树人在加拿大国民党中的集权措施削弱了维多利亚等地分部的领导人物权力，很快受到该党机关报《新民国晨报》的前主编李公武的公开抨击。他与李公武在维多利亚国民党中的支持者高云山还将发生更为激烈的直接对抗。[149]

　　加拿大国民党与致公堂发生了更严重的冲突。因此，位于维多利亚的加拿大致公堂总堂的69名领导人物和资深成员于1915年11月12日集议，在该团体内部建立一个名为"达权社"的核心组织，

201

---

147 《温哥华支部党员总数及新进党员统计》，1917年，档案全宗SHHRA，文件号码7490。

148 中国国民党中央委员会第三组编：《中国国民党在海外》，上册，第148页；《中华革命党史料》，第498—499页；陈树人、蒋宗汉：《上总理函》，1919年12月8日，档案全宗SHHRA，文件号码5160.1。

149 高云山：《纠正陈树人之谬妄以告同志》，1921年1月12日，档案全宗SHHRA，文件号码6194。

并在一年后于该市正式宣告成立。达权社的目的是将致公堂内的同盟会前会员逐出其核心机构，并防止他们带领其他成员外流到孙中山的革命党之中。所以，它仅从致公堂的会员中招募其成员，并禁止拥有国民党或其他党派身份的人士加入。[150] 到1918年底，达权社至少已经在卡尔加里和温哥华发展了两个支社，此后又在加拿大其他城市成立了数十个支社。[151] 达权社在加拿大国民党扩张的同时出现于维多利亚及其他城市，加剧了致公堂与孙中山领导的国民党之间的竞争。

位于旧金山的美国致公堂总堂终于在1916年12月得到北京政府农商部的批准，得以合法注册为"华侨工商团体"。[152] 此后，它沿袭国民党美洲支部的先例，召集来自美洲和夏威夷的数十名代表，于1918年4月1日至14日举行了第一次恳亲大会。加拿大致公堂在维多利亚的总堂和温哥华分堂均分别派人参加了该会，并在会上充当了加拿大共26个堂口代表。这次会议的参与者誓言团结他们的组织，并为此通过了一部新的规章，其中包括将洪棍、白扇、草鞋等领导职位改为现代名称的规定。该会通过的另一决议是在广州建立一个致公堂分局和五祖祠，但这个计划后来未能实现。这次会议还决定通过致公堂在旧金山、纽约、檀香山和温哥华的四家报纸，

---

150 黎全恩：《洪门及加拿大洪门史论》，第133—135页。根据这个机构的创立宣言，"达权"的意思是保护该社团的公权，避免被其他组织侵犯。

151 《大汉公报》，1918年6月19日，7月8日，12月4日、9日。在简建平编著：《中国洪门在加拿大》一书中（第39页），达权社温哥华支社的成立日期被错记为1915年，卡尔加里支社的成立日期也被错记为1919年。此外，该书称达权社坎伯兰支社成立于1915年，多伦多支社成立于1916年。但因维多利亚的达权社正式成立于1916年，其支社的出现应该在此之后。

152 五洲致公总堂：《革命历史图录：170周年纪念特刊》，第122—123页。

发布所有事务公告，以改善其内部联系，促进组织整合。[153]

　　在这次会议之后，加拿大致公堂维多利亚总堂确实加强了对所属分堂的控制，并转而隶属于美国致公堂旧金山总堂。从1918年7月开始，加拿大致公堂总堂要求所属分堂向每位新成员收取基本会员费，包括总堂会费2加元、旧金山总堂会费1.5加元。至1919年12月，它在加拿大的分堂总数发展到30多个。它们的代表将集结于维多利亚，参加第一次加拿大致公堂全国恳亲大会。[154]洪门在檀香山、澳大利亚，甚至南非的各种名目不同堂口先是跟随美国致公堂旧金山总堂，改名为中华民国公会，然后统一称为致公堂，后来又改名为致公党。[155]

　　当北美致公堂和国民党都在相互竞争中扩大和整合各自组织的同时，康有为领导的宪政党却在他加入1917年7月上旬的帝制复辟失败后走向进一步衰落。加拿大的共和党隶属以北京为总部的进步党，但也在同时面临该党国内领导人物的派系分化。它在1917年3月接到来自北京的通知，进步党的两位主要领袖梁启超和汤化龙已经将他们在国会的派系改组为"宪政研究会"。这个组织产生的原因在于梁氏、汤氏及其他进步党领袖宣称要摈弃党派之争，为了改进国会政治而推动宪政研究。但是，这个团体很快成

153　五洲致公总堂：《革命历史图录：170周年纪念特刊》，第126—131页；《大汉公报》，1918年3月25日、27日，4月5日、8日、18日、24日。

154　《大汉公报》，1918年7月3日、8日、15日；简建平编著：《中国洪门在加拿大》，第68—69页。

155　五洲致公总堂：《革命历史图录：170周年纪念特刊》，第82、118页；John Fitzgerald，*Big White Lie: Chinese Australians in White Australia*，91；Adam McKeown，*Chinese Migrant Networks and Culural Change*，237-238；黎全恩：《洪门及加拿大洪门史论》，第165页。

为进步党内名为"研究系"的著名派系组织。由于梁启超和汤化龙曾在1913年前后与袁世凯合作、与国民党进行党争，又在1917年7月初第二次帝制复辟前后支持军阀总理段祺瑞，从北京政府排斥国民党，孙中山等革命党人对于他们及进步党研究系人物就在旧恨之外加上了新仇。[156]

实际上，在1915年末至1916年中期的反对袁世凯复辟帝制运动中，梁启超和汤化龙都发挥了重要作用，但随后他们通过进步党与国民党在恢复的国会中进行党争，为段祺瑞提供了支持。因此，孙中山在1917年6月10日发表的公开信中，谴责他们不仅是袁世凯复辟帝制活动的拥戴者，而且也是在此后支持段祺瑞等军阀操纵北京政府、发动对于南方省份内战的谋主。孙中山甚至宣称，诛杀段祺瑞等军阀及梁启超和汤化龙等帮凶政客是结束南北内战的唯一途径。在帮助段祺瑞军阀派系迅速结束1917年7月上旬的第二次帝制复辟、恢复民国北京政府之后，梁启超和汤化龙分别出任段氏内阁的财政总长和内务总长。然而，他们与段祺瑞集团保持一致，拒绝再次恢复以国民党为主的1913年国会，并试图控制临时参议院。特别的是，他们计划让进步党的研究系赢得新的全国选举来控制国会，从而与孙中山及其革命党产生更为激烈的政治冲突。[157]

---

156 《大汉公报》，1917年3月17日；Li Chien-nung, *The Political History of China*，357-358，361-363，372-375；张朋园：《中国民主政治的困境：晚清以来历届议会选举述论》，第127—128页。

157 张朋园：《梁启超与民国政治》，第31—45、60—83、91、113—124页；陈忠平、陈明：《辛亥前后汤化龙与革命党人关系探析》，第1733—1735页；陈锡祺主编：《孙中山年谱长编》，上册，第1028—1029页。

插图9　清末立宪派领袖和民初政坛人物汤化龙，1918年。

资料来源：《蕲水汤先生遗念录》首页图片。

孙中山在当时正力图争取被解散的国会中国民党议员的支持，并与西南省份军阀联合，在广州设立一个与北京政府对抗的南方政权。因此，以国民党员为主的120多名前国会议员于1917年8月27日集中在广州，召开特别国会，并以维护1912年《中华民国临时约法》的名义，成立了中华民国军政府。当年9月1日，孙中山成为广州军政府的大元帅。北京政府很快作出反应，于9月29日以其总统名义下令，通缉逮捕孙中山及其广州军政府中的支持者。作为报复，孙中山以广州军政府大元帅的身份，在1917年10月3日下达命令并悬赏，奖励任何人擒获、处死段祺瑞等军阀及其帮

204

凶梁启超和汤化龙等人。[158]

但在北京政府中，梁启超和汤化龙领导的研究系很快被段祺瑞集团抛弃。尽管他们在1917年7月初的第二次帝制复辟失败后支持段氏复任总理、拒绝恢复国民党为主的国会，梁氏和汤氏领导的进步党研究系却不仅未能控制临时参议院，而且也因段祺瑞集团舞弊，失去了通过1918年选举来控制国会的希望。此外，段祺瑞主持的对广州军政府的内战失败，又陷入与冯国璋总统的派系冲突，导致他的内阁于1917年11月15日垮台。结果，梁启超和汤化龙联袂辞职，离开了北京政府。[159]

至此，研究系领导人物终于发觉，他们试图通过与段祺瑞等为首的军阀派系合作而追求宪政是误入歧途，而他们与国民党的党派斗争则造成两败俱伤的结局。汤化龙在1918年初接受研究系领袖委托，通过出国旅游考察国外宪政制度。在他出访前夕，汤氏发表文章批评军阀集团，并试图寻求与国民党和解。然而，汤化龙曾在1913年和1916年先后两次代表国会之中国民党的主要政敌进步党，出任众议院议长。他还于1914年在袁世凯北京政府中担任教育总长，并在1917年的段祺瑞内阁担任内务总长。[160] 因此，汤氏已经成了孙中山领导之下的革命党人不共戴天的死敌。

汤化龙与研究系的另一主要领袖林长民（1876—1925）同行，

---

158 Li Chien-nung, *The Political History of China*，375-377；陈锡祺主编：《孙中山年谱长编》，上册，第1034—1035、1050—1053、1061、1066—1068页。

159 Li Chien-nung, *The Political History of China*，378-381；张朋园：《梁启超与民国政治》，第80—88页。

160 华觉民：《进步党和研究系》，第113—114、116、120、122、124页。

在1918年3月25日离开中国前往日本。十分巧合的是，段祺瑞
因得到他的军阀派系和外国势力支持，特别是寺内正毅（1852—
1919）首相之下的日本政府巨额贷款援助，也在同时重回北京政
府担任总理。汤化龙与林长民在4月2日抵达东京，受到了日本前
任和现任政要的热烈欢迎，并于两天后专程拜会了寺内首相。虽
然汤氏说明他的访问目的在于考察日本政治和社会，上海的国民
党报纸仍然怀疑他正在帮助段祺瑞为总理的北京政府执行秘密任
务，并计划帮助研究系拉拢日本的年轻学生。该报还历数国民党
此前对于汤化龙的各种指控，包括他曾在1913年协助袁世凯解散
国会，并于1917年支持段祺瑞废除国会，以换取1914年和1917年
间在北京政府的教育总长和内务总长职位。[161]

　　汤化龙与林长民在日本分别，并于1918年6月5日乘海轮前往
北美。研究系领袖为他提供了更多的旅行经费，并且还派遣一位
年轻的秘书霍德辉（又名霍坚或霍俪白，1887—1957）来作他的
翻译兼秘书。他们在乘坐日本远洋班轮穿越太平洋之后，于6月19
日到达维多利亚。在该市的观光旅游中，汤化龙参观了英属哥伦
比亚省议会大楼及公园等景点。维多利亚沿街的葱茏树木与茂盛
花草构成的都市景观和田园风光的美丽结合，给汤氏留下了深刻
印象。他出席了由李梦九和其他当地华人社区领袖主持的欢迎晚
宴，并在华侨公立学校发表了简短讲演。他的讲演赞扬了海外华
人的爱国主义思想和行动，但也批评了爱国团体之间的党派分裂

205

161《民国日报》，1918年3月25日，4月3日、5日、17日、22日、25日、29日；Li
　　Chien-nung, *The Political History of China*，382-383。

和内讧。[162]

在此之后，汤化龙经西雅图进入美国，前往东海岸。在1918年7月22日到8月5日期间，他先后在华盛顿特区会见了代理国务卿弗兰克·波尔克（Frank Polk，1871—1943）、国务卿罗伯特·兰辛（Robert Lansing，1864—1928）、助理国务卿布雷金里奇·朗（Breckinridge Long，1881—1958）和其他美国官员。汤氏随后返回加拿大，从多伦多西行，并于8月28日抵达维多利亚，计划搭乘跨越太平洋的海轮返回中国。[163]然而，加拿大国民党在维多利亚的机关报《新民国晨报》在1918年9月1日刊登了一篇题为《陆离光怪》的短文。这篇文章末尾声称："人谓汤化龙此次来美，系为段祺瑞政府奔走，私借外债［用于内战］。……如其然也，则汤氏之罪孽，较段逆多百十倍。"[164]

尽管如此，汤化龙还是受到了李梦九和其他当地华人社区领袖的热情款待。他的年轻秘书霍德辉甚至与李氏的女儿李月华（又名Ida Lee，1894—1958）一见钟情，并迅速与这位"社区美女"订婚。[165]李月华也是一位聪慧的才女，曾经与人合作编纂粤语—国

---

162 华觉民：《进步党和研究系》，第124页；汤化龙：《书札》、《游美日记》、《游美演说》，全部载于《蕲水汤先生遗念录》，第8b—11b、30b—33a、45a页。

163 汤化龙：《游美日记》，第34b—43b页，特别是第41a—42a页；《晨报》，1918年12月1日。这份报纸刊登了霍德辉对于汤化龙遇刺一事的详细回忆，以及维多利亚、东京、天津和北京为汤化龙举行的悼念活动。

164 "Tang Hua Lung Deceased: Inquest, 4th September 1918," pp. 19–20, GR1327, file 1661/1918, British Columbia Archives, Victoria, BC。（译注：英文原著的引文来自这份汤化龙验尸官报告中的译文，但在此中文译本中，引文来自该档案所附的当天《新民国晨报》。）

165 *Colonist*, May 3, 1919。李月华后来于1919年与霍德辉在北京结婚。

语词典。[166] 在1918年9月1日当天，北京政府驻温哥华的领事王麟阁与在附近美国城市西雅图华盛顿大学就读的留学生傅霖也来到维多利亚，陪同汤化龙在这一星期日晚间前往温哥华，或为他送行。[167]

206

在这同一天，维多利亚唐人街的32岁理发师、国民党员王昌收拾整理了他位于盖莫伦（Cormorant）街与加富门（Government）街交叉路口西南角的维多利亚理发店（Victoria Barber Shop）（见示意图3）。[168] 他特意穿上新的西服，在由当地国民党人赵璧池（1889—1963）经营的丽真影相馆拍摄了标准像。晚上5点左右，他来到万昌号商铺拜访来自香山县的同乡好友，并在那里吃了晚饭，品尝了他所喜欢畅饮的啤酒。[169]

当天晚上，汤化龙与他的秘书霍德辉、领事王麟阁、青年学生傅霖等出席了维多利亚数十名华人为他举办的送行宴会。他们在

166《大汉公报》，1916年2月11日。

167《晨报》，1918年12月1日；"Tang Hua Lung Deceased：Inquest，4th September 1918，"30。

168 关于1918年到现在的维多利亚唐人街附近街道及其名称的改变，请对照示意图3与以下网站所载地图，"maps，"in Zhongping Chen et al.，"Victoria's Chinatown：A Gateway to the Past and Present of Chinese Canadians"（https://chinatown.library.uvic.ca/index.htmlq%3Dchinatown_map.html，accessed November 26，202）。在这一网站所载的现在地图上，宝多来大道（Pandora Avenue）的西部在1918年是盖莫伦街的西段，而原来的盖莫伦街中段已经从20世纪60年代以来为百年广场（Centennial Square）的南部所取代。

169 马少汉：《王昌烈士传略》，藏于台北中国国民党文化传播委员会党史馆，档案号230/550。这份传记也以《王昌》为标题，发表于秦孝仪编：《革命人物志》，第1集，第119—122页。这份文件是所有关于王昌生平记载之中最为详细的传记。其作者马少汉是王昌好友，也是他在维多利亚国民党内的同志。本书中对于王昌年龄的记载也来自这一传记。关于丽真影相馆和赵璧池，见陈衮尧：《加拿大华侨勋旧录（十）》，第59—61页。本书插图10中王昌的半身照刊于《少年中国晨报》，1918年9月8日，其上半部分刊于 Daily Times，September 3，1918。

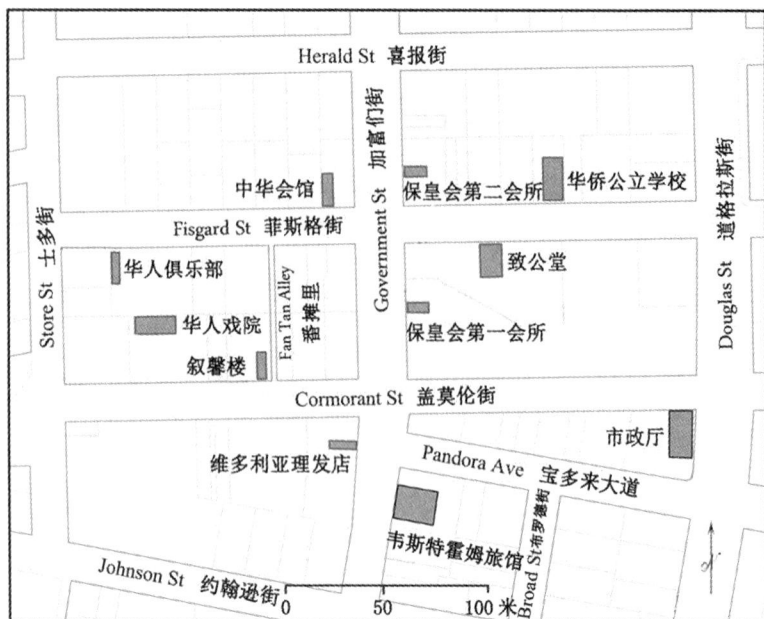

示意图 3　维多利亚唐人街，1918 年。

译注：该图沿用了当地华人社区对于街道名称的译法。

晚上 6 点 30 分左右到达了位于当地唐人街中心的盖莫伦街 534 号及在番摊里南端西侧的叙馨楼饭馆。这条称为番摊里的纵向狭长小巷与其东边的加富门街平行，连接了盖莫伦街及其北面的菲斯格（Fisgard）街。在晚宴约于 8 点钟结束之后，绝大多数赴宴的人都与汤化龙一道，在饭后沿街悠闲散步，前往位于菲斯格街 543 号的华人俱乐部适适轩。他们从盖莫伦街向北转入加富门街，穿过一个街区，然后向西转入菲斯格街。汤化龙和几个当地华人走在这一行人的最前面，但在他们到达番摊里北面出口附近时，突然与

207

插图 10　维多利亚国民党党员、刺客王昌，1918 年。

资料来源：《少年中国晨报》，1918 年 9 月 8 日。

刺客王昌正面相逢。[170]

　　实际上，王昌原来就在叙馨楼饭馆之前等待伏击汤化龙，但因汤氏在宴会结束后被许多人围绕交谈，所以不便采取暗杀行动。王昌然后迅速穿过番摊里，在这条狭长的巷子北面出口等待他行刺的目标。当汤化龙走在大约为数 40 名的一群行人之前，到达番摊里北面出口时，王昌突然从小巷内跳入他们面前的菲斯格街。　208

170　"Tang Hua Lung Deceased: Inquest," 6，25；《晨报》，1918 年 12 月 1 日；*Colonist*，September 4，1918。在此处所引用的英文史料中，霍德辉的证词称晚宴约在晚 7 点开始，但王麟阁的证词指出开始时间为 6 点 30 分左右，似乎更为合理。

他掏出两支32口径的左轮手枪，二话不说，就向汤氏射击。他的第一枪击中了汤化龙腹部右侧后，受害者转动上半身，大声喊道："我受伤了！"王昌再次开枪，子弹射入汤氏口腔，穿透了他的大脑，导致他立即死亡。[171]

王昌随即冲向汤化龙身后10～15米处的秘书霍德辉，用两把左轮手枪向他开火，但并未命中目标。霍德辉看到子弹从他的头上掠过，立即吓得昏倒在地，失去知觉，并摔伤了胳膊和双腿，但刺客认为已经将他击毙。就在这时，陪同汤化龙散步的当地商人马瑞堂（又名Ma Suey）向王昌大喊，让他停止射击。刺客顺势向马瑞堂开了一枪，但也没有打中。此时傅霖跑上前去查看汤化龙的伤势，但发现王昌正站在菲斯格街的中央，双手握着两把左轮手枪，正朝人群开枪。刺客立刻向傅霖开枪，但再次错失目标。当走在人群末尾的王麟阁领事在听到第一声枪响时，他就立即从菲斯格街撒腿逃回加富门街。王昌也立即向他最后的目标奔去，沿着加富门街向南紧紧追赶王麟阁。[172]

王麟阁领事是一位年纪较大、身材魁梧、头顶光秃的人，但他在加富门街西侧人行道上却以惊人的速度奔跑求生。王昌在他后面拼命追击，每隔几英尺就停步朝他开枪射击。当王领事冲到加富门街与盖莫伦街交叉路口的西南角之处时，他拼命试图躲进一家亮着灯的店铺，但因门被锁了，所以未能进去。王麟阁后来才

---

171 马少汉：《王昌烈士传略》；"Tang Hua Lung Deceased: Inquest," 2-4, 13, 14; *Colonist*, September 4, 1918.

172 《晨报》，1918年12月1日；"Tang Hua Lung Deceased: Inquest," 7, 14-16, 25-26; *Colonist*, September, 4, 1918。

知道，这间上锁的店铺正是王昌在加富门街1432号经营多年的维多利亚理发店。如果他真的闯了进去，就等于自投"虎穴"。在王昌仍然紧追不舍的紧急情况下，他全速穿过加富门街，躲过一辆正在行驶中的有轨电车，冲进了位于街道东侧的韦斯特霍姆旅馆（Westholme Hotle）。[173]

王昌也紧随奔逃的王麟阁之后，穿过加富门街，并不断向他开火，但他的追击被一辆行驶中的有轨电车和两名试图阻止他的加拿大士兵打断。当王昌在韦斯特霍姆旅馆前失去目标之际，一名警探和其他一些人正从加富门街和盖莫伦街向他跑来。于是，他向东逃到了宝多来大道（Pandora Avenue）。在宝多来大道与布罗德街的交叉路口，王昌眼见前方有数名消防员挡住了他的去路。他转过身来，将右手所持的左轮手枪的枪口对准太阳穴，扣动扳机，但枪里已经没有子弹。他又飞快举起左手所持左轮手枪，朝他的左太阳穴开火。王昌立刻跌倒在人行道上，当场死亡。[174]

209

警方在随后的调查中发现，王昌曾给他在理发店的合伙人颜良伯留下一封信，内容如下：[175]

亲爱的先生：

　　我不能坐视祖国沦亡，所以决定采取铁血主义行动。我身边的朋友曾认为这家理发店完全是我个人的生意，但我告诉黄

---

173 *Colonist*，September 4，1918；《晨报》，1918年12月1日；"Tang Hua Lung Deceased: Inquest," 26–27, 36–37.

174 *Colonist*，September 4, 1918；《晨报》，1918年12月1日。

175 *Colonist*，September 7, 1918.

浩（Wong Hoy），这家店面是合伙经营的，你在其中也有股份。

当你看到这封信时，不要为我感到难过。现在你最好停止赌博，存钱回国，如果你见到我的父母、兄弟、姐妹和朋友，请替我安慰他们。

我将做的事情你并不知道，但你会在事后看到。

中华民国七年［1918］9月1日

昌

握手

此外，就在这场暗杀事件之后，一个匿名的信封被送到皇后饭店王麟阁领事的客房，其中装有一张维多利亚的国民党机关报《新民国晨报》于1918年9月1日出版的报纸，而该报内容包括上述关于汤化龙为段祺瑞控制的北京政府筹款的文章。[176] 这篇报纸文章立即引起警方高度注意，将其对于这一暗杀案件的调查方向指向加拿大国民党。

实际上，由于英国政府担心国民党可能与在北美的德国特工和印度民族主义活动分子发生联系，加拿大政府从1916年1月就开始将它置于新闻总检查官的监视之下。在段祺瑞总理控制下的北京政府于1917年8月14日对德宣战，在第一次世界大战中加入协约国之后，它在渥太华和温哥华的外交官也试图让加拿大政府相信国民党对中、加战时联盟具有威胁。然而，加拿大政府对于国民党的监视并没有发现它参与颠覆活动或对战时加拿大和英帝

---

176 "Tang Hua Lung Deceased: Inquest," 17-19.

国利益具有威胁的迹象。即使汤化龙于1918年9月1日在维多利
亚遇刺之后，加拿大政府对国民党通信的检查仍然没有发现它参
与这一暗杀密谋的明确证据。但在此之际，一位名叫C. H. 卡恩
（C. H. Cahan）的蒙特利尔律师正受到总理罗伯特·博登（Robert
Borden，1854—1937）的特别任命，调查与劳工组织、外来移民
和其他群体相关的布尔什维克威胁。他很快将其调查扩大到国民
党与王昌刺杀汤化龙事件的关系上来。[177]

　　卡恩律师于1918年10月16日向司法部提交了一份关于这一案
件的特别报告，并在六天后向总理博登提交了同样报告。他的报
告声称，国民党在其成员"完全同意"的情况之下，不仅批准而
且实施了暗杀汤化龙的阴谋。然而，卡恩对国民党的指控主要基
于间接证据，例如上述《新民国晨报》在1918年9月1日刊登的
短篇文章。尽管如此，他的报告建议镇压国民党，取缔它在维多
利亚的机关报《新民国晨报》。[178] 到那时，卡恩已经说服博登政府，
发布了两项针对激进组织及其出版物的枢密院命令。根据枢密院
2381号命令，加拿大政府禁止了俄语、芬兰语、乌克兰语等12种
"敌国"语言出版物。由于中国对德宣战后已经成为加拿大战时
盟友，所以这一命令并没有影响到以中文出版发行的《新民国晨

177　Edgar Wickberg et al., *From China to Canada*, 105-106；Allan Rowe，"'The
　　　Mysterious Oriental Mind'：Ethnic Surveillance and the Chinese in Canada during the
　　　Great War，"52-61.

178　C. H. Cahan，Letter to the Hon. Sir Robert L. Borden，October 22，1918，and
　　　Report to the Minister of Justice，October 16，1918. Both in Prime Minister Robert
　　　Borden Papers，vol. 243，pp. 136352-136361，esp. 136355，136360-136361，MG
　　　26H，Library and Archvies Canada，Ottawa.

报》。但是，枢密院2384号命令将包括国民党在内的13个激进团
体视为非法组织，予以取缔。该命令对于这些非法组织成员的处
罚追溯到一战开始之际，并规定了最高5,000加元的罚款和最长五
年的监禁作为惩罚。这一命令还授予警察广泛权力，可以在没有
搜查令的情况下突袭任何被认为可能是非法组织所拥有或使用的
建筑。[179]

结果，加拿大警方在全国范围内突袭了国民党会所及其成员住
宅，逮捕了它的主要领导人物，并在法庭起诉、审判他们的非法
行为。在多伦多，警方逮捕了国民党的43名领导人物，并从1918
年11月初至12月底搜查了其中成员的145处住所。当地3名国民
党领袖受到审判，每人被判处一年徒刑。在温哥华，警方于当年
12月13日晚上逮捕了3名国民党党员并突袭了十多个场所。同日
晚上，维多利亚市警察、宪兵和联邦特工的联合队伍突袭了当地
国民党《新民国晨报》编辑部等会所及其成员的十多处私人住宅。
《新民国晨报》的总编和国民党在温哥华的加拿大总支部长陈树
人、连同该市的其他5名党的领导人物后来被捕并受审，但在战后
因枢密院第2384号命令于1919年废除，获得无罪释放。[180]

这场全国范围的警方突击搜查和公开审判，以及当局的秘密调
查，仍然未能为加拿大执法机构提供实质性证据，证明国民党与
王昌在维多利亚暗杀汤化龙的案件之间存在任何明确联系。在维

211

---

179 Allan Rowe，"The Mysterious Oriental Mind，"59–61；Edgar Wickberg et al.，*From China to Canada*，106.

180《大汉公报》，1918年11月4日，12月16日、18日、19日，1919年2月25日、28
日，5月29日；*Colonist*，December 14，1918。

多利亚的唐人街，加拿大移民部雇用的代号220的华人秘密侦探在1918年9月末报告，一位名叫潘雷（Poon Lei）的男子曾"碰巧涉入"密谋暗杀汤化龙的会议，但他拒绝提供更多细节。该密探甚至声称已得到"无法直接确认"的信息："国民党提供了2万加元，用于为可能行动的凶手辩护，以防他在自杀前被逮捕。"这笔钱将奖励给刺客或者他的家人，但如刺客自杀，他将会荣获"国葬，埋在广州……'爱国者山岗'"。[181]

如下所述，王昌在死后确实得到了孙中山领导的国民党所给与的党葬这一特殊荣誉，埋葬于广州黄花岗烈士陵园。此外，在警方突袭搜查陈树人办公室时，曾发现一封多伦多国民党领导人于1918年12月2日写的密信，其中提及暗杀是"在温哥华和维多利亚的少数党员所为"。[182] 这两个来自1918年的间接证据似乎表明，王昌很有可能在同谋的协助之下，甚至在国民党高层领导人物的批准之下暗杀了汤化龙。

近半个世纪之后，维多利亚的业余历史学者李东海在1967年出版了《加拿大华侨史》一书，并在其中试图解释汤化龙暗杀案的一些谜团。他对王昌的生前好友连樵山、汤化龙遇刺前的晚宴客人之一林礼斌，以及维多利亚其他老年华人进行了访谈。李东海由此在书中显示，王昌是一个热心爱国人士和忠诚国民党员，

---

181 Malcolm R. J. Reid, Letter to Col. E. J. Chambers, chief press censor, October 2, 1918, vol. 576, file 246-2, RG 6E, Library and Archvies Canada, Ottawa。代号220的秘密侦探报告附于该档案文件之后。

182 原信引文见于 Malcolm R. J. Reid, Letter to Col. E. J. Chambers, chief press censor, February 10, 1919, vol. 576, file 246-2, RG 6E, Library and Archvies Canada, Ottawa。

但是性格冲动，喜好饮酒。他在国内党争影响下暗杀了汤化龙，纯粹是轻率鲁莽的个人行动，"事前党人并无所悉"。李氏著作并为此提出了一个明显错误的辩解：华侨社区的报纸从不在星期日出版，所以维多利亚国民党机关报《新民国晨报》不可能在1918年9月1日这一周日发行，更不可能发表上述有关汤化龙的文章来影响王昌的刺汤行动。[183]

作为国民党《新民国报》在20世纪后期的编辑之一，李东海在他1967年的著作中刻意从他在1959年发表的关于汤化龙暗杀案的短篇文章中删除了一个关键的口述历史证据。根据这篇早期文章，李东海对于前述连樵山、林礼斌和其他维多利亚老年华人的采访还得到其他关键信息：王昌和他在理发店的生意伙伴颜良伯都是热心爱国的国民党成员，并都受到1915年旧金山国民党暗杀黄远庸行动的鼓舞，所以他们一起密谋策划了刺杀汤化龙的行动。王昌与颜良伯以抓阄方式决定由谁采取行动，结果王昌如愿成为刺客。在他于1918年9月1日暗杀汤化龙之前，颜良伯特意前往温哥华，以便避免"事后麻烦"。[184] 这个早期的叙述与李东海在1967年著作中的故事相矛盾，表明王昌不仅有一个同谋，而且还模仿了国民党人于1915年在旧金山暗杀另一政敌的行动。

由于王昌和颜良伯一道策划了在维多利亚暗杀汤化龙的行动，

---

183 李东海：《加拿大华侨史》，第315—318页。

184 东海：《王昌刺杀汤化龙补遗》，第6页。关于李东海担任国民党《新民国报》编辑的信息，见 Zhongping Chen, "David T. H. Lee（Li Donghai）", in Zhongping Chen et al., "Victoria's Chinatown: A Gateway to the Past and Present of Chinese Canadians"（https://chinatown.library.uvic.ca/index.htmlq%3Ddavid_t_h_lee.html, accessed November 26, 2022）。

而后者在暗杀期间又在温哥华避风，很难想象他不向正在该市的加拿大国民党总支部长陈树人报告这个计划。事实上，汤化龙的一位堂弟曾前往加拿大调查这起暗杀案，他搜集到的资料显示，王昌确实是受陈树人唆使而为。在1930年北京的一次会议上，陈氏的一位熟人曾经询问这一指控的真实性，他并没有加以否认。[185]如果陈树人是刺杀汤化龙的主谋，他显然没有向王昌家人兑现重金奖励杀手的承诺，以至后者的朋友仍在事后要求孙中山为这位自戕的杀手家人提供经济帮助。[186]

　　汤化龙遇刺的另一未解之谜是他此次北美之行的真正目的和王昌及其同谋的相关动机。在有关汤化龙遇刺的报道之中，维多利亚和旧金山的国民党报纸都声称，汤氏之行的目的在于帮助军阀总理段祺瑞控制下的北京政府谈判，以获取一笔美国贷款，继续对南方的内战。这类报纸宣传甚至影响了居住于加拿大阿尔伯塔省南部小城麦迪逊哈特（Medicine Hat）的一位国民党员。他在1918年10月致友人的一封信中重复了这些报纸的论调：汤化龙的秘密任务就是"来到美国谈判，争取五十亿美元贷款，以延长在中国的内战"。[187]国民党成员对于这种政治宣传的盲目接受可能正是王昌暗杀汤化龙的直接原因之一。

　　然而，在汤化龙暗杀案于1918年9月1日在维多利亚发生之后，

213

185　韩玉辰：《汤化龙的一生》，第92—93页；卢蔚乾：《记汤化龙二三事》，第155页。

186　杨星辉：《上孙中山函》，1918年10月7日，藏于台北中国国民党文化传播委员会党史馆，档案号241/149。此信写作年份系据其内容推断。

187　Lee King Man, Letter to Lee Chuck Man, October 1918, enclosed in deputy postmaster general's report to E. J. Chambers, chief press censor for Canada, October 24, 1918, vol. 575, file 246, RG 6E, Library and Archvies Canada, Ottawa.

加拿大的报纸也提出了他北美之行的其他原因。其中的一篇报道称，汤化龙曾在华盛顿会见美国政府高级官员，包括代理国务卿波尔克、国务卿兰辛和助理国务卿朗等人，其目的是与他们协商安排美国海军使用中国港口、帮助北京政府建造船只的问题。[188] 但是，据汤化龙的日记记载，北京政府驻华盛顿大使实际在汤氏访问华盛顿期间签署了相关协议。[189] 此外，在汤化龙被暗杀近一年之后，加拿大航空协会（Aerial League）温哥华分会会长乔治·泰勒（George Taylor）在1919年7月声称，汤氏被暗杀是因为他们曾为北京政府制造飞机的计划进行谈判，但他没有为这一说法提供任何证据。[190]

从逻辑上来讲，北京政府通过汤化龙这样一位既无实际职务，也无外交经验的前内政总长与美国官员谈判贷款、造船交易，或与泰勒联系飞机制造计划都不符合情理。笔者专程查阅了马里兰州美国国家档案馆（National Archives at College Park in Maryland）和其他美国档案馆中的波尔克、兰辛和朗等官员的个人文件，仅找到关于他们在1918年7月至8月与汤化龙会面的简要记录，并无具体谈话内容。1918年左右，北京政府驻美国大使顾维钧（1888—1985）伴随汤氏参加了他与所有美国官员的会面，但在顾氏大量的个人档案中，却没有相关的记载。[191] 这些简要记录

---

188 《大汉公报》，1918年12月19日。

189 汤化龙：《游美日记》，第41b页。

190 *Colonist*，July 4，1919.

191 代理国务卿弗兰克·波尔克在其日记中提及与汤化龙和顾维钧在1918年7月22日的会面，见 Frank L. Polk, "Frank L. Polk Diary," entry of July 22, 1918, film W24050, reel 2, Lamont Library, Harvard University。助理国务卿布雷金里奇·朗也在其日记中留下了关于他与汤化龙和顾维钧在1918年7月22日会面以及他们在8月5日共进晚餐的类似简短记载，见 Breckinridge Long，（转下页）

说明，汤化龙与这些美国高级官员的会面只是礼节性拜访，并未商谈关于贷款、造船等重要议题。无论如何，在1917年底至1918年底汤化龙领导的研究系与段祺瑞集团争夺临时参议院控制权及在新的国会选举中相继失败后，[192] 很难想象他会主动前往北美为段氏的政治计划奔走效劳。

由于汤化龙的北美之行是由研究系资助的，[193] 他的北美之行的使命更有可能是试图扩大他的政治知识和国外联系，以便使他自己和他的党派在政治上卷土重来。的确，在与两位党内同仁的告别谈话中，汤化龙对于此前仅将西方政治制度嫁接到他所认为的"邪恶"的中国政府机构之上深感遗憾，但他仍然表示对利用议会机构建立民主政府充满信心，并希望以此解决国家危机。他计划通过亲自出国考察，希望能从出国之旅中学到宝贵的知识。[194] 然而，从1912年到1917年，汤化龙及其党派先与军事强人袁世凯合作，后与军阀总理段祺瑞结盟，反对孙中山的党派，并在1917年终止了国民党支配的国会。结果，他们的政治斗争已经无法被限制于议会框架内的理性讨论和政争。

正因如此，在汤化龙被王昌暗杀遇难之后，冯自由等美国国民党领导人在1918年10月中旬以海外364埠中华商会、中华会馆、

214

（接上页）Breckinridge Long Papers，series 1：Diaries，Library of Congress，Washington，DC。笔者进而查阅了Robert Lansing Papers at the Library of Congress 以及 V. K. Wellington Koo Papers at the Rare Book and Manuscript of Columbia University，但没有找到有关信息。

192　张朋园：《梁启超与民国政治》，第83—87页。

193　华觉明：《进步党和研究系》，第124页；韩玉辰：《汤化龙的一生》，第90、93页。

194　刘道铿：《汤化龙的政治活动及其思想》，第130页。亦见《蕲水汤先生行状》，第6a—6b页。

书报社及华侨代表的名义向北京政府发出了一封电报。该电报谴责汤化龙两度担任众议院议长时先后与袁世凯、段祺瑞等勾结，两次导致国会解散，并还担任北京"伪政府"的教育总长和内政总长。这封电报甚至声称汤氏需要对于在1913年至1917年间反袁世凯"二次革命"和两次反帝制复辟运动中数百万死难者负责，受到国法制裁。因此，冯自由等人的电报认为，汤化龙与袁世凯、段祺瑞、梁启超等人同样罪大恶极、死有余辜，并称赞王昌为捍卫共和、除恶殉道的爱国英雄。[195] 正是基于这种党派斗争造成的仇恨，国民党的宣传毫无根据地攻讦汤化龙的北美之行是为段祺瑞控制下的北京政府与美国政府商谈借款，而这正是他遭到暗杀的主要原因。在这种偏执的党派宣传的影响下，王昌和颜良伯这样的国民党成员策划了刺杀汤化龙的密谋。

冯自由等北美国民党领导人的上述电报是对北京政府在1918年10月为汤化龙举行丧葬悼念活动的回应，[196] 而北京和广州政府分别为汤氏和刺客王昌举行的纪念活动又反映并加剧了双方的政治分裂。汤化龙的秘书霍德辉护送他的灵柩，于1918年9月14日乘坐日本海轮离开维多利亚前往中国。王麟阁领事、李梦九的家人、维多利亚汤氏宗亲以及数十名当地华商在英属哥伦比亚省议会大楼前为汤化龙举行了追悼仪式，随后将他的灵柩运上停泊在大楼

215

195《民国日报》，1918年10月14日。关于另外一位国民党领袖谢持（1876—1939）从其党派立场对于汤化龙的类似指控，见陈忠平、陈明：《辛亥前后汤化龙与革命党人关系探析》，第1735—1736页。

196《民国日报》，1918年10月14日。

前内港的日本轮船。[197] 在汤化龙的灵柩于 10 月 2 日抵达横滨之后，在东京一座寺庙举行的追悼会聚集了数百名日本政要，其中包括日本政府的内阁成员和国会议员。当汤氏灵柩于 10 月 12 日到达天津后，一系列的哀悼和祭奠活动从那里开始，然后延续到北京、他的家乡湖北省会以及他的出生地黄州，直到当年 12 月下旬为止。汤化龙在北京的追悼会从 10 月 27 日上午 8 点持续到下午 6 点，共约 5,000 余人参加这一悼念仪式，其中到场的人物包括北京政府的主要文武官员、一些省的督军代表和外国使节等人员。当运载着汤氏灵柩的火车经京汉铁路于 11 月 17 日到达汉口之际，受到 2 万余人迎接。汉口和湖北省会武昌都在 11 月 22 日为汤氏举行了大规模追悼会议。最终，汤化龙的灵柩到达了他的家乡黄州，包括当地政要在内的约 5,000 人在 1918 年 11 月 29 日为他举行了葬礼。[198]

显然，汤化龙在维多利亚被国民党员王昌暗杀的事件激化了北京和广州两方政府之间正在进行的内战，加剧了国家内部的政治分裂，并加速了研究系在这一血腥事件之后的衰落。这一派系的主要领导人物，特别从晚清维新运动期间就投身宪政改革的梁启超等人，纷纷离开了这一军阀时期的血腥政治和党派斗争，先后隐退到政坛之外，进入学术、新闻甚至佛教研究等社会文化领域。[199]

与汤化龙在 1918 年的一系列盛大祭奠、追悼活动形成鲜明对

---

197 *Colonist*，September 15，1918；《大汉公报》，1918 年 9 月 18 日；《晨报》，1918 年 12 月 1 日。《晨报》将霍德辉护送汤化龙灵柩离开维多利亚的日期错记为 1918 年 9 月 8 日。

198 《晨报》，1918 年 12 月 1 日（增刊），2 日、5 日；《大汉公报》，1918 年 10 月 25 日，11 月 16 日、26 日，1918 年 12 月 13 日。

199 华觉民：《进步党和研究系》，第 125—127 页。

比的是，王昌的灵柩由一名维多利亚的国民党成员悄然运回国内。虽然孙中山曾亲自指示将他安葬于另外一位广东革命烈士史坚如（1879—1900）的墓园，但由于广州周围的军阀混战持续不断，王昌的灵柩不得不暂时存放在香港东华医院。[200] 在此之后，孙中山的中国国民党得到了苏联和新成立的中国共产党的支持，展开了1923年到1927年之间的国民革命。在国民革命运动开始之际，国民党于1924年3月9日在广州为王昌及40多名华侨烈士举行追悼会。林森、陈树人等国民党高层领导人及在广州的许多党员出席了悼念仪式。国民党特意为王昌举行了它历史上的第一次党葬，将他的棺柩覆盖上党旗，安放在著名的广州黄花岗烈士陵园之内，[201] 位于因1911年4月27日广州起义牺牲的72名烈士的集体陵墓右侧。

由此可见，王昌于1918年在维多利亚刺杀汤化龙的事件不仅反映了清末改良派与革命党斗争的长期影响，也预示着一场更为激进和暴力的革命运动将席卷中国和海外华人世界。由于这次事件的发生，加拿大政府对于国民党的镇压严重考验了该党的组织力量。枢密院第2384号命令将国民党在1918年11月中旬宣布为非法组织之后，该党成员继续开展秘密活动。维多利亚的国民党分会使用丽真影相馆作为其成员的秘密集会场所，[202] 多伦多分部先后使用该市的一家旅馆和附近小城金斯敦（Kingston）的一家中餐馆作为其成员及加拿大东部其他城市分部领导人物秘密开会的场

---

200 李仲燊：《上总理函》，1920年6月9日，档案全宗SHHRA，文件号码1208。
201《民国日报》，1924年3月10日。
202 陈裒尧：《加拿大华侨勋旧录（十）》，第60页。

所。[203] 到1918年9月被加拿大政府取缔之前，该国的国民党已经拥有57个分部和6,000多名党员。当枢密院第2384号命令随着第一次世界大战结束被废除之后，该党很快从1919年底开始复兴，并在1920年初恢复到57个分部。[204]

孙中山于1919年10月10日将中华革命党正式改组为中国国民党，但该党也放弃了他此前通过恢复1912年《中华民国临时约法》和1913年国民党控制的国会来重建共和制度的政治斗争。重建的中国国民党誓言要按照孙中山的革命思想来建设中华民国，首先要以"武力扫除一切障碍"或政敌，"一切军国庶政，系由本党党员负完全责任"，直到建立宪政政府。[205]

毫无疑问，正是为了追求这一激进政治策略，孙中山领导的 217
中国国民党于1924年为王昌举行了迟来的党葬，表扬他于1918年在维多利亚刺杀汤化龙行动中表现出来的对党的忠实服从及其勇于牺牲的精神，使他成为在新的国民革命中全体党员敬仰的模范。这种激进的策略代替了议会政治及在其他公共领域进行理性政治辩论和竞争的共和文化，[206] 但它帮助、推动了中国国民党在国内社会和在北美唐人街等海外华人社区中的崛起，并成为支配势力。

---

203 陈衮尧：《加拿大华侨勋旧录（八）》，第52页。

204 陈树人、蒋宗汉：《上总理函》，1919年12月8日；C. H. Cahan, Report to the Minister of Justice, October 16, 1918, p. 2;《加拿大总支部所属各支分部及通讯处职员表》，1920年4月27日，档案全宗SHHRA，文件号码5185。

205 邹鲁编著：《中国国民党史稿》，上册，第260、269—270页。

206 关于民国初年的新的共和文化，见David Strand, *An Unfinished Republic*, esp. 1-12, 283-290。

结　论

走向跨太平洋华人播散族群的网络革命

在康有为于1913年12月回国之后，他请著名篆刻家吴昌硕 219
制作了一枚独特的印章，上面所刻二十七个朱文小字描述了他从
1898年开始的人生经历："维新百日，出亡十六年，三周大地，访
遍四洲，经三十一国，行六十万里。"[1] 此处所谓"三周大地，访遍
四洲"的经历包括康氏在1899年至1909年间三次往返亚洲、北美
和欧洲及其两次访问埃及。[2] 与此相较，孙中山在1895年至1911
年之间进行了四次往返亚洲、北美和欧洲的环球旅行，并且还在
1913年至1916年期间避难日本。[3] 尽管康有为的出游更加豪华奢

1　马洪林:《康有为大传》，第402、438页。
2　康同璧:《南海康先生年谱续编》，第69、71—72、109—141、145—147页。
3　陈锡祺主编:《孙中山年谱长编》，上册，第103—144、294—338、364—367、
　　464—504、520—592页。除了本书第三章中所讨论的孙中山在1895年至1911年间
　　四次往返亚洲、北美和欧洲的旅行之外，该年谱（第364—367页）称他还于1905
　　年12月从西贡前往欧洲，然后于1906年3月4日从马赛（Marseille）前往新加坡。
　　这一记述基于一位革命党人关于孙中山在1905年12月离开西贡前往欧洲的个人回
　　忆，以及冯自由在1906年3月20日的信中提到他从"马些"回东南亚的（转下页）

佬，他与孙中山的全球之旅实际都是在国外的政治流亡活动，与传统播散族群研究（diasporic studies）所关注的犹太人被迫离开祖国、散居世界的经历十分相似。[4] 然而，在康有为和孙中山流亡国外期间，他们分别领导了在1898年至1918年之间先后席卷并改变北美唐人街和跨太平洋华人播散族群的政治改良和革命运动。

特别重要的是，他们在1898年至1918年之间领导海外政治改良和革命的组织——如保皇会和国民党——或者起源于北美，或者以北美为中心，并由美国和加拿大的唐人街扩展到跨太平洋的华人世界，甚至传播到非洲和欧洲规模较小的华人社区。这些改良派和革命党团体的发展均受益于华人家庭、公司、同乡组织和秘密社团等既有的"播散族群网络"（diasporic networks）。[5] 然而，这些此前存在的移民网络仅在部分唐人街之间稀疏散布，主要包括特定宗族、生意伙伴、同乡好友、结拜兄弟等群体。它们的发展主要依赖血缘、地缘以及其他非正式人际性关系，而不是正式组织原则和制度。

改良派和革命党团体利用了这些人际性关系和相关的个人利益，将它们融入更为正式的组织制度框架中，并同时借助跨文化

（接上页）行程。然而，这一个人回忆的可靠性，以及将马些等同于马赛的准确性仍然需要验证。如果孙中山确实进行了这次短期旅行，其目的可能是为了与巴黎的官员密谋，以获得法国对他革命事业的支持。Marie-Claire Bergère, *Sun Yat-sen*（pp. 118-121）一书对于这场密谋进行了详细讨论，但没有提到孙中山在1905年12月至1906年3月之间前往法国的行程。

4　对于这种传统犹太播散族群研究的评述，见Robin Cohen, *Global Diasporas: An Introduction*, 1-29。

5　Adam McKeown, *Chinese Migrant Networks and Cultural Change*, 87-94, 116, 205-206, 237, 240-244。

的政治意识形态，从而在北美唐人街和跨太平洋华人世界中得到空前扩展。它们动员了北美的以广东人为主的移民、大批从福建省迁入东南亚的移民以及其他华侨群体，举行了1905年间反种族主义的抵制美货活动、此后的支持清朝宪政改革及反清辛亥革命等跨太平洋运动，并在民国初年为了保护在祖国新建立的共和制度而继续奋斗。尽管海外华人的改良和革命运动的目标主要是促进国内政治变革，但它们各自形成的政治团体，尤其是保皇会和海外国民党，主要在北美和环太平洋国家华人社区中活动，从而直接改变了跨太平洋华人播散族群的内外关系。

具体说来，上述以北美为中心的改良和革命运动及其各自的政治组织对于美国、加拿大和太平洋地区的华人移民社区的内部和外部关系带来了根本性的变化，形成了跨太平洋华人播散族群的"网络革命"，包括其中跨文化的革命性变迁。与我此前研究所揭示的"近代中国的社团网络革命"或是国内空前程度的社会政治"关系制度化、扩大化、多样化及其成员的互动强化"相比，[6] 跨太平洋华人播散族群内的改良和革命运动传播得更为广泛，呈现出更多的跨文化混合特征。与清政府在1901年至1910年间进行的所谓"新政革命"或"知识体系和机构制度的转变"相比，[7] 跨太平洋华人播散族群的网络革命涉及跨国和跨文化环境中的意识形态、

6　Zhongping Chen, *Modern China's Network Revolution*，xv。（译注：参见该书中文版，陈忠平：《商会与近代中国的社团网络革命》，《英文版序言》第7页。）

7　Douglas R. Reynolds, *China, 1898–1912*，1-3，14。该书主要关注本书第一、二章所提到的清朝政府在1901年至1910年间进行的新政改革，并认为这一改革实际是一场"新政革命"，导致了近代中国的知识和思想体系及其教育、军事、警察、法律和监狱制度等方面的根本性转变，包括在政治上向宪政制度的急剧演变。

组织制度和个人经验的变迁。

康有为、孙中山等近代中国的政治领袖不仅通过在海外的跨国旅行和亲身接触不同文化，特别是西方的政治思想和制度，使其个人意识形态发生转变，而且还引导了他们各自领导的运动当中众多华人移民的跨文化演变。就古代世界历史的研究已经证明，这种"跨文化转变"通常经过"融合本土和外来文化传统的过程"形成了多元混合的思想和制度，而不仅是"摒弃旧的，拥抱新的价值体系".[8] 这种跨文化的混合特征在跨太平洋华人的改良派和革命党的政治纲领中得到特别明显的表现。

在康有为的领导下，保皇会及其后继的宪政会（党）率先将西方的政党组织和股份公司等现代原则与中国传统的亲属、同乡、师生情谊等人际性关系紧密结合。从保皇会诞生之际，它所提出的保护主导维新变法的光绪皇帝以及祖国和"黄种"的政治纲领和口号就十分有效地将爱国改良主义与合办工商实业、反对种族歧视等华人移民的个人利益和政治要求相融合。随后，它追求在晚清中国实行君主立宪，其目的并非效仿这种西方制度的先例来限制君主权力，[9] 而是为了恢复光绪皇帝的权力来推动振兴祖国和保卫海外华人免受种族歧视的政治改革。尽管保皇女会发起的女权改良主义运动要求通过宪政改革来争取妇女在教育和政治方面的权利，它仍然在其跨国活动中避免直接挑战传统的家族父权制

8　Jerry H. Bentley, *Old World Encounters: Cross-Cultural Contacts and Exchanges in Pre-Modern Times*, 6.

9　关于西方君主立宪制度在欧洲的起源及其限制君主权力的主要功能，见 Vernon Bogdanor, *The Monarchy and Constitution*, 1。

221

度，并主要为保皇会男性领导人物的政治目的提供了服务。

西方共和主义传统强调政治自由主义及相应的代议制政府等制度化措施，以保证所有公民享有不受他人左右的"非支配性自由"（freedom as non-domination）。[10] 但是，孙中山于1894年创建的兴中会和1905年组建的同盟会均誓言要"驱除鞑虏"或排除在清朝享有特权的满族，建立汉族支配的共和国。如上所述，孙中山领导的同盟会主要通过洪门致公堂的"反满复汉"口号与共和主义结合的宣传，在辛亥革命前夕赢得绝大多数北美华人支持，尽管他在后来提出了"五族共和"的新口号。随着新建的中华民国在1913年之后受到袁世凯及其军事继承者的窃取和控制，孙中山继续领导了共和革命，但他主要是为恢复1913年国民党支配的国会而奋斗，直到1918年之后才进而力图建立国民党一党控制的民国政府。

222

上述改良派和革命党组织之所以能够超越以广东人为主的北美唐人街，传播到由来自福建等省份移民组成的太平洋沿岸其他多种华侨社区，其原因在于它们各自奉行的不同政治意识形态都形成了新的跨文化纽带，远远超越了同乡团体的利益或其他人际性关系基础之上的个人感情。同样，这些政治团体的逐渐正式化的制度结构使它们能够超越同乡等人际关系的限制，实现组织扩张和持续发展。

确实，康有为于1899年在维多利亚领导发起保皇会之时，他所起草的该组织的第一份章程就规定它从各华埠到各国以至全球

---

10 Philip Pettit, *Republicanism: A Theory of Freedom and Government*, 2，7-8.

的总会、总局或总公司等各级领导体制，并强调通过信件和报纸等方式进行彼此联系的重要性。它在1905年发布的第二份章程和在1907年由宪政会通过的新章程进而试图扩大总会的权力结构，并建立更为正式的会员制度。[11] 这些组织制度规定和爱国改良主义政纲使得保皇会及其后继的宪政会能够在广东移民为主的北美唐人街之外及其同乡等个人关系之上得到扩展。到1908年，宪政会已经传播到美洲、亚洲、澳大利亚和非洲的200多个城市中的华侨社区，包括加拿大和美国大陆的大约171个华人社区。至少有19个出现在海外华人移民为数最多的东南亚，而该地的华人大多来自福建省。当时宪政会还在非洲发展了两个分会，但似乎未能扩展到欧洲。[12]

当孙中山于1914年7月在日本建立了中华革命党之后，其章程仍然允许其海外分会继续使用"国民党"作为它们的名称，但它明确规定了一系列正式领导和成员制度及其组织构成，包括由他直接控制的本部到支部和分部的等级结构。[13] 到1914年底，国民党就在美国大陆发展了70多个分部和通讯处，在加拿大的分部到1918年9月已有55个。它还在中华革命党从本部到支部和分部的原有组织设计之外，于1916年在旧金山成立了美洲总支部，并于

---

11 康有为：《康有为全集》，第5集，第152—155页；《保皇会公议改订新章》，6b—20b；《帝国宪政会大集议员会议叙例》，3b—8b。

12 张启祯、张启礽：《康有为在海外》，第168、172—181页。关于20世纪华人移民在全球的分布以及其中福建移民在东南亚的较高比例，见 Lynn Pan, *The Encyclopedia of the Chinese Overseas*, 31、62。

13 邹鲁编著：《中国国民党史稿》，上册，第155、157—160页。

1917年在温哥华成立了加拿大总支部。[14] 从1914年到1916年，国 223
民党还在世界其他地区，特别是东南亚，发展了43个支部和63个
分部，其中大多数都在孙中山领导的中华革命党东京本部的直接
控制之下。[15] 但在袁世凯于1916年6月死后，国民党支配的旧国会
即将恢复，中华革命党便于1916年7月停止运作。在此之前，旧
金山美洲总支部已经从孙中山得到对于夏威夷、澳大利亚、利物
浦、南非和横滨等各地国民党分部的领导权力。它的总支部长林
森是领导北美国民党组织扩张的主要领导人，但他却是一位福建
籍人士。因此，北美国民党的组织控制和制度化的影响力已经远
远超越了以广东人为主的美国和加拿大唐人街。[16]

　　清末时期的保皇会及其后继的宪政会与民国初期的国民党在多
种海外华人社区中的组织制度发展和跨国扩张是1898年至1918年
间跨太平洋华人播散族群网络革命的最为典型表现。由这些政治
团体领导的网络革命构成了本书讨论跨太平洋华人改良和革命运
动的历史起源、相互关系和长期影响的共同主题。它还为理解北
美华人与祖国政治、所在国家文化及其与太平洋地区同族移民群
体在个人、制度和思想层面关系的革命性变化提供了新的视角。

　　就跨太平洋华人改良和革命运动的起源而言，此前的有关论著

---

14 中国国民党中央委员会第三组编：《中国国民党在海外》，上篇，第148页；下篇，
　第18页。C. H. Cahan, Report to the Minister of Justice, October 16, 1918, p. 2。

15 孙中山：《孙中山全集》，第3卷，第454—489页。该书将所有这些组织都列为
　"中华革命党各支分部"，但该党允许它们在海外继续使用"国民党"名称，见邹
　鲁编著：《中国国民党史稿》，上册，第155页。

16 陈锡祺主编：《孙中山年谱长编》，上册，第1003页；台北中国国民党中央委员会
　第三组编：《中国国民党在海外》，上篇，第148页；冯自由：《革命逸史》，中册，
　第639页。

往往强调康有为、孙中山等精英人物的政治动员和领导作用，但却忽视了其中普通华侨及其实际利益和创举的影响。在以往有关近代中国政治革命起源的研究中，孙中山的思想和活动尤其受到特别重视。[17] 然而，从北美唐人街传播到跨太平洋华人世界的更为广泛的网络革命无疑是从康有为与加拿大和美国的华侨之间的人际接触、思想交流以及组织互动开始的，并由此导致了保皇会的率先跨国发展，及其要求同时改革晚清中国和海外华人社区的运动。

值得注意的是，孙中山比康有为更早就开始在夏威夷、旧金山等地的海外华人社区发起兴中会及其分会，试图组织反清革命运动，并曾经于1896年、1904年两次访问美国大陆及在1897年首访加拿大，但他试图动员北美华人基督徒和致公堂的活动都未能成功。尽管孙中山从1904年就沿袭改良派领袖人物的先例来改组美国致公堂，但他以激进的共和主义、土地平等思想、现代组织原则来改组这一秘密社团的努力以失败告终，直到他于1909年底至1910年初第三次访问美国大陆时仍未能得到致公堂真正支持。在1911年初的北美之行中，孙中山为广州起义筹款活动的成功以及同盟会在唐人街的胜利在很大程度上归功于冯自由与加拿大和美国致公堂领袖的个人联系及其以洪门自身"反清复汉"口号所作的宣传鼓动。民国初期，国民党在北美的发展不仅受益于孙中山反对袁世凯独裁政权的革命策略，而且也借助于美、加华人反对

17　L. Eve Armentrout Ma, *Revolutionaries, Monarchists, and Chinatowns*, 45; Harold Z. Schiffrin, *Sun Yat-sen and the Origins of the Chinese Revolution*, 4–9.

日本"二十一条"的民族主义运动。

改良派和革命党在北美唐人街和环太平洋华人社区进行的相互斗争已经引起学者们的长期关注，它们之间关于中国应该选择君主立宪或共和制度的论战更是此前研究的焦点。在本书中，对于这两个阵营之间互动的网络分析证明它们在政治上的分裂和斗争不仅沿着双方不同党派组织和思想路线展开，还深入到家族和个人关系层次，以至于冯自由以及来自加拿大两个改良派领袖家庭的激进青年李伯海和叶求茂都与他们的父亲的选择分道扬镳。作为改良派家族的青年叛逆者，他们对于美国和加拿大华人中同盟会的发展都作出了极其重要的贡献，并由此显示了改良和革命运动之间的相互联系和影响。

康有为领导之下的跨太平洋华人政治改良运动不仅为冯自由等激进青年提供了政治启蒙和人才培训，还通过率先动员、改组致公堂等组织制度上的创举影响了后来孙中山在北美领导的革命运动。孙中山在他于1904年第二次访问美国大陆期间继承了这一改良派开始的改组秘密社团策略，冯自由进而从1910年开始在加拿大致公堂内部进行反清革命动员，并于次年领导温哥华新成立的同盟会夺取了当地中华会馆的控制权，显示了革命党对于改良派组织制度遗产的直接继承。特别的是，北美致公堂许多领袖和成员首先在康有为的影响下参与海外华人政治改良运动，然后加入了孙中山领导的反清革命，典型地体现了这两个运动之间的人事和组织制度联系。

此前对于晚清立宪党人与辛亥革命的研究中，张朋园、周锡瑞、路康乐等学者已经纠正了早期关于改良派与革命党之间仅存

225

在相互斗争关系的片面学术观点。相反，他们展示了立宪党人如何在新政改革中与清朝政府发生日益激烈的冲突，并最终在1911年10月10日武昌起义爆发后加入了共和革命。[18] 然而，本书对康有为的保皇会—宪政会与孙中山的兴中会—同盟会的上述分析不仅揭示了它们之间密切的人事和组织制度关系，还强调了它们的跨太平洋竞争和政治接力在辛亥革命之前的十多年间就已发生，而不仅是在武昌起义之后的革命运动之中。

在民国初期，清末以来的改良派与革命党的互动继续影响了以孙中山为领袖的国民党、他在日本组织的中华革命党及其所属海外国民党与康有为的宪政党以及梁启超、汤化龙领导的进步党之间的政治关系。但在辛亥革命之后，北美国民党与致公堂之间的合作与竞争主导了美国和加拿大唐人街的政治生活。它们的相互斗争促使这些党派分别寻求组织扩张和统一。结果，它们通过各自的组织制度发展，共同促进了跨太平洋的华人播散族群的网络革命。

在传统的华侨史研究中，北美唐人街的改良和革命运动主要由于它们对于辛亥革命为止的国内政治变革的影响和贡献而受到学术关注。事实上，它们各自的政治组织对于美国和加拿大唐人街内外关系的革命性变化产生了更为直接的影响。清末的改良派和革命党、它们在辛亥革命之后的各自继承者，以及致公堂通过相互之间的斗争造成了北美的每一唐人街以至于其中许多家庭的分

---

18 张朋园：《立宪派与辛亥革命》，第105—186页；Joseph W. Esherick, *Reform and Revolution in China*, 158-170, 182-215；Edward J. Rhoads, *China's Republican Revolution*, 205-233。

裂，但它们不同的政治纲领和党派团体也将跨太平洋的华人族群带入前所未有的政治化和组织化程度。

由于康有为领导的保皇会从1899年开始最先发展了一整套新的政治纲领、领导体制、层次结构等组织制度规范和改良意识形态，它得以将分散在海外的两百多个华人社区首次连接起来，从而在跨太平洋华人播散族群之中发起了一场网络革命。然而，保皇会及其后继的宪政会（党）试图对于其成员及其个人派系加以组织制度控制的努力在很大程度上未能奏效，以至于康有为在1908年初的一份公告中埋怨绝大多数成员仍然拒绝支付会费。[19] 因此，宪政会受到了康有为本人和其他改良派领导人物对于个人、家族和派别利益追求的严重干扰。它在1909年前后的衰落主要归因于康有为与他门徒中的异己分子以及温哥华叶氏家族相关人士之间的冲突。然而，在此之前，从保皇会到宪政会时期发展的政治纲领和组织网络已经在北美的唐人街之间及跨太平洋的华人播散族群内外建立了空前未有的联系。

孙中山通过领导从兴中会到同盟会、中华革命党及其海外国民党的组织制度化发展，将跨太平洋的华人播散族群网络革命推向了一个新的高峰。这些革命党逐渐通过入党宣誓、意识形态教育以及采用致公堂等秘密社团的结盟等仪式和手段加强了对其成员的控制。特别的是，中华革命党及其海外国民党均对其党员严格要求忠诚、服从、自我牺牲、定期支付会费，并以其他方式对他们进行集中领导和组织控制。因此，北美国民党不仅遍布广东

226

---

19 康有为：《各埠宪政党列位同志兄义鉴》，第1页。

移民为主的美、加唐人街，而且通过在东南亚等地非广东人移民中的发展，实现了组织网络的扩大化和成员的多样化。[20] 它最终能够将大多数北美和太平洋地区的华人移民集合在其革命旗帜之下，并将他们纳入其政治运动之中。

北美致公堂首先加入了康有为领导的海外改良运动，然后帮助了孙中山领导的同盟会进行反清革命活动，也对跨太平洋的华人播散族群的网络革命作出了巨大贡献。虽然美国和加拿大的致公堂在民国初年都未能在国内获得合法政党地位，它们在后来取得了一定程度的组织制度化统一，并进一步影响了夏威夷、澳大利亚和非洲的其他洪门秘密社会组织，将它们纳入其全球性网络当中。

通过加入改良或革命运动来争取在国内建立西式君主立宪或共和制度，北美华人显著改变了他们与祖国政治的关系。此前的有关研究经常强调，北美华人之所以为康有为和孙中山等改良派和革命党提供支持的原因在于这些侨居海外的移民希望得到一个复兴和现代化的祖国保护。[21] 实际上，在北美唐人街的改良和革命运动及其保皇会、保皇女会、民国维持会等组织中，从华侨商人领袖到普通劳工移民及少数华人妇女都将自己视为晚清中国君主立宪或民国共和政治的海外先驱和保护者。因此，无论其使命最终是失败还是成功，他们都经历了从帝制下的清朝海外侨民和臣民到成为现代中国的立宪或共和制度的海外先锋和卫士的政治变化。

20　孙中山：《孙中山全集》，第3卷，第98—99、454—489页。
21　Shih-shan Henry Tsai, *China and the Overseas Chinese in the United States*, 124.

　　除了对晚清立宪、共和革命以及国内其他政治变革提供支持外，北美的华人改良和革命运动对祖国政治产生了更为直接和深远的影响。尽管康有为领导的保皇会及其后继的宪政会未能扩展到中国，其中的领袖如梁启超等人成为民国初期极有影响力的政治人物。作为跨太平洋华人播散族群网络革命的后期领导力量，海外国民党在其国内组织于1913年被袁世凯禁止，并被孙中山放弃之后仍旧保留了该党的中文名称。它为孙中山在1918年之后重新组织中国国民党提供了一个海外基础。在此之后，随着中国国民党上升为国内具有支配地位的党派，孙中山领导的革命运动中的海外华人也在日益空前的程度上接近祖国政治。通过这个政党，在北美和其他海外地区华侨与祖国政治发生的日益紧密联系是跨太平洋华人播散族群网络革命的一个重要制度化结果。

　　对于1898年至1918年间跨太平洋华人改良和革命运动的一个主要刺激因素是海外华侨面临的不断升级的种族主义。在本书的时间范围内，北美的华人与他们所在国家的主流社会确实处于紧张的种族关系之中。他们相继加入改良和革命运动的原因无疑是由于他们既渴望加强华人移民群体的团结，又希望通过这样的政治运动使祖国更为强大，以实现自我保护。但在改良和革命运动中，这些华人移民却在面临北美社会种族主义排斥的同时，开始认同加拿大式的君主立宪主义和美国式的共和主义西方政治文化。这一跨文化转变过程为他们在第二次世界大战之中或之后成为美国和加拿大公民的身份变化铺平了道路。

　　事实上，当20世纪初期宪政党在北美衰落之后，随着二战之后美国和加拿大反华种族主义的式微，即使国民党等政治组织也

228

在北美唐人街逐渐失去了影响力。北美唐人街的绝大多数居民搬到了其他城市社区，从华侨成为美国或加拿大社会接纳的公民，并将最初的北美"侨居地"变成了他们定居的家园。旧金山、维多利亚等北美城市的中华会馆，以及从致公堂演变而来的跨国组织成了以往跨太平洋华人播散族群网络革命的历史遗产。

征引文献 [1]

一、档案文件

主要卷宗（参见本书开始处第四部分：《主要档案卷宗标题代码》）：

CERAD：Chinese Empire Reform Association Documents，1899-1948（保皇会和宪政党文件，1899—1948年）。Archival no. AAS-ARC，2000/78，Ethnic Studies Library，University of California at Berkeley。

---

1 中文版注释与《征引文献》说明：本书所引用的史料分为档案文件、报刊资料、网络资源和其他文献四个部分，各部分的中日文献排列在英语文献之前。所有文献大致按其作者姓氏或撰者不明文献的题目首字拼音字母或罗马字母音序排列。英文文献的中日作者姓氏也以其罗马字母拼写的音序为准，其姓名仍保留西式拼法或出版物中的姓名排列顺序。但日文文献则按照其作者姓氏中文读音的音序排列。

为了中文读者的方便，本书《征引文献》中提供了所引用的中、日、英语文献资料的所有出版信息，但在正文注解中所列文献仅包括作者姓名、书名或篇名以及资料来源页码，以减少重复。公私信件、政府公文、组织记录和警察报告等档案史料仅在首次引用时附有档案全宗、文件号码等收藏信息。日文书名仅在其意义对于中文读者不明时作适当翻译，其中使用的繁体汉字也仍旧保留。按照本书原来所使用的芝加哥出版社体例，注解内英文作者的个人名字（given name）置于其姓氏（surname）之前。在《征引文献》中，英文文献则基本按照作者或第一作者姓氏音序排列，并在姓氏之后加逗号和个人名字。但是，第二和第三作者的个人名字仍然置于姓氏之前。没有作者的英文文献按照其首字（a和the冠词除外）音序与作者姓氏一道排列。

CKTMO："Chee Kung Tong Materials and Other Chinese Language Documents"
（洪门致公堂文献及其他中文史料）。Archival no：RG-513，the Barkerville
Historic Town and Park Archives，Barkerville，BC。

KTBSW："Kang Tongbi South Windsor Collection"（康同璧南温莎文件集）。这
是由谭精意（Jane Leung Larson）收藏、并与笔者分享的一组新近发现
的文件。它包括1904年至1907年间康同璧在康涅狄格州南温莎市房东玛
丽·斯塔尔·都铎（Mary Starr Tudor）家中所遗留的信件、照片及其他文
物。其中一小部分物品仍由斯塔尔家族保存，但大多数已通过拍卖被中外
私人或公共机构收藏。谭精意保存了这些物品的完整数码化记录，其中文
件号码为数码编号。详见Jane Leung Larson，"The Kang Tongbi Collection
of South Windsor，Connecticut" on the "Baohuanghui scholarship" blog https://
baohuanghui.blogspot.com/2014/11/the-kang-tongbi-collection-of-south.html.
Accessed September 21，2022。

SHHRA："Shanghai Huanlong Road Archives，1914-1925"（上海环龙路档案，
1914—1925），in "Zhongguo guo min dang Records，1894-1987"（中国国民
党文献，1894—1987），Hoover Institution，Stanford University。

WXZXY："Wu Xianzi xiansheng yigao ji suocang wenjian"（伍宪子先生遗稿及所
藏文件），East Asian Library，the University of Washington。

中文档案：

《保皇会公议改定新章》，无出版地，1905年，档案全宗CERAD，文件号码
AR-2，第3函。

《贝市埠美洲华侨军事研究社职学员姓名册》，1916年，档案全宗SHHRA，文件
号码7970。

《本会联卫章程》。In folder 3，box 2，the Lee Family Papers，Rare Books and Special
Collections，University of British Columbia Library，Vancouver，BC。

蔡鹤朋、马超凡:《上总理函》，1916年4月17日，档案全宗SHHRA，文件号码
8585。

曹龙编:《洪顺堂锦囊传》，无出版地，无出版年。档案全宗CKTMO，无文件

编码。

陈树人:《上总理函》,1917年3月10日,档案全宗SHHRA,文件号码7757。

陈树人、蒋宗汉:《上总理函》,1919年12月8日,档案全宗SHHRA,文件号码5160.1。

陈岳崧:《致康同璧信》,1905年1月7日,档案全宗KTBSW,文件号码B-32。

《创办……振华实业有限公司招股章程》,载于《振华公司兴办广西实业禀奉批准奏咨立案各稿》,档案全宗 CERAD,文件号码AR-16。

《帝国宪政会大集议员会议序例》,档案全宗CERAD,文件号码AR-5。

冯自由:《致居正函》,1914年10月22日,档案全宗SHHRA,文件号码8151。

冯自由:《上总理函》,1914年10月25日,档案全宗SHHRA,文件号码8017。

《附:徐勤等布告原书》,载欧云高、叶恩、刘义任、梁应骝:《驳徐勤等布告书》,第13b—17b页;亦见《云高华埠宪政会布告书》,第21a—28b页。

《福缘善庆》,档案全宗CKTMO,文件号码980-413.26。

高云山:《纠正陈树人之谬妄以告同志》,1921年1月12日,档案全宗SHHRA,文件号码6194。

广东拒约总会:《致域多利中华会馆信》,1905年(具体日期不详),in folder 4,box 1,Chinese Consolidated Benevolent Association Fonds,acc. no. 2009-021,University of Victoria Archives,Victoria,BC。

《航空队编成》,1916年7月11日,档案全宗SHHRA,文件号码3577。

何井立等:《致陈其美呈》,1915年12月3日,档案全宗SHHRA,文件号码7676。

何俊三:《致维新大总理信》,1899年9月28日,in folder 14,carton 5,archival no. AAS ARC 2000/70,Yuk Ow Research Files,Ethnic Studies Library,University of California at Berkeley。

胡汉贤等:《上总理函》,1916年5月5日,档案全宗SHHRA,文件号码7395。

胡维埙:《上总理函》,1916年1月15日,档案全宗SHHRA,文件号码8240。

黄金:《万国寄信便览》,in folder 7,carton 26,Yuk Ow Research Files,Ethnic Studies Library,University of California at Berkeley。

黄三德:《上总理函》,1915年1月30日,档案全宗SHHRA,文件号码7665。

黄三德:《致伍宪子信》，1929年7月21日，档案全宗CERAD，文件号码AR-43B。

黄三德:无标题手稿，档案全宗WXZXY，folder 2，box 11。

《加拿大点问顿军事社职员学员名籍册》，1915年8月，档案全宗SHHRA，文件号码7941。

《加拿大总支部所属各支分部及通讯处职员表》，1920年4月27日，档案全宗SHHRA，文件号码5185。

《加属敢死先锋队名册》，档案全宗SHHRA，文件号码7962。

《加属华侨敢死先锋队……预算表》，档案全宗SHHRA，文件号码7953。

《捐助［反］美拒禁约经费部》，in folder 8，box 1，"Chinese Consolidated Benevolent Association Fonds，" acc. no. 2009-021，University of Victoria Archives，Victoria，BC。

《举办实业呈请奏派大员出洋宣示恩信由》，载于《振华公司兴办广西实业禀奉批准奏咨立案各稿》，档案全宗CERAD，文件号码AR-16。

《康同璧日记》，档案全宗KTBSW，文件号码Diary。

康有为:《公启》，1905年2月25日，档案全宗WXZXY，folder 1，box 2。

康有为:《致康同璧信》，1904年11月16日，档案全宗KTBSW，文件号码S-C31。

康有为:《致康同璧信》，1904年12月5日，档案全宗KTBSW，文件号码S-C39。

康有为:《致康同璧信》，1904年12月［无具体日期］，档案全宗KTBSW，文件号码: S-C46。

康有为:《致康同璧信》，1905年10月20日，档案全宗KTBSW，文件号码Kang-30。

康有为:《致李福基信》，1904年5月26日，档案全宗WXZXY，folder 1，box 2。

康有为:《致张炳雅信函两封［1909年初］》，档案全宗CERAD，文件号码AR-25。

康有为:《各埠宪政党列位同志兄义鉴》，档案全宗CERAD，文件号码AR-24。

李福基:《宪政会纪始事略》，无出版地，1909年，第2页，档案全宗CERAD，文件号AR-22。

李梦九：无标题自传手稿（笔者收藏稿本复印件）。

李仲夔：《上总理函》，1920年6月9日，档案全宗SHHRA，文件号码1208。

李子敬、李公武：《上总理函》，1916年11月30日，档案全宗SHHRA，文件号码6188。

梁朝杰：《振华公司在美洲招股始末真相》，档案全宗CERAD，文件号码AR-21。

梁文卿：《致康有为信》，1905年7月18日，档案全宗KTBSW，文件号码Kang-0。

梁应骝：《倡建创始保皇会所碑记》，光绪三十三年四月初十（1907年5月21日）。该碑刻现存于维多利亚加富门街1715号的楼房内（1715 Government Street, Victoria，BC）。

《列必珠军事社规则》，1916年，档案全宗SHHRA，文件号码7961。

林启文等：《上总理呈》，1922年4月15日，档案全宗SHHRA，文件号码6232。

林森：《上总理函》，1915年12月17日，档案全宗SHHRA，文件号码7747。

《刘观察铭博答莱苑李君福基书》，第3a-4b页，载刘士骥：《刘观察劝业编》，档案全宗CERAD，文件号码AR-15。

刘维汉：《义勇团报告》，1916年9月19日，档案全宗SHHRA，文件号码3580。

刘作楫编：《刘铭博观察令嗣布告天下同胞书》，档案全宗CERAD，文件号码AR-17。

吕南：《上总理函》，1914年11月12日，档案全宗SHHRA，文件号码7738。

马超凡、马兆华、胡汉贤：《致林森函》，1915年12月5日，档案全宗SHHRA，文件号码7973。

马衮堂：《致康有为信》，1899年12月13日，in folder 14, carton 5, archival no. AAS ARC 2000/70, Yuk Ow Research Files, Ethnic Studies Library, University of California at Berkeley。

马杰端：《致党务部函》，1915年4月11日，档案全宗SHHRA，文件号码7371。

马杰端、李公武：《上总理函》，1915年3月19日，档案全宗SHHRA，文件号码7295。

马杰端、李公武：《上总理函》，1915年10月21日，档案全宗SHHRA，文件号码8149。

马杰端、李公武：《上总理函》，1915年11月2日，档案全宗SHHRA，文件号码

8181。

马杰端、李公武:《上总理函》，1916年8月23日，档案全宗SHHRA，文件号码7406。

马少汉:《王昌烈士传略》，藏于台北中国国民党文化传播委员会党史馆，档案号230/550。

马兆华、方卓云:《上总理函》，1916年2月15日，档案全宗SHHRA，文件号码7972。

欧榘甲:《致康同璧信》，1904年7月29日，档案全宗KTBSW，文件号码S-C33。

欧云高［欧榘甲］、叶恩、刘义任、梁应骝:《驳徐勤等布告书》，档案全宗CERAD，文件号码AR-18。

《普兴公司股份》，1911年3月21日，in folder 1，box 3，the Lee Family Papers，Rare Books and Special Collection，University of British Columbia Library，Vancouver。

汤铭三:《致康同璧信》，1904年12月5日，档案全宗KTBSW，文件号码B-21。

《［天］运乙酉年六月贰拾叁晚新丁芳名列》，档案全宗CKTMO，文件号码980.414. 1-11。

同好:《致康同璧信》，1905年5月27日，档案全宗KTBSW，文件号码B-44。

魏振沛:《上总理函》，1915年5月25日，档案全宗SHHRA，文件号码4865。

魏振沛等:《复谢持、陈其美函》，1915年2月28日，档案全宗SHHRA，文件号码6101（该档案附有中华革命党总务部和党务部回复函件）。

《温哥华支部党员总数及新进党员统计》，1917年，档案全宗SHHRA，文件号码7490。

伍横贯:《致支部长林森函》，1915年，档案全宗SHHRA，文件号码7952。

夏重民:《上居总司令呈》，1915年9月15日，档案全宗SHHRA，文件号码3692。

《咸水埠倡建致公堂劝捐缘簿》，档案全宗CKTMO，文件号码980. 413. 12。

《宪政党章程：民国三年刊》，档案全宗WXZXY，box 2，folder 4。

谢持:《致某某电》，1916年5月31日，档案全宗SHHRA，文件号码3531。

《新加入先锋队诸队员》，档案全宗SHHRA，文件号码7971。

绣像□□□锦囊传（无出版地，1892）。上卷现藏于Clinton Museum，英属哥伦比亚省克林顿村博物馆，下卷为尼尔森致公堂所藏（笔者个人收藏有此两卷的全部照片）。

许一鸥：《上总理函》，1915年12月10日，档案全宗SHHRA，文件号码8186。

《杨棠、刘北海、余昌等枪杀袁氏走狗黄远庸事件》，藏于台北中国国民党文化传播委员会党史馆，档案号407/1。

杨星辉：《上孙中山函》，1918年10月7日，藏于台北中国国民党文化传播委员会党史馆，档案号241/149。

叶恩：《驳徐勤布告书再启》，档案全宗CERAD，文件号码AR-19。

叶求茂：《致梁植槐信》，1929年3月8日，in folder 8，box 108，the Chung Collection，Rare Books and Special Collections，University of British Columbia Library，Vancouver。

《英属加拿大七省宪政总会禀》，档案全宗CERAD，文件号码AR-8。

《英属加拿大驻域多利埠华侨义捐飞船芳名》，载《新民国报》1911年2月18日，档案全宗SHHRA，文件号码8728。

《域多利埠重建致公堂劝捐缘簿》，档案全宗CKTMO，文件号码980.291.28。

《域多利埠公民团同人报告》，1916年12月6日，档案全宗SHHRA，文件号码7349。

《域多利中华会馆章程》，in folder 1，box 1，Chinese Consolidated Benevolent Association Fonds. acc. no. 1977-084，University of Victoria Archives，Victoria，BC。

曾石泉等：《上总理函》，1915年2月1日，档案全宗SHHRA，文件号码4856。

张炳雅：《〈救大清皇帝会序〉补记》，档案全宗CERAD，文件号码AR-1。

招耀东：《上总理函》，1916年9月，档案全宗SHHRA，文件号码7944。

《支分部诸同志均鉴》，1916年8月14日，档案全宗SHHRA，文件号码6186。

钟水：《上居总司令呈》，1916年7月8日，档案全宗SHHRA，文件号码3386。

中华革命党本部：《复加拿大支部长马杰端函》，1915年初，档案全宗SHHRA，文件号码6098。

中华革命党本部：《致马杰端等函》，1915年12月13日，档案全宗SHHRA，文件号码8187。

《中华革命党华侨义勇团团本部姓名册》，1916年，藏于台北中国国民党文化传播委员会党史馆，档案号400/163.8。

中华革命党总务部:《致林森等函》，1915年6月5日，档案全宗SHHRA，文件号码4866。

周贾一:《上总理函》，1914年11月17日，档案全宗SHHRA，文件号码8165。

英文档案：

"Appointment: Yip On, Chinese Interpreter, Vancouver, British Columbia, Minister of Trade and Commerce, August 24, 1904." In Orders-in-Council-170586, RG2, Privy Council Office, Series A-1-a, vol. 880, Library and Archives Canada, Ottawa (https://www.bac-lac.gc.ca/eng/CollectionSearch/Pages/record.aspx?app=ordincou&IdNumber=170586&new=-8586354107171942355#1) .

"Articles of Incorporation of the Chinese Nationalist League of America," March 20, 1914. Archival no. C0076320, in California State Archives, Sacramento, CA.

Cahan, C. H. Letter to the Hon. Sir Robert L. Borden, October 22, 1918. In Prime Minister Robert Border Papers, vol. 243, p. 136352. Reference no. MG 26 H, Library and Archives Canada, Ottawa.

_____. Report to the Minister of Justice, October 16, 1918. In Prime Minister Robert Border Papers, vol. 243, pp. 136353-136361.

Chamberlain, Joseph. Letter to Lord Minto, April 11, 1899. Archival no. RG 7, series no. G3, vol. 12, file 1899, Library and Archives Canada, Ottawa.

"The Chinese Empire Reform Association of Canada: The First Executive Officers," 1903. Won Alexander Cumyow Collection, RBSC-ARC-1153-1-11-PH-04, Rare Books and Special Collections, University of British Columbia Library, Vancouver, BC.

"Chinese Empire Reform Association located at 1713 Government Street...," Item no. M06928, in PR-0252, Ainslie James Helmcken Collection, City Archives of Victoria, BC.

"Chinese Empire Reform Association of Canada Member Portraits." VPL 26814,

Special Collections Historical Photographs, Vancouver Public Library.

The Chinese Empire Reform Association of Canada's fonds, April 30, 1900. Incorporation no. 75, microfilm reel no. B04406, GR–1526–Corporation Registry Files. British Columbia Archives, Victoria, BC.

Correspondence, folder 1–1, Won Alexander Cumyow fonds, Rare Books and Special Collections, the University of British Columbia Library, Vancouver, BC.

"Declaration for Corporation of Chee Kong Tong Society," June 29, 1908. Incorporation No. 200, Container No. 880056–4493, GR–1526–Corporation Registry Files. British Columbia Archives, Victoria, BC.

Fyffe, M. W. Copy of diary week ending September 21, 1899. RG 18, vol. 170, file 339–48, Library and Archives Canada, Ottawa [The title of the diary is original].

Fyffe, M. W. Copy of diary from September 21 until September 30, 1899. RG 18, vol. 170, file 339–48, Library and Archives Canada, Ottawa [The title of the diary is original].

Fyffe, M. W. Letter to the controller, NW. M. P, Ottawa, September 14, 1899, in RG 18, vol. 170, file 339–48, Library and Archives Canada, Ottawa.

Fyffe, M. W. Report to the officer commanding the North-West Mounted Police in Vancouver, August 31, 1899, RG 18, vol. 170, file 339–48, Library and Archives Canada, Ottawa.

Greaves, H. B. Report to Major A. B. Perry of the North-West Mounted Police in Victoria, May 9, 1899. RG 18, vol. 170, file 339–48, Library and Archives Canada, Ottawa.

Heffernan, I. H. Report to the officer commanding the North-West Mounted Police in Regina, May 24, 1899, RG 18, vol. 170, file 339–48, Library and Archives Canada, Ottawa.

"Hung Shun Tong Manuscript, 1886," Internet Archives (https://archive.org/details/ caaupmd_000009) .

Immigration Office, Portland, Oregon. "In the Matter of the Application of Lee Mee Gin for the Laborer's Return Certificate," April 26, 1921, Chinese Exclusion Case File for Portland, box 63, case no. 5010/171 for "Lee Mee Gin," National Archives at Seattle.

"Increasing Remuneration to the Chinese Interpreters in British Columbia to Mr. Lee Mong Kow $100 and to Mr. Yip Yen $60 from 1899/10/01, Minister of Trade and Commerce, 1899/10/17". Orders-in Council-80493, RG2, Privy Council Office, Series A-1-a, vol. 788, Library and Archives Canada, Ottawa (http://www.bac-lac. gc. ca/eng/CollectionSearch/Pages/record. aspx?app=ordincou&Id Number=80493&new=-8586354118687559340).

"Interview with Mrs. Yip Quong, February 26, 1924," pp. 1-6 (https://purl. stanford.edu/qz132ss2867).

Kang Yu Wei [Kang Youwei]. Letter to Wilfrid Laurier, July 9, 1899. In Wilfrid Laurier's papers, vol. 117, pp. 35243-35244.

Kang Yu Wei [Kang Youwei]. Letter to Wilfrid Laurier, May 13, 1902. In Wilfrid Laurier's papers, vol. 233, pp. 65103-65104, Library and Archives Canada, Ottawa.

Kang Yu Wei [Kang Youwei]. Letter to Wilfrid Laurier, November 17, 1904. In Wilfrid Laurier papers, vol. 345, pp. 92267-92268.

King, W. L. Mackenzie. "Mission to the Orient." 3 vols. MG 26 J13, William Lyon Mackenzie King Papers, Library and Archives Canada, Ottawa.

Laurier, Wilfrid. Wilfrid Laurier papers, MG 26-G, Library and Archives Canada, Ottawa.

Lee King Man. Letter to Lee Chuck Man, October 1918, enclosed in deputy postmaster general's report to E. J. Chambers, chief press censor for Canada, October 24, 1918, vol. 575, file 246, RG 6 E, Library and Archives Canada, Ottawa.

Lew, David (Liao Hongxiang). Letter to President, CERA, June 27, 1907, in David Lew Letterbook, p. 11, PR-1638, David C. Lew fonds, British

Columbia Archives, Victoria, BC (http://search-bcarchives. royalbcmuseum. bc. ca/uploads/r/null/1/8/7/1876424adec89f25f96c01f18b2c162dd2993a65485b7 22faca2f250da4e7a06/E. D. L58. pdf) .

Long, Breckinridge. Breckinridge Long Papers, series 1: Diaries. Library of Congress, Washington, DC.

"Memorandum of Association of the Chinese Daily Reform Gazette Sun Bo Limited," January 25, 1911. Incorporation no. 284, microfilm reel no. B05120, GR-1526-Corporation Registry Files. British Columbia Archives, Victoria, BC.

"Memorandum of Association of the Chinese Reform Gazette Sun Bo Company Limited," December 26, 1907. Incorporation no. 1968, microfilm reel no. B04426, GR-1526-Corporation Registry Files. British Columbia Archives, Victoria, BC.

"Memorandum of Association of Tai Hon Yet Bo Chinese Daily Newspaper Company Limited," February 12, 1910. Incorporation no. 2853, microfilm reel no. B04434, GR-1526-Corporation Registry Files. British Columbia Archives, Victoria, BC.

"Memorandum of Association of *Waying Yatpo*," June 26, 1906. Incorporation no. 1514, microfilm reel no. B04424, GR-1526-Corporation Registry Files. British Columbia Archives, Victoria, BC.

"Mortgage from Chee Kong Tong Society to B. C. Land & Investment Agency, 27th February 1911. " Land title no. 3501571, Victoria Land Title Office, Victoria, BC.

Perry, A. B. Letter to Fred White, July 6, 1899. RG 18, vol. 170, file 339–48, Library and Archives Canada, Ottawa.

Polk, Frank Lyon. Frank L. Polk Diary. Film W24050, reel 2, Lamont Library, Harvard University.

"Portraits of Chinese Men. " VPL 26691 in Special Collections Historical Photographs, Vancouver Public Library, Vancouver, BC.

Poster of the Chinese Empire Ladies Reform Association in Victoria, 1903, HOLLIS no. 990141995910203941, Harvard-Yenching Institute Library.

Poster of the Chinese Empire Ladies Reform Association of Vancouver and New Westminster, 1904, reference no. AM1108-S3, the City of Vancouver Archives. Vancouver, BC.

"Quesnel Forks Chi Kung Tong, List of new members," 档案全宗CKTMO, 文件号码 980. 416. 1–18。

Reid, Malcolm R. J. Letter to Col. E. J. Chambers, chief press censor, October 2, 1918, vol. 576, file 246-2, RG 6 E, Library and Archives Canada, Ottawa. Operator No. 220's report is enclosed in this letter.

Reid, Malcolm R. J. Letter to Col. E. J. Chambers, chief press censor, February 10, 1919, vol. 576, file 246-2, RG 6 E, Library and Archives Canada, Ottawa.

"Resignation: Charles Yip Yan, Chinese Interpreter, Vancouver, British Columbia, Minister of Trade and Commerce, August 24, 1904. " Orders-in-Council-170585, RG2, Privy Council Office, Series A-1-a, vol. 880, Library and Archives Canada, Ottawa (https://recherche-collection-search.bac-lac.gc.ca/ eng/home/record?app=OrdInCou&IdNumber=170585&q=Resignation: %20 Charles%20Yip%20Yan, %20Chinese%20Interpreter)

"Rossland Chinese Masonic Lodge," January 2, 1904. Number 7, incorporation no. 131, microfilm reel no. B04406, GR-1526-Corporation Registry Files. British Columbia Archives, Victoria, BC.

"Royal Commission re. Chinese Immigration and Opium Smuggling. " RG 33, series 146, Library and Archives Canada, Ottawa.

"Sun Yat Sen," file no. 9995, "Immigration Arrival Investigation Case Files, 1884-1944. " National Archives at San Francisco.

Sun Yat-sen. Letter to Lin Libin, March 5, 1911, MS-1027, British Columbia Archives, Victoria, BC.

"Tang Hua Lung Deceased: Inquest, 4th September 1918," pp. 19–20. GR 1327, file 166/1918, British Columbia Archives, Victoria, BC.

Tom Chue Thom [Tan Chaodong]. Letter to Kang Youwei, August 18, 1900, archival no. FO 17/1718, "China, Chinese Revolutionaries in British Dominions: Sun Yat-sen, Kang-yu-wei, etc.," 414–415, National Archives, London, UK.

White, Fred. Letter to Wilfrid Laurier, May 18, 1899, in RG 18, vol. 170, file 339–48, Library and Archives Canada, Ottawa.

Winchester, A. B. Letter to T. R. E. McInnes, August 19, 1899, file 3906/99, box 1, GR429, Attorney General Correspondence, 1872-1937, British Columbia Archives, Victoria, British Columbia.

Won Alexander Cumyow fonds, Rare Books and Special Collections. University of British Columbia Library, Vancouver, BC.

二、报刊资料

中文报刊：

《槟城新报》，槟榔屿，1904年。

《晨报》，北京，1918年。

《大汉日报》，温哥华，1914年8月—1915年10月。

《大汉公报》，温哥华，1915年11月—1918年11月。

《大同日报》，旧金山，1909年3月8日，收藏于the Ashcroft Museum, Ashcroft, BC。

《东华新报》，悉尼，澳大利亚，1899—1910年。

《广益华报》，悉尼，澳大利亚，1899年。

《警钟》，温哥华，1909年3月20日，收藏于the Ashcroft Museum, Ashcroft, BC. 此报为以下所列《新报》副刊。

《民国日报》，上海，1916—1918年；广州，1924年。

《清议报》，横滨，1900年。

《少年中国晨报》，旧金山，1913年，1918年。

《申报》，上海，1913年，1916年。

《时报》，上海，1916年。

《新报》，温哥华，1909年2月16、25日，3月20日。收藏于the Ashcroft Museum，Ashcroft，BC。

《新民国报》[又名《新民国晨报》]，维多利亚，1911年2月18日，档案全宗SHHRA，文件号码8728；1912年11月2日，藏于British Columbia Archives，Victoria，BC。

《新中国报》，檀香山，1903年。

《有所谓》，香港，1905年。

《中国维新报》，纽约，1903—1904年，档案全宗CERAD，文件号码：AR-44；1909—1912年，文件号码：AAS-ARC-CA 11（microfilm），Young Wo Benevolent Association and San Francisco Overseas Chinese Public Schools：Newspapers and Other Publications，Ethnic Studies Library，University of California at Berkeley。

《中西日报》，旧金山，1904年，1906年。

英文报刊：

British Columbian. New Westminster，BC，1899.

Citizen. Ottawa，1899，1904.

Colonist. Victoria，BC，1887-1888，1898-1918. The paper used variant titles，such as *Daily Colonist*，*Victoria Daily Colonist*，etc.

Courier. Kelowna，BC，1911.

Daily Alta California. San Francisco，1854.

Daily Bee. Omaha，Nebraska，1894.

Daily California Chronicle. San Francisco，1854.

Daily News. Nelson，BC，1905.

Daily News-Advertiser. Vancouver，BC，1899-1904.

Daily Star. Montreal，1903-1904.

Daily Times，Victoria，BC，1899-1918.

Daily Tribune. New York，1903.

Daily World. Vancouver，BC，1899–1903.

Edmonton Bulletin. Edmonton，AB，1915.

Evening Journal. Ottawa，1903–1904.

Globe. Toronto，ON. 1903，1908，1911.

Herald. Los Angeles，1903.

Lethbridge Herald. Lethbridge，Alberta. 1919.

Morning Astorian. Astoria，OR，1903.

Morning Oregonian. Portland，OR，1903.

New York Times. New York，1904.

Province. Vancouver，1899–1918.

Rossland Miner. Rossland，BC，1903.

Sacramento Daily Record-Union. Sacramento，1855.

San Francisco Call. San Francisco，1896–1898，1907–1909.

San Francisco Chronicle. San Francisco，1898.

Spokane Review. Spokane，WA，1904.

Times Colonist. Victoria，BC. 2008.

三、网络资源

"1901 Census Records for Burrard，British Columbia"（http://automatedgenealogy. com/census/District. jsp?districtId=1）.

"1901 Census Records for New Westminster，British Columia"（http://automatedgenealogy. com/census/District. jsp?districtId=2）.

"1901 Census Records for Victoria，British Columbia"（http://automatedgenealogy. com/census/District. jsp?id=4）.

BC Archives：Genealogy（http://search-collections. royalbcmuseum. bc. ca/ Genealogy）.

367

"Canada，Incoming Passenger Lists，1865-1935"（http://search. ancestry. ca/search/db. aspx?dbid=1263）.

Chen，Zhongping et al.，"Victoria's Chinatown：A Gateway to the Past and Present of Chinese Canadians"（https://chinatown.library.uvic.ca/index.html%3Fq=chinatown_map.html）.

Library and Archives Canada，Ottawa. "Immigrants from China，1885-1949"，https://recherche-collection-search.bac-lac.gc.ca/eng/Home/Search?q=Immigrants%20from%20China%2C%201885-1949&.

United States Census，1900（https://familysearch.org/search/collection/1325221）.

四、其他文献

中日文献：

砭顽:《读陈督禁止三合会示文书后》，载《新宁杂志》1912年第5期，第5—8页。

蔡惠尧:《康有为、谭张孝与琼彩楼》，载《历史档案》2000年第2期，第99—106页。

蔡少卿:《梁启超访问澳洲述论》，载《江苏社会科学》2018年第2期，第144—160页。

《昌后堂与禺山总公所之沿革史》，载《禺山总公所落成纪念册》，温哥华，1949年，第2—5页。

陈衮尧:《加拿大华侨勋旧录（八）》，载《广东文献》1981年第3期，第51—55页。

陈衮尧:《加拿大华侨勋旧录（十）》，载《广东文献》1982年第1期，第59—61页。

陈少白口述、许师慎笔记:《兴中会革命史要》，台北："中央"文物供应社，1956［1935］年。

陈锡祺主编:《孙中山年谱长编》，北京：中华书局，1991年。

陈忠平:《保皇会在加拿大的创立、发展及跨国活动,1899—1905》,载《近代史
　　研究》2015年第2期,第141—148页。

陈忠平:《黄远庸暗杀案档案揭秘》,载《读书》2022年第9期,第50—58页。

陈忠平:《康有为文岛之谜及其海外改良运动的兴衰》,载《读书》2018年第3
　　期,第24—31页。

陈忠平:《维多利亚、温哥华与海内外华人的改良和革命,1899—1911》,载《社
　　会科学战线》2017年第11期,第77—96页。

陈忠平、陈明:《辛亥前后汤化龙与革命党人关系探析》,载中国社会科学院近代
　　史研究所编:《辛亥革命与百年中国》,北京:社会科学文献出版社,2016
　　年,第3册,第1716—1736页。

崔通约:《沧海生平》,上海:沧海出版社,1935年;台北:龙文出版社,1994年
　　重版。

丁文江、赵丰田编:《梁启超年谱长编》,上海:上海人民出版社2009年。

东海(李东海):《加拿大李氏先贤小传》,载《全加李氏第三届恳亲大会纪念特
　　刊》,Cloverdale,BC,1986年,第47—50页。

东海(李东海):《王昌刺杀汤化龙补遗》,载《加拿大域多利中华会馆、华侨学
　　校成立七十五[和]六十周年纪念特刊》,域多利[维多利亚]:中华会馆
　　1959年,《杂文与诗词》,第6页。

方志钦主编、蔡惠尧助编:《康梁与保皇会:谭良在美国所藏资料汇编》,香港:
　　银河出版社,2008年。

冯自由:《革命逸史》,北京:新星出版社,2009年。

冯自由:《华侨革命开国史》,重庆:1946年;台北:台湾商务印书馆,1953年。

冯自由:《华侨革命组织史话》,台北:正中书局,1954年。

冯自由:《中华民国开国前革命史》,上海:革命史编辑社,1930年。

冯自由口述、孙宣武笔记:《黄花岗一役各地筹饷机关人物活动》,载《革命文
　　献》1974年第65辑,第359—362页。

高伟浓:《二十世纪初康有为保皇会在美国华侨社会中的活动》,北京:学苑出版
　　社,2009年。

辜仁发:《中华革命军山东反袁战争亲历记》,载《文史资料选辑》1963年第48

辑，第118—123页。

"国史馆"编：《前国民政府主席林公子超遗集》，台北：前国民政府主席林森先
　　生百年诞辰纪念筹备委员会，1966年。

韩华：《民初孔教会与国教运动研究》，北京：北京图书馆出版社，2007年。

韩玉辰：《汤化龙的一生》，载《湖北文史资料》1984年第8期，第63—94页。

贺跃夫：《刘士骥被刺案与康有为保皇会的衰落》，载《广东社会科学》1987年第
　　3期，第37—43页。

胡汉贤：《孙中山先生在日本创办飞行学校的经过》，载《广东文史资料存稿选
　　编》2005年第1卷，第80—84页。

胡汉贤：《中华革命党讨袁军美洲华侨敢死先锋队组织始末》，载《广东文史资
　　料》1965年第19辑第25—37页。

华觉民：《进步党和研究系》，载《文史资料选辑》1961年第13辑，第112—
　　127页。

黄伯耀：《李是男事略》，载《近代史资料》1978年总第2期，第8—9页。

黄昆章、吴金平：《加拿大华侨华人史》，广州：广东高等教育出版社，2001年。

黄流沙、孙文铄：《关于黄远生之死》，载《新闻学刊》1986年第2期，第48—
　　51页。

黄三德：《洪门革命史》，无出版地，1936年。

黄贤强：《澳洲华人与1905年抗美运动》，载《华侨华人历史研究》2000年第3
　　期，第54—64页。

黄兴著、湖南省社会科学院编：《黄兴集》，北京：中华书局，1981年。

黄宇和：《三十岁前的孙中山——翠亨、檀岛、香港》，香港：中华书局，2011年。

黄彰健：《康有为与戊戌变法：答汪荣祖先生》，载黄彰健：《戊戌变法史研究》，
　　下册，上海：上海书店出版社，2007年，第852—899页。

华侨革命史编纂委员会编纂：《华侨革命史》，台北：正中书局，1981年。

简建平编著：《中国洪门在加拿大》，温哥华：中国洪门民治党驻加拿大总支部，
　　1989年。

康同璧：《南海康先生年谱续编》，载楼宇烈整理：《康南海自编年谱（外二种）》，
　　北京：中华书局，1992年，第69—236页。

康有为：《教学通议》，载《中国文化集刊》，1986年第3期，第343—412页。

康有为：《康南海自编年谱》，载楼宇烈整理：《康南海自编年谱（外二种）》，北京：中华书局，1992年，第1—68页。

康有为著，姜义华、张荣华编校：《康有为全集》，北京：中国人民大学出版社，2007年。

孔祥吉：《康有为变法奏章辑考》，北京：北京图书馆出版社，2008年。

雷冬文：《近代广东会党》，广州：暨南大学出版社，2004年。

李春馥：《戊戌时期康有为议会思想研究》，北京：人民出版社，2010年。

李东海：《加拿大华侨史》，温哥华：加拿大自由出版社，1967年。

李海蓉：《澳洲保皇会创立探源》，《华侨华人历史研究》2017年第3期，第75—83页。

李海蓉：《英国政府对康有为流亡态度之考释》，载《史林》2019年第1期，第89—100页。

李吉奎：《孙中山与日本》，广州：广东人民出版社，1996年。

黎全恩：《洪门及加拿大洪门史论》，香港：三联书店，2015年。

黎全恩、丁果、贾葆蘅：《加拿大华侨移民史》，北京：人民出版社，2013年。

李少陵：《欧榘甲先生传》，台北，1960年。

《李文庄公家乘》，无出版地，1902年。

李新魁：《广东的方言》，广州：广东人民出版社，1994年。

李自重：《从兴中会至辛亥革命的忆述》，载中国人民政治协商会议广东委员会文史资料研究委员会编：《广东辛亥革命史料》，广州：广东人民出版社，1981年，第200—230页。

梁启超著，张品兴主编：《梁启超全集》，北京：北京出版社，1999年。

梁植槐：《叶春田先生传记》，香港，1973年。

林克光：《革新派巨人康有为》，北京：中国人民大学出版社，1990年。

林礼斌：《域埠中华会馆之沿革及华侨学校创立之缘起》，载《加拿大域多利中华会馆、华侨学校成立七十五［和］六十周年纪念特刊》，维多利亚：中华会馆，1959年，《著述》1—5页。

林友华编：《林森年谱》，北京：中国文史出版社，2012年。

林增平、郭汉民、饶怀民编：《辛亥革命史研究备要》，长沙：湖南出版社，1991年。

刘伯骥：《美国华侨史》，台北："侨务委员会"，1976年。

刘伯骥：《美国华侨史续编》，台北：黎明文化事业股份有限公司，1981年。

刘道铿：《汤化龙的政治活动及其思想》，载《湖北文史资料》1984年第8期，第114—131页。

刘伟森主编：《全美党史：中国国民党历程与美国党务百年发展史》，旧金山，2009年。

陆丹林：《冯自由其人其事》，载《近代广东名人录》，1989年第二辑，第153—154页。

卢蔚乾：《记汤化龙二三事》，载《湖北文史资料》1984年第8期，第141—156页。

罗家伦主编：《"国父"年谱初稿》，台北：正中书局，1959年。

马洪林：《康有为大传》，沈阳：辽宁人民出版社，1988年。

马洪林：《康有为研究百年回顾与展望》，载《学术研究》2008年第12期，第105—114页。

马少汉：《王昌》，载秦孝仪主编：《革命人物志》1977年第1集，第119—122页。

麦礼谦：《从华侨到华人：二十世纪美国华人社会发展史》，香港：三联书店，1992年。

茅海建：《从甲午到戊戌：康有为〈我史〉鉴注》，北京：生活·读书·新知三联书店，2018年。

梅斌林：《关于辛亥革命前孙中山在美国芝加哥活动的回忆》，载《广东文史资料》1979年第25辑，第60—68页。

梅伟强、张国雄主编：《五邑华侨华人史》，广州：广东高等教育出版社，2001年。

《民国初年之国民党史料》，载罗家伦主编：《革命文献》1967年第41辑，第1—508页。

秦宝琦编：《清代前期天地会史料集成》，北京：中国人民大学出版社，2020年。

清光绪帝死因研究课题组编：《清光绪帝死因鉴证》，北京：北京出版社，

2017年。

《蕲水汤先生行状》，载《蕲水汤先生遗念录》，第1a—7b页。

《蕲水汤先生遗念录》，无出版地，1919年。

丘权政：《客家源流与文化研究》，北京：中国华侨出版社，1999年。

任贵祥：《论华侨与保皇会》，载《华侨华人历史研究》1996年第4期，第68—75页。

桑兵主编：《各方致孙中山函电汇编》，北京：社会科学文献出版社，2012年。

桑兵：《庚子勤王与晚清政局》，北京：北京大学出版社，2005年。

上海市文物保管委员会编：《康有为与保皇会》，上海：上海人民出版社，1982年。

孙昉、刘旭华：《海外洪门与辛亥革命》，北京：中国致公出版社，2011年。

孙中山：《孙中山全集》，中山大学历史系孙中山研究室、广东省社会科学院历史研究所、中国社会科学院近代史研究所中华民国研究室合编，北京：中华书局，1985年。

汤化龙：《书札》，载《蕲水汤先生遗念录》，第8a—29b页。

汤化龙：《游美日记》，载《蕲水汤先生遗念录》，第30a—43b页。

汤化龙：《游美演说》，载《蕲水汤先生遗念录》，第44a—58b页。

汤志钧：《康有为的海外活动和保皇会前期评价》，载《历史研究》1994年第2期，第118—126页。

汤志钧编：《康有为政论集》，北京：中华书局，1981年。

汤志钧：《戊戌时期的学会和报刊》，台北：台湾商务印书馆，1993年。

《讨袁史料（一）》，载黄季陆主编：《革命文献》1969年第46辑，第1—571页。

藤井昇三：《孫文の研究：とくに民族主義理論の発展を中心として》(孙中山研究：以民族主义理论发展为中心)，東京：劲草书房，1966年。

王树槐：《外人与戊戌变法》，台北："中研院"近代史研究所，1970年。

温雄飞：《中国同盟会在美国的成立经过》，载中国人民政治协商会议全国委员会文史资料研究委员会编：《辛亥革命回忆录》1982年第8集，第335—363页。

《温哥华中华会馆百年纪念特刊，1906—2006》，温哥华，2006年。

吴朝晋口述、李滋汉笔记：《孙中山三赴纽约》，载《近代史资料》1987年总第64

号，第1—16页。

吴剑雄：《从海禁到护侨——清代对出国移民政策的演变》，载吴剑雄：《海外移民与华人社会》，台北：允晨文化实业有限公司，1993年，第1—48页。

伍宪子：《中国民主宪政党党史》，旧金山：世界日报，1952年。

五洲致公总堂：《革命历史图录：170周年纪念特刊，1848—2018》，旧金山，无出版年。

徐松荣：《戊戌后康梁维新派十年研究概述》，载《历史教学》1995年第3期，第52—55页。

亚造：《记康同璧女士大同学校演说》，载《大陆》1903年第6期，第84—86页。

叶显恩：《香山移民夏威夷的历史考察》，载王远明主编：《香山文化》，广州：广东人民出版社，2006年，第91—108页。

《英国加拿大属三埠保皇同人大会记》，《清议报》1900年第45册，第16a—b页。

《云高华埠宪政会布告书》，无出版地，1909年。

张存武：《光绪卅一年中美工约风潮》，台北："中研院"近代史研究所，1966年。

章开沅、林增平主编：《辛亥革命史》，上海：东方出版中心，2010年。

张朋园：《梁启超与清季革命》，长春：吉林出版集团，2007年。

张朋园：《梁启超与民国政治》，长春：吉林出版集团，2007年。

张朋园：《立宪派与辛亥革命》，长春：吉林出版集团，2007年。

张朋园：《中国民主政治的困境：晚清以来历届议会选举述论》，长春：吉林出版集团，2008年。

张启祯、张启礽：《康有为在海外：补〈南海康先生年谱〉》，北京：商务印书馆，2018年。

张荣华：《振华公司内讧与康、梁分歧》，载《复旦学报》1997年第1期，第73—78页。

张玉法：《民国初年的政党》，长沙：岳麓书社，2004年。

张玉法：《清季的立宪团体》，台北："中研院"近代史研究所，1971年。

张玉法：《清季的革命团体》，北京：北京大学出版社，2011年。

张子文编：《梁启超知交手札》，北京：国家图书馆，1995年。

赵立人、刘仁毅编：《刘士骥之死：康有为集团策划的一场血案》，广州：中国影视文艺出版社，2006年。

中国第二历史档案馆编:《中华民国史档案资料汇编》，南京：江苏古籍出版社，
1991年。

中国国民党中央委员会第三组编:《中国国民党在海外》，台北，1961年。

《中华革命党史料》，载黄季陆主编:《革命文献》1969年第45辑，第1—718页。

《中华革命党时期函牍》，载黄季陆主编:《革命文献》1969年第48辑，第1—
368页。

邹鲁编著:《中国国民党史稿》，上海：东方出版中心，2011年。

英语文献：

Anderson, Kay J. *Vancouver's Chinatown: Racial Discourse in Canada, 1875-
1980*. Montreal: McGill-Queen's University Press, 1991.

Anderson, Patrick. *The Lost Book of Sun Yatsen and Edwin Collins*. New York:
Routledge, 2017.

Ang, Ien. *On Not Speaking Chinese: Living between Asia and the West*. New
York: Routledge, 2001.

Armentrout-Ma, L. Eve Mclver Ballard [L. Eve Armentrout Ma]. "Chinese Politics
in the Western Hemisphere, 1893-1911: Rivalry between Reformers and
Revolutionaries in the Americas. " Ph. D diss., University of California at
Davis, 1977.

Bentley, Jerry H. *Old World Encounters: Cross-Cultural Contacts and Exchanges
in Pre-Modern Times*. New York: Oxford University Press, 1993.

Bergère, Marie-Claire. *Sun Yat-sen*, trans. Janet Lloyd. Stanford, CA: Stanford
University Press, 1998 [1994].

Bogdanor, Vernon. *The Monarchy and Constitution*. New York: Oxford University
Press, 1995.

Bosher, J. F. *Imperial Vancouver Island: Who Was Who, 1850-1950*. Bloomington,
IN: Xlibris, 2010.

Bureau of the Census. *Abstract of the Twelfth Census of the United States, 1900*.

Washington, DC: Government Printing Office, 1904.

Bureau of the Census. *Abstract of the Fourteenth Census of the United States, 1920*. Washington, DC: Government Printing Office, 1923.

Chan, Shelly. *Diaspora's Homeland: Modern China in the Age of Global Migration*. Durham, NC: Duke University Press, 2018.

Chang, Hao. *Liang Ch'i-ch'ao and Intellectual Transition in China, 1890-1907*. Cambridge, MA: Harvard University Press, 1971.

Chang, P'eng-yuan (Zhang Pengyuan). "The Constitutionalists." In *China in Revolution: The Firsts Phase, 1900-1913*, ed. Mary Clabaugh Wright, 143-183. New Haven, CT: Yale University Press, 1968.

Ch'en, Jerome. *Yuan Shih-k'ai*. Stanford, CA: Stanford University Press, 1972.

Chen, Shehong. *Being Chinese, Becoming Chinese American*. Chicago: University of Illinois Press, 2002.

Chen, Yingying. "In the Colony of Tang: Historical Archaeology of Chinese Communities in the North Cariboo District, British Columbia, 1860s-1940s." PhD Diss., Simon Fraser University, 2002.

Chen, Yong. *Chinese San Francisco, 1850-1943: A Trans-Pacific Community*. Sanford, CA: Stanford University Press, 2002.

Chen, Zhongping. "An Assassination in Victoria." *Times Colonist*, August 31, 2008.

Chen, Zhongping. "Building the Chinese Diaspora across Canada: Chinese Diasporic Discourse and the Case of Peterborough, Ontario." *Diaspora: A Journal of Transnational Studies* 13, no. 2-3 (2004): 185-210.

Chen, Zhongping. "Chinese Familism and Immigration Experience in Canadian Towns and Small Cities: From Dual Paradigms on the Chinese in Canada to a Cross-Cultural Study of the Case of Peterborough, Ontario, 1892-1951." *Asian Profile* 32. no. 4 (2004): 289-312.

Chen, Zhongping. "Chinese Labor Contractors and Laborers of the Canadian Pacific Railway, 1880-1885." *Pacific Northwest Quarterly* 110, no. 1 (2018/2019):

18–34.

Chen, Zhongping. "The Construction of the Canadian Pacific Railway and the Transpacific Chinese Diaspora, 1880–1885." *The Chinese and the Iron Road: Building the Transcontinental Railroad*, ed. Gordon H. Chang, Shelley Fishkin, 294–313. Stanford, CA: Stanford University Press, 2019.

Chen, Zhongping. "Kang Tongbi's Pioneering Feminism and the First Transnational Organization of Chinese Feminist Politics, 1903–1905." *Twentieth-Century China* 44, no. 1 (2019): 3–32.

Chen, Zhongping. "Kang Youwei and Confucianism in Canada and Beyond, 1899–1911." *Journal of Modern Chinese History* 14, no. 1 (2020): 1–25.

Chen, Zhongping. "Kang Youwei's Activities in Canada and the Reformist Movement among the Global Chinese Diaspora, 1899–1909." *Twentieth-Century China* 39, no. 1 (2014): 3–23.

Chen, Zhongping. "The May Fourth Movement and Provincial Warlords: A Reexamination." *Modern China* 37, no. 2 (2011): 135–169.

Chen, Zhongping. *Modern China's Network Revolution: Chambers of Commerce and Sociopolitical Change in the Early Twentieth Century*. Stanford, CA: Stanford University Press, 2011.

Chen, Zhongping. "Vancouver Island and the Chinese Diaspora in the Transpacific World." *BC Studies* 204 (2019/2020): 45–65.

Chung, Sue Fawn. *In Pursuit of Gold: Chinese American Miners and Merchants in the American West*. Chicago: University of Illinois Press, 2011.

Chung, Sue Fawn. "The Zhigongtang in the United States, 1860–1949." In *Empire, Nation, and Beyond: Chinese History in Late Imperial and Modern Times, A Festschrift in Honor of Frederic Wakeman*, ed. Joseph W. Esherick, Wen-hsin Yeh, and Madeleine Zelin, 231–49. Berkeley, CA: Institute of East Asian Studies, University of California, 2006.

Chung, Tzu-I. "Kwong Lee & Company and Early Trans-Pacific Trade: From Canton, Hong Kong, to Victoria and Berkerville." *BC Studies* 185 (2015):

137–160.

Cohen, Robin. *Global Diasporas: An Introduction*. New York: Routledge, 2008.

Cohen, Warren I. *America's Response to China: A History of Sino-American Relations*. New York: Columbia University Pres, 2000.

Cullen, Jim. *The American Dream: A Short History of an Idea that shaped a Nation*. New York: Oxford University Press, 2003.

Delgado, Grace. Peña. *Making the Chinese Mexican: Global Migration, Localism, and Exclusion in the U. S. -Mexico Borderlands*. Stanford, CA: Stanford University Press, 2012.

Dick, Lyle. "2013 Canadian Historical Association Presidential Address: On Local History and Local Historical Knowledge." *Journal of the Canadian Historical Association* 24, no. 1 (2013): 1–49.

Dittmer, Lowell. "Chinese Informal Politics." *China Journal* 34 (1995): 1–34.

Edwards, Louise. *Gender, Politics, and Democracy: Women's Suffrage in China*. Stanford, CA: Stanford University Press, 2008.

Esherick, Joseph W. "Founding a Republic, Electing a President: How Sun Yat-sen Became *Guofu*." *China's Republican Revolution*, ed. Etō Shinkichi and Harold Z. Schiffrin, 129–52. Tokyo: University of Tokyo Press, 1994.

Esherick, Joseph W. *The Origins of the Boxer Uprising*. Berkeley, CA: University of California Press, 1987.

Esherick, Joseph W. *Reform and Revolution in China: The 1911 Revolution in Hunan and Hubei*. Berkeley, CA: University of California Press, 1976.

Field, Margaret. "The Chinese Boycott of 1905." *Papers on China*, 2 (1957): 63–98.

Fitzgerald, John. *Big White Lie: Chinese Australians in White Australia*. Sydney, NSW: University of New South Wales Press, 2007.

Friedman, Edward. *Backward toward Revolution: The Chinese Revolutionary Party*. Berkeley, CA: University of California Press, 1974.

Glick, Clarence Elmer. *Sojourners and Settlers: Chinese Migrants in Hawaii*.

Honolulu: University Press of Hawaii, 1980.

Godley, Michael R. "The End of the Queue: Hair as Symbol in Chinese History. " *East Asian History* 8 (1994): 53–70.

Griffith, Sarah M. "Border Crossings: Race, Class, and Smuggling in Pacific Coast Chinese Immigrant Society. " *Western Historical Review* 35, no. 4 (2004): 473–92.

Henderson's City of Victoria and Suburban Directory for 1908. Victoria, BC: Henderson Publishing Company, 1908.

Ho, Chuimei, and Bennet Bronson. "The Chinese Empire Ladies Reform Association in 1903–4: Real or Public Relations Fantasy?" (http://www.cinarc. org/Women. html).

Ho, Chuimei, and Bennet Bronson. "The Chinese Empire Reform Association (CERA) in Rossland, B. C., 1903" (http://www.cinarc. org/Associations. html).

Ho, Chuimei, and Bennet Bronson. "The Chinese Empire Reform Association (CERA) in Vancouver, B. C., 1899. " (http://www.cinarc. org/Associations. html).

Hsiao, Kung-chuan. *A Modern China and a New World: K'ang Yu-wei, Reformer and Utopian, 1858–1927*. Seattle: University of Washington Press, 1975.

Hsieh, Winston. *Chinese Historiography on the Revolution of 1911*. Stanford, CA: Hoover Institute Press, 1975.

Hsu, Madeline Yuan-yin. *Dreaming of Gold, Dreaming of Home: Transnationalism and Migration between the United States and South China, 1882–1943*. Stanford, CA: Stanford University Press, 2000.

Huang, Belinda. "Teaching Chineseness in the Trans-Pacific Society: Overseas Chinese Education in Canada and the United States, 1900–1919. " PhD diss., Princeton University, 2009.

Huang, Jianli. "Umbilical Ties: The Framing of the Overseas Chinese as the Mother of the Revolution. " *Frontiers of History in China* 6, no. 2 (2011): 183–228.

International Chinese Directory, *1901*. San Francisco: Chinese Directory Co., n. d.

Ishikawa Yoshihiro. "Anti-Manchu Racism and the Rise of Anthropology in Early 20th Century China." *Sino-Japanese Studies* 15 (2003): 7–26.

Jansen, Marius B. *The Japanese and Sun Yat-sen*. Cambridge, MA: Harvard University Press, 1954.

Jeydel, Alana S. *Political Women: The Women's Movement, Political Institutions, the Battle for Women's Suffrage and the ERA*. London, UK: Routledge, 2004.

Jianada Yungaohua Huaren xiehe jiaohui. *93rd Anniversary of the Chinese United Church, Vancovuer, BC, 1888-1981*. n. p., n. d.

Jillson, Cal. *Pursuing the American Dream: Opportunity and Exclusion over Four Centuries* . Lawrence, KS: University Press of Kansas, 2004.

K'ang Yu-wei (Kang Youwei). "Chronological Autobiography of K'ang Yu-wei." In *K'ang Yu-wei: A Biography and a Symposium*, ed. Jung-pang Lo, 17–174. Tucson: AZ: University of Arizona Press, 1967.

King, W. L. Mackenzie. *Report ...the Need for the Suppression of the Opium Traffic in Canada*. Ottawa: 1908.

Kuo, Huei-Ying. *Networks beyond Empires: Chinese Business and Nationalism in the Hong Kong-Singapore Corridor, 1914-1941*. Leiden: Brill, 2014.

Kwong, Luke S. K. *A Mosaic of the Hundred Days: Personalities, Politics and Ideas of 1898*. Cambridge, MA: Council on East Asian Studies, Harvard University, 1984.

Lai, Chuen-yan David (David Chuenyan Lai) . "Contribution of the Zhigongtang in Canada to the Huanghuagang Uprising in Canton, 1911," *Canadian Ethnic Studies* 13, no. 3 (1982): 95–104.

Lai, Chuen-yan David. "Home County and Clan Origins of Overseas Chinese in Canada in the Early 1880. " *BC Studies* 27 (1975): 3–29.

Lai, David Chuenyan (Chuen-yan David Lai) . *Chinese Community Leadership: Case Study of Victoria in Canada*. Singapore: World Scientific Publishing, 2010.

Lai, David Chuenyan. *The Forbidden City within Victoria: Myth, Symbol and Streetscape of Canada's Earliest Chinatown*. Victoria, BC: Orca Book Publishers, 1991.

Lai, Him Mark (Mai Liqian). "The Kuomintang in Chinese American Communities before World War II. " In *Entry Denied: Exclusion and the Chinese Community in America, 1882-1943*, ed. Sucheng Chan, 170-212. Philadelphia: Temple University Press, 1991.

Lai, Him Mark. "The Sanyi (Sam Yup) Community in America." In *Becoming Chinese American: A History of Communities and Institutions*, 77-142. Walnut Creek, CA: AltaMira Press, 2004.

Lal, Brij. "Chinese Benevolent Association of Vancouver: 1889-1960: An Analytical History. " Unpublished manuscript of 1975, in Rare Books and Special Collections, University of British Columbia Library, Vancouver, BC.

Larson, Jane Leung. "Articulating China's First Mass Movement: Kang Youwei, Liang Qichao, the Baohuanghui, and the 1905 Anti-American Boycott." *Twentieth-Century China* 33, no. 1 (2007): 4-26.

Lee, Rose Hum. *The Chinese in the United States of America*. Hong Kong: Hong Kong University Press, 1960.

Leong, Sow-Theng. *Migration and Ethnicity in Chinese History: Hakkas, Pengmin, and Their Neighbors*. Stanford, CA: Stanford University Press, 1997.

Levenson, Joseph R. *Liang Ch'i-ch'ao and the Mind of Modern China*. Berkeley, CA: University of California Press, 1967.

Li Chien-nung. *The Political History of China, 1840-1928*, trans. Ssu-yu Teng and Jeremy Ingalls. Stanford, CA: Stanford University Press, 1956.

Li, Peter S. *The Chinese in Canada*. Toronto, Oxford University Press, 1998.

Li, Peter S. "Overseas Chinese Networks: A Reassessment. " In *Chinese Business Networks: State, Economy and Culture*, ed. Chan Kwok Bun, 261-284. Singapore: Prentice Hall, Pearson Education Asia, 2000.

Lien, Pei-te. "Ethnic Homeland and Chinese Americans: Conceiving a Transnational

Political Network. " *Chinese Transnational Networks,* ed. Tan Chee-Beng, 107-21. New York: Routledge, 2007.

Liu, Hong. "Old Linkages, New Networks: The Globalization of Overseas Chinese Voluntary Associations and Its Implications. " *The China Quarterly* 155（1998）: 582-609.

Lo, Jung-pang. "Sequel to the Chronological Autobiography of K'ang Yu-wei. " *K'ang Yu-wei: A Biography and a Symposium,* ed. Jung-pang Lo, 175-278. Tucson: AZ: The University of Arizona Press, 1967.

Lyman, Stanford M. *The Asian in North America.* Santa Barbara, CA: ABC-Clio, 1977.

Lyman, Stanford M. *Chinese Americans.* New York: Random House, 1974.

Lyman, Stanford M. "The Chinese Diaspora in America, 1850-1943." In Lyman, *The Asian in North America,* 11-24.

Lyman, Stanford M. "Chinese Secret Societies in the Occident: Notes and Suggestions for Research in the Sociology of Secrecy." In Lyman, *The Asian in North America,* 77-94.

Lyman, Stanford, W. E. Willmott, and Berching Ho. "Rules of A Chinese Secret Society in British Columbia. " In *Bulletin of the School of Oriental and African Studies* 27, no. 3（1964）: 530-39.

Ma, L. Eve Armentrout（L. Eve Mclver Ballard Armentrout-Ma）. *Revolutionaries, Monarchists, and Chinatowns: Chinese Politics in the Americas and the 1911 Revolution.* Honolulu: University of Hawaii Press, 1990.

Mar, Lisa Rose. *Brokering Belonging: Chinese in Canada's Exclusion Era, 1885-1945.* Toronto: University of Toronto Press, 2010.

Mayers, William Frederick. *The Chinese Government.* Shanghai: Kelly & Walsh, 1897; repr. Taipei: Ch'eng-wen Publishing Company, 1966.

McKeown, Adam. *Chinese Migrant Networks and Cultural Change: Peru, Chicago, and Hawaii, 1900-1936.* Chicago: University of Chicago Press, 2001.

McKeown, Adam. "Conceptualizing Chinese Diasporas, 1842 to 1949. " *Journal of Asian Studies* 58, no. 2 (1999) : 306-337.

Miles, Steven B. *Chinese Diasporas: A Social History of Global Migration.* New York: Cambridge University Press, 2020.

Murray, Dian H. and Qin Baoqi. *The Origins of the Tiandihui: The Chinese Triads in Legend and History.* Stanford, CA: Stanford University Press, 1994.

Nathan, Andrew J. "A Factionalism Model for CCP Politics." *China Quarterly* 53 (1973) : 34-66.

Nathan, Andrew J. *Peking Politics, 1918-1923: Factionalism and the Failure of Constitutionalism.* Berkeley, CA: University of California Press, 1976.

Ng, Chee Chiu Clement. "The Chinese Benevolent Association of Vancouver, 1885-1923: A Response to Local Conditions." Master's thesis, University of Manitoba, 1986.

Ong, Aihwa. *Flexible Citizenship: The Cultural Logics of Transnationality.* Durham, NC: Duke University Press, 2000.

Osterhout, S. S. *Orientals in Canada: The Story of the Work of the United Church of Canada with Asiatics in Canada.* Toronto: Committee on Literature, General Publicity, and Missionary Education of the United Church of Canada, 1929.

Pan, Lynn. *The Encyclopedia of the Chinese Overseas.* Singapore: The Chinese Heritage Center, 1999.

Pettit, Philip. *Republicanism: A Theory of Freedom and Government.* New York: Oxford University Press, 1997.

Price, John. *Orienting Canada: Race, Empire, and the Transpacific.* Vancouver, BC: UBC Press, 2011.

Qin, Yucheng. *The Diplomacy of Nationalism: The Six Companies and China's Policy toward Exclusion.* Honolulu: University of Hawaii Press, 2009.

Rankin, Mary Backus. *Elite Activism and Political Transformation in China: Zhejiang Province, 1865-1911.* Stanford, CA: Stanford University Press,

1986.

Reins, Thomas D. "Reform, Nationalism and Internationalism: The Opium Suppression Movement in China and the Anglo-American Influence, 1900-1908." *Modern Asian Studies* 25, no. 1 (1991): 101-142.

Report by W. L. Mackenzie King, C. M. G., Deputy Minister of Labour, Commissioner Appointed to Investigate into the Losses Sustained by the Chinese Population of Vancouver, B. C. on the Occasion of the Riots in That City in September, 1907. Ottawa: S. E. Dawson, 1908.

Report of the Royal Commission on Chinese and Japanese Immigration: Session 1902. Ottawa: S. E. Dawson, 1902.

Reynolds, Douglas R. *China, 1898-1912: The Xinzheng Revolution and Japan.* Cambridge, MA: Council on East Asian Studies, Harvard University, 1993.

Rhoads, Edward J. M. *China's Republican Revolution: The Case of Kwangtung, 1895-1913.* Cambridge, MA: Harvard University Press, 1975.

Rowe, Allan. " 'The Mysterious Oriental Mind' : Ethnic Surveillance and the Chinese in Canada during the Great War. " *Canadian Ethnics Studies* 34, no. 1 (2004): 48-70.

Roy, Patricia. *The Oriental Question: Consolidating a White Man's Province, 1914-41.* Vancouver, BC: UBC Press, 2003.

Roy, Patricia. *A White Man's Province: British Columbia Politicians and Chinese and Japanese Immigrants, 1858-1914.* Vancouver, BC: University of British Columbia Press, 1989.

Safran, William. "Diaspora in Modern Societies: Myths of Homeland and Return. " *Diaspora: A Journal of Transnational Studies* 1, no. 1 (1991): 83-99.

Samuel, Lawrence R. *The American Dream: A Cultural History.* Syracuse, NY: Syracuse University Press, 2012.

The *San Francisco Directory for the Year Commencing April 1879.* San Francisco: Francis, Valentine & Co., 1879.

Schiffrin, Harold Z. *Sun Yat-sen and the Origins of the Chinese Revolution.*

Berkeley，CA：University of California Press，1968.

Sharman，Lyon. *Sun Yat-sen，His Life and Its Meaning：A Critical Biography.* Stanford，CA：Stanford University Press，1968 [1934].

Shih，Shu-Mei. "Against Diaspora：The Sinophone as Places of Cultural Production." In *Sinophone Studies：A Critical Reader*，ed. Shu-Mei Shih，Chien-Hsin Tsai，and Brian Bernards，25-42. New York：Columbia University Press，2013.

Sinn，Elizabeth. *Pacific Crossing：California Gold，Chinese Migration，and the Making of Hong Kong.* Hong Kong：Hong Kong University Press，2013.

Siu，Lok C. D. *Memories of a Future Home：Diasporic Citizenship of Chinese in Panama.* Stanford，CA：Stanford University Press，2005.

Slaters' Detective Association. "Report. July 11-24，…re. Sun Yat Sen. "载罗家伦：《罗家伦先生文存》，第3卷，第186—196页。

————. "Report. July 25-August 2，…re. Sun Yat Sen，"载罗家伦：《罗家伦先生文存》，第3卷，第197—200页。

Stanley，Timothy J. "'Chinamen，Wherever We Go'：Chinese Nationalism and Guangdong Merchants in British Columbia，1871-1911. " *Canadian Historical Review* 77，no. 4（1996）：475-503.

Stanley，Timothy J. "Chu Lai（Lay）. " *Dictionary of Canadian Biography*，vol. 13（1901-1910）（http://www.biographi. ca/en/bio/chu_lai_13E. html）.

Stanley，Timothy J. *Contesting White Supremacy：School Segregation，Anti-Racism，and the Making of Chinese Canadians.* Vancouver，BC：UBC Press，2011.

Strand，David. *An Unfinished Republic：Leading by Word and Deed in Modern China.* Berkeley，CA：University of California Press，2011.

Supplement to the New Westminster Columbian. New Westminster，BC：Columbian Printing Co.，1903.

Thelen，Kathleen，and Sven Steinmo. "Historical Institutionalism in Comparative Politics. " In *Structuring Politics：Historical Institutionalism in Comparative*

385

Analysis, ed. Sven Steinmo, Kathleen Thelen, and Frank Longstreth, 1–32. New York: Cambridge University Press, 1992.

Tsai, Shih-shan Henry. *China and the Overseas Chinese in the United States, 1868–1911*. Fayetteville, AR: University of Arkansas Press, 1983.

Tsai, Shih-shan Henry. *The Chinese Experience in America*. Indianapolis, IN: Indiana University Press, 1986.

Tsou, Tang. "Prolegomenon to the Study of Informal Groups in CCP Politics. " *China Quarterly* 65(1976): 98–114.

van Dongen, Els and Hong Liu. "The Changing Meanings of Diaspora: The Chinese in Southeast Asia. " In *Routledge Handbook of Asian Migrations*, ed. Gracia Liu-Farrer and Brenda S. A. Yeoh, 33–47. New York: Routledge, 2018.

Wang, Guanhua. *In Search of Justice: The 1905–1906 Chinese Anti-American Boycott.* Cambridge, MA: Harvard University Press, 2001.

Wang Gungwu. *China and the Chinese Overseas*. Singapore: Times Academic Press, 1991.

Wang Gungwu. "The Origins of Hua-Ch'iao. " In *Community and Nation: China, Southeast Asia and Australia*, 1–10. St Leonards, NSW: Asian Studies Association of Australia in association with Allen & Unwin, 1992.

Wang Gungwu. "Patterns of Chinese Migration in Historical Perspective. " In Wang Gungwu, *China and the Chinese Overseas*, 3–21.

Wang Gungwu. "A Single Chinese Diaspora? Some Historical Reflections." In Wang Gungwu and Annette Shun Wah, *Imagining the Chinese Diaspora: Two Australian Perspectives*. Canberra: Center for the Study of the Chinese Southern Diaspora, Australian National University, 1999: 1–17.

Wang, Jiwu. *"His Dominion" and the "Yellow Peril": Protestant Missions to Chinese Immigrants in Canada, 1859–1967.* Waterloo, ON: Wilfrid Laurier University Press, 2006.

Wang, L. Ling-chi. "The Structure of Dual Domination: Toward a Paradigm for the Study of the Chinese Diaspora in the United States. " *Amerasia Journal* 33, no.

1（2007）：145-65.

Wasserman, Stanley, and Katherine Faust. *Social Network Analysis: Methods and Applications*. Cambridge, UK: Cambridge University Press, 1994.

Wellman, Barry. "Structural Analysis: From Method and Metaphor to Theory and Substance." In *Social Structures: A Network Approach*, ed. Barry Wellman and S. D. Berkowitz, 19-61. Cambridge, UK: Cambridge University Press, 1988.

Wellman, Barry, Wenhong Chen, and Dong Weizhen. "Networking *Guanxi*." In *Social Connections in China: Institutions, Culture and the Changing Nature of* Guanxi, ed., Thomas Gold, Doug Guthrie, and David Wank, 221-241. Cambridge, UK: Cambridge University Press, 2002.

Wickberg, Edgar, et al. *From China to Canada: A History of the Chinese Communities in Canada*. Toronto: McClelland and Stewart, 1982.

Wolf, Jim, and Patricia Owen. *Yi Fao, Speaking through Memory: A History of New Westminster's Chinese Community, 1858-1980*. New Westminster Museum and Archives, 2008.

Wong Kin. *International Chinese Business Directory of the World for the Year 1913*. San Francisco: International Chinese Business Directory Co., 1913. (https://babel.hathitrust.org/cgi/pt?id=ucl.$b440600&view=1up&seq=1928).

Wong Sin Kiong. *China's Anti-American Boycott in 1905: A Study of Urban Protest*. New York: Peter Lang, 2002.

Wong, Young-Tsu. "Revisionism Reconsidered: Kang Youwei and the Reform Movement of 1898." *Journal of Asian Studies* 51, no. 3 (1992): 513-544.

Worden, Robert Leo. "A Chinese Reformer in Exile: The North American Phase of the Travels of K'ang Yu-wei, 1899-1909." PhD Diss., Georgetown University, 1972.

Yang, Philip Q. "The 'Sojourner Hypothesis' Revisited." *Diaspora: A Journal of Transnational Studies* 9, no. 2 (2000): 235-258.

Yee, Paul. *Saltwater City: An Illustrated History of the Chinese in Vancouver*.

Vancouver, BC: Douglas & McIntyre, 1988.

Yee, Paul. "Sam Kee: A Chinese Business in Early Vancouver." *BC Studies*, 69–70 (1986): 70–96.

Yen Ching Hwang. *The Overseas Chinese and the 1911 Revolution.* Kuala Lumpur: Oxford University Press, 1976.

Yong, C. F. *The New Gold Mountain: The Chinese in Australia, 1901–1921.* Richmond, SA: Raphael Arts, 1977.

Yu, Henry. "Mountains of Gold: Canada, North America, and the Cantonese Pacific." In *Routledge Handbook of the Chinese Diaspora*, ed. Tan Chee-beng, 108–21. London, UK: Routledge, 2013.

索 引*

Active Justice Society，致公堂，参见 Chee Kung Tong（CKT）

Anti-Treaty General Association 拒约总会，75

Anti-Yuan Army of America 美洲讨袁军，190

Asian Exclusion League，U. S. 美国排亚联盟，98

associational networks of North American Chinese 北美华人的社团网络：approach to study of 研究方法，xv-xvi；network revolution created by reform and revolutionary movements in North American Chinatowns 北美唐人街的改良和革命运动所引发的网络革命，220，223，225-27；and reform and revolution organizations 改良和革命组织，6-7；regional and ethnic ties in 地域和族群纽带，7-9；use by both reformist and revolutionary groups 改良派和革命派使用的北美华人社团网络，219-20. See also transpacific networks 参见跨太平洋网络

Australia 澳大利亚：CERA hygiene initiatives 保皇会的卫生倡议，74；CERA in 保皇会在澳大利亚，32，47-49，62，67，96，157，222；Chinese merchants in 华人商人在澳大利亚，32；Chinese migration to 华人移民到澳大利亚，4

Baohuang nühui（Women's Society to Protect the Emperor）保皇女会，60. See also CERA；Chinese Empire Ladies Reform Association 参见保皇会；保救大清光绪皇帝女会

Baohuanghui（Society to Protect the Emperor）保皇会，33，39，40，97，161. 参见 CERA；Chinese Reform Party 宪政党；Constitutional Association 宪政会

Benson，Mary 玛丽·本森，94-95，264n153

Bowell，J. Mackenzie J. 麦肯齐·鲍威尔，69-70，256n38

Boxers（Yihetuan）义和团：Qing government 清政府与义和团，49，50-51；spread of movement 义和团运动传播，51

Britain 英国：aid to Kang in escape from China 帮助康有为逃离中国，23；Kang's hope of support from 康希望得到英国的支持，18-22，23，24；Kang Youwei in 康有为在英国，33-34

California Chinese Free Mason Society 加州致公堂，9. 参考 Chee Kung Tong（CKT，Zhigongtang）致公堂

Canada 加拿大：birthday celebration for Guangxu Emperor 光绪帝生日庆典，42-43；Chinese population 华人人口，1900-1920，14-15；Chinese Revolutionary Party chapters in 中华革命党在加拿大的支部，180；commission on Chinese immigration 加拿大华人移民调查委员会，66；importance to CERA reform movement 加拿大对保皇会和改良事业的重要性，
